브루스 테이트의
세븐 랭귀지
SEVEN LANGUAGES IN SEVEN WEEKS

브루스 테이트의 세븐 랭귀지

프로그래머라면 알아야 할 미래를 품은 7가지 언어

초판 1쇄 발행 2015년 5월 1일
초판 2쇄 발행 2020년 5월 25일

지은이 브루스 테이트 / **옮긴이** 임백준 / **펴낸이** 김태헌
펴낸곳 한빛미디어(주) / **주소** 서울시 서대문구 연희로2길 62 한빛미디어(주) IT출판부
전화 02-325-5544 / **팩스** 02-336-7124
등록 1999년 6월 24일 제10-1779호 / **ISBN** 978-89-6848-185-7 93000

총괄 전정아 / **책임편집** 이상복 / **기획** 이상복 / **편집** 황혜정
디자인 표지 김진디자인, 내지 여동일, 조판 방유선
영업 김형진, 김진불, 조유미 / **마케팅** 박상용, 송경석, 조수현, 이행은, 홍혜은 / **제작** 박성우, 김정우

이 책에 대한 의견이나 오탈자 및 잘못된 내용에 대한 수정 정보는 한빛미디어(주)의 홈페이지나 아래 이메일로
알려주십시오. 잘못된 책은 구입하신 서점에서 교환해드립니다. 책값은 뒤표지에 표시되어 있습니다.
한빛미디어 홈페이지 www.hanbit.co.kr / 이메일 ask@hanbit.co.kr

지금 하지 않으면 할 수 없는 일이 있습니다.
책으로 펴내고 싶은 아이디어나 원고를 메일(**writer@hanbit.co.kr**)로 보내주세요.
한빛미디어(주)는 여러분의 소중한 경험과 지식을 기다리고 있습니다.

프로그래머라면 알아야 할
미래를 품은 7가지 언어

브루스 테이트의
세븐 랭귀지

SEVEN LANGUAGES IN SEVEN WEEKS

브루스 테이트 **지음** | **임백준** 옮김

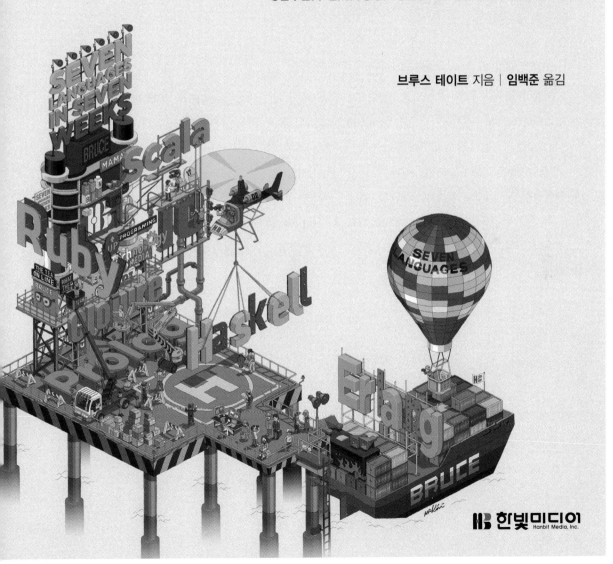

한빛미디어
Hanbit Media, Inc.

지은이·옮긴이 소개

지은이 **브루스 테이트** Bruce Tate

베테랑 소프트웨어 개발자이자 루비 개발 컨설턴트. IBM에서 13년간 근무하며 데이터베이스 소프트웨어 개발, 객체지향 인프라 구축, 자바 플랫폼 컨설팅 등의 직무를 수행했다. 이후 여러 스타트업에서 클라이언트 솔루션 이사에서 CTO까지 다양한 직책을 역임했다. 국제적인 강연자이며, 저서가 10권이 넘는 저술가이기도 하다. 본서(2011) 및 『Better, Faster, Lighter Java』(2005)로 졸트상을 받았다.

옮긴이 **임백준** Baekjun.Lim@gmail.com

한빛미디어에서 『폴리글랏 프로그래밍』(2014), 『누워서 읽는 퍼즐북』(2010), 『프로그래밍은 상상이다』(2008), 『뉴욕의 프로그래머』(2007), 『소프트웨어 산책』(2005), 『나는 프로그래머다』(2004), 『누워서 읽는 알고리즘』(2003), 『행복한 프로그래밍』(2003)을 출간했고, 로드북에서 『프로그래머 그 다음 이야기』(2011)를 출간했다. 삼성SDS, 루슨트 테크놀로지스, 도이치은행, 바클리스, 모건스탠리 등에서 근무했고 현재는 맨해튼에 있는 스타트업 회사에서 분산처리, 빅데이터, 머신러닝과 관계된 업무를 수행하고 있다. ZDNet Korea에 정기적으로 칼럼을 기고하고 있고, 〈나는 프로그래머다〉 팟캐스트 방송 호스트로 활약 중이다.

2014년 9월에 열린 마이크로소프트 테크데이즈 행사에서 기조연설을 했다. 여러 개의 언어를 구사하는 것을 의미하는 '폴리글랏 프로그래밍'이라는 제목의 강연이었다. 닷넷 플랫폼과 자바 가상 머신 등에서 돌아가는 다양한 언어를 포괄하기 위한 공부를 하면서 나는 어떤 커다란 방향을 제시할 필요성을 느꼈다. 미래를 향한 비전을 제시하지 않고 단순히 여러 개의 언어를 짤막하게 소개하는 것만으로는 기조연설을 할 수 없으니까.

열심히 읽은 브루스 테이트의 책이 그때 도움이 되었다. 7개 언어를 엄선해서 소개하는 이 책은 폴리글랏이라는 주제에 완벽하게 어울리는 교재였다. 그리고 테이트가 고른 7개 언어는 명백하게 하나의 방향을 가리키고 있었다. 함수 프로그래밍 패러다임이 그것이다. 이 책에 포함된 루비, Io, 프롤로그, 얼랭, 스칼라, 클로저, 하스켈은 함수 언어이거나 적어도 함수 프로그래밍 패러다임을 대폭 차용한 언어다.

루비에 대해서는 설명할 필요가 없을 것 같다. 루비 온 레일스의 성공은 국내에서도 수많은 루비 개발자를 양산했고, 루비 커뮤니티는 지금도 왕성한 활동을 펼치고 있다. 그에 비해 Io와 프롤로그는 대부분의 사람에게 매우 낯선 언어일 것이다. 그렇기 때문에 그들이 담고 있는 개념과 철학을 공부하는 것은 마치 라틴어를 공부하는 것처럼 어렵고 실전적인 활용도도 낮다. 하지만 일단 배우고 나면 세상이 넓어지는 경험을 하게 된다. 철학자 비트겐슈타인은 언어의 한계가 세계의 한계라고 말한 바 있다. 실제로 나는 회사에서 필요한 자연어 처리(NLP)와 관련해서 프롤로그를 활용할 방법이 없을까 궁리하고 있는데, 이는 프롤로그를 몰랐던 시절에는 상상조차 할 수 없는 일이다.

얼랭은 에릭슨이라는 스웨덴 통신사가 1980년대에 개발한 함수 언어. 최근 많은 관심을 받고 있는 액터 모델을 구현한 언어로 관심을 끌고 있다. 에릭슨의 통신 소프트웨어를 개발하기 위해서 사용되었지만 최근에는 페이스북의 채팅 프로그램, 래빗MQ, 카우치디비 등이 얼랭으로 개발되었음이 알려지면서 주목을 받고 있다. 카우치디비는 원래 C++로 개발되었지만 동시성 지원을 강화하기 위해서 얼랭으로 다시 구현되었다고 한다. 안정적인 동시성 시스템을 구축하고자 한다면 얼랭을 기억해야 할 것이다.

스칼라에 대해서는 할 말이 많다. 자바, C#과 더불어 실제로 내가 회사에서 사용하고 있는 언어이기도 하고, 회사에 있는 자바 프로그래머들이 스칼라를 공부하는 과정을 돕고 있기도 하기 때문이다. 이 책의 저자인 브루스 테이트가 루비에 애착을 가지고 있다고 한다면, 이 책의 역자인 나는 스칼라에 애정을 품고 있다. 그래서 처음에는 테이트가 스칼라에 대해 설명한 내용이 터무니없이 부족하다고 생각했지만, 번역을 마치고 나서는 스칼라를 전혀 모르는 사람이 처음으로 스칼라 코드를 작성하도록 이끌어주는 징검다리 역할을 잘 수행했다고 생각하게 되었다.

클로저는 리스프의 변종이다. 오래전에 폴 그레이엄의 『해커와 화가』를 번역하면서 리스프에 대한 내용을 읽고 리스프 언어에 경외심과 호기심을 품고 있었다. 테이트 덕분에 클로저에 입문할 수 있었고, 낯설기만 하던 '괄호의 수프'가 어떤 영양분을 담고 있는지 조금 맛을 볼 수 있었다. 국내에도 클로저를 학습하는 그룹이 있는 것으로 알고 있는데, 그런 사람들에게는 부족한 내용이겠지만 나처럼 클로저를 처음 접하는 사람들에게는 이 책에 실린 내용이 많은 도움이 될 것이다.

끝으로 하스켈. 프로그래밍 언어의 본질은 추상이다. 생각해보면 우리가 프로그래밍을 하면서 사용하는 모든 구조물과 기능은 컴퓨터 내부 깊숙이 숨어 있는 하드웨어 조각들을 추상한 가공의 개념이다. 예를 들어 배열은 실리콘을 잘게 잘라낸 조각을 몇 개 모아서 뭉쳐놓은 개념을 추상한다. 객체의 상속은 하드웨어와 직접 매핑되는 것이 아니라 객체라는 소프트웨어적 추상 사이에 존재하는 '법칙'을 개념화한 것이다. 시간이 흐르고, 소프트웨어가 복잡해지고, 우리가 감당해야 하는 일이 많아질수록, 추상은 점점 하늘로 올라간다. 하드웨어와 멀어지면서 수학이라는 순수한 추상을 향해서 달려간다.

그러한 추상의 끝, 적어도 현 단계에서 가장 높은 추상 수준을 구가하는 언어가 바로 하스켈이다. 스칼라 언어를 배울 때 자바 프로그래머들은 스칼라 문법을 이용해서 자바 코드를 작성한다. C++가 처음 등장했을 때 C 프로그래머가 객체지향 언어인 C++를 이용해서 C 코드를 작성했던 것처럼 말이다. 언어의 문법은 쉽게 받아들이지만 언어의 패러다임은 쉽게 받아들이지 못하기 때문이다. 스칼라 언어의 한쪽 끝이 자바라면, 다른 쪽 끝은 하스켈이다. 하스켈이 다루고 있는 추상과 개념을 익힌 사람은 스칼라의 본질과 패러다임을 손에 넣는 것이 어렵지 않다. 그래서 나는 스칼라를 익히려는 자바 개발자들에게 먼저 하스켈을 공부해보라고 권하곤 한다.

이 책에 포함된 하스켈 장을 읽은 독자들은 미란 리포바카가 쓴『가장 쉬운 하스켈 책』을 읽어보기 바란다. 현장에서 어떤 언어를 사용하는지와 상관없이, 프로그래머라면 한 번쯤 읽어볼 만한 도서다.

사실 테크데이즈 기조연설을 할 때, 당시 베타 상태였던 이 책의 후속편『Seven More Languages in Seven Weeks』의 내용도 이야기하고 싶었다. 하지만 시간 제약 때문에 준비한 원고를 건너뛸 수밖에 없었다. 후속편에 담긴 언어는 팩터Factor, 루아Lua, 엘름Elm, 엘릭서Elixir, 줄리아Julia, 미니간렌miniKanren, 이드리스Idris 등으로 아직 귀에 익숙하지 않은 게 대부분이다. 이 새로운 7개 언어가 가리키는 방향 역시 뚜렷하다. 그 방향을 나는 함수 패러다임, 메타프로그래밍, 동시성 지원이라고 설명했다.

이 책에 있는 예제 코드를 실제로 두드려보면서 공부하면 최선이지만, 출퇴근길에 그냥 눈으로만 읽어도 도움이 된다. 폴리글랏 프로그래밍은 더 이상 먼 미래의 이야기거나 다른 나라 이야기가 아니다. 그것은 지금 여기에서 현실이다. 그리고 이 책은 폴리글랏 나라로 들어가기 위한 여권에 해당한다. 지금 이 여권을 들고 행복한 여행을 떠나기 바란다.

번역 과정에서 일어난 실수는 온전히 내 몫이다. 잘못된 부분이 있으면 내게 메일로 문의해주기 바란다.

임백준

여러 패러다임을 안다는 것은 우리의 설계 능력에 큰 영향을 주므로, 나는 여러 패러다임을 익힐 수 있는 책들을 항상 찾고 있었다. 이 책은 주요 패러다임들을 하나로 잘 묶어 설명한다. 브루스는 다양한 언어를 배우고 사용한 경험이 있다. 독자들은 이 책에서 그의 경험과 노하우를 배울 수 있을 것이다. 일독을 권한다.

벤컷 수브라마니암 『Functional Programming in Java 8』 저자

새로운 프로그래밍 언어, 패러다임, 기법을 접하는 일은 개발자에게는 무엇보다 중요한 일이다. 이 책은 일곱 가지 중요한 언어를 간결하면서도 핵심을 짚어 설명하는 놀라운 과업을 달성했다. 각 언어의 강점과 존재 의의를 잘 드러낸, 개발자를 위한 뷔페 같은 책이라고 할 수 있다. 즉 새로운 영역이나 떠오르는 언어를 하나 정해서 전력투구하기에 앞서, 간부터 보고 싶은 개발자에게 큰 도움이 될 것이다.

안토니오 칸자노 IBM 소프트웨어 엔지니어 및 기술 이밴절리스트

벨트를 단단히 매기 바란다. 아주 빠른 속도로 여행을 떠날 테니 말이다. 이 책은 프로그래밍 언어를 배우는 얘기로 꽉 차 있다. 브루스의 몰아치는 설명으로 쓰인 이 책은 매력적이고 충분히 읽을 가치가 있다. 열정적인 프로그래머라면 이 책을 만끽할 수 있을 것이다. 새 언어를 배우는 것을 좋아하는가? 지적 도전을 즐기는가? 프로그래밍 기술을 다음 단계로 높이고 싶은가? 바로 이 책이 당신을 위한 책이다. 절대 실망하지 않을 것이다.

프레더릭 다오우드 『Stripes』 저자

'올해의 언어'를 일곱 번 배워보고 싶은가? 프로그래밍에 대해 지적 도전이 필요한가? 멀리 찾을 것 없이 이 책이면 된다. 개인적으로는 컴퓨터과학 학부 시절이 떠올랐다. 당시 나는 여러 프로그래밍 언어의 개론 강의만 골라서 좋은 학점을 받곤 했다. 차이점이 있다면, 브루스는 학점을 대충 주지 않는다는 점이다. 이 책은 만만하지 않다. 책을 읽으며 공부를 열심히 해야 할

것이다. 신나는 경험과 실전적 경험을 함께 얻게 될 것이다.

맷 스타인 세인트주드 어린이병원 연구 애플리케이션 개발부 리더

소프트웨어 개발자만은 되지 않겠다고 다짐하며 컴퓨터과학도 시절을 보냈지만 결국 개발자가 됐다. 이 책은 내가 문제를 바라보는 시선을 넓혀주었고, 내가 프로그래밍의 어떤 부분을 좋아 하는지 다시 떠올리게 해주었다.

트래비스 캐스파 노스롭그루먼

다양한 하드웨어 및 다양한 소프트웨어 언어로 25년간 프로그래밍을 해왔다. 이 책을 읽고 나 서 언어의 강점 및 약점을 객관적으로 평가하는 법을 깨닫게 되었다. 심지어 이 중 하나를 골라 실제 업무를 처리할 수 있을 것 같은 기분까지 들었다.

크리스 캐플러 레이시온 BBN 테크놀로지

2009년 12월부터 2010년 4월까지의 5개월은 내 인생에서 가장 어려운 시기였다. 아직 47세 밖에 되지 않은 형이 응급실에서 관상동맥우회술을 받아야 했다. 그런 일이 일어날 거라고는 아무도 상상조차 할 수 없었다(다행히 수술 경과가 좋아서 잘 회복했다). 3월 말에는 여동생이 유방암 진단을 받았다. 가장 충격적인 소식은 3월 초에 있었다. 어머니가 말기 암 선고를 받았다. 몇 주 뒤 어머니는 돌아가셨다.

설명할 필요도 없이 나는 이와 같은 일련의 슬픈 소식과 질병으로 가족을 잃은 상실감 앞에서 심한 고통을 받았다. 사람이라면 그러지 않을 수 없다. 하지만 이 같은 경험이 반드시 부정적인 효과만 낳은 것은 아니다. 어머니는 이제 아름다웠던 삶을 뒤로하고 평화롭게 잠들어 있다. 당신과 가족과의 유대는 강하고 만족스러웠으며, 당신은 언제나 신념을 정확하게 지키는 삶을 살았다.

어머니 린다 라일 테이트는 창조적인 에너지를 수채화에 집중했다. 작품은 주로 메디슨 가 아트갤러리와 미술 교실에 전시했다. 내가 독립해서 살기 전에 어머니에게 미술 수업을 받을 기회가 있었다. 기술적인 직업을 가지고 있는 사람에게 그런 수업은 언제나 따라가기 어려운 부분이 있었다. 나는 텅 빈 캔버스를 보면서 대작을 상상하곤 했다. 하지만 실제 그림이 그려질수록 그것은 내가 원래 생각했던 것으로부터 차츰 멀어졌다. 그림을 더는 고칠 수 없는 지경이 되어 좌절감에 빠져 있으면, 어머니는 어깨 너머로 내 그림을 보면서 그 안에서 당신이 본 것을 이야기해주었다. 재능이 가득한 어머니의 손목이 몇 번 붓질을 하고 나면 깊이감을 주는 암부와 선명한 디테일을 주는 하이라이트가 추가되었고, 나는 원래 상상했던 것에서 그렇게 멀리 떨어져 있었던 것은 아니라는 사실을 깨닫곤 했다. 원래 생각했던 작품을 재앙의 수렁에서 끌어올리는 데 필요한 것은 단지 천부적인 터치 한 번이었던 것이다. 그러면 나는 팔을 번쩍 들어 기쁨의 탄성을 지르고 교실에 있는 사람들에게 달려가서 내가 만든 작품을 보여주었다. 그들도 나와 똑같은 과정을 밟으면서 은밀한 기쁨을 맛보던 순간이 있었음을 그때는 몰랐다.

어느 정도 시간이 지나고 나서 어머니가 다른 캔버스 위에서도 그 작업을 하고 있었음을 알게 되었다. 교회와 직장을 통해 어머니는 삶이 붕괴된 사람들을 찾게 되었다. 어머니는 배우자를 잃은 사람, 결혼 생활이 파괴된 사람 등을 교실로 불러 그림을 가르치며 굳게 닫힌 마음의 문을 조금이라도 열려고 애를 썼다. 내가 어머니와 마지막 한 주를 보내고 있을 때, 선생님을 잃게 된다는 생각에 슬픔에 잠긴 사람들이 꼬리를 물며 어머니를 방문했다. 그때마다 어머니는 그들 상황에 맞는 농담을 던지고, 위로하러 온 사람을 오히려 적절한 말로 위로해주었다. 나는 이렇게 장인의 손길로 휘청거리던 삶을 바로잡은 인간 캔버스들을 만날 수 있었다. 그것은 마음을 겸허하게 만드는 경험이었다.

내가 이 책을 어머니에게 바치겠다고 말했을 때, 그렇게 해도 좋다고 말했지만 사실 어머니는 컴퓨터와 아무 상관이 없는 분이었다. 그렇게 말해도 좋은 것이, 어머니는 윈도우라는 말만 들어도 두 손을 드는 분이었다. 하지만 어머니는 나라는 인간의 모든 것에 밀접하게 연결되어 있는 분이다. 어머니의 시의적절한 격려는 내게 영감을 불어넣었고, 창조성에 대한 사랑은 오늘의 나를 만들었고, 삶에 대한 열정과 애정은 심지어 지금까지 내 길잡이 역할을 하고 있다. 이러한 경험에 대해 생각하고 있자니 기분이 조금은 더 나아지고 조금은 더 강해지는 것 같다. 나 역시 장인에 의해 빚어진 하나의 캔버스이므로.

애정을 담아, 이 책을 린다 라일 테이트(1936~2010)에게 바친다.

감사의 말

이 책은 내가 쓴 책 중에서 가장 힘들었던 책이다. 돌아오는 기쁨도 가장 컸다. 여러 가지 방식으로 도움을 준 사람들이 이 책을 가능하게 했다. 우선 누구보다도 가족에게 감사를 전한다. 케일라와 줄리아, 너희의 글은 나를 놀라게 한다. 너희는 아직 자신이 성취할 수 있는 것이 무엇인지 알지 못하고 있다. 메기, 너는 나의 기쁨이고 영감이다.

루비 커뮤니티에서는 내 경력 전체를 뒤흔든 언어로 나를 인도하고 많은 재미를 맛보도록 도움을 준 데이브 토머스에게 고마움을 전한다. 내게 보여준 우정, 그리고 이 책의 독자를 위해서 자신의 생각을 공유해준 마츠에게도 고마움을 전한다. 나를 일본에 초청해서 루비가 탄생한 나라를 볼 수 있도록 해주었는데, 그 경험이 나에게 얼마나 엄청난 영감을 주었는지 말로 설명할 수 없다. 찰스 너터, 에번 피닉스, 팀 브레이에게는, 이 책에 담긴 주제를 놓고 그들과 나눴던 모든 대화들, 이 책에 담긴 메시지를 다듬고 형성하는 데 도움을 주었던 대화들에 대해 고마움을 전한다.

Io 커뮤니티에서는 제러미 트레거너가 이 책에 담긴 멋진 예제들을 공유해주었고 또한 커뮤니티 내부로 인도해주었다. 특히 그가 검토해준 내용이 정말 도움이 됐다. 시의적절한 검토 덕분에 Io 장을 좋은 내용으로 채울 수 있었다. 스티브 디코트는 시장이 그것을 인식하는지 여부와 상관없이 정말로 특별한 소프트웨어를 만들었다. Io의 동시성 기능은 강력하고, 언어는 태생적인 아름다움을 보유하고 있다. 이 언어가 얼마나 잘 만들어졌는지 감탄스럽다. 나라는 초보자가 그의 코드를 디버깅할 수 있게 도와주었던 것도 고맙다. 사려 깊은 검토, 그리고 나와 수행한 인터뷰도 Io의 본질을 포착하는 데 큰 도움을 주었다. 그는 베타 리더들의 마음을 간파했고 많은 언어 중에서 가장 사랑받는 언어를 만들어내주었다.

프롤로그 커뮤니티에서는 독자를 위해 자신의 놀라운 경험을 공유해준 브라이언 타복스에게 고마움을 전한다. 노바에서 진행한 돌고래 프로젝트는 프롤로그 장에 확실히 극적인 요소를 가미해주었다. 조 암스트롱에게도 특별한 감사를 전한다. 그가 제공해준 피드백이 프롤로그 장, 그리고 이 책 전체에 미친 영향을 볼 수 있을 것이다. 지도 색칠하기 예제를 제공해준 것도 고맙고, append 개념을 알려준 것도 고맙다. 정확한 시간에 정확한 방식으로 전달된 예제들이었다.

스칼라 커뮤니티에서는 내 가까운 친구인 벤컷 수브라마니암에게 고마움을 전한다. 벤컷이 쓴 스칼라 책은 내용이 풍부하고 이해하기도 쉽다. 나는 그 책에 많이 의존했다. 그가 검토해준 내용과 책을 써나가는 동안 제공해준 도움이 고맙다. 내게 나누어준 약간의 시간 덕분에 엄청난 고민을 덜 수 있었고 가르침이라는 본연의 주제에 집중할 수 있었다. 자신의 생각을 이 책의 독자들과 공유하기 위해 이방인인 나를 도와준 마틴 오더스키에게도 고맙다. 스칼라는 함수 프로그래밍 패러다임을 객체지향 패러다임과 통합하기 위한 독특하고 용감한 시도를 진행했다. 그의 도움에 깊은 감사를 보낸다.

클로저 커뮤니티에서는 스튜어트 할로웨이에게 고마움을 전한다. 내용 검토는 물론 독자를 위해 더 좋은 책을 만들 수 있도록 나를 격려해줬다. 그의 클로저에 대한 통찰과 안목은 내가 중요한 것이 무엇인지 이해하는 데 도움이 되었다. 스튜어트의 책은 클로저 장에 많은 영향을 주었고 내가 문제를 해결하는 접근법을 정하는 데 실제적인 변화를 만들기도 했다. 컨설팅을 수행하는 방법도 배울 점이 많았다. 그는 업계에서 매우 필요로 하는 단순성과 생산성을 가능하게 만들었다. 이 언어가 어떻게 만들어져야 하는지 그리고 리스프의 변종이 어떤 모습을 가져야 하는지에 대한 리치 히키의 사려 깊은 통찰에도 고마움을 전한다. 클로저에 포함되어 있는 어떤 아이디어들은 대단히 급진적이지만 상당히 실전적이기도 하다. 리스프 혁명을 지속할 새로운 방법을 발견한 것을 축하한다.

하스켈 커뮤니티에서는 하스켈을 만드는 과정을 내부에서 바라볼 수 있는 기회를 준 필립 와들러에게 감사를 보낸다. 우리는 가르침이라는 부분에 대한 열정을 공유했고, 필립은 훌륭한 선생님이었다. 훌륭한 통찰, 그리고 독특한 시각이 돋보이는 인터뷰를 제공해준 사이먼 페이튼-존스에게도 고마움을 전한다.

리뷰어들도 훌륭한 작업을 수행해주었다. 블라디미르 G. 이바노비치, 크레이그 리키, 폴 부처, 프레드 다오우드, 애런 베드라, 데이비드 아이싱어, 안토니오 칸자노, 브라이언 타복스에게 고마움을 전한다. 내가 보았던 검토팀 중 최고였다. 덕분에 이 책은 더 좋은 내용을 담을 수 있었다. 초고를 검토하는 일이 얼마나 고된 일인지 나는 잘 알고 있다.

기술적인 서적을 계속 읽는 사람들에게도 고마움을 전한다. 그런 사람들이 없으면 출판 업계가 존속할 수 없다.

내가 언어를 선택하는 과정 및 프로그래밍 철학 일반에 대해서 생각을 공유해준 사람들에게도 고마움을 전한다. 닐 포드, 존 하인츠, 마이크 퍼햄, 이언 워샥 등이 다양한 수준에서 중요한 도움을 주었다. 그들과의 대화는 나를 전보다 더 똑똑한 존재로 만들어주었다.

이 책을 읽으면서 내가 계속 작업을 수행할 수 있도록 해준 베타 리더들에게도 고마움을 전한다. 이들이 지적한 내용을 생각해보면 단순히 책을 훑어본 것이 아니라 실제로 프로그래밍 언어를 놓고 작업을 수행했다는 점을 알 수 있었다. 지금까지 나는 수백 개의 지적을 받아왔고, 이 책의 라이프사이클이 진행되는 동안 더 많은 지적이 있을 거라고 기대하고 있다.

끝으로 프래그매틱 북셸프 팀에 진정한 고마움을 보낸다. 데이브 토머스와 앤디 헌트는 프로그래머로서 그리고 저자로서의 내 경력에 이루 말할 수 없는 영향을 주었다. 그들의 출판 플랫폼은 내가 글을 쓰는 것이 가능하게 만들어주었다. 덕분에 일반 대중에게는 큰 관심을 끌지 못하고 금전적으로 큰 의미가 없을 이런 책을 출판하는 것이 가능했다. 출판사의 모든 직원에게도 고마움을 전한다. 재키 카터의 친절한 도움과 가이드는 이 책을 쓰는 동안 내가 정말로 필요로 했던 것이었다. 나와 가졌던 대화를 내가 그랬던 것만큼 즐겼기를 바란다. 이 책에 좋은 내용을 담기 위해서 전면에 나서지 않고 묵묵히 작업을 수행한 모든 사람에게도 고마움을 전한다. 특히 이 책이 좋은 외관을 가지도록 만들어주고, 내가 가진 나쁜 습관의 흔적을 지우기 위해서 묵묵히 작업을 수행한 사람들에게 고맙다. 카피 편집자인 킴 윔프셋, 색인을 담당한 세스 마이슬린, 조판을 담당한 스티브 피터, 제작자인 재닛 퍼로에게 고맙다. 그들의 도움이 아니라면 이 책은 현재의 모습을 가질 수 없었을 것이다.

이런 훌륭한 팀의 손을 피해서 책에 담긴 실수가 있으면 온전히 내 책임이다. 고마움을 표시하지 못한 사람들이 있으면 미리 사과를 전한다. 일부러 간과한 것은 아니다.

끝으로 독자들에게 고마움을 전한다. 이런 종이로 만들어진 책은 그 자체로 가치가 있다고 생각한다. 이런 책을 읽는 여러분이 있기에 나는 책을 쓰고자 하는 내 열정을 좇을 수 있다.

브루스 테이트

머리말

아직 쓰여지지 않은 글 '프루스트는 어떻게 당신을 더 좋은 프로그래머로 만들어줄 수 있는가'(조 암스트롱) 중에서 발췌

> "지메일 편집기는 따옴표를 인쇄 모습대로 표시하지 못하는군."
>
> 마저리가 대답했다. "창피한 일이지. 문맹 프로그래머와 퇴폐적인 문화의 흔적이야."
>
> "우리가 뭔가 할 수 있는 일이 없을까?"
>
> "다음에는 『잃어버린 시간을 찾아서』를 완독한 프로그래머를 뽑으라고 주장해야 해."
>
> "7권을 모두?"
>
> "물론 7권 모두."
>
> "그렇게 하면 철자법에 더 익숙해져서 따옴표를 제대로 표시할 수 있을까?"
>
> "꼭 그렇진 않겠지. 하지만 그걸로 더 나은 프로그래머가 될 수는 있을 거야. 마치 명상 같은 거지…."

프로그래밍을 배우는 것은 수영을 배우는 것과 비슷하다. 아무리 많은 이론도 실제로 물에 들어가 허우적대며 공기를 마시기 위해 입을 뻐끔거리는 행위를 대신할 수 없다. 물에 처음 잠기게 되면 패닉 상태에 빠진다. 하지만 물 위로 떠올라서 공기를 마시면 의기양양한 기분이 된다. 이런 생각이 드는 것이다. '나도 이제 수영을 할 수 있네.' 적어도 내가 수영을 배울 때는 그런 기분이 들었다.

프로그래밍도 마찬가지다. 첫걸음이 가장 어렵다. 따라서 물에 뛰어들라고 말하는 선생님이 필요하다.

브루스 테이트는 그런 선생님이다. 이 책은 프로그래밍을 배울 때 가장 어렵게 생각되는 부분을 시작하게 하는 기회를 제공한다.

관심이 있는 언어의 인터프리터나 컴파일러를 내려받아 설치하는 어려운 작업을 끝냈다고 생

각해보자. 이제 처음으로 작성하는 프로그램은 어떤 모습이어야 하는가?

브루스는 이 질문에 대해 깔끔한 답변을 내놓는다. 이 책에서 설명하는 코드를 있는 그대로 타이핑하고 그가 말하는 것과 같은 결과가 나오는지 확인해보라. 아직 자신만의 코드를 작성하는 것은 생각하지 말고, 이 책에 있는 예제를 그대로 만들어보라. 확신이 생기기 시작하면 자신의 프로그래밍 프로젝트를 시작할 수 있게 될 것이다.

새로운 기술을 익히기 위한 첫 번째 단계는 언제나 자신만의 무엇을 하는 게 아니라 다른 사람들이 이미 해놓은 일을 모방하는 것이다. 기술을 익히기 위해서는 이렇게 하는 것이 최선이다.

새로운 언어를 이용해 프로그래밍을 시작한다는 것은 해당 언어에 담긴 원리를 깊게 이해하는 일이 아니다. 그것은 오히려 세미콜론이나 쉼표를 정확한 위치에 찍는 법을 배우는 일이고, 실수를 저질렀을 때 시스템이 뱉어내는 이상한 에러 메시지를 이해하는 일이다. 새로운 언어의 구조물들이 가지고 있는 의미를 생각하기 전에 우선 프로그램을 정확하게 입력하고 컴파일러의 작업을 통과해야 한다.

프로그램을 입력하고 실행하는 기계적인 단계를 통과했으면 이제 뒤로 물러앉아 쉬어도 좋다. 무의식이 나머지 일을 수행할 것이다. 전면에 나서는 의식은 여전히 세미콜론을 어디에 입력해야 하는지를 고민하지만, 무의식은 표면 구조 내면에 도사리고 있는 깊은 의미를 이해하기 위해서 작업을 수행한다. 그러다 어느 날 잠에서 깨었을 때, 논리 프로그램의 깊은 의미 혹은 특정한 언어가 왜 특정한 구조물을 가지고 있는지에 대해 이해가 확 몰려오는 경험을 하게 될 것이다.

다양한 언어를 조금씩 알아두는 것은 유용한 스킬이다. 나는 특정한 문제를 해결하기 위해 파이썬 혹은 루비를 약간씩 알 필요성을 느끼곤 한다. 내가 인터넷에서 내려받는 프로그램은 다양한 언어로 작성되어 있기 때문에 사용하기 전에 약간 수정을 가해야 하는 경우가 대부분이다.

각 언어는 저마다의 관용 문법, 강점, 약점이 있다. 여러 프로그래밍 언어를 배움으로써 자기가 해결해야 하는 문제에 가장 어울리는 언어가 무엇인지를 판단할 수 있는 역량을 갖추게 된다.

나는 프로그래밍 언어에 대한 브루스의 취향이 뚜렷해서 좋다. 그는 루비처럼 이미 기반을 갖추고 있는 언어만이 아니라 Io처럼 잘 알려지지 않은 언어도 책에 포함했다. 프로그래밍이라는 것은 궁극적으로 이해, 어떤 아이디어에 대한 이해와 관련된 것이다. 따라서 새로운 아이디어에 노출되는 것은 기본적으로 프로그래밍이 무엇인가에 대한 깊은 이해에 노출되는 것을 의미한다.

명상 고수는 우리에게 수학을 더 잘하기 위해서는 라틴어를 더 잘 알아야 한다고 말할지도 모른다. 프로그래밍도 마찬가지다. 객체지향 프로그래밍의 본질을 더 잘 이해하려면, 논리 프로그래밍 혹은 함수 프로그래밍을 공부해야 한다. 함수 프로그래밍을 더 잘 이해하려면, 어셈블러를 공부해야 한다.

내가 프로그래머로서 성장하던 시절에는 비교 대상이 되는 여러 프로그래밍 언어에 대한 책들이 인기를 끌었다. 하지만 대부분의 책은 학술적인 내용이었기 때문에 해당 언어를 이용하는 실전적인 방법에 대해서는 거의 이야기하지 않았다. 이것은 테크놀로지 시대라고 불리는 당대의 분위기를 반영한다. 어떤 언어가 담고 있는 아이디어에 대해서 읽는 것은 가능했지만, 그것을 실제로 적용해보는 것은 거의 불가능했다.

오늘날에는 아이디어를 읽는 것만이 아니라 그것을 실제로 적용해보는 것도 가능하다. 이것은 연못가에 앉아 수영을 하는 것이 좋을지 여부를 숙고하는 것과 실제로 물을 즐기는 것 사이에 존재하는 차이와 같다.

이 책을 모두에게 권한다. 그리고 내가 즐긴 만큼 즐기기를 바란다.

조 암스트롱, 얼랭 창시자
2010년 3월 2일, 스톡홀름

CONTENTS

CHAPTER 1 서문

CHAPTER 2 루비

CONTENTS

CHAPTER **3** Io

CONTENTS

CHAPTER 5 스칼라

CONTENTS

CHAPTER **7 클로저**

CONTENTS

CONTENTS

서문

사람들은 저마다 다른 목적으로 언어를 배운다. 당신이 첫 번째 언어를 배운 이유는 생계를 위해서였을 것이다. 그렇게 익힌 언어가 생계를 영위하기 위한 기본적인 도구가 되었을 것이다. 두 번째 언어를 배웠다면 아마 목적이 처음 언어와는 달랐을 것이다. 직장 경력이나 변화하는 환경에 적응하기 위해서 배웠을 것이다. 하지만 반드시 배워야 하기 때문이 아니라 배우고 싶은 욕구가 생겨 새로운 언어를 배우는 경우도 있다. 이렇게 습득한 두 번째 언어는 새로운 세계를 만나게 해준다. 새로운 언어를 배우면 사고방식 자체가 새로워진다. 그런 사실을 깨달으면서 새로운 문명을 만나기 위해 새로운 언어를 배우는 것인지도 모른다.

프로그래밍 언어도 마찬가지다. 이 책에서 나는 일곱 가지 언어를 소개할 것이다. 그렇다고 해서 아침마다 영양제 캡슐을 코앞에 들이미는 어머니처럼 행동하겠다는 뜻은 아니다. 나는 당신이 새로운 문명에 눈뜨도록 해주고, 그리하여 프로그래밍을 수행하는 방식 자체가 전과 달라지도록 해주는 여행에서 길잡이 역할만 수행할 것이다. 당신을 새로운 언어의 전문가로 만들어주지는 않겠지만, 화면에 'Hello, World'를 찍는 것보다는 많은 내용을 가르쳐줄 것이다.

1.1 혼돈 속의 질서

새로운 언어나 프레임워크를 배울 때 나는 우선 편리하게 상호작용할 수 있는 튜토리얼이 있는지 찾아본다. 잘 통제된 환경에서 해당 언어를 경험해보는 것이 일차적인 목적이다. 원한다면 그렇게 스크립트로 통제되는 환경을 벗어나서 더 많은 것을 탐색해볼 수도 있겠지만, 처음 단계에서 필요한 것은 한 모금의 카페인, 그 안에 넣을 문법 몇 스푼, 그리고 핵심적인 개념뿐이다.

하지만 이러한 경험만으로는 보통 불충분하다. 내가 원하는 것이, 이미 알고 있는 내용을 약간 변형하는 수준을 넘어서는 새로운 언어의 진정한 향취라면, 너무 짧은 설명서는 원하는 내용을 결코 제대로 전달해줄 수 없다. 나는 아주 빠르게, 깊숙이 들어가는 제대로 된 다이빙을 하고 싶다. 이 책은 바로 그와 같은 경험을 한 번이 아니라 일곱 번에 걸쳐서 제공하고자 한다. 이 책을 읽고 나면 다음과 같은 질문에 답을 얻을 수 있을 것이다.

| 타이핑 모델이란 무엇인가? |

타이핑은 강할 수도 있고(자바), 약할 수도 있다(C). 정적일 수도 있고(자바), 동적일 수도 있다(루비). 이 책에 등장하는 언어들은 대개 강한 타이핑이라는 스펙트럼의 한쪽 끝에 다가가겠지만, 정적 타이핑과 동적 타이핑과 관련해서는 대체로 균형을 이룰 것이다. 이러한 타이핑 모델과 관련된 선택이 개발자에게 미치는 영향에 대해서도 알게 될 것이다. 타이핑 모델은 당신이 문제에 접근하는 방식과 언어가 작동하는 방식을 통제하는 데 영향을 미친다. 이 책에 등장하는 언어들은 모두 자신의 타이핑 모델 측면에서 독특한 특징을 가지고 있다.

| 프로그래밍 모델은 무엇인가? |

객체지향인가, 함수형인가, 절차적인가, 혹은 그들이 결합된 모델인가? 이 책에 나오는 언어들은 네 가지 프로그래밍 모델 혹은 그들이 결합된 모델을 고루 사용할 것이다. 논리 중심 프로그래밍 언어를 하나 만나게 될 것이고(프롤로그), 객체지향 개념을 충실하게 지원하는 언어를 두 개 만나게 될 것이고(루비와 스칼라), 본질적으로 함수형이라고 말할 수 있는 언어를 네 개 만나게 될 것이며(스칼라, 얼랭, 클로저, 하스켈), 프로토타입 언어를 하나 보게 될 것이다 (Io). 몇몇 언어는 스칼라처럼 복수 패러다임을 구사하는 언어에 속한다. 클로저의 멀티메서드는 심지어 스스로의 패러다임을 구현할 수도 있게 만들어준다. 새로운 프로그래밍 패러다임을 학습하는 것은 이 책에서 가장 중요한 개념이 될 것이다.

| 언어와 어떻게 상호작용할 것인가? |

언어는 컴파일되거나 인터프리트된다. 어떤 언어는 가상 머신을 가지고 있고, 어떤 언어는 가지고 있지 않다. 이 책에서는 해당 언어가 상호작용을 위한 셸shell을 가지고 있으면 거기에서부터 시작할 것이다. 그리고 더 커다란 프로젝트를 수행할 필요가 있으면 그때 파일을 이용해서 코딩할 것이다. 그렇지만 패키지 모델을 동원해야 할 정도로 커다란 프로젝트를 사용하는 경우는 없을 것이다.

| 논리 흐름을 제어하는 키워드와 핵심 자료구조는 무엇인가? |

얼마나 많은 언어가 if와 while 같은 키워드를 사용하지 않고도 논리 흐름을 제어할 수 있는지 알면 놀랄 것이다. 얼랭에서 사용하는 패턴매칭이나 프롤로그에서 사용하는 단일화를 만나게 될 것이다. 스몰토크나 리스프 같은 언어가 사용하는 컬렉션은 그 자체로 언어의 특징을 정의한다. 반면 C++나 자바 같은 언어에서 사용되는 컬렉션은 단일한 속성이 결여되어 있다는 점에서 사용자 경험에 영향을 미친다. 어느 쪽이든 당신은 각각의 언어가 사용하는 컬렉션에 대해 어느 정도 이해하게 될 것이다.

| 해당 언어를 고유하게 만들어주는 핵심적인 기능은 무엇인가? |

어떤 언어는 동시성 프로그래밍을 위한 고급 기능을 지원할 것이다. 어떤 언어는 클로저의 매크로나 Io의 메시지 해석 같은 고수준의 구성요소를 제공한다. 어떤 언어는 얼랭의 BEAM과 같이 기능이 뛰어난 가상 머신을 제공하기도 할 것이다. 이러한 가상 머신 덕분에 얼랭은 다른 언어를 사용할 때에 비해서 고장 방지 기능이 탁월한 분산시스템을 빠르게 구현할 수 있도록 해준다. 어떤 언어는 일정한 제약을 극복하기 위해서 독특한 논리를 사용하는 등 특정한 문제를 해결하고자 할 때 레이저보다 날카로운 프로그래밍 모델을 제공하기도 한다.

이 책을 다 읽고 나서 이 언어들의 전문가가 되어 있진 않겠지만, 각각의 언어가 어떤 고유한 기능을 제공하는지에 대해서는 잘 알게 될 것이다. 이제 언어들에 대해 살펴보자.

1.2 언어들

이 책에 포함된 언어를 선택하는 과정은 당신이 상상하는 것보다는 훨씬 쉬웠다. 잠재 독자들에게 물어보는 것만으로 충분했기 때문이다. 수집된 데이터를 검토했을 때 최종적으로 목록에는 여덟 가지 언어가 남아 있었다. 일단 자바스크립트는 명단에서 제외했다. 너무나 잘 알려진 언어이기 때문이다. 그래서 프로토타입 언어 중에서 두 번째로 유명한 Io로 대체했다. 그리고 파이썬도 제외했다. 객체지향 언어를 두 개 이상 집어넣고 싶지 않았는데, 루비가 이미 목록 상위에 있었기 때문이다. 이렇게 두 가지 언어를 제외하고 나자, 놀랍게도 상위 10위 안에 드는 언어이긴 하지만 고려하지 않았던 프롤로그가 후보로 떠오르게 되었다. 이런 과정을 거쳐서 일곱 가지 언어에 프롤로그가 최종적으로 선택되었다. 이 언어들이 선택된 이유는 다음과 같다.

| 루비 |

이 객체지향 언어는 사용의 편리함과 가독성 때문에 높은 평점을 얻고 있다. 나는 잠깐이지만 객체지향 언어를 모두 제외할까도 고민했는데, 무엇보다도 나 자신이 여러 가지 다양한 프로그래밍 패러다임을 객체지향이라는 패러다임과 비교해보고 싶었기 때문에 객체지향 언어를 적어도 하나 포함하는 것은 의미가 있다고 생각했다. 그리고 나는 다른 프로그래머에 비해서 루비에 대한 애착이 있는 입장이라서, 루비라는 언어의 설계에 담긴 핵심적인 내용을 전달하고 싶은 욕심이 있었다. 그래서 루비의 문법을 확장해주는 메타프로그래밍 기능을 깊게 다루기로 결정을 내렸다. 그리고 결과에 만족한다.

| Io |

프롤로그와 함께, Io는 내가 포함시킨 언어 중에서 가장 논란이 된 언어다. 상업적으로 성공을 거둔 언어는 아니지만, 간결하고 단일한 문법을 갖춘 동시성 지원 기능은 상당히 중요한 개념이다. 최소한을 추구하는 문법은 강력하고, 리스프를 닮은 부분은 때론 놀라움을 자아낸다. Io는 매우 작은 크기를 가지며, 자바스크립트와 같은 프로토타입 언어에 해당하고, 사람들이 흥미를 가질 만한 독특한 메시지 전달 메커니즘을 가지고 있다.

| 프롤로그 |

오래된 언어라는 사실은 나도 잘 알고 있다. 하지만 극도로 강력하다. 프롤로그를 이용해서 스도쿠 문제를 해결하는 과정은 나에게 눈이 번쩍 뜨이는 경험이었다. 프로롤그를 이용하면 별로 힘이 들지 않았을 문제를 나는 자바나 C를 이용해서 작업한 경험이 있다. 얼랭을 개발한 조 암스트롱은 실제로 얼랭에 영향을 주었던 프롤로그의 면모에 대해 내가 충분히 이해할 수 있도록 도움을 주었다. 이 언어를 사용한 적이 없는 사람이라면 아마도 기쁨과 놀라움을 경험하게 될 것이다.

| 스칼라 |

자바 가상 머신에서 사용되는 차세대 언어의 하나다. 스칼라는 자바 생태계에 강력한 함수형 개념을 가져다주었다. 스칼라는 OOP도 지원한다. 과거를 되짚어보면, 절차적 언어와 OOP를 잇는 다리 역할을 했던 C++와 매우 닮은 모습을 발견하게 된다. 스칼라 커뮤니티를 깊게 파고들수록, 왜 스칼라가 순수 함수형 프로그래머들에게는 이단처럼 인식되고 자바 개발자들에게는 구원처럼 인식되는지 알게 될 것이다.

| 얼랭 |

이 책에 포함된 언어 중 가장 오래된 언어의 하나다. 얼랭은 동시성, 분산, 고장 방지 기능을 제대로 구현한 언어로서 많은 관심을 끌고 있다. 최근 떠오르고 있는 클라우드 기반 데이터베이스인 카우치디비의 창시자는 코드를 구현하기 위한 언어로 얼랭을 선택한 다음, 뒤도 돌아보지 않았다. 분산 기능을 갖춘 이 언어를 맛보고 나면, 그러한 선택에 대한 이유를 알게 될 것이다. 얼랭은 동시성, 분산, 고장 방지 기능을 설계하는 과정이 상상했던 것 이상으로 쉽다는 것을 깨닫게 해준다.

| 클로저 |

또 하나의 JVM 언어다. 리스프의 변종인 이 언어는 JVM상의 동시성에 대한 우리의 사고방식을 근본적으로 바꾸어줄 것이다. 클로저는 이 책에 포함된 언어 중, 동시성을 지원하기 위해 버저닝이라는 방법을 이용하는 데이터베이스와 비슷한 전략을 사용하는 유일한 언어다. 클로저는 리스프의 변종이기 때문에 코드를 간결하게 압축할 수 있으며, 아마도 이 책에 담긴 언어 중에서 가장 유연한 프로그래밍 모델을 제공할 것이다. 하지만 리스프의 다른 변종들과 달리 코드에 나타나는 괄호의 수를 대폭 줄였고, 수많은 자바 라이브러리와 폭넓게 사용되는 배포 플랫폼 등 거대한 생태계를 활용할 수 있다.

| 하스켈 |

이 책에 담긴 언어 중 유일한 순수 함수 언어다. 그 말은 곧 변경 가능한 상태를 어디에서도 발견할 수 없다는 뜻이다. 동일한 입력 매개변수를 받아들이는 동일한 함수는 언제나 동일한 출력을 내보낸다. 강한 타이핑 시스템을 사용하는 모든 언어 중에서도 하스켈은 가장 존경받는 타이핑 모델을 갖추고 있다. 프롤로그처럼 하스켈을 이해하는 데에도 약간의 노력이 필요하다. 하지만 그 노력의 결과는 그만한 가치를 가질 것이다.

당신이 가장 좋아하는 언어가 포함되지 않았다면 미안하다. 진심이다. 나는 이미 몇몇 언어 신봉자들로부터 내 선택을 비난하는 메일을 받은 바 있다. 앞에서 언급한 여론조사에서는 원래 스무 개가 넘는 언어를 포함했었다. 최종적으로 선택된 언어들이 반드시 최선의 언어일 이유는 없다. 하지만 각각의 언어는 그 자체로 고유하며 배움을 얻을 만한 중요한 내용을 포함하고 있다.

1.3 이 책을 사라

경쟁력 있는 프로그래머로 계속 성장하고 싶다면 이 책을 구입하라. 약간 의심쩍은 주장처럼 들릴지도 모르겠으나, 일단 내 말을 믿기 바란다.

1.3.1 배움을 위한 배움

데이브 토머스는 이 책을 출간한 출판사의 창업자 중 한 명이다. 그는 학생들에게 해마다 하나의 새로운 언어를 배우라고 주장해왔다. 언어를 배우면, 최소한 자기가 원래 사용하는 언어 속에 새로운 개념을 펼치는 방법을 깨우치게 된다.

이 책을 쓰는 과정은 내가 작성하는 루비 코드에 심오한 영향을 주었다. 내 코드는 함수형에 더 가깝게 되었고, 반복이 줄어들어 읽기에도 편해졌다. 변경 가능한 변수를 사용하는 횟수가 줄었고, 코드 블록이나 고계함수를 더 잘 다룰 수 있게 되었다. 또한 루비 커뮤니티에서 잘 사용하지 않는 새로운 기법도 사용하게 되었는데, 그러한 기법을 통해 내 코드를 더 간결하고 쉽게 읽히도록 만들 수 있었다.

경우에 따라서는 새로운 경력을 쌓을 수 있게 될지도 모른다. 대략 10년을 주기로 프로그래밍 패러다임은 변화한다. 자바 언어가 점점 더 제한적으로 느껴짐에 따라 나는 루비가 웹 개발에 어떤 식으로 도움을 주는지 자세하게 살펴보게 되었다. 한두 차례에 걸쳐 개인 프로젝트를 성공적으로 수행한 다음, 나는 내 경력 전체를 새로운 방향을 향해 바꾸었고, 그 이후로 다시는 뒤를 돌아보지 않았다. 나의 루비 경력은 매우 단순한 실험으로부터 시작되어 차츰 진지한 것으로 변해나갔다.

1.3.2 어려운 시대에 대한 도움

이 책을 읽는 독자 다수는 이 업계에서 프로그래밍 패러다임이 변화를 겪던 시기를 기억할 정도로 나이가 많지는 않을 것이다. 객체지향 프로그래밍을 향한 변화는 몇 차례 실패를 경험하긴 했지만, 낡은 구조적 프로그래밍 패러다임은 기본적으로 현대 웹 프로그래밍에 담긴 복잡성을 다룰 만한 능력 자체가 없었다. 크게 성공을 거둔 자바는 우리가 바로 그러한 방향을 향해서 나아가도록 도움을 주었고, 마침내 새로운 패러다임이 자리를 잡게 되었다. 당시의 많은 개발자가 낡은 패러다임과 기술에 사로잡혀 있었기 때문에, 새로운 패러다임에 적응하기 위해서는 사고방식, 사용하는 도구, 애플리케이션을 설계하는 방법 등을 모두 새롭게 바꾸어야 했다.

우리는 지금 새로운 변화의 한복판에 놓여 있는지 모른다. 이번에는 새로운 컴퓨터 설계 방식이 변화의 기본 동력이 될 것이다. 이 책에 포함된 일곱 개 언어 중 다섯 개가 대단히 흥미로운 동시성 모델을 가지고 있다(루비와 프롤로그만이 예외다). 당신이 사용하는 프로그래밍 언어를 지금 당장 바꿀지 여부와 상관없이, 나는 이 책에 포함된 언어들이 당신에게 흥미로운 내용을 전달해줄 거라고 말할 수 있다. Io가 퓨처를 구현하는 방식, 스칼라가 액터를 구현한 방식, 혹은 얼랭의 '크래시하도록 내버려두라Let it crash'라는 철학을 살펴보라. 어떻게 하스켈이 변경 가능한 상태를 사용하지 않고, 클로저가 동시성 문제와 관련해 가장 어려운 문제를 해결하는 데 버저닝을 사용하는지 이해해보라.

생각지 않았던 부분에서도 놀라운 통찰을 얻게 될 것이다. 클라우드 방식을 사용하는 여러 데이터베이스 배후에서 사용되고 있는 얼랭이 좋은 예다. 조 암스트롱 박사는 프롤로그를 기반으로 해서 얼랭을 만들었다.

1.4 이 책을 사지 말라

이번 절의 내용을 읽고 동의하기 전까지는 이 책을 사지 말라. 나는 당신과 계약을 맺을 것이다. 당신은 내가 언어를 설치하는 시시콜콜한 과정이 아니라 프로그래밍 언어 자체에 대해 집중하는 것에 동의해야 한다. 내가 해야 하는 일은 아주 짧은 시간에 많은 내용을 가르쳐주는 것이다. 당신은 구글 검색을 종종 사용해야 할 것이며, 언어를 설치하는 과정 등에 대해 내 설명에만 전적으로 의존해서는 안 된다. 하지만 이 책을 모두 읽고 나면, 그만큼 언어의 내용 자체를 깊숙이 다루었기 때문에 더 많은 내용을 파악할 수 있게 될 것이다.

일곱 가지 언어를 다루는 것은 당신과 나, 모두에게 대단히 야심 찬 과업이라는 점을 이해하기 바란다. 독자인 당신은 일곱 가지 서로 다른 문법, 네 가지 프로그래밍 패러다임, 40년에 걸친 언어 개발, 그리고 그 이상의 내용을 익히기 위해 두뇌를 최대한으로 가동시켜야 할 것이다. 저자로서 나는 당신을 위해 어마어마하게 광범위한 주제를 다루어야 한다. 나는 일곱 개 중 몇 개 언어는 오직 이 책을 쓰기 위한 목적으로 익혔다. 각각의 언어가 가지고 있는 가장 중요한 내용을 성공적으로 파악하기 위해서, 때에 따라 나는 상황을 단순화하는 작업을 수행해야만 했다.

1.4.1 문법 이상의 내용

언어를 설계한 사람의 두뇌 속으로 들어가보려면 기본적인 문법 이상의 내용으로 나아갈 준비를 해야 할 것이다. 그것은 단순한 'Hello, World' 혹은 피보나치 수열 그 이상의 코딩을 해야 한다는 뜻이다. 루비를 살펴볼 때에는 약간의 메타프로그래밍을 하게 될 것이다. 프롤로그에서는 스도쿠 문제 전체를 풀어볼 것이다. 그리고 얼랭에서는 다른 프로세스를 감시하다가 만약 프로세스가 중단되면 새로운 프로세스를 시작하거나 사용자에게 통보하는 코드를 작성하게 될 것이다.

기본적인 내용보다 더 깊숙한 내용을 살펴봐야 하므로, 나는 당신에게 하나의 약속과 하나의 타협을 제시한다. 약속은 이렇다. 피상적인 겉핥기에 그치지 않겠다. 타협은 이렇다. 당신이 해당 언어를 본격적으로 다루는 책에서 기대할 만한 기초적인 내용 중에서 이 책에 포함되지 않은 부분이 있을 것이다. 예외를 처리하는 부분은 그것이 언어의 근본적인 기능이 아닌 한 거의 다루지 않을 것이다. 이 책에서는 작은 규모의 프로젝트만 수행할 것이기 때문에 패키지를 만드는 방법에 대해서도 살펴보지 않을 것이다. 그리고 이 책에서 다루는 문제를 해결할 때에는 필요하지 않은 초보적인 수준의 기능에 대해서도 살펴보지 않을 것이다.

1.4.2 언어 설치 가이드가 아니다

제일 어려운 일 중의 하나는 플랫폼과 관련된 것이다. 나는 다양한 플랫폼을 사용하는 책의 독자들로부터 직접 연락을 받은 경험이 있다. 세 가지의 윈도우, OS X, 최소한 다섯 가지 이상의 유닉스 플랫폼을 사용하는 독자들이었다. 게시판에 올라온 다양한 사람들의 이야기를 확인해 보기도 했다. 일곱 가지 언어를 일곱 가지 서로 다른 플랫폼 위에서 설명한다면 한 명의 저자가 (혹은 저자가 여러 명이라고 해도) 도저히 감당할 수 없는 분량이 될 것이다. 나는 일곱 가지 언어를 설치하는 과정을 일일이 도와줄 수 없다. 따라서 그런 시도는 아예 하지 않을 것이다.

당신 역시 조만간 낡은 내용이 될 것이 틀림없는 설치 가이드를 읽고 싶은 생각은 없을 것이다. 언어와 플랫폼은 변한다. 나는 언어를 설치하는 방법을 알기 위해서 어디로 가면 좋은지, 그리고 내가 어떤 버전을 사용하고 있는지에 대해서 알려줄 것이다. 이렇게 함으로써 당신은 다른 사람들이 이용하고 있는 최신 버전을 내려받아서 사용할 수 있을 것이다. 나는 당신의 설치 과정을 도와줄 수는 없다.

1.4.3 프로그래밍 레퍼런스 책이 아니다

나는 이 책이 프로그래밍 내용과 관련해서 철저한 검토 과정을 밟도록 많은 노력을 기울였다. 때로는 해당 언어를 설계한 사람으로부터 직접 검토를 받는 행운을 누리기도 했다. 그러한 검토가 모두 진행되고 나면 이 책이 각각의 언어가 가지고 있는 핵심적인 철학을 제대로 담게 될 것이라고 확신한다. 그렇다고 해도, 내가 각 언어를 완전히 익히는 데 필요한 내용을 모두 담아낼 수 없었음은 이해해주기 바란다. 이러한 고충을 음성언어를 익히는 과정과 비교해보자.

어떤 언어를 스쳐 지나가는 관광객 수준으로 익히는 것은 현지인 수준의 언어를 익히는 것과는 완전히 다르다. 나는 영어를 자유롭게 쓰고 스페인어는 더듬거리며 할 줄 안다. 다른 언어는 표현 몇 가지만 아는 수준이다. 일본에서는 생선 요리를 주문했고, 이탈리아에서는 화장실이 어딘지 물어보았다. 하지만 나는 내 한계를 알고 있다. 프로그래밍에 대해서 말하자면, 나는 베이식, C, C++, 자바, C#, 자바스크립트, 루비, 그리고 몇 가지 다른 언어를 자유롭게 구사한다. 그리고 이 책에 담긴 언어를 포함하여 몇 개를 더듬거리면서 사용할 수 있다. 따라서 이 책에 담긴 일곱 가지 언어 중에서 엄밀히 말하면 여섯 개는 본격적으로 지원할 자격이 없다. 나는 루비를 전적으로 이용한 지 5년이 되었다. 하지만 Io를 이용해서 웹 서버를 만들거나 얼랭을 이용해서 데이터베이스를 구축하는 방법을 설명할 능력은 없다.

이러한 언어들에 대한 철저한 레퍼런스 서적을 만들려고 했다면, 아마 비참하게 실패하고 말았을 것이다. 만약 언어를 하나만 선택해서 이 책의 분량에 해당하는 정도의 프로그래밍 가이드북을 만들려고 했다면 그렇게 할 수는 있었을 것이다. 어쨌든 나는 각각의 언어를 사용하기에 충분한 출발점과 그것을 위한 프로그램 코드 정도는 제공해줄 것이다. 이러한 예제가 모두 컴파일되고 실행되게 하기 위해서 최선을 다할 것이다. 하지만 프로그래밍 자체와 관련해서는 그 이상으로 도움을 줄 수 없다.

이 책에 포함된 언어는 모두 탁월한 커뮤니티를 보유하고 있다. 해당 언어를 선택한 이유 중의 하나가 바로 그러한 커뮤니티였다. 연습문제를 풀 때, 관련된 자료를 찾아보라는 질문을 만들어놓았다. 이것은 의도된 계획이다. 그런 내용은 자신의 힘으로 찾아볼 필요가 있기 때문이다.

1.4.4 혹독하게 몰아붙일 것이다

이 책에 담긴 내용은 흔히 볼 수 있는 입문서의 수준을 한 단계 뛰어넘을 것이다. 당신은 나 이상으로 구글 검색을 잘 활용할 수 있을 테니, 각 언어용 간결한 입문서를 어렵지 않게 찾을 수 있을 것이다. 나는 간단한 상호작용으로 언어에 친숙해지는 과정을 제공할 것이다. 그다음 매주 작은 프로그래밍 도전과 프로젝트 과제를 만나게 될 것이다. 쉽지는 않겠지만 많은 정보를 얻게 될 것이고, 재미도 있을 것이다.

이 책을 그냥 눈으로만 읽는다면 문법과 관련된 내용만 맛보고 그 이상은 배우지 못할 것이다. 코딩 연습문제를 스스로 풀지 않고 온라인 검색으로 답을 찾는다면 아무것도 배우지 못할 것이다. 연습문제를 스스로 풀려고 노력해야만 한다. 설령 틀리더라도 말이다. 단순히 문법을 체득하는 것은, 논리적인 사고력을 습득하는 것에 비하면 언제나 쉬운 일이다.

이러한 설명을 읽고 불편한 기분이 들었다면, 이 책을 내려놓고 다른 책을 읽기를 권한다. 이 책을 읽으면서 즐거운 기분이 들지 않을 것이다. 어쩌면 이 일곱 가지 언어를 다루는 다른 책들을 더 재미있게 읽을지도 모른다. 하지만 더 나은 코드를 더 빨리 작성하게 될 거라는 기대 앞에서 흥분을 느낀다면, 계속 읽어나가기 바란다.

1.5 마지막으로 한마디

이 시점에서 나는 뭔가 뜨겁게 동기부여를 해주는 멋진 말을 해야만 할 것 같다. 하지만 모든 것은 결국 이 한마디로 압축되는 것 같다.

즐기라.

CHAPTER 2

루비

설탕 한 숟가락이면 쓴 약도 쏙 넘어가지.　　　　　　　　　　　　　　　　　– 메리 포핀스

당신이 이 책을 읽고 있다면 우리 사이엔 공통점이 존재한다. 프로그래밍 언어를 배우는 행위를 즐기는 것이다. 내겐 새로운 언어를 배우는 것이 어떤 새로운 사람을 알게 되는 것과 비슷하다. 지금까지의 경력을 통해서 나는 수많은 언어를 직접 익혀왔다. 그런 언어들은 사람과 마찬가지로 저마다의 성격을 가지고 있다. 자바는 마치 부자 변호사 형제와 비슷한 느낌이었다. 어렸을 때는 재미있는 친구였다. 하지만 지금은 150킬로미터 멀리서도 모든 즐거움을 흡수해버리는 블랙홀이 되었다. 비주얼 베이식은 하얗게 센 금발 미용사 같다. 그녀는 지구온난화를 해결할 순 없지만, 머리를 깎거나 잡담을 할 때는 정말로 즐거운 사람이다. 이 책에서 나는 일곱 가지 언어를 유명한 사람에 비유할 것이다. 그러한 비유가 각각의 언어가 가지고 있는 고유한 성격을 조금이라도 드러내는 데 도움이 되기를 바란다.

자, 이제 내가 가장 좋아하는 언어의 하나인 루비를 만나보자. 그녀는 가끔 변덕을 부리긴 하지만 언제나 아름답고, 약간 신비하고, 절대적인 마법의 소유자다. 영국의 유명한 유모인 메리 포핀스[1]를 생각하면 좋다. 루비가 등장하던 당시 대부분의 유모는 C 계열 언어였다. 무자비할 정도로 효율적으로 행동하지만 매일 밤 아이들 입에 간유肝油 영양제를 강제로 집어넣는 가혹한 존재들이었다. 하지만 한 숟가락의 설탕과 함께 모든 것이 변했다. 메리 포핀스는 모든 것을 재

---

1 〈메리 포핀스〉, DVD, 로버트 스티븐슨 감독, 1964 (로스앤젤레스, CA: 월트 디즈니 비디오, 2004).

미있는 놀이로 만들었고, 자신의 매력에서 발산되는 열정으로 아이들을 설득함으로써 집안 분위기를 효율적으로 만들었다. 루비는 한 숟가락보다 더 많은 문법적 설탕[2]을 통해서 메리 포핀스와 똑같은 일을 했다. 루비의 창시자인 마츠는 언어의 효율성에 대해서 별로 고민하지 않는다. 그는 프로그래머의 효율성을 최적화한다.

2.1 루비에 대하여

마츠모토 유키히로松本行弘는 1993년에 루비를 만들었다. 사람들은 그를 그냥 '마츠'라고 부른다. 루비는 흔히 스크립트 언어라고 부르는 패밀리에 속하는, 인터프리트되고, 객체지향적이며, 동적 타이핑 시스템을 사용하는 언어다. 인터프리트된다는 말의 의미는 루비가 컴파일러가 아니라 인터프리터에 의해 실행된다는 뜻이다. 동적 타이핑을 사용한다는 말은 자료형type이 컴파일 시간이 아니라 실행 시간에 결정된다는 의미다. 이 두 가지 방식은 유연성을 위해 안전성을 포기한 트레이드오프라고 할 수 있다. 이에 대해서는 뒤에서 더 자세하게 살펴볼 것이다. 객체지향이라는 말은 언어가 캡슐화(데이터와 행위가 함께 패키지 안에 들어감), 클래스를 통한 상속(객체의 자료형이 클래스 트리구조를 통해 조직됨), 다형성(객체가 여러 형태를 가질 수 있음)을 지원한다는 뜻이다. 루비는 오랫동안 적절한 시기를 기다려오다가 2006년 무렵 레일스 프레임워크와 함께 폭발적으로 부상했다. 10년 동안 기업이라는 정글에서 방황한 끝에, 마침내 프로그래밍이 다시 재미있어졌다. 루비는 실행 속도라는 측면에서 보면 그렇게 효율적이지는 않지만, 프로그래머 자체를 매우 생산적으로 만든다.

2.1.1 마츠와의 인터뷰

나는 마츠의 고향인 일본의 마쓰에 시를 방문하는 기쁨을 누렸다. 우리는 루비의 기초에 대해서 대화를 나누었고, 마츠는 이 책을 위한 질문에도 대답해주었다.

> **브루스**: 루비를 만든 이유가 뭐죠?

---

2 문법적 설탕은 똑같은 코드를 다르게 표현함으로써 코드를 읽거나 쓰는 것을 더 쉽게 만들어주는 언어적 특징을 의미한다.

마츠: 컴퓨터를 가지고 놀기 시작하자마자 나는 프로그래밍 언어에 관심을 갖게 되었어요. 언어는 프로그래밍을 위한 도구지만, 프로그래밍에 대해서 생각하는 사고방식 자체를 향상시켜주는 존재이기도 하죠. 그래서 아주 오랫동안 그저 취미로 많은 프로그래밍 언어를 공부했습니다. 심지어 몇 개의 언어를 장난 삼아 만들어보기도 했죠.

1993년에 펄을 처음 보았을 때 리스프, 스몰토크, 펄의 특징을 하나로 결합한 객체지향 언어가 있다면 생산성을 크게 향상시켜줄 수 있겠다는 생각을 하게 되었어요. 그래서 그와 같은 언어를 개발하기 시작했고 루비라는 이름을 붙였죠. 물론 가장 핵심적인 동기는 나 자신을 즐겁게 하려는 것이었어요. 그것도 처음에는 그냥 나의 취향에 가장 잘 맞는 언어를 만들고자 하는 취미에 불과했죠. 그런데 세계 각국의 다른 프로그래머들이 루비라는 언어와 그 언어의 배후에 있는 철학에 동감을 표하기 시작했어요. 그러다 어느 순간 내가 생각했던 것 이상으로 인기를 끌게 되었죠.

브루스: 루비에서 가장 마음에 드는 부분은 어떤 점인가요?

마츠: 루비가 프로그래밍을 즐겁게 만들어주는 방식이 가장 마음에 들어요. 특정한 기술에 대해서 말하자면 블록block이 가장 마음에 듭니다. 블록은 길이 잘 든 고계함수higher-order function라고 볼 수 있는데, DSL이나 다른 기능들에 대해서도 활짝 열려 있는 기능이죠.

브루스: 그 시절로 되돌아갈 수 있다면 고치고 싶은 부분은 어느 것이죠?

마츠: 아마 스레드를 없애고 액터 혹은 그와 비슷한 좀 더 발전된 동시성 기능을 넣을 것 같아요.

루비를 이미 알고 있는지 여부와 상관없이, 이번 장을 읽어가면서 마츠가 택한 트레이드오프에 대해 관심을 기울이기 바란다. 또 프로그래머들에게 조금 더 친숙한 경험을 제공하기 위해, 그리고 코드를 조금 더 쉽게 이해할 수 있도록 만들기 위해 기본적인 규칙을 위반하는 작은 기능들, 즉 문법적 설탕에 대해 주의를 기울이기 바란다. 그리고 컬렉션이나 그 밖의 다른 곳에서 놀라운 효능을 보여주는 마츠의 코드를 찾아내기 바란다. 그리하여 그가 단순함과 안전성 사이에서, 그리고 생산성과 성능 사이에서 어떤 트레이드오프를 선택하는지 이해하며 시도해보라.

자 이제 시작해보자. 약간의 루비 코드를 살펴보자.

```
>> properties = ['object oriented', 'duck typed', 'productive', 'fun']
=> ["object oriented", "duck typed", "productive", "fun"]
>> properties.each {|property| puts "Ruby is #{property}."}
Ruby is object oriented.
Ruby is duck typed.
Ruby is productive.
Ruby is fun.
=> ["object oriented", "duck typed", "productive", "fun"]
```

루비는 내게 다시 미소 짓는 법을 가르쳐준 언어다. 뼛속까지 동적이면서, 동시에 놀라운 지원을 수행하는 커뮤니티도 가지고 있다. 구현된 내용은 모두 오픈소스다. 루비는 대부분의 상업적 지원이 조그만 회사로부터 제공되고 있어, 다른 프로그래밍 언어 왕국을 오염시킨 의욕과잉의 프레임워크로부터 안전하게 분리되어 있다. 루비는 기업용 프로그래밍 시장에 진입하는 데 시간이 오래 걸렸지만, 특히 웹 개발 분야에서 생산성이라는 강점 덕분에 확산되는 속도가 빨라지고 있다.

2.2 1일: 유모 찾기

메리 포핀스는 마술을 부리는 능력이 아니더라도 엄청나게 훌륭한 유모다. 어떤 언어를 처음으로 배울 때 가장 먼저 해봐야 하는 일은 해당 언어로 이미 할 줄 아는 일들을 해보는 것이다. 루비를 처음으로 이용하는 경험을 하나의 대화라고 생각해보자. 그 대화가 자연스럽게 흘러가는가 아니면 불필요하게 막히는가? 핵심적인 프로그래밍 모델은 무엇인가? 자료형을 어떻게 다루는가? 이러한 질문에 대한 답을 구해보자.

2.2.1 훑어보기

앞에서 말한 것처럼 언어를 설치하는 과정을 일일이 설명하지는 않을 것이다. 하지만 루비를 설치하는 건 아주 간단하다. http://www.rubylang.org/en/downloads/ 웹사이트를 방문해서 자기가 사용하는 플랫폼을 선택하고, 루비 1.8.6이나 더 최신 버전을 설치하면 된다. 나는 이 장을 설명하기 위해서 1.8.7 버전을 사용하고 있는데, 아마 1.9 버전은 약간 다른 내용을 포함하고 있을 것이다. 윈도우를 사용한다면 원클릭 설치 기능을 사용하면 될 것이고, OS X

레퍼드나 이후 버전을 사용한다면 Xcode 디스크와 함께 제공되는 루비를 사용하면 된다.

설치가 되었는지 확인하려면 irb라는 명령을 입력해보면 된다. 아무 에러가 없으면 이 장의 나머지 내용을 따라올 준비가 된 것이다. 에러가 있어도 당황할 필요는 없다. 에러는 대부분 비슷한 내용이다. 구글 검색을 해보면 답을 금방 찾을 수 있을 것이다.

2.2.2 콘솔에서 루비 사용하기

아직 입력하지 않았으면 지금 irb를 입력해보라. 그러면 루비의 대화형 콘솔이 나타날 것이다. 거기에 명령을 입력하면 응답을 얻을 수 있다. 다음과 같이 입력해보라.

```
>> puts 'hello, world'
hello, world
=> nil
>> language = 'Ruby'
=> "Ruby"
>> puts "hello, #{language}"
hello, Ruby
=> nil
>> language = 'my Ruby'
=> "my Ruby"
>> puts "hello, #{language}"
hello, my Ruby
=> nil
```

루비를 처음 접한 독자라면 이 짧은 예가 루비라는 언어에 대해서 많은 것을 알려줄 것이다. 루비가 인터프리트될 수 있다는 사실은 이미 알고 있을 것이다. 루비가 실행될 때마다 바이트코드로 컴파일하는 가상 머신을 사용하는 개발자도 있긴 하지만, 루비는 거의 언제나 인터프리트된다. 위에서 나는 아무런 변수도 선언하지 않았다. 그리고 내가 묻지 않았어도 모든 명령은 어떤 값을 리턴하고 있다. 사실 모든 루비 코드는 언제나 어떤 값을 리턴한다.

그리고 최소한 두 가지 종류의 문자열을 보았다. 작은따옴표에 의해 눌러싸인 문자열은 그 안에 있는 내용이 그 자체로 문자열을 구성한다는 뜻이다. 큰따옴표로 둘러싸인 문자열은 그 안에 담긴 내용을 평가^{evaluate}한다. 루비 인터프리터가 평가하는 내용의 하나는 문자열 치환^{string substitution}이다. 앞의 예에서 루비는 language라는 코드가 리턴하는 값을 문자열 내용으로 치환했다. 계속 살펴보자.

2.2.3 프로그래밍 모델

어떤 프로그래밍 언어에 대한 질문 중에서 맨 처음 대답해야 하는 것은 '프로그래밍 모델이 무엇인가?'라는 질문이다. 간단한 질문은 아니다. 당신은 지금까지 C, 포트란, 혹은 파스칼 같은 절차적 언어들을 경험해왔을 것이다. 오늘날 우리는 대부분 객체지향 언어를 사용하고 있지만, 그러한 언어에는 절차적 언어의 속성이 다분히 포함되어 있다. 예를 들어 자바에서 4는 객체가 아니다. 어쩌면 당신은 함수 프로그래밍 언어에 대해 알아보고 싶어서 이 책을 읽고 있는지도 모르겠다. 스칼라 같은 언어는 함수 언어지만 그 안에 객체지향이라는 개념을 집어넣어 섞는다. 포스트스크립트나 포스Forth 같은 스택기반 언어는 언어의 핵심적인 기능으로 하나 이상의 스택을 사용한다. 프롤로그 같은 논리기반 언어는 규칙을 중심으로 구성된다. Io, 루아, 셀프와 같은 프로토타입 언어는 객체를 정의하기 위한 기반이나 심지어 상속을 위해서 클래스가 아닌 객체를 사용한다.

루비는 순수한 객체지향 언어다. 이 장에서 우리는 루비가 그러한 개념을 얼마나 철저하게 구현했는지 보게 될 것이다. 아주 간단한 객체를 몇 개 살펴보자.

```
>> 4
=> 4
>> 4.class
=> Fixnum
>> 4 + 4
=> 8
>> 4.methods
=> ["inspect", "%", "<<", "singleton_method_added", "numerator", ...
   "*", "+", "to_i", "methods", ...
   ]
```

이 리스트에서 메서드를 몇 개 생략했지만, 핵심을 설명하는 데는 무리가 없을 것이다. 루비에서는 개별적인 숫자를 포함한 거의 모든 것이 객체다. 숫자는 Fixnum이라는 클래스를 사용하는 객체다. 그리고 methods라는 이름의 메서드를 호출하면 그 객체가 가지고 있는 메서드의 배열이 리턴된다(루비는 대괄호를 이용해서 배열을 표시한다). 사실은 점만 찍으면 객체의 어떤 메서드라도 마음껏 호출할 수 있다.

2.2.4 결정

프로그램은 어떤 결정을 내리기 위해서 존재한다. 따라서 어떤 언어가 결정을 내리는 과정은 당신이 코딩하고 생각하는 방식에 결정적인 영향을 끼치는 핵심적인 부분이다. 이런 면에서 루비는 대부분의 객체지향 언어나 혹은 절차적 언어와 별로 다르지 않다. 다음과 같은 표현을 생각해보라.

```
>> x = 4
=> 4
>> x < 5
=> true
>> x <= 4
=> true
>> x > 4
=> false
>> false.class
=> FalseClass
>> true.class
=> TrueClass
```

루비는 true 또는 false라는 값으로 평가되는 표현을 가지고 있다. 여기에서 true와 false는 그 자체로 일급 객체에 해당한다. 이들을 이용하면 어떤 코드를 조건에 따라서 실행할 수 있다.

```
>> x = 4
=> 4
>> puts 'This appears to be false.' unless x == 4
=> nil
>> puts 'This appears to be true.' if x == 4
This appears to be true.
=> nil
>> if x == 4
>>   puts 'This appears to be true.'
>> end
This appears to be true.
=> nil
>> unless x == 4
>>   puts 'This appears to be false.'
>> else
>>   puts 'This appears to be true.'
>> end
This appears to be true.
```

```
=> nil
>> puts 'This appears to be true.' if not true
=> nil
>> puts 'This appears to be true.' if !true
=> nil
```

나는 조건 분기를 간단하게 만든 루비의 설계가 참 마음에 든다. if 혹은 unless를 사용할 때 원한다면 블록 형태를 사용할 수도 있고(if 조건문, 명령문, end), 한 줄짜리 형태를 사용할 수도 있다(명령문 if 조건문). 어떤 사람들은 한 줄짜리 if 문법을 불편하게 느끼기도 한다. 나는 그런 문법이 한 가지 생각을 한 줄에 담을 수 있도록 해주는 고마운 기능이라고 생각한다.

```
order.calculate_tax unless order.nil?
```

물론 앞의 명령문을 블록 형태로 작성할 수도 있지만, 그렇게 하면 단일하게 응집되어 있는 생각을 여러 줄로 나누어진 소음 속에 집어넣어야 한다. 간단한 생각을 한 줄로 간결하게 표현할 수 있으면 해당 코드를 읽는 작업을 수월하게 만들 수 있다. unless라는 문법도 마음에 든다. 동일한 생각을 not 혹은 !를 이용해서 표현할 수도 있지만, unless는 똑같은 내용을 훨씬 잘 표현한다.

while과 until도 비슷하다.

```
>> x = x + 1 while x < 10
=> nil
>> x
=> 10
>> x = x - 1 until x == 1
=> nil
>> x
=> 1
>> while x < 10
>>   x = x + 1
>>   puts x
>> end
2
3
4
5
6
7
```

```
8
9
10
=> nil
```

=은 할당이고 ==은 동일한지 여부를 검사하는 연산이라는 점에 주목하기 바란다. 루비에서는 각각의 객체가 동일성을 규정하는 논리를 포함한다. 숫자의 경우에는 수의 값 자체가 같으면 서로 동일하다.

true와 false 대신 값을 사용하는 것도 가능하다.

```
>> puts 'This appears to be true.' if 1
This appears to be true.
=> nil
>> puts 'This appears to be true.' if 'random string'
(irb):31: warning: string literal in condition
This appears to be true.
=> nil
>> puts 'This appears to be true.' if 0
This appears to be true.
=> nil
>> puts 'This appears to be true.' if true
This appears to be true.
=> nil
>> puts 'This appears to be true.' if false
=> nil
>> puts 'This appears to be true.' if nil
=> nil
```

보다시피 nil과 false를 제외한 다른 모든 것은 true로 평가된다. C와 C++ 프로그래머들은 0조차 true라는 사실을 잘 기억하기 바란다!

논리적 연산자는 소수의 예외를 제외하면 C, C++, C#, 자바와 마찬가지다. and(혹은 &&)는 논리적 and를 의미한다. or(혹은 ||)는 논리적 or다. 이러한 연산자로 계산할 때, 인터프리터 는 계산 결과가 명확하게 결정될 때까지만 셈산을 수행한다. 표현 전체를 계산하고 싶으면 & 혹 은 | 연산자를 사용하라. 이러한 개념이 동작하는 예는 다음과 같다.

```
>> true and false
=> false
>> true or false=> true
>> false && false
=> false

>> true && this_will_cause_an_error
NameError: undefined local variable or method 'this_will_cause_an_error'
    for main:Object
        from (irb):59
>> false && this_will_not_cause_an_error
=> false
>> true or this_will_not_cause_an_error
=> true
>> true || this_will_not_cause_an_error
=> true
>> true | this_will_cause_an_error
NameError: undefined local variable or method 'this_will_cause_an_error'
    for main:Object
        from (irb):2
        from :0
>> true | false
=> true
```

여기서 복잡한 것은 없다. 실제 프로그래밍에서는 결과가 나오면 테스트를 중단하는 단축평가 short-circuit 연산자(&&이나 ││)를 사용하는 것이 보통이다.

2.2.5 오리 타이핑

이제 루비의 타이핑 모델에 대해서 잠시 살펴보자. 우선 알아둘 필요가 있는 내용은 우리가 자료형과 관련해서 실수를 저질렀을 때 루비가 어느 정도로 보호해줄 것인가 하는 내용이다. 즉, 형 안전성에 대해서 이야기하는 것이다. 강한 타이핑을 사용하는 언어는 특정한 연산이 일어날 때 그러한 연산이 어떤 오류를 만들어내기 전에 자료형을 검사한다. 이러한 검사는 인터프리터에서, 혹은 컴파일러에서, 혹은 실행 시간에 일어날 수 있다. 다음 코드를 보자.

```
>> 4 + 'four'
TypeError: String can't be coerced into Fixnum
        from (irb):51:in '+'
        from (irb):51

>> 4.class
=> Fixnum
>> (4.0).class
=> Float

>> 4 + 4.0
=> 8.0
```

이처럼 루비는 강한 타이핑[3]을 사용한다. 즉 자료형이 서로 충돌을 일으키면 에러가 발생한다는 뜻이다. 루비는 이와 같은 형 검사를 컴파일이 아니라 실행 시간에 수행한다. 이를 증명하기 위해, 함수를 일반적인 경우보다 미리 정의하는 방법을 보여줄 것이다. def라는 키워드는 함수를 정의하지만 실행하지는 않는다. 다음과 같은 코드를 입력해보라.

```
>> def add_them_up
>>    4 + 'four'
>> end
=> nil
>> add_them_up
TypeError: String can't be coerced into Fixnum
        from (irb):56:in '+'
        from (irb):56:in 'add_them_up'
        from (irb):58
```

결국 루비는 어떤 코드를 실제로 실행하기 전까지는 형 검사를 수행하지 않는다. 이러한 개념을 동적 타이핑dynamic typing이라고 부른다. 여기엔 단점도 존재한다. 정적 타이핑 시스템을 사용하는 경우에는 컴파일러와 여러 가지 도구가 여러 에러를 잡아낼 수 있는 데 비해, 동적 타이핑 시스템에서는 그런 도움을 받을 수 없다. 하지만 루비의 타이핑 시스템은 몇 가지 잠재적인 장점도 가지고 있다. 클래스가 서로 동일한 방식으로 행동하기 위해서 똑같은 부모로부터 상속할 필요가 없다.

------

3 사실은 약간, 아주 약간 거짓말을 하고 있다. 이 예에서 내가 존재하는 클래스를 실행 시간에 변경하고 있음을 볼 수 있을 것이다. 이론적으로 말하자면, 사용자가 클래스가 정의된 내용을 수정하여 타이핑 시스템의 안전성을 해칠 수 있으므로, 루비는 엄격한 의미에서 강한 타이핑 시스템을 사용하는 언어가 아니다. 하지만 대체적으로 보았을 때 루비는 대부분의 경우에 강한 타이핑 시스템을 사용하는 언어처럼 동작한다.

```
>> i = 0
=> 0
>> a = ['100', 100.0]
=> ['100', 100.0]
>> while i < 2
>>   puts a[i].to_i
>>   i = i + 1
>> end
100
100
```

이 코드에서 본 내용이 바로 오리 타이핑이라고 불리는 것이다. 배열의 첫 번째 요소는 String 객체이고 두 번째는 Float다. 동일한 코드가 두 요소를 to_i라는 메서드를 통해 정수로 바꾼다. 여기에서 보는 것처럼 오리 타이핑은 실제로 주어진 자료형이 무엇인지에 대해서 신경 쓰지 않는다. 만약에 그것이 오리처럼 걷고, 오리처럼 꽥꽥거리면, 그것은 오리다. 여기서는 꽥꽥에 해당하는 메서드가 to_i다.

오리 타이핑은 깔끔한 객체지향 설계를 할 때 대단히 중요하다. 객체지향의 설계 철학에서는 구체적인 구현이 아니라 인터페이스를 대상으로 코드를 작성하라는 말이 중요한 의미를 갖는다. 오리 타이핑을 사용하면, 불필요한 코드를 이용하지 않아도 이와 같은 철학을 따르기가 매우 쉽다. 어떤 객체가 push와 pop이라는 메서드를 가지고 있으면, 우리는 객체의 자료형과 관계없이 그것을 스택으로 취급할 수 있다. 그런 메서드가 없으면 스택이 아니다.

2.2.6 1일 차에 배운 내용

지금까지는 아주 기초적인 내용을 살펴보았다. 루비는 인터프리트되는 객체지향 언어다. 거의 모든 것이 객체고, 메서드나 클래스 같은 객체의 일부에 접근하는 것이 쉽다. 루비는 오리 타이핑을 사용하고, 대부분의 경우 강한 타이핑 시스템을 사용하는 것처럼 행동한다. 학문적인 엄밀함을 추구하는 사람 중에는 이러한 주장에 이의를 제기하는 사람도 있을 것이다. 루비는 NilClass와 String 같은 핵심적인 클래스 내부를 변경하는 것을 포함하여 거의 모든 것을 허용하는 자유주의 정신에 입각한 언어다. 다음은 각자 스스로 공부할 내용이다.

2.2.7 1일 차 자율 학습

이제 루비 첫째 날 학습을 끝마쳤다. 지금부터 약간의 코드를 작성할 필요가 있다. 여기에서는 전체적인 프로그램을 작성하지는 않을 것이다. 대신 부분적인 루비 코드를 실행하는 irb를 이용할 것이다. 앞으로 나아가기 전에 주어진 문제를 스스로 해결하기 위해서 최선을 다하기 바란다.

다음 내용을 찾아보라.

- 루비 API
- 『프로그래밍 루비』(인사이트, 2007)의 온라인 무료 버전
- 문자열의 일부를 치환하는 메서드
- 루비의 정규표현식에 대한 정보
- 루비의 범위range에 대한 정보

다음을 수행하라.

- "Hello, world"라는 문자열을 출력하라.
- "Hello, Ruby"라는 문자열에서 "Ruby"라는 단어의 인덱스를 찾아보라.
- 당신 자신의 이름을 열 번 출력하라.
- 1부터 10까지의 숫자를 대상으로 "This is sentence number 1"이라는 문자열을 출력하라.
- 파일에서 읽은 루비 프로그램을 실행하라.
- 보너스 문제: 더 많은 연습이 필요하다고 느낀다면, 임의의 수를 고르는 프로그램을 작성해보라. 사용자가 어떤 수를 추측하도록 하고, 추측한 값이 너무 큰지 아니면 작은지를 화면에 나타내라. (힌트: rand(10)은 0에서 9 사이 수 중에서 임의의 수를 하나 선택할 것이다. gets는 키보드로부터 정수로 바꿀 수 있는 문자열을 읽어온다.)

2.3 2일: 하늘에서 땅으로

메리 포핀스가 처음 상영되던 당시 가장 놀라운 장면의 하나는 그녀가 등장하는 부분이었다. 그녀는 우산을 날개 삼아 마을 위를 떠다녔다. 물론 우리 집 아이들은 그러한 등장이 왜 그렇게 획기적인 장면이었는지 결코 이해하지 못할 것이다. 오늘, 당신은 루비를 획기적인 것으로 만들어주는 마법을 경험하게 될 것이다. 객체를 구성하는 기본적인 빌딩 블록, 컬렉션, 클래스에

대해서 살펴볼 것이다. 코드 블록code block의 기본에 대해서도 알아볼 것이다. 믿기 어려운 마법에 대해서 마음의 문을 열기 바란다.

2.3.1 함수 정의하기

자바나 C#와 달리, 루비에서는 함수를 정의하기 위해서 클래스를 따로 정의할 필요가 없다. 그냥 콘솔 위에서 함수를 정의할 수도 있다.

```
>> def tell_the_truth
>>   true
>> end
```

모든 함수는 어떤 값을 리턴한다. 명시적인 리턴 값을 설정하지 않으면, 함수 안에 존재하는 마지막 표현이 나타내는 값이 자동적으로 리턴된다. 다른 모든 존재와 마찬가지로 이러한 함수 역시 루비에서는 하나의 객체다. 뒤에서 우리는 이러한 함수를 다른 함수에 매개변수로 전달하는 방법을 알아볼 것이다.

2.3.2 배열

배열은 루비에서 많은 역할을 담당하는 순차적ordered 컬렉션이다. 루비 1.9에서는 순차적 해시도 포함되긴 했지만, 루비에서 가장 핵심적인 순차적 컬렉션은 배열이라고 할 수 있다. 다음을 보자.

```
>> animals = ['lions', 'tigers', 'bears']
=> ["lions", "tigers", "bears"]
>> puts animals
lions
tigers
bears
=> nil
>> animals[0]
=> "lions"
>> animals[2]
=> "bears"
```

```
>> animals[-1]
=> "bears"
>> animals[-2]
=> "tigers"
>> animals[0..1]
=> ['lions', 'tigers']
>> (0..1).class
=> Range
```

루비의 컬렉션이 상당히 자유롭다는 점을 확인할 수 있을 것이다. 정의되지 않은 배열 요소에 접근하면, 루비는 에러를 발생시키는 대신 단순히 nil을 리턴한다. 배열을 더 강력하게 만들어 주지는 않지만 사용하기 더 쉽게 만들어주는 기능도 확인할 수 있다. animals[-1]은 뒤에서 첫 번째 요소를 리턴하고, animals[-2]는 뒤에서 두 번째 요소를 리턴한다. animals[0..1]이라 는 표현은 단순히 문법적 설탕처럼 보이지만, 사실 그 이상이다. 0..1은 사실 0부터 1까지(양 끝을 포함하는) Range라는 객체를 의미한다.

배열은 다른 자료형을 포함할 수도 있다.

```
>> a[0] = 0
NameError: undefined local variable or method 'a' for main:Object
from (irb):23
>> a = []
=> []
```

이런, 나는 배열이 하나의 배열이 되기 전에 사용했다. 이러한 에러 메시지는 루비가 배열과 해 시를 다루는 방식에 대해 힌트를 제공한다. []라는 표현은 사실 Array 객체에 정의된 메서드의 이름이다.

```
>> [1].class
=> Array
>> [1].methods.include?('[]')
=> true
>> # 루비 1.9에서는 [1].methods.include?(:[])를 사용하라.
```

그러므로 []과 []=는 배열에 접근하기 위해 제공되는 문법적 설탕에 해당한다. 이러한 문법을 제대로 이용하려면 먼저 빈 배열을 만들고, 그다음에야 배열을 사용할 수 있다.

```
>> a[0] = 'zero'
=> "zero"
>> a[1] = 1
=> 1
>> a[2] = ['two', 'things']
=> ["two", "things"]
>> a
=> ["zero", 1, ["two", "things"]]
```

보는 바와 같이 배열은 반드시 동종homogeneous 요소를 포함할 필요가 없다.

```
>> a = [[1, 2, 3], [10, 20, 30], [40, 50, 60]]
=> [[1, 2, 3], [10, 20, 30], [40, 50, 60]]
>> a[0][0]
=> 1
>> a[1][2]
=> 30
```

그리고 다차원 배열은 단순히 배열의 배열일 뿐이다.

```
>> a = [1]
=> [1]
>> a.push(1)
=> [1, 1]
>> a = [1]
=> [1]
>> a.push(2)
=> [1, 2]
>> a.pop
=> 2
>> a.pop
=> 1
```

배열은 믿기 어려울 정도로 풍부한 API를 가지고 있다. 배열을 큐로, 연결 리스트로, 스택으로, 혹은 집합으로 이용할 수도 있다. 이제 루비의 또 하나의 핵심적인 컬렉션인 해시에 대해 살펴보기로 하자.

2.2.3 해시

컬렉션이라는 것이 객체들을 담는 바구니라는 점을 기억하기 바란다. 해시 바구니 안에서는 모든 객체가 특정한 레이블을 가지고 있다. 그 레이블이 키에 해당하고 객체는 값이다. 해시는 수많은 키-값 짝으로 이루어진다.

```
>> numbers = {1 => 'one', 2 => 'two' }
=> {1=>"one", 2=>"two"}
>> numbers[1]
=> "one"
>> numbers[2]
=> "two"
>> stuff = {:array => [1, 2, 3], :string => 'Hi, mom!'}
=> {:array=>[1, 2, 3], :string=>"Hi, mom!"}
>> stuff[:string]
=> "Hi, mom!"
```

이것은 그리 복잡하지 않다. 해시는 많은 면에서 배열처럼 동작하지만, 정수 인덱스가 아니라 임의의 키를 사용할 수 있다. 마지막에 포함한 해시는 처음 보는 문법인 심벌symbol을 포함하고 있어서 흥미롭다. 심벌은 :symbol처럼 콜론 뒤에 따라오는 식별자identifier를 의미한다. 심벌은 어떤 사물이나 생각에 이름을 붙일 때 유용하다. 동일한 값을 갖는 두 개의 문자열이 물리적으로 서로 다른 객체일 수 있지만, 식별자가 같은 심벌은 물리적으로 동일한 존재다. 다음에서 보는 것처럼, 심벌의 고유 객체 식별자를 여러 번 출력해보면 그런 사실을 입증할 수 있다.

```
>> 'string'.object_id
=> 3092010
>> 'string'.object_id
=> 3089690
>> :string.object_id
=> 69618
>> :string.object_id
=> 69618
```

해시는 때로 익숙지 않은 환경에서 나타나기도 한다. 예를 들어서 루비는 기명 매개변수named parameter를 지원하지 않지만, 해시를 이용하면 그런 기능을 어느 정도 흉내 낼 수 있다. 약간의 문법적 설탕을 뿌리면, 뭔가 흥미로운 동작이 일어나는 것이다.

```
>> def tell_the_truth(options={})
>>   if options[:profession] == :lawyer
>>     'it could be believed that this is almost certainly not false.'
>>   else
>>     true
>>   end
>> end
=> nil
>> tell_the_truth
=> true
>> tell_the_truth( :profession => :lawyer )
=> "it could be believed that this is almost certainly not false."
```

이 메서드는 하나의 선택적 매개변수를 취한다. 아무것도 전달하지 않으면 options에는 빈 해시가 할당된다. :profession에 :lawyer를 전달하면 뭔가 다른 값을 얻게 된다. 결과가 완벽하게 참이 되는 것은 아니지만, 시스템이 그 값을 true로 평가할 것이므로 최종적인 결과는 거의 마찬가지다. options={}에서 중괄호는 반드시 표시하지 않아도 된다는 점에 주목하기 바란다. 어떤 함수의 마지막 매개변수에 대해서는 중괄호는 생략할 수 있다. 거의 무엇이든 배열의 요소, 해시 키, 해시 값이 될 수 있으므로, 루비에서는 이러한 컬렉션을 이용해서 믿기 어려울 정도로 정교한 자료구조를 만들어낼 수 있다. 하지만 이들이 가진 진짜 힘은 코드 블록을 알게 될 때 드러나게 된다.

2.3.4 코드 블록과 yield

코드 블록은 이름이 없는 함수를 의미한다. 이것을 어떤 함수나 메서드에 매개변수로 전달할 수 있다. 예를 들면 이렇다.

```
>> 3.times {puts 'hiya there, kiddo'}
hiya there, kiddo
hiya there, kiddo
hiya there, kiddo
```

중괄호 사이에 존재하는 부분을 '코드 블록'이라고 한다. times는 Fixnum에 정의된 메서드로 무언가 주어진 내용을 number의 횟수만큼 반복한다. 여기에서 무언가란 코드 블록을 의미하고 number는 Fixnum의 값을 의미한다. {/} 혹은 do/end를 이용해서 코드 블록을 만들 수 있다. 루비에서 흔히 사용하는 방법은 코드 블록이 한 줄로 표현되면 중괄호를 이용하고, 한 줄이 넘어가면 do/end를 사용하는 것이다. 코드 블록은 하나 혹은 그 이상의 매개변수를 받아들일 수 있다.

```
>> animals = ['lions and ', 'tigers and', 'bears', 'oh my']
=> ["lions and ", "tigers and", "bears", "oh my"]
>> animals.each {|a| puts a}
lions and
tigers and
bears
oh my
```

이 코드부터 코드 블록의 힘이 드러나기 시작한다. 이 코드는 루비에게 컬렉션 안에 있는 모든 항목에 대해서 어떤 작업을 수행하라고 말하고 있다. 이렇게 짧은 문법만으로 루비는 각각의 요소를 순차적으로 방문iterate하고, 내용을 출력할 수 있다. 실제로 일어나는 일을 더 자세하게 알아보기 위해 다음과 같이 times 메서드의 사용자 정의 버전을 구현해보자.

```
>> class Fixnum
>>   def my_times
>>     i = self
>>     while i > 0
>>       i = i - 1
>>       yield
>>     end
>>   end
>> end
=> nil
> 3.my_times {puts 'mangy moose'}
mangy moose
mangy moose
mangy moose
```

이 코드는 기존 클래스를 열고 그 안에 메서드를 추가한다. 이 경우 my_times라는 메서드가 주어진 횟수만큼 루프를 형성하면서 yield와 함께 코드 블록을 실행한다. 블록은 매개변수로 사용될 수도 있다. 다음 에를 살펴보자.

```
>> def call_block(&block)
>>   block.call
>> end
=> nil
>> def pass_block(&block)
>>   call_block(&block)
>> end
=> nil
>> pass_block {puts 'Hello, block'}
Hello, bloc
```

이러한 기법은 실행할 수 있는 코드를 데이터처럼 주고받을 수 있도록 해준다. 블록은 단순히 순차적인 방문만을 위한 것이 아니다. 블록을 이용해서 어떤 실행을 뒤로 미룰 수도 있다.

```
execute_at_noon { puts 'Beep beep... time to get up'}
```

조건에 따라 실행할 수도 있고,

```
...약간의 코드...
in_case_of_emergency do
  use_credit_card
  panic
end
def in_case_of_emergency
  yield if emergency?
end
...더 많은 코드...
```

정책을 강요할 수도 있다.

```
within_a_transaction do
  things_that
  must_happen_together
end

def within_a_transaction
  begin_transaction
  yield
  end_transaction
end
```

기타 등등. 블록을 이용해서 파일을 한 줄씩 처리하고, HTTP 트랜잭션을 만들어서 작업하고, 컬렉션 위에서 복잡한 작업을 수행하는 루비 라이브러리를 보게 될 것이다. 루비는 블록 파티 block party를 즐긴다.[4]

2.3.5 파일에서 루비 실행하기

코드 예제가 복잡해지고 있기 때문에 대화형 콘솔에서 작업하는 것이 더 이상 편하지 않게 되었다. 짧은 코드를 확인할 때는 계속 콘솔을 사용하겠지만, 이제부터는 코드를 파일에 저장하는 방식으로 작업할 것이다. hello.rb라는 이름의 파일을 만들고 원하는 루비 코드를 그 안에 담기 바란다.

```
puts 'hello, world'
```

현재 작업 디렉터리에 파일을 저장하고, 그 파일을 명령줄에서 실행하라.

```
batate$ ruby hello.rb
hello, world
```

어떤 사람들은 완전한 통합개발환경에서 작업을 하지만 많은 루비 개발자들은 간단한 문서 편집기와 파일을 이용해서 작업하는 데 익숙하다. 내가 선호하는 편집기는 텍스트메이트TextMate지만, vi나 이맥스, 그 외 다른 많은 편집기가 루비 플러그인을 제공한다. 지금까지 파악한 내용을 잘 이해했으면, 이제 우리는 재사용이 가능한 루비 프로그램을 작성할 수 있다.

2.3.6 클래스 정의하기

루비는 자바, C#, C++와 마찬가지로 클래스와 객체를 갖는다. 클래스와 객체의 관계는 붕어빵 틀과 붕어빵의 관계를 생각하면 좋을 것이다. 즉 클래스는 객체의 템플릿이다. 물론 루비는 상속도 지원한다. 루비 클래스는 C++와는 달리 슈퍼클래스라고 불리는, 오직 하나의 부모로부터만 상속할 수 있다. 이러한 내용이 실제로 동작하는 모습을 콘솔에서 확인해보자. 다음과 같이 입력해보라.

----

4 역자주_ 블록 파티는 보통 어떤 커뮤니티에 속한 사람들이 거리에 쏟아져 나와서 즐기는 파티를 의미한다. 루비에서는 코드 조각을 지칭하는 개념인 블록이 상당히 많이 사용됨을 의미하는 비유다.

```
>> 4.class
=> Fixnum
>> 4.class.superclass
=> Integer
>> 4.class.superclass.superclass
=> Numeric
>> 4.class.superclass.superclass.superclass
=> Object
>> 4.class.superclass.superclass.superclass.superclass
=> nil
```

여기까지는 어려운 것이 없을 것이다. 객체는 클래스로부터 도출된다. 4의 클래스는 Fixnum이고, 그것은 Integer, Numeric, 그리고 궁극적으로 Object라는 클래스를 상속한다.

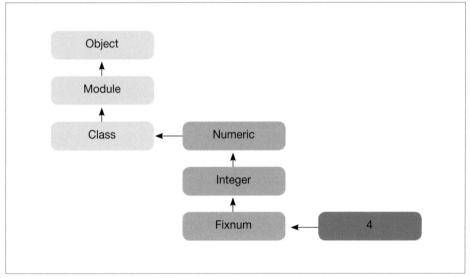

그림 1 루비 메타모델

[그림1]에서 이러한 클래스들이 서로 어떻게 관련을 맺는지 확인해보라. 모든 것이 궁극적으로 Object를 상속한다. 하나의 Class는 동시에 하나의 Module이다. Class의 인스턴스는 객체의 템플릿으로 기능한다. 이 예제에서는 Fixnum이 클래스의 인스턴스이고, 4는 Fixnum의 인스턴스이다. 이들 클래스 각각은 그 자체로 하나의 객체이기도 하다.

```
>> 4.class.class
=> Class
>> 4.class.class.superclass
=> Module
>> 4.class.class.superclass.superclass
=> Object
```

따라서 Fixnum은 Class라는 클래스의 인스턴스이기도 하다. 여기에서부터 모든 것이 매우 혼란스러워진다. Class는 Module을 상속하고, Module은 Object를 상속한다. 결국 최종적으로 따져보았을 때, 루비에서 사용되는 모든 존재는 Object라는 하나의 공통 조상을 갖는다.

ruby/tree.rb
```
class Tree
  attr_accessor :children, :node_name

  def initialize(name, children=[])
    @children = children
    @node_name = name
  end

  def visit_all(&block)
    visit &block
    children.each {|c| c.visit_all &block}
  end

  def visit(&block)
    block.call self
  end
end

ruby_tree = Tree.new( "Ruby",
  [Tree.new("Reia"),
   Tree.new("MacRuby")] )

puts "Visiting a node"
ruby_tree.visit {|node| puts node.node_name}
puts

puts "visiting entire tree"
ruby_tree.visit_all {|node| puts node.node_name}
```

강력한 기능이 함축되어 있는 이 클래스는 매우 간단한 트리구조를 구현한다. 여기에는

initialize, visit, visit_all이라는 세 개의 메서드와 children, node_name이라는 두 개의 인스턴스 변수가 담겨 있다. initialize는 특별한 의미가 있다. 루비는 새로운 클래스가 객체를 생성할 때 이 메서드를 호출한다.

루비에서 사용되는 전통과 규칙을 몇 가지 설명할 필요가 있다. 클래스들은 보통 대문자로 시작하고 각 단어의 앞글자를 대문자로 표기하는 캐멀케이스^{CamelCase}를 사용한다. (객체마다 고유의 값을 갖는) 인스턴스 변수 앞에는 반드시 @를 붙여야 하고 (클래스마다 고유의 값을 갖는) 클래스 변수 앞에는 @@를 붙여야 한다. 인스턴스 변수와 메서드 이름은 underscore_style처럼 소문자로 시작한다. 상수는 ALL_CAPS처럼 모두 대문자를 사용한다. 앞에서 본 코드는 트리 클래스를 정의한다. 각각의 트리는 @children과 @node_name이라는 두 개의 인스턴스 변수를 가지고 있다. 테스트에서 사용하는 함수와 메서드는 if test?처럼 보통 물음표를 이용한다.

attr 키워드는 인스턴스 변수를 정의한다. 여기에는 여러 버전이 있다. 가장 흔히 사용되는 것은 attr(인스턴스 변수와 게터 정의)과 attr_accessor(인스턴스 변수, 게터, 세터 정의)이다.[5]

앞에서 살펴본 프로그램은 많은 내용을 담고 있다. 사용자가 트리에 존재하는 모든 노드를 방문하도록 하기 위해 블록과 재귀를 사용한다. Tree의 각 인스턴스는 트리의 노드 하나를 가지고 있다. initialize 메서드는 children과 node_name을 위한 출발점 역할을 하는 값을 제공한다. visit 메서드는 안에 포함된 코드 블록을 호출한다. visit_all 메서드는 해당 노드에 대해 vvisit을 호출하고 그 노드의 모든 자식 노드에 대해 visit_all을 재귀 호출한다.

나머지 코드는 API를 사용한다. 하나의 트리를 정의하고, 하나의 노드에 방문하고, 모든 노드를 방문한다. 이 코드를 실행하면 이러한 출력을 얻는다.

```
Visiting a node
Ruby

visiting entire tree
Ruby
Reia
MacRuby
```

클래스는 문제의 일부에 불과하다. 앞의 코드에서 우리는 모듈의 모습도 볼 수 있었다. 다시 돌

---

5 역자주_ attr은 attr_reader와 동일한 의미다.

아가서 자세하게 살펴보도록 하자.

2.3.7 믹스인 작성하기

객체지향 언어는 비슷한 객체들 사이에서 어떤 동작을 전파하기 위해서 상속이라는 개념을 활용한다. 동작이 비슷하지 않으면, 하나 이상의 클래스로부터 상속하도록 허용하거나(다중 상속) 혹은 다른 해법을 찾아야 한다. 일반적인 경험에 따르면 다중 상속은 복잡하고 많은 문제를 내포한다. 자바는 이런 문제를 해결하기 위해서 인터페이스를 사용한다. 그에 비해 루비는 모듈을 사용한다. module은 여러 함수와 상수의 컬렉션이다. 클래스에 모듈을 포함하면 그 모듈의 동작과 상수가 그 클래스의 일부가 된다.

임의의 클래스에 to_f 라는 메서드를 더하는 다음 클래스의 모습을 보자.

```ruby
ruby/to_file.rb
module ToFile
  def filename
    "object_#{self.object_id}.txt"
  end
  def to_f
    File.open(filename, 'w') {|f| f.write(to_s)}
  end
end

class Person
  include ToFile
  attr_accessor :name

  def initialize(name)
    @name = name
  end
  def to_s
    name
  end
end

Person.new('matz').to_f
```

모듈을 정의하는 것부터 시작해보자. 이 모듈은 두 개의 메서드를 가지고 있다. to_f 메서드는 to_s 메서드가 출력한 내용을 filename 메서드가 정한 이름의 파일에 저장한다. 여기에서 흥미로운 사실은 to_s가 모듈 안에서 사용되고 있지만 사실은 클래스 내부에서 구현되었다는 사실이다! 메서드가 사용되는 시점에서는 아직 클래스가 정의되지도 않았다. 모듈은 메서드를 포함하는 클래스와 아주 밀접한 수준에서 상호작용하고 있음을 알 수 있다. 자바에서는 클래스가 공식적인 인터페이스를 구현한다는 계약이 명시적으로 이루어져야 한다. 루비에서는 오리 타이핑을 사용할 수 있기 때문에 이와 같은 계약이 암묵적일 수 있다.

Person의 구체적인 내용은 관심을 끌 만한 게 없고, 그게 바로 중요한 점이다. Person은 해당 모듈을 포함하며, 그것으로 충분하다. 파일에 어떤 내용을 적을 수 있는 능력은 해당 클래스가 실제로 Person인지 여부와는 무관하다. 우리는 파일에 어떤 내용을 저장할 수 있는 능력을 추가해주는 믹스인mixin 방식으로 전달했다. 이렇게 새로운 믹스인과 하위클래스를 Person에 추가하면 각 하위클래스는 믹스인이 실제로 구현된 방식에 대해서 알지 못해도 믹스인의 기능을 가질 수 있다. 그렇다면 우리는 어느 클래스의 단일한 상속 관계를 핵심만 간추려서 간결하게 정의하고, 나머지 부가적인 기능은 모듈을 통해서 필요할 때마다 집어넣을 수 있다. 플레이버스Flavors[6]에서 시작되어 스몰토크와 파이썬에 이르는 여러 언어에서 사용된 이런 스타일의 프로그래밍 방법은 믹스인mixin이라는 이름으로 불린다. 믹스인이라는 개념을 구현하는 방법이 항상 모듈이라고 불리지는 않지만, 핵심적인 내용은 명확하다. 단일한 상속 관계와 믹스인이 함께 사용되면 여러 가지 동작을 하나로 묶는 훌륭한 패키지를 구성할 수 있다.

2.3.8 모듈, enumerable, 집합

루비에서 가장 중요한 의미를 갖는 두 가지 믹스인은 enumerable과 comparable일 것이다. enumerable이 되기 원하는 클래스는 반드시 each를 구현해야 하고, comparable이 되기 원하는 클래스는 반드시 <=>를 구현해야 한다. 우주선spaceship 연산자라고도 불리는데, 예를 들어 a<=>b는 b가 더 크면 -1을 리턴하고, a가 더 크면 1을 리턴하며, 두 값이 같으면 0을 리턴하는 비교 연산자다. enumerable과 comparable을 구현하면 이들이 제공하는 편리한 컬렉션 메서드를 사용할 수 있게 된다. 다음과 같은 내용을 콘솔에 작성해보라.

---

6 역자주_ 기초 객체지향 개념을 더한 리스프의 확장판. 1980년대 초 MIT의 하워드 캐넌(Howard Cannon)이 개발했고, 후에 CLOS 개발에 큰 영향을 미쳤다.

```
>> 'begin' <=> 'end'
=> -1
>> 'same' <=> 'same'
=> 0
>> a = [5, 3, 4, 1]
=> [5, 3, 4, 1]
>> a.sort
=> [1, 3, 4, 5]
>> a.any? {|i| i > 6}
=> false
>> a.any? {|i| i > 4}
=> true
>> a.all? {|i| i > 4}
=> false
>> a.all? {|i| i > 0}
=> true
>> a.collect {|i| i * 2}
=> [10, 6, 8, 2]
>> a.select {|i| i % 2 == 0 } # even
=> [4]
>> a.select {|i| i % 2 == 1 } # odd
=> [5, 3, 1]
>> a.max
=> 5
>> a.member?(2)
=> false
```

any?는 요소 중에서 어느 하나에 대해서라도 조건이 참이면 true를 리턴한다. all?은 모든 요소에 대해서 조건이 참이면 true를 리턴한다. 우주선 연산자는 Fixnum을 통해 이러한 정수 값들에 대해 구현되어 있으므로, sort나 min 혹은 max 같은 연산도 수행할 수 있다.

집합^set에 기초한 연산도 수행할 수 있다. collect와 map은 하나의 함수를 각각의 요소에 적용하고, 결과를 배열에 담아서 리턴한다. find는 조건에 맞는 요소를 하나 찾아내고, select와 find_all은 조건에 맞는 요소를 모두 리턴한다. inject를 이용하면 리스트의 요소를 서로 다더한 값이나 곱한 값을 구할 수도 있다.

```
>> a
=> [5, 3, 4, 1]
>> a.inject(0) {|sum, i| sum + i}
=> 13
>> a.inject {|sum, i| sum + i}
=> 13
>> a.inject {|product, i| product * i}
=> 60
```

inject는 다소 복잡해 보이지만 사실 그렇게 복잡한 것은 아니다. inject는 두 개의 인수와 하나의 표현을 가진 코드 블록을 받아들인다. 코드 블록은 리스트에 있는 요소 각각에 대해서 실행된다. 이때 inject는 두 번째 인수를 이용해서 요소의 값을 코드 블록에 전달한다. 첫 번째 인수는 바로 앞에서 코드 블록을 실행한 결과를 담는 값이다. 코드 블록이 맨 처음에 실행될 때는 이 첫 번째 인수에 아무런 값이 없기 때문에 어떤 초기 값을 인수로 전달해주어야 한다(만약 초기 값을 전달하지 않으면 inject는 컬렉션에 있는 값 중에서 맨 처음 것을 초기 값으로 사용하고 두 번째 요소부터 순차적으로 방문한다). 약간의 도움말과 함께 코드를 다시 보자.

```
>> a.inject(0) do |sum, i|
?>   puts "sum: #{sum}  i: #{i}   sum + i: #{sum + i}"
?>   sum + i
?> end
sum: 0  i: 5   sum + i: 5
sum: 5  i: 3   sum + i: 8
sum: 8  i: 4   sum + i: 12
sum: 12  i: 1   sum + i: 13
```

앞줄에서 계산한 결과는 우리가 생각하는 바대로 항상 다음 줄의 첫 번째 매개변수로 전달된다. inject를 이용하면 여러 문장으로 이루어진 텍스트 속에서 단어의 수를 센다든지, 여러 문단 안에서 가장 커다란 단어를 찾는다든지, 혹은 그보다 더 복잡한 일들을 모두 수행할 수 있다.

2.3.9 2일 차에 배운 내용

루비의 문법적 설탕과 약간의 마법을 살펴보는 기회를 가졌다. 그런 내용을 통해 우리는 루비가 얼마나 유연해질 수 있는지 목격하기 시작했다. 루비의 컬렉션은 정말 단순하다. 층층이 쌓인 다양한 API를 보유한 두 개의 컬렉션이 있을 뿐이다. 애플리케이션의 성능은 부차적이다.

루비는 어디까지나 프로그래머의 성능을 위한 언어다. enumerable 모듈은 루비가 얼마나 훌륭하게 설계될 수 있는지에 대한 맛을 보여준다. 단일 상속을 지원하는 객체지향 개념은 물론 새로운 것이 아니다. 하지만 루비의 구현은 직관적인 설계와 유용한 기능이 가득하다. 이러한 수준의 추상은 프로그래밍 언어를 사소한 정도로 향상시킬 뿐이지만, 정말 본격적인 내용은 뒤에서 나오게 될 것이다.

2.3.10 2일 차 자율 학습

다음 문제들은 앞에서 보았던 것에 비하면 더 어렵다. 루비를 어느 정도 사용했으므로 새로운 도전을 시작할 필요가 있다. 여기에 있는 예들은 당신이 논리적인 사고를 하도록 강제할 것이다.

다음을 찾아보라.

- 코드 블록을 이용하거나 혹은 이용하지 않으면서 파일에 접근하는 방법을 찾아보라. 코드 블록의 장점은 무엇인가?
- 해시를 어떻게 배열로 바꿀 것인가? 배열을 해시로도 바꿀 수 있는가?
- 해시를 순차적으로 방문할 수 있는가?
- 루비의 배열은 스택으로 사용할 수 있다. 배열은 흔한 자료구조 중 또 어떤 것으로 사용될 수 있는가?

다음을 수행하라.

- 16개의 수를 담고 있는 배열의 내용을, each만 사용해서 한 번에 네 개씩 출력하라. 다음으로는 Enumerable 안에 있는 each_slice를 이용해서 동일한 작업을 수행하라.
- Tree 클래스는 흥미로웠지만 깔끔한 사용자 인터페이스를 갖는 새 트리를 만들도록 허용하지는 않았다. initializer가 해시 내부에 포함된 구조를 받아들이도록 해보라. 다음과 같은 방식으로 트리를 정의할 수 있어야 한다.

```
{'grandpa' => { 'dad' => {'child 1' => {}, 'child 2' => {} }, 'uncle' =>
{'child 3' => {}, 'child 4' => {} } } }
```

- 파일 안에서 어떤 특정한 표현을 포함하고 있는 줄을 골라서 출력하는 간단한 grep 도구를 작성하라. 간단한 정규표현식을 작성하고 파일에서 줄을 읽어 들이는 작업이 필요할 것이다(이러한 작업이 루비에서는 놀라울 정도로 간단하다). 원한다면 해당 줄의 줄번호를 함께 출력하라.

2.4 3일: 심각한 변화

메리 포핀스의 핵심은 그녀가 집안 분위기를 즐겁게 만들고 사람들의 마음을 열정과 상상으로 채움으로써 그곳을 더 좋은 장소로 바꾸었다는 사실이다. 우리는 루비를 이용해서 다른 언어로도 할 수 있는 비교적 안전한 도전을 할 수 있다. 그렇지만 언어는 겉으로 드러나는 방식과 실제로 동작하는 방식을 완전히 바꾸어보아야 비로소 프로그래밍이 즐거워지는 진정한 마법을 경험할 수 있다. 이 책에서 각각의 장은 해당 언어가 쉽지 않은 문제를 어떤 방식으로 해결하는지 보여줄 것이다. 루비의 경우에는 그것이 메타프로그래밍을 의미한다.

메타프로그래밍이란 프로그램을 작성하는 프로그램을 작성하는 것을 의미한다. 레일스의 중심을 차지하는 액티브레코드^{ActiveRecord} 프레임워크는 데이터베이스의 테이블에 연결되는 클래스를 생성하는 친숙한 언어를 구현하기 위해서 메타프로그래밍을 사용한다. 예를 들어 부서 (Department)에 대한 액티브레코드 클래스는 이러한 모습일 것이다.

```ruby
class Department < ActiveRecord::Base
  has_many :employees
  has_one :manager
end
```

has_many와 has_one은 하나의 has_many 관계를 설정하기 위해 요구되는 모든 인스턴스 변수와 메서드를 합한 루비 고유의 메서드다. 이러한 클래스 스펙은 다른 데이터베이스 프레임워크에서 흔히 발견되는 불필요한 소음과 짐이 제거되었기 때문에 마치 영어 문장처럼 쉽게 읽힌다. 메타프로그래밍을 위해 사용할 수 있는 다른 도구도 살펴보도록 하자.

2.4.1 오픈 클래스

오픈 클래스에 대해서는 이미 간략하게 살펴본 적이 있다. 보통은 어떤 행위를 추가하기 위해서 그렇게 하지만, 아무튼 루비에서는 우리가 원한다면 어떤 클래스의 정의를 아무 때나 바꿀 수 있다. NilClass에 메서드를 추가하는 레일스 프레임워크에서 가져온 훌륭한 예가 있다.

ruby/blank.rb
```ruby
class NilClass
  def blank?
```

```
      true
    end
  end

  class String
    def blank?
      self.size == 0
    end
  end

  ["", "person", nil].each do |element|
    puts element unless element.blank?
  end
```

class에 대한 첫 번째 호출이 클래스를 정의한다. 클래스가 이미 정의되어 있으면 그 이후에 일어나는 호출은 해당 클래스를 수정한다. 이 코드는 이미 존재하는 NilClass와 String이라는 두 클래스에 blank?라는 이름의 메서드를 추가하고 있다. 주어진 문자열 상태를 확인할 때, 그것이 비어 있는지 여부를 확인하고 싶을 때가 있다. 대부분의 문자열은 값이 있거나, 비어 있거나, 아니면 nil일 것이다. 이런 작은 기법은 만약 문자열이 비어 있거나 nil이면 blank?가 true를 리턴하기 때문에 두 가지 경우를 한꺼번에 확인할 수 있게 해준다. 문자열이 어느 클래스를 가리키는지 여부는 중요하지 않다. 그것이 blank?라는 메서드를 지원하는 한 우리가 원하는 동작을 수행하는 데 아무 지장이 없기 때문이다. 오리처럼 걷고, 오리처럼 꽥꽥거리면, 그것은 오리다. 그것이 정말 오리인지 여부를 확인하기 위해서 피를 뽑아 검사할 필요는 없다.

여기에서 벌어지는 일에 각별한 주의를 기울어야 한다. 지금 우리는 매우 날카로운 조각도를 달라고 요청하는 셈이고, 루비는 우리에게 기꺼이 조각도를 건네줄 것이다. 우리의 오픈 클래스는 String과 Nil을 모두 재정의했다. 심지어 Class.new와 같은 메서드를 재정의함으로써 루비 전체를 못 쓰게 만드는 일도 가능하다. 오픈 클래스를 사용하는 데 따르는 트레이드오프는 전적으로 우리의 몫이다. 어떤 클래스와 객체를 언제든 다시 정의할 수 있도록 해주는 이러한 자유를 잘 활용하면 믿을 수 없을 정도로 읽기 쉬운 코드를 만드는 것이 가능하다. 그렇지만 이러한 자유과 권능에는 당연히 책임이 따른다.

오픈 클래스는 자신만의 고유한 도메인을 정의하는 언어를 만들고 싶을 때 상당히 유용하다. 비즈니스 영역에서 사용되는 단위를 언어 안에서 표현하면 유용할 때가 많다. 예를 들어 모든 거리를 인치로 표현하는 다음과 같은 API를 생각해보라.

```
ruby/units.rb
class Numeric
  def inches
    self
  end

  def feet
    self * 12.inches
  end

  def yards
    self * 3.feet
  end

  def miles
    self * 5280.feet
  end

  def back
    self * -1
  end

  def forward
    self
  end
end

puts 10.miles.back
puts 2.feet.forward
```

오픈 클래스는 이러한 종류의 지원을 최소한의 문법만으로 가능하게 만들어준다. 그렇지만 다른 테크닉을 사용하면 루비를 더 먼 곳으로도 확장할 수 있다.

2.4.2 method_missing

루비는 어떤 메서드가 존재하지 않는다는 사실을 발견하면, 시스템 진단과 관련된 정보를 출력하기 위해서 특별한 디버깅 메서드를 호출한다. 이러한 기능은 디버깅을 편하게 해준다. 하지만 경우에 따라서는 이 기능을 사용해서 생각지 못한 동작을 구축할 수 있다. method_missing 을 오버라이드하기만 하면 된다. 로마 숫자를 표현하는 API가 있다고 해보자. Roman.number_ for "ii"와 같은 API가 있으면 어렵지 않게 메서드 호출을 수행할 수 있을 것이다. 사실 이 정도로도 나쁘지 않다. 괄호나 세미콜론 등이 우리 앞길을 가로막으면서 번거롭게 하지는 않는다. 하지만 루비라면 한발 더 앞으로 나아갈 수 있다.

```ruby
ruby/roman.rb
class Roman
  def self.method_missing name, *args
    roman = name.to_s
    roman.gsub!("IV", "IIII")
    roman.gsub!("IX", "VIIII")
    roman.gsub!("XL", "XXXX")
    roman.gsub!("XC", "LXXXX")

    (roman.count("I") +
     roman.count("V") * 5 +
     roman.count("X") * 10 +
     roman.count("L") * 50 +
     roman.count("C") * 100)
  end
end

puts Roman.X
puts Roman.XC
puts Roman.XII
puts Roman.X
```

이 코드는 method_missing이 멋지게 활용되는 사례다. 코드의 의미가 명확하고 간결하다. 우리는 먼저 method_missing을 오버라이드했다. 메서드의 이름과 매개변수는 나중에 입력 매개변수로 전달받을 것이다. 우리는 이름에만 관심이 있다. 우리는 먼저 이름을 String으로 변환한다. 그리고 iv나 ix와 같은 특수한 경우를 세기 쉬운 문자열로 대체한다. 그다음에는 로마 숫자를 세서 그 수의 값으로 곱한다. Roman.i와 Roman.number_for "i"를 비교해보면 이 새로운 API가 사용하기 더 쉬움을 알 수 있다.

하지만 그에 따르는 비용을 고려할 필요가 있다. 이러한 클래스는 메서드가 존재하지 않은 경우를 루비가 더 이상 알려줄 수 없기 때문에 전보다 디버깅을 수행하기가 더 어렵다. 이러한 메서드가 유효한 로마 숫자를 받아들이는지 여부를 확인하기 위해서 강력한 에러 검사 기능이 필요할 것이다. 정확하게 어디를 찾아봐야 하는지 미리 알고 있는 사람이 아니라면 Roman에서 ii라는 메서드를 구현한 장소를 찾는 것이 쉽지 않을 것이다. 그렇긴 해도 이와 같은 기법은 꼭 필요할 때 활용할 수 있는 도구 중 하나다. 현명하게 사용하기 바란다.

2.4.3 모듈

루비에서 가장 유명한 메타프로그래밍 스타일은 모듈이다. 모듈 안에서 간단하게 몇 줄의 코드를 작성하면 def 혹은 attr_accessor와 같은 기능을 구현할 수 있다. 클래스 정의도 놀라운 방식으로 확장할 수 있다. 흔히 쓰이는 기법을 활용하면 자신만의 클래스를 정의할 수 있는 도메인 언어domain-specific language(DSL)를 설계할 수도 있다.[7] 이 DSL은 어떤 클래스를 관리하기 위해 필요한 모든 메서드와 상수를 합쳐놓은 모듈 안에서 메서드들을 정의한다.

먼저 공통으로 사용되는 슈퍼클래스를 이용함으로써 예제를 부분별로 나누어 살펴볼 것이다. 다음 코드는 우리가 메타프로그래밍을 통해 만들고자 하는 클래스의 예다. 이것은 클래스의 이름에 기초해서 CSV 파일을 여는 간단한 프로그램이다.

```ruby
ruby/acts_as_csv_class.rb
class ActsAsCsv
  def read
    file = File.new(self.class.to_s.downcase + '.txt')
    @headers = file.gets.chomp.split(', ')

    file.each do |row|
      @result << row.chomp.split(', ')
    end
  end

  def headers
    @headers
  end

  def csv_contents
    @result
  end
```

----

[7] DSL은 어떤 언어를 특정한 도메인용으로 가다듬을 수 있도록 해준다. 루비에서 가장 널리 알려진 예로, 액티브레코드 프레임워크는 클래스를 데이터베이스 테이블에 매핑하기 위해 도메인 언어를 사용한다.

```ruby
  def initialize
    @result = []
    read
  end
end

class RubyCsv < ActsAsCsv
end

m = RubyCsv.new
puts m.headers.inspect
puts m.csv_contents.inspect
```

이 기초적인 클래스는 4개의 메서드를 정의한다. headers와 csv_contents는 인스턴스 변수의 값을 리턴하는 간단한 접근자다. initialize는 읽은 내용을 초기화한다. 대부분의 작업은 read 안에서 일어난다. read 메서드는 파일을 열고, 헤딩 값을 읽고, 읽은 내용을 개별적인 필드로 조각낸다. 그다음, 한 줄씩 읽어 들이면서 각 줄의 내용을 배열에 저장한다. CSV 파일을 다루는 이 예는, 예를 들어 따옴표 같은 특정한 경우를 상세하게 다루지 않기 때문에 완결된 구현은 아니다. 하지만 코드가 수행하는 내용을 대략적으로 이해하는 것은 어렵지 않을 것이다.

다음 단계는 파일을 취해서 그 행위를 모듈 메서드(종종, 매크로macro라고 불린다)를 가진 클래스에 덧붙이는 것이다. 매크로는 클래스의 행위를 보통 주변 환경의 변화에 맞춰서 변경한다. 이 예제의 경우 매크로가 클래스를 열어서 CSV 파일과 관련된 행위를 집어넣고 있다.

ruby/acts_as_csv.rb
```ruby
class ActsAsCsv
  def self.acts_as_csv

    define_method 'read' do
      file = File.new(self.class.to_s.downcase + '.txt')
      @headers = file.gets.chomp.split(', ')

      file.each do |row|
        @result << row.chomp.split(', ')
      end
    end

    define_method "headers" do
```

```
        @headers
      end

      define_method "csv_contents" do
        @result
      end

      define_method 'initialize' do
        @result = []
        read
      end
    end
  end
end

class RubyCsv < ActsAsCsv
  acts_as_csv
end

m = RubyCsv.new
puts m.headers.inspect
puts m.csv_contents.inspect
```

메타프로그래밍은 acts_as_csv 매크로 안에서 일어나고 있다. 이 코드는 우리가 목표 클래스에 추가하고 싶은 메서드들에 대해 define_method라는 메서드를 호출한다. 이제 목표 클래스가 acts_as_csv를 호출하면, 그 코드가 목표 클래스 위에 4개의 메서드를 모두 정의한다.

따라서 acts_as라는 매크로 코드는 우리가 상속을 통해서 손쉽게 전달할 수 있었을 몇 개의 메서드를 목표 클래스에 추가하는 일을 수행한다고 볼 수 있다. 이 예만 놓고 보면 매크로라는 방식이 상속에 비해서 특별히 나은 것처럼 보이지는 않지만, 앞으로 점점 더 흥미로워질 것이다. 이러한 행동이 모듈 안에서 어떻게 동작하는지 살펴보자.

ruby/acts_as_csv_module.rb
```
module ActsAsCsv
  def self.included(base)
    base.extend ClassMethods
  end
  module ClassMethods
    def acts_as_csv
      include InstanceMethods
    end
  end
```

```
  module InstanceMethods
    def read
      @csv_contents = []
      filename = self.class.to_s.downcase + '.txt'
      file = File.new(filename)
      @headers = file.gets.chomp.split(', ')

      file.each do |row|
        @csv_contents << row.chomp.split(', ')
      end
    end

    attr_accessor :headers, :csv_contents
    def initialize
      read
    end
  end
end

class RubyCsv # 상속을 사용하지 않는다! 대신 믹스인을 사용할 수 있다.
  include ActsAsCsv
  acts_as_csv
end

m = RubyCsv.new
puts m.headers.inspect
puts m.csv_contents.inspect
```

루비는 모듈이 다른 곳에 포함될 때마다 included 메서드를 호출할 것이다. 이 메서드 안에서 우리는 (RubyCsv 클래스인) base라고 불리는 목표 클래스를 확장하고, 모듈은 RubyCsv 안에 클래스 메서드를 추가한다. 여기서 클래스 메서드는 acts_as_csv 하나만이 있다. 이 메서드는 계속해서 클래스를 열고 모든 인스턴스 메서드를 추가한다. 결국 우리는 프로그램을 작성하는 프로그램을 작성한 것이다.

이러한 메타프로그래밍 기법과 관련해서 흥미로운 점은, 프로그램의 내용 자체가 애플리케이션의 상태^{state}에 따라서 변할 수 있다는 점이다. 예컨대 액티브레코드는 메타프로그래밍을 활용해서 데이터베이스의 칼럼과 동일한 이름을 갖는 필드를 위한 접근자를 동적으로 생성한다. 빌더 같은 일부 XML 프레임워크는 아름다운 문법을 만들어내기 위해서 사용자가 method_missing을 이용해 사용자 정의 태그를 정의할 수 있도록 한다. 문법이 더 아름다울수록 우리가 작성한 코드를 읽는 사람은 문법에 구애받지 않고 코드가 원래 작성된 의도에 집중할 수 있다. 그것이 루비가 가진 진정한 힘이다.

2.4.4 3일 차에 배운 내용

여기에서 우리는 루비를 이용해서 자신만의 문법을 정의하고 클래스의 내용을 동적으로 변경하는 기법을 살펴보았다. 이러한 프로그래밍 기법은 메타프로그래밍이라는 범주에 속한다. 당신이 작성하는 코드는 언제나 컴퓨터와 사람이라는 두 종류의 독자를 상정한다. 때로는 인터프리터나 컴파일러를 성공적으로 통과하면서 동시에 사람이 이해하기 쉬운 코드를 작성하기 위한 균형점을 찾는 것이 쉽지 않다. 메타프로그래밍을 이용하면 합법적인 루비 문법과 문장 사이에 존재하는 간극을 효율적으로 메울 수 있다.

빌더나 액티브레코드 같은 훌륭한 루비 프레임워크는 가독성을 위해 이 메타프로그래밍을 적극적으로 활용한다. 오픈 클래스를 이용해서 String 객체와 nil에 blank? 메서드를 지원하는 오리 타이핑 인터페이스를 만들면, 흔히 쓰이는 시나리오에서 불필요한 코드의 양을 극적으로 줄일 수 있다는 사실도 직접 확인해보았다. 이와 동일한 기법을 여럿 사용하는 코드도 살펴보았다. 아름다운 로마 숫자를 구축하기 위해서 method_missing도 사용해보았다. 끝으로, 모듈을 이용해서 CSV 파일을 지정하는 도메인 언어도 정의해보았다.

2.4.5 3일 차 자율 학습

다음을 수행하라.

CsvRow 객체를 리턴하는 each 메서드를 지원하도록 CSV 애플리케이션을 수정하라. 그 CsvRow에서 주어진 헤딩 값에 해당하는 칼럼의 값을 리턴하도록 method_missing을 사용하라.

예를 들어 이런 내용을 담은 파일이 있다고 하자.

```
one, two
lions, tigers
```

그러면 API는 다음과 같이 동작해야 한다.

```
csv = RubyCsv.new
csv.each {|row| puts row.one}
```

이러한 코드는 "lions"를 화면에 출력해야 한다.

2.5 루비를 마무리하며

이 장에서 우리는 많은 내용을 다뤘다. 내가 루비를 메리 포핀스에 비유한 이유를 깨달았기를 바란다. 수많은 루비 콘퍼런스에서 강연을 하면서, 나는 많은 사람이 루비가 너무나 재미있기 때문에 좋아하게 되었다고 고백하는 것을 보았다. C++, C#, 자바와 같은 C 계열의 언어와 함께 성장한 소프트웨어 업계에서, 루비는 정말이지 오아시스와 같다.

2.5.1 핵심 강점

루비는 객체를 단일하고 일관성 있는 방식으로 다루도록 해주는 순수한 객체지향 언어다. 오리 타이핑은 객체의 상속 구조가 아니라 실제로 객체가 무엇을 지원하는가에 따라 행동을 결정하는 진정한 다형성을 가능하게 해준다. 루비의 모듈과 오픈 클래스는 개발자가 클래스에 이미 정의된 메서드나 인스턴스 변수를 넘어서는 동작을 문법에 추가하는 것을 가능하게 해준다.

루비는 스크립트 언어로서 이상적이고, 혹은 성능의 확장성scaling과 관련된 요구사항이 엄격하지 않다면 웹 개발을 위한 언어로도 적당하다. 루비의 생산성은 압도적이다. 그렇지만 루비의 생산성을 끌어올리는 기능 중에서 어떤 것들은 컴파일을 어렵게 하거나 성능을 떨어뜨리기도 한다.

스크립팅

루비는 환상적인 스크립트 언어다. 두 개의 애플리케이션을 서로 붙이는 접착제 코드를 작성하거나, 주식 시세나 책의 가격 등을 파악하기 위해서 부지런히 웹 페이지를 읽어대는 스파이더 코드를 작성하거나, 로컬 빌드 환경이나 자동화된 테스트 코드를 작성할 때 루비는 탁월한 선택이다.

대부분의 주요한 운영체제에서 사용할 수 있는 언어인 루비는 스크립트 환경에서 좋은 선택이 될 수 있다. 루비에는 기본 기능과 함께 포함된 광범위한 라이브러리가 존재할 뿐만 아니라 수천 가지에 달하는 젬gem, 혹은 미리 패키징된 플러그인이 존재한다. 이들을 이용하여 CSV 파일 로딩, XML 처리, 저수준의 인터넷 API 작업 등을 할 수 있다.

웹 개발

레일스는 이미 역사상 가장 성공적인 웹 개발 프레임워크의 하나다. 레일스의 설계는 잘 알려진 모델-뷰-컨트롤러 패러다임에 기초한다. 데이터베이스 및 애플리케이션 요소들을 위한 여러 명명 규칙naming convention은 몇 줄의 구성configuration 코드만으로 전형적인 애플리케이션을 구축하는 것을 가능하게 한다. 또한 이 프레임워크는 현장에서 발생하는 어려운 문제들을 해결하기 위한 플러그인들도 갖추고 있다.

- 레일스의 구조는 언제나 일관성을 유지하며 잘 알려져 있다.
- 이동migration은 데이터베이스 스키마의 변화를 알아서 처리한다.
- 잘 문서화된 관습들이 구성에 필요한 내용을 크게 줄여준다.
- 수많은 플러그인이 존재한다.

시장 출시까지 걸리는 시간

내가 보기엔 루비와 레일스가 가진 생산성이야말로 루비가 거둔 성공에서 가장 중요한 요소다. 2000년대 중반 샌프란시스코 시내에서는 돌을 던졌을 때 레일스를 이용하는 스타트업 회사에 다니지 않는 사람에게 맞히는 것이 불가능할 정도였다. 심지어 오늘날에도 내가 다니고 있는 회사를 포함해서 많은 회사들이 루비를 사용하고 있다. 아름다운 문법, 프로그래머들의 커뮤니티, 도구, 플러그인이 대단히 강력하다. 서핑을 하는 사람의 우편번호를 찾기 위한 라이브러리, 혹은 반경 50마일 내에 존재하는 주소 코드를 계산하는 라이브러리 등을 발견할 수도 있다. 이미지, 신용카드, 웹 서비스 작업 등을 처리할 수 있고, 다양한 프로그래밍 언어와 한꺼번에 의사소통할 수도 있다.

수많은 상업적 목적의 대형 웹사이트가 루비와 레일스를 사용하고 있다. 트위터도 처음에는 루비로 작성되었다. 루비의 특출한 생산성은 트위터가 엄청난 속도로 성장하는 데 기여했다. 결국 트위터는 스칼라로 다시 작성되었는데 여기에는 두 가지 교훈이 있다. 첫째는 루비가 제품을 시장에 빨리 출시하고자 할 때 적합한 언어라는 사실이다. 둘째는 루비의 확장성에는 다소 한계가 있다는 점이다.

분산 트랜잭션, 안정적인 메시지 시스템, 국제적 언어 지원 등을 원하는 커다란 기업에서 사용하기에는 루비의 기능이 약간 제한적이다. 하지만 루비도 이러한 기능을 지원할 수는 있다. 좋은 애플리케이션을 만들기 위해서 성능의 확장성을 갖춘 프레임워크를 찾는 노력이 때론 의미가 있다. 하지만 사람들은 제품을 빠르게 시장에 내놓을 수 없을 때조차 차세대 이베이와 같은 대규모 확장성을 추구하느라 시간을 허비한다. 사실은 제품을 빨리 출시하는 것이 많은 기업에 더 필요한 일이라는 사실을 고려하면, 루비는 적합한 언어 이상의 의미를 갖는다.

2.5.2 약점

모든 애플리케이션에 완벽한 언어는 있을 수 없다. 루비도 마찬가지다. 루비가 가진 약점 몇 가지를 살펴보도록 하자.

성능

루비가 가진 최대의 약점은 성능이다. 물론 루비는 점점 빨라지고 있다. 1.9 버전은 어떤 경우에 전 버전에 비해 거의 10배 이상 더 빠르다. 에번 피닉스Evan Phoenix가 작성한 새로운 루비 가상 머신 루비니우스는 저스트-인-타임 컴파일러를 이용해서 루비를 컴파일할 능력도 갖추고 있다. 이러한 가상 머신은 어떤 코드가 미래에 다시 필요할지 여부를 알아내기 위해서 인터프리터가 코드를 사용하는 패턴을 분석한다. 문법 자체를 분석하는 방식으로는 최적화된 컴파일을 수행하기 어려운 루비 같은 언어의 경우 이런 접근이 의미가 있다. 루비에서는 클래스의 정의가 아무 때나 변경될 수 있다는 사실을 기억하기 바란다.

그러나 마츠의 의도는 명확하다. 그는 언어의 성능이 아니라 프로그래머의 생산성을 최적하하는 데 관심이 더 크다. 오픈 클래스, 오리 타이핑, method_missing 같은 기능은 컴파일 가능성 및 성능 개선을 위한 바로 그 도구들의 존재를 무력화한다.

동시성과 OOP

객체지향 프로그래밍은 치명적인 한계를 갖는다. 이 모델은 일반적으로 행위가 상태를 둘러싸고 있다고 전제한다. 하지만 상태는 변할 수 있다. 이러한 프로그래밍 전략은 동시성과 관련해서 심각한 문제를 낳는다. 기껏해야 자원에 경쟁적으로 접근하는 것을 막는 기능을 언어에 포함할 수 있는 정도다. 최악의 경우 객체지향 시스템은 동시성 환경에서 디버깅하는 것이 거의 불가능하거나 안정적인 방식으로 테스트될 수 없다. 이 글을 쓰고 있는 시점에서 레일스 팀은 이제 겨우 동시성을 효과적으로 관리하는 문제를 막 다루기 시작했을 뿐이다.

안전성

나는 오리 타이핑을 신봉한다. 이러한 타이핑 전략을 이용하면 간결하고 읽기 쉬운 코드를 이용해서 깔끔한 추상을 구축하는 것이 가능하기 때문이다. 하지만 오리 타이핑은 그에 수반하는 비용도 가지고 있다. 정적 타이핑은 수많은 도구들이 문법 트리를 구축하여 통합개발환경을 제공하는 것을 가능하게 해준다. 루비용 IDE는 만들기가 어렵고, 현재로서는 대부분의 루비 개발자가 그런 도구를 사용하지도 않는다. 종종 나는 IDE 방식의 디버깅 도구를 그리워한다. 나만 그런 것이 아님도 알고 있다.

2.5.3 마치며

루비의 핵심 강점은 문법과 유연성이다. 핵심적인 약점은 성능이다(비록 많은 용도에 적당한 수준의 성능을 제공하긴 하지만). 전체적으로 보았을 때 루비는 객체지향 개발을 위한 탁월한 선택이다. 어떤 종류의 애플리케이션에 대해서는 평균 이상이다. 모든 도구가 다 그렇듯이, 루비 또한 적합하게 선별된 문제를 해결하기 위해서 활용되어야 한다. 그렇게 한다면 실망하지 않을 것이다. 루비를 사용하는 동안 눈을 크게 뜨고 눈앞에서 펼쳐지는 마법을 즐기기 바란다.

CHAPTER 3

Io

'무엇을 할 것인가?'를 생각할 필요는 없다. '무엇을 하지 말 것인가?'를 생각하면 된다.

– 페리스 부엘러

이제 Io를 만나보자. 루비처럼 Io도 기존의 법칙을 깨뜨린다. 젊고, 사악할 정도로 영리하고, 이해할 수는 있지만 예측하기는 어렵다. 페리스 부엘러[1]를 생각하면 된다. 훌륭한 파티에 참석하고 싶다면 Io에게 시내를 구경시켜달라고 부탁하라. 그러면 무언가 해줄 것이다. 생애 최고의 드라이브를 선사해주거나, 아니면 당신 아버지의 자동차를 박살내거나, 혹은 둘 다. 어느 쪽이든 심심한 경우는 없다. 앞에 인용한 문구처럼, 당신을 주저하게 만드는 규칙은 별로 없을 것이다.

3.1 Io에 대하여

2002년 스티브 디코트Steve Dekorte는 Io를 만들었다. Io는 언제나 대문자 I와 소문자 o로 표기된다. Io는 루아나 자바스크립트처럼 프로토타입 언어인데, 그것은 모든 객체가 다른 객체의 클론이라는 사실을 의미한다.

---

1 〈페리스의 해방〉, DVD, 존 휴스 감독, 1986 (할리우드, CA: 파라마운트, 1999).

스티브 스스로 인터프리터가 동작하는 방식을 잘 이해하기 위해 만든 언어인 Io는 취미로 시작된 언어이며, 지금까지도 소수의 사람이 사용하는 언어로 남아 있다. 이 언어의 문법은 15분 만에 익힐 수 있고, 기본적인 메커니즘은 30분이면 충분하다. 놀랄 만한 내용은 없다. 하지만 라이브러리를 익히는 시간은 조금 더 필요하다. 언어의 복잡성과 풍부함은 라이브러리 설계에서 비롯된다.

오늘날 대부분의 Io 커뮤니티는 조그만 가상 머신과 풍부한 동시성 지원을 갖춘 임베디드 언어로서의 Io에 초점을 맞추고 있다. 핵심적인 강점은 원하는 방식으로 변경할 수 있는 문법과 함수, 그리고 강력한 동시성 모델이다. 우선 문법의 간결함과 프로토타입 프로그래밍 모델에 주목하기 바란다. 나는 Io를 익힌 이후 자바스크립트가 동작하는 방식을 훨씬 잘 이해할 수 있게 되었다.

3.2 1일: 학교 빼먹고 놀러 가기

Io를 만나는 것은 다른 어떤 언어를 만나는 것과 다르지 않다. 안면을 트기 위해서 키보드를 약간 두드려야 할 것이다. 역사 수업을 받기 위해서 교실 안에서 지루한 대화를 나누는 것보다는 교실 바깥에서 상호작용을 하는 것이 더 나을 것이다. 그러니 오늘은 학교 수업을 빼먹고 밖으로 놀러 가기로 하자.

이름이 필요한 의미를 전달하지 못하는 경우가 많은데, Io의 경우는 특히 그러하다. 이것은 분별하기 어려운 이름이기도 하고(구글에서 'Io'를 검색해본 적이 있는가?[2]) 동시에 탁월한 이름이기도 하다. 두 글자로만 이루어진 이름이고, 그것도 둘 다 모음이다. 이 언어의 문법은 그 이름처럼 단순하고 저수준이다. Io의 문법은 단순히 객체를 리턴하고 필요하면 괄호를 통해서 매개변수를 전달받는 메시지를 서로 연결하는 것뿐이다. Io에서는 모든 것이 수신자receiver를 리턴하는 메시지다. 키워드 같은 것은 없고, 대신 키워드 비슷하게 행동하는 몇 개의 문자가 존재한다.

Io에서는 클래스와 객체를 구별하기 위해 노력할 필요가 없다. 모든 것이 객체이며, 필요하면 그들을 복제할 수 있다. 이렇게 복제물을 양산하는 객체를 우리는 '프로토타입'이라고 부른다.

---

2 대신 'Io language'라고 검색하라.

Io는 우리가 이 책에서 살펴보는 언어 중에서 유일하게 프로토타입을 사용하는 언어다. 프로토타입 언어에서는 모든 객체가 클래스의 인스턴스가 아니라 다른 어느 객체의 복제물이다. 그런 면에서 Io는 거의 리스프만큼이나 철저하게 객체지향적이다. Io가 과연 업계에 널리 받아들여질 것인가를 말하기는 이르지만, Io가 가지고 있는 극도로 단순한 문법을 보면 공부할 만한 가치는 있는 것으로 보인다. 3일 차에 보게 되는 동시성 라이브러리는 정교하게 고안되었고, 메시지의 의미^{semantics}는 우아하고 강력하다. 리플렉션^{reflection}이 언어의 곳곳에 존재한다.

3.2.1 안면 트기

이제 인터프리터를 열고 파티를 시작하자. 인터프리터는 http://iolanguage.com에서 찾을 수 있다. 그것을 내려받아서 설치하라. io라고 입력해서 인터프리터를 열고, 전통적인 'Hello, World' 프로그램을 입력해보자.

```
Io> "Hi ho, Io" print
Hi ho, Io==> Hi ho, Io
```

여기에서 일어나는 일이 무엇인지 정확하게 이해할 수 있을 것이다. print라는 메시지를 "Hi ho, Io"라는 문자열에 전달한 것이다. 수신자는 왼쪽에 나타나고 메시지는 오른쪽에 나타난다. 문법적 설탕이나 그런 것은 전혀 발견할 수 없다. 그냥 메시지를 객체에게 전달하는 것, 그것이 전부다.

루비에서는 어떤 클래스에 대해 new를 호출함으로써 새로운 객체를 생성했다. 하나의 class를 정의함으로써 새로운 종류의 객체를 만든 것이다. 하지만 Io는 객체와 클래스를 구별하지 않는다. 이미 존재하는 객체를 이용해서 새로운 객체를 만든다. 이때 이미 존재하는 객체가 프로토타입이다.

```
batate$ io
Io 20090105
Io> Vehicle := Object clone
==>  Vehicle_0x1003b61f8:
type             = "Vehicle"
```

Object는 최상위 객체다. 그것에게 clone이라는 메시지를 보내면 새로운 객체가 리턴된다. 그 객체를 Vehicle에 할당했다. 여기에서 Vehicle은 클래스가 아니다. 객체를 생성하기 위해서 사용된 템플릿이 아니라는 뜻이다. Object라는 객체에서 비롯된 또 다른 객체일 뿐이다. 이것과 상호작용을 해보자.

```
Io> Vehicle description := "Something to take you places"
==> Something to take you places
```

모든 객체는 슬롯slot을 가지고 있다. 슬롯을 모아놓은 컬렉션을 일종의 해시라고 생각하면 된다. 각각의 슬롯은 키를 이용해서 참조한다. 슬롯에 무언가를 할당하기 위해서는 := 이라는 연산자를 사용한다. 만약 해당 슬롯이 존재하지 않으면 Io는 새로운 슬롯을 만든다. 할당을 위해서 = 연산자를 사용할 수도 있다. 이 경우에는 슬롯이 존재하지 않으면 Io가 예외를 발생시킨다. 위 코드에서 우리는 description이라는 슬롯을 하나 만들었다.

```
Io> Vehicle description = "Something to take you far away"
==> Something to take you far away
Io> Vehicle nonexistingSlot = "This won't work."
Exception: Slot nonexistingSlot not found.
Must define slot using := operator before updating.
---------
message 'updateSlot' in 'Command Line' on line 1
```

객체에 슬롯의 이름을 전달하면 안에 담긴 값을 확인할 수 있다.

```
Io> Vehicle description
==> Something to take you far away
```

사실 객체는 단순히 슬롯을 모아놓은 컬렉션 이상의 존재다. 다음과 같이 입력하면 Vehicle 객체에 담긴 슬롯의 이름을 모두 확인할 수 있다.

```
Io> Vehicle slotNames
==> list("type", "description")
```

slotNames라는 메서드를 Vehicle에게 보냈고, 객체에 담긴 슬롯들의 이름을 리턴받았다. 여기에는 두 개의 슬롯이 존재한다. description 슬롯은 앞에서 보았다. 하지만 type이라는 슬롯도 존재한다. Io에서 모든 객체는 타입type을 지원한다.

```
Io> Vehicle type
==> Vehicle
Io> Object type
==> Object
```

잠시 뒤에 우리는 타입에 대해서 살펴볼 것이다. 지금은 type이 우리가 다루는 객체의 종류를 나타내는 것이라고 이해하고 넘어가자. 타입이 클래스가 아니라 객체라는 사실을 잘 기억하기 바란다. 다음은 우리가 지금까지 공부한 내용을 정리한 것이다.

- 다른 객체를 복제함으로써 객체를 만든다.
- 객체는 슬롯의 컬렉션이다.
- 메시지를 보냄으로써 슬롯에 담긴 값을 받아볼 수 있다.

Io가 매우 단순하고 재미있다는 사실을 깨닫기 시작했을 것이다. 하지만 흥분하기는 이르다. 우리는 지금 겉만 살펴보았을 뿐이다. 이제 상속에 대해서 살펴보자.

3.2.2 객체, 프로토타입, 상속

여기에서는 상속에 대해서 알아볼 것이다. 차량[vehicle]에 속하는 자동차[car]가 있다고 했을 때 자동차의 인스턴스인 ferrari를 어떻게 모델링할지 생각해보자. 객체지향 언어에서라면 [그림 2]와 같은 방식을 생각할지도 모른다.

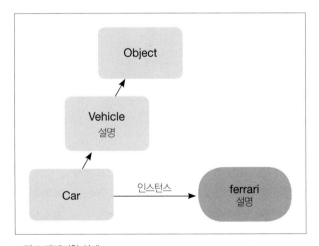

그림 2 객체지향 설계

동일한 문제를 프로토타입 언어에서는 어떻게 해결하는지 보자. 우리는 몇 개의 추가적인 객체가 필요하다. 다른 객체를 만들어보자.

```
Io> Car := Vehicle clone
==>  Car_0x100473938:
type              = "Car"
Io> Car slotNames
==> list("type")
Io> Car type
==> Car
```

Io 방식을 사용하여 우리는 Vehicle이라는 프로토타입에 clone 메시지를 보내서 Car라는 이름의 객체를 만들었다. Car에 description(설명)메시지를 보내자.

```
Io> Car description
==> Something to take you far away
```

Car에는 아직 description이라는 이름을 가진 슬롯이 없다. 그래서 Io는 description 메시지를 Car의 프로토타입인 Vehicle에 전달했고, Vehicle에 있는 슬롯을 발견했다. 이러한 개념은 단순하지만 엄청나게 강력하다. 또 다른 자동차를 만들어보자. 이번에는 그것을 ferrari에게 할당한다.

```
Io> ferrari := Car clone
==>  Car_0x1004f43d0:
Io> ferrari slotNames
==> list()
```

아하! ferrari 안에는 type 슬롯이 존재하지 않는다. 관습에 따라 Io에서 타입은 대문자로 시작한다. 소문자로 시작하는 ferrari에 type 슬롯을 호출하면, 프로토타입이 정의하는 타입을 얻게 된다.

```
Io> ferrari type
==> Car
```

이것이 Io의 객체 모델이 작동하는 방식이다. 객체는 그저 슬롯의 보관함일 뿐이다. 어떤 객체에 슬롯의 이름을 보내면 그 안에 저장된 내용을 받아볼 수 있다. 해당 이름을 가진 슬롯이 없으면, Io는 객체의 부모(즉, 프로토타입)에 메시지를 전달한다. 우리가 이해해야 하는 내용은 이것이 전부다. 클래스도 없고 메타클래스도 없다. 인터페이스도 없고 모듈도 없다. [그림 3]이 보여주는 것처럼 오직 객체만 존재할 뿐이다.

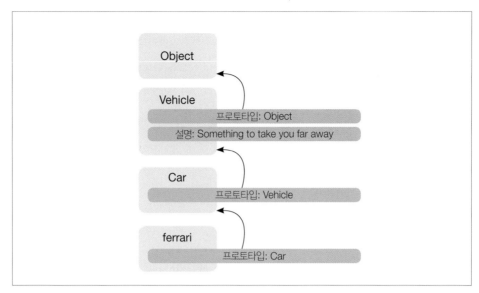

그림 3 Io에서의 상속

Io에서 타입은 하나의 관습에 불과하다. 보통 대문자로 시작하는 이름을 가진 객체는 타입이므로 Io가 type 슬롯을 만들어준다. 그 객체의 복제물 중에서 이름이 소문자로 시작하는 것이 있으면 그것은 타입이 아니므로 누가 type 메시지를 보내면 단순히 부모 객체에 메시지를 전달한다. 여기에서 타입은 Io 프로그래머가 코드를 잘 조직하기 위해서 사용하는 관습적인 도구에 불과하다.

ferrari를 타입으로 만들려면, 다음 코드처럼 대문자 이름으로 시작해야 한다.

```
Io> Ferrari := Car clone
==> Ferrari_0x9d085c8:
type = "Ferrari"
Io> Ferrari type
==> Ferrari
Io> Ferrari slotNames
==> list("type")
Io> ferrari slotNames
==> list()
Io>
```

ferrari는 type 슬롯이 없었지만, 대문자로 시작하는 ferrari는 가지고 있다. 보다시피 우리는 타입과 인스턴스를 구별하기 위해서 언어 자체가 지원하는 기능이 아니라 단순한 코딩 관습을 사용하면 된다. type 슬롯을 갖는지 여부만 제외하면 두 경우는 동일하게 동작한다.

루비나 자바에서 클래스는 객체를 생성하기 위한 템플릿이다. 예를 들어서 bruce = Person. new는 Person이라는 클래스를 이용해서 bruce라는 객체를 만들어낸다. 클래스와 객체는 완전히 서로 다른 존재다. 하지만 Io는 다르다. bruce := Person clone은 Person이라는 이름의 프로토타입으로부터 bruce라는 복제물을 만든다. 여기에서 Person과 bruce는 둘 다 객체다. Person은 type 슬롯을 갖고 있으므로 타입이다. 그 점만 빼면 Person과 bruce는 다를 것이 없다. 이제 동작을 살펴보자.

3.2.3 메서드

Io에서는 메서드를 이렇게 쉽게 만들 수 있다.

```
Io> method("So, you've come for an argument." println)
==> method(
    "So, you've come for an argument." println
)
```

메서드는 다른 모든 객체와 마찬가지로 하나의 객체다. 그것이 가진 타입을 살펴볼 수도 있다.

```
Io> method() type
==> Block
```

메서드가 객체이므로 우리는 그것을 슬롯에 할당할 수 있다.

```
Io> Car drive := method("Vroom" println)
==> method(
    "Vroom" println
)
```

슬롯이 메서드를 담고 있으면 그 슬롯을 호출할 때 메서드가 호출된다.

```
Io> ferrari drive
Vroom
==> Vroom
```

믿기 어렵겠지만 이제 우리는 Io에 담긴 핵심적인 코드의 구성원리를 전부 알게 되었다. 생각해보라. 기본적인 문법은 이제 알고 있다. 타입과 객체도 정의할 수 있다. 슬롯에 어떤 내용을 저장함으로써 객체에 데이터와 동작을 더하는 방법도 알게 되었다. 이제 남은 것은 다양한 라이브러리를 익히는 것뿐이다.

약간 더 자세한 내용을 살펴보자. 다음과 같은 방식을 사용하면 슬롯에 담긴 내용이 변수인지 아니면 메서드인지에 상관없이 자유롭게 꺼내볼 수 있다.

```
Io> ferrari getSlot("drive")
==> method(
    "Vroom" println
)
```

만약 해당 슬롯이 존재하지 않으면 getSlot은 부모의 슬롯을 되돌려준다.

```
Io> ferrari getSlot("type")
==> Car
```

객체의 프로토타입이 무엇인지 찾아볼 수도 있다.

```
Io> ferrari proto
==> Car_0x100473938:
  drive           = method(...)
  type            = "Car"

Io> Car proto
==> Vehicle_0x1003b61f8:
  description      = "Something to take you far away"
  type            = "Vehicle"
```

이들은 앞에서 ferrari와 Car를 복제하기 위해서 사용했던 프로토타입들이다. 이 프로토타입들이 가지고 있는 슬롯의 내용도 볼 수 있다.

Io에는 객체 전체의 이름을 담고 있는 Lobby라는 이름공간[namespace]이 존재한다. 콘솔에서 수행하는 모든 할당, 그리고 약간의 추가적인 내용이 Lobby 안에 모두 존재한다. Lobby라고 입력하면 안에 담긴 내용을 살펴볼 수 있다.

```
Io> Lobby
==> Object_0x1002184e0:
  Car             = Car_0x100473938
  Lobby           = Object_0x1002184e0
  Protos          = Object_0x1002184e0
  Vehicle         = Vehicle_0x1003b61f8
  exit            = method(...)
  ferrari         = Car_0x1004f43d0
  forward         = method(...)
```

exit, forward, Protos를 비롯해서 우리가 앞에서 정의한 내용을 볼 수 있다.

프로토타입 프로그래밍 패러다임은 충분히 명확한 것처럼 보인다. 다음은 몇 가지 기초적인 규칙을 정리한 것이다.

- 모든 것이 객체다.
- 모든 상호작용은 객체에 메시지를 보내는 방식으로 이루어진다.
- 클래스를 이용해서 인스턴스를 만들지 않는다. 프로토타입이라는 객체를 복제함으로써 만든다.
- 객체는 자신의 프로토타입을 기억한다.
- 객체는 슬롯을 갖는다.
- 슬롯은 객체를 담는다. 메서드 객체도 포함된다.
- 메시지는 슬롯에 담긴 값을 리턴하거나 그 안에 있는 메서드를 호출한다.
- 객체가 자신에게 전달된 메시지에게 응답할 수 없으면, 자신의 프로토타입에 메시지를 전송한다.

이것이 거의 전부다. 슬롯이나 객체의 내용을 들여다보고 변경할 수도 있기 때문에, 대단히 정교한 메타프로그래밍을 수행하는 것이 가능하다. 하지만 또 다른 빌딩 블록인 컬렉션에 대해 먼저 알아볼 필요가 있다.

3.2.4 리스트와 맵

Io는 몇 가지 종류의 컬렉션을 가지고 있다. 리스트는 어떤 타입의 객체라도 순서대로 담는 컬렉션이다. List는 모든 리스트의 프로토타입이고, Map은 루비의 해시처럼 키-값 짝으로 이루어진 컬렉션의 프로토타입이다. 리스트는 이렇게 만들 수 있다.

```
Io> toDos := list("find my car", "find Continuum Transfunctioner")
==> list("find my car", "find Continuum Transfunctioner")
Io> toDos size
==> 2
Io> toDos append("Find a present")
==> list("find my car", "find Continuum Transfunctioner", "Find a present")
```

리스트를 표현하는 더 짧은 방법도 있다. 객체는 list 메서드를 지원하는데, 그것은 주어진 인수를 묶어서 하나의 리스트를 만드는 메서드다. list 메서드를 이용하면 리스트를 편리하게 만들 수 있다.

```
Io> list(1, 2, 3, 4)
==> list(1, 2, 3, 4)
```

List는 수학 연산 및, 혹은 스택과 같이 다른 종류의 자료형을 다루는 데 사용하는 편리한 연산을 포함하고 있다.

```
Io> list(1, 2, 3, 4) average
==> 2.5
Io> list(1, 2, 3, 4) sum
==> 10
Io> list(1, 2, 3) at(1)
==> 2
Io> list(1, 2, 3) append(4)
==> list(1, 2, 3, 4)
Io> list(1, 2, 3) pop
==> 3
Io> list(1, 2, 3) prepend(0)
==> list(0, 1, 2, 3)
Io> list() isEmpty
==> true
```

Io에서 사용되는 또 다른 주요한 컬렉션 클래스는 Map이다. Io의 맵은 루비의 해시와 비슷하다. 문법적 설탕이 존재하지 않으므로, 다음과 같은 API를 통해서 작업을 수행해야 한다.

```
Io> elvis := Map clone
==>  Map_0x115f580:
Io> elvis atPut("home", "Graceland")
==>  Map_0x115f580:
Io> elvis at("home")
==> Graceland
Io> elvis atPut("style", "rock and roll")
==>  Map_0x115f580:
Io> elvis asObject
==>  Object_0x11c1d90:
  home            = "Graceland"
  style           = "rock and roll"
Io> elvis asList
==> list(list("style", "rock and roll"), list("home", "Graceland"))
Io> elvis keys
==> list("style", "home")
Io> elvis size
==> 2
```

키를 주어진 값을 담는 슬롯이라고 본다면, 구조적인 면에서 맵은 Io의 객체와 거의 비슷하다. 이렇게 슬롯과 결합해서 보면 쉽게 객체로 해석될 수 있어 흥미롭다.

기본적인 컬렉션을 살펴보았으니 이제 사용할 차례다. 기본적인 논리 흐름을 제어하는 구조물 control Structure에 대해 살펴볼 필요가 있다. 이는 불리언 값에 의존한다.

3.2.5 ture, false, nil, 싱글턴

Io의 조건문은 다른 객체지향 언어에서 사용하는 조건문과 비슷하다. 다음은 몇 가지 예다.

```
Io> 4 < 5
==> true
Io> 4 <= 3
==> false
Io> true and false
==> false
Io> true and true
==> true
Io> true or true
==> true
```

```
Io> true or false
==> true
Io> 4 < 5 and 6 > 7
==> false
Io> true and 6
==> true
Io> true and 0
==> true
```

매우 간단하다. 한 가지 기억해두자. 0은 루비에서와 마찬가지로 true로 평가된다. C처럼 false로 평가되지 않는다. 그렇다면 true가 의미하는 것은 무엇인가?

```
Io> true proto
==>  Object_0x200490:
                    = Object_()
  !=                = Object_!=()
...

Io> true clone
==> true
Io> false clone
==> false
Io> nil clone
==> nil
```

대단히 흥미롭다! true, false, nil은 모두 싱글턴이다. 그들을 복제하면 전과 똑같은 값이 리턴된다. 비슷한 작업을 쉽게 따라 할 수 있다. 다음과 같이 자신만의 싱글턴을 만들어보라.

```
Io> Highlander := Object clone
==>  Highlander_0x378920:
  type             = "Highlander"

Io> Highlander clone := Highlander
==>  Highlander_0x378920:
  clone            = Highlander_0x378920
  type             = "Highlander"
```

우리는 clone 메서드가 전달된 요청을 트리 위로 보내 궁극적으로 Object에 이르게 두는 대신 Highlander를 리턴하도록 수정했다. 이제 Highlander를 사용하면 true와 마찬가지로 싱글턴 동작이 일어나는 것을 볼 수 있다.

```
Io> Highlander clone
==>  Highlander_0x378920:
  clone            = Highlander_0x378920
  type             = "Highlander"

Io> fred := Highlander clone
==>  Highlander_0x378920:
  clone            = Highlander_0x378920
  type             = "Highlander"

Io> mike := Highlander clone
==>  Highlander_0x378920:
  clone            = Highlander_0x378920
  type             = "Highlander"

Io> fred == mike
==> true
```

두 개의 복제물은 동일한 것처럼 보인다. 하지만 일반적으로 동일하지 않다.

```
Io> one := Object clone
==>  Object_0x356d00:

Io> two := Object clone
==>  Object_0x31eb60:

Io> one == two
==> false
```

clone 메서드를 수정하는 방법을 사용하면 오직 하나의 Highlander만 존재할 수 있다. Io를 사용하다 보면 때로 실수를 저지를 때가 있다. 지금 살펴본 해결책은 단순하고 우아하지만 경우에 따라서는 예상하지 못한 행동을 낳을 수도 있다는 뜻이다. 지금까지 여러 내용을 빠르게 살펴보았는데, 이렇게 싱글턴을 만들기 위해 객체의 clone 메서드를 수정하는 것처럼 대단히 근본적인 작업을 수행하는 방법도 알게 되었다.

하지만 주의가 필요하다. 언어의 핵심을 건드리는 방법을 좋아하든 싫어하든, Io가 허락하는 방법이 흥미롭다는 사실은 부정할 수 없다. 그래서 Io도 루비처럼 사랑과 혐오의 양 극단을 오고 간다. 심지어 언어 자체의 근간을 이루는 객체, 혹은 객체의 슬롯을 마음대로 변경할 수도 있다. 다음은 결코 실전에서 하고 싶지 않을 변경의 예다.

```
Object clone := "hosed"
```

객체의 clone 메서드가 갖는 의미를 이렇게 바꾸어놓으면, 이제 아무도 객체를 생성할 수 없다. 이렇게 하고 나면 고칠 방법도 없다. 프로세스 전체를 중단하고 다시 시작하는 방법밖에 없다. 그렇지만 이런 방법을 이용하면 믿기 어려울 정도로 멋진 기능을 구현할 수도 있다. 객체를 구성하는 연산이나 슬롯 어디에도 마음대로 접근할 수 있기 때문에 짧고 간결한 코드를 작성해서 도메인 언어를 구현할 수 있다. 오늘 학습을 마무리하기 전에 Io 언어의 창시자가 어떤 말을 하는지 들어보자.

3.2.6 스티브 디코트와의 인터뷰

스티브 디코트는 샌프란시스코 근처에서 살고 있는 독립 컨설턴트다. 그는 Io를 2002년에 개발했다. 나는 그가 Io를 만들면서 경험했던 내용을 직접 인터뷰하는 영광을 누릴 수 있었다.

> **브루스**: Io를 만든 이유는 무엇이죠?
>
> **스티브 디코트**: 2002년에 내 친구인 드루 넬슨Dru Nelson이 셀프 언어에서 영향을 받은 Cel이라는 언어를 만든 다음에 나에게 피드백을 해달라고 요청을 했습니다. 나는 그런 피드백을 해줄 만큼 프로그래밍 언어가 동작하는 방식에 대해 잘 알고 있다고 느끼지 않았죠. 그래서 이해를 돕기 위해서 스스로 작은 언어를 하나 작성하기 시작했습니다. 그것이 Io로 발전한 것이죠.
>
> **브루스**: 이 언어에서 가장 좋아하는 부분은 무엇입니까?
>
> **스티브 디코트**: 단순하고 일관성 있는 문법과 의미를 좋아합니다. 무슨 일이 일어나는지 이해하는 데 도움을 주죠. 기초적인 내용을 빠르게 익힐 수 있습니다. 나는 기억력이 별로 좋지 않거든요. C 같은 언어를 사용할 때 문법이나 특정한 의미론적 규칙을 자주 까먹기 때문에 일일이 찾아보아야 합니다(스티브는 Io를 C로 구현했다). Io를 사용할 때는 그와 같은 일이 일어나지 않기를 바랐죠.
>
> 예를 들어서 people select(age > 20) map(address) println이라는 코드를 보았다면 실제로 무슨 일이 일어나고 있는지 금방 이해할 수 있습니다. 사람을 담고 있는 리스트를 나이를 이용해서 필터링한 다음, 그들의 주소를 출력하는 내용이죠.

언어의 의미를 충분히 단순화시키면, 더 유연해집니다. 언어를 개발하던 당시에는 몰랐던 내용을 조합해서 활용할 수 있게 됩니다. 예를 들어 하나의 답을 가지고 있는 퍼즐을 제공하는 비디오 게임이 있다고 합시다. 그리고 답이 없는 다른 게임도 있다고 칩시다. 이러한 경우에 답이 없는 게임이 더 재미있는데, 그 이유는 게임을 설계한 사람이 미처 상상하지 못했던 방식으로 게임을 수행할 수 있기 때문입니다. Io는 바로 그와 비슷합니다.

다른 언어들은 문법적인 지름길shortcut을 만들기도 합니다. 그렇게 하면 추가적인 파싱 규칙이 존재하게 됩니다. 그런 언어를 이용해서 프로그래밍을 할 때 우리는 머릿속에 인터프리터 하나 들어앉아 있어야 하죠. 언어가 복잡해질수록, 머릿속에 저장해야 하는 인터프리터의 복잡성도 늘어납니다. 인터프리터가 해야 하는 일이 늘어날수록, 우리가 해야 하는 일도 함께 늘어납니다.

브루스: Io가 가진 한계로는 무엇이 있을까요?

스티브 디코트: Io가 가진 유연성은 많은 경우 상대적으로 속도가 떨어진다는 단점을 초래합니다. 그렇지만 코루틴, 비동기 소켓, SIMD 지원 등 특정한 이점도 있습니다. 이를 이용하면 소켓 하나당 스레드 하나를 할당하는 전통적인 방식 혹은 비 SIMD 벡터 연산을 사용하는 C 애플리케이션보다 더 빠르게 작동하는 것도 가능합니다.

문법이 최소한으로 국한되어 있기 때문에 코드를 시각적으로 빠르게 검사하는 것이 어렵다는 불만도 들은 적이 있습니다. 리스프를 사용할 때 저도 그런 어려움을 겪은 바가 있기 때문에 충분히 이해할 수 있습니다. 추가적인 문법은 코드를 읽는 속도를 빠르게 만들 수 있습니다. Io를 처음 경험하는 사용자들은 가끔 Io의 문법이 너무 적다고 말하기도 합니다. 하지만 시간이 지나면 익숙해집니다.

브루스: Io가 실제로 사용되는 곳 중에서 가장 특이한 곳은 어디입니까?

스티브 디코트: 인공위성, 라우터 구성 언어, 비디오 게임용 스크립트 언어 등으로 Io가 사용되고 있다는 이야기를 듣곤 합니다. 픽사에서도 Io를 사용했습니다. 이에 대해서 블로그에 올린 글도 있습니다.

자, 첫날은 꽤 바쁘게 지나갔다. 이제 잠시 숨을 고를 시간이다. 지금까지 배운 내용을 복습하고 실제로 연습을 해볼 시간이 되었다.

3.2.7 1일 차에 배운 내용

이제 Io에 대해서 상당한 분량을 공부했다. 지금까지 Io가 가지고 있는 기본적인 문법을 배웠다. 프로토타입 언어는 그것을 이용해서 언어 자체의 새로운 내용을 구성할 수 있는 문법을 제공한다. 심지어 가장 핵심적인 요소조차 문법적인 설탕을 결여하고 있다. 이렇게 극도로 최소화되어 있는 문법은 코드를 읽을 때 약간의 추가적인 노력이 필요하다.

최소한의 문법은 장점도 있다. 문법적으로 복잡할 것이 전혀 없기 때문에 특별한 규칙이나 예외에 대해서 알아야 하는 것이 거의 없다. 한 줄의 코드를 읽을 수 있으면, 나머지도 모두 읽을 수 있다. 그다음에 이어질 학습은 라이브러리를 활용하는 방법을 더 많이 알아나가는 과정이다. 새로운 학생으로서 우리가 해야 하는 일은 극도로 단순하다.

- 약간의 기본 문법 규칙을 이해한다.
- 메시지를 이해한다.
- 프로토타입을 이해한다.
- 라이브러리를 이해한다.

3.2.8 1일 차 자율 학습

Io에 대한 배경지식을 검색하는 것은 Io라는 단어 자체가 여러 가지 의미를 가지고 있기 때문에 쉽지 않다. 따라서 구글 검색을 할 때 'Io language'라는 키워드를 사용할 것을 권장한다.

다음을 찾아보라.

- Io 예제 문제
- 질문에 답변을 해주는 Io 커뮤니티
- Io 코딩 스타일 가이드

다음에 답해보라.

- 1+1을 평가하고 1+"one"을 평가하라. Io는 강한 타이핑 시스템을 사용하는가, 아니면 약한 타이핑 시스템을 사용하는가? 자신의 답을 코드를 이용해 설명하라.
- 0은 참인가, 거짓인가? 빈 문자열은? nil은 참인가, 거짓인가? 답을 코드를 이용해 설명하라.
- 프로토타입이 어떤 슬롯을 가지고 있는지 어떻게 확인할 수 있는가?
- =, :=, ::=은 서로 어떻게 다른가? 각각을 언제 사용하는가?

다음을 수행하라.

- Io 프로그램을 파일에서 실행해보라.
- 어떤 이름이 주어졌다고 했을 때 그 이름에 해당하는 슬롯을 실행하라.

슬롯과 프로토타입을 가지고 약간의 시간을 보내보라. 프로토타입이 동작하는 방식을 정확히 이해할 수 있도록 하라.

3.3 2일: 소시지 왕

페리스 부엘러에 대해 잠시 생각해보자. 영화에서 중산층 고등학생인 이 주인공은 자신을 소시지 왕으로 표현했다. 그는 마음대로 규칙을 바꿀 수 있다고 거짓말을 했기 때문에 훌륭한 레스토랑에서 훌륭한 테이블에 앉을 수 있었다. 자바를 사용하고 있고 자바를 좋아하는 사람이라면 그런 상황에서 어떤 일이 벌어질지에 대해서 염려할 것이다. 너무 지나친 자유가 반드시 좋은 것이 아니라고 생각하는 것이다. 그런 관점에서는 부엘러가 쫓겨난 것이 어쩌면 당연하다. Io에서는 약간 긴장을 늦추고 권력의 힘을 활용해야 한다. 펄 스크립트 언어를 사용하는 사람이라면 그런 거짓말의 결과가 어떤 것인지 알기 때문에 부엘러의 거짓말을 좋아할지도 모른다. 그렇게 빠르고 변덕스럽게 프로그래밍을 해온 사람이라면 약간 속도를 늦추고 작은 규율에 익숙해질 필요가 있다. 2일 차에서 우리는 핵심적인 동작들을 구성하기 위해서 Io의 슬롯과 메시지를 사용하는 방법을 배우게 될 것이다.

3.3.1 조건과 루프

Io의 조건적 명령은 모두 문법적 설탕이 없는 상태에서 구현된다. 그런 방법이 이해하거나 기억하기에는 편리한데, 문법적인 힌트가 거의 없기 때문에 코드를 읽을 때는 조금 어렵다고 느끼게 될 것이다. 간단한 무한 루프를 구현하는 것은 쉽다. 이 코드를 중단하려면 Ctrl+C를 누르면 된다.

```
Io> loop("getting dizzy..." println)
getting dizzy...
getting dizzy...
...
getting dizzy.^C
IoVM:
        Received signal. Setting interrupt flag.
...
```

루프는 보통 동시성을 지원하는 구조물과 함께 사용할 때 더 유용하지만, 보통은 while처럼 단순한 루프를 위한 구조물을 사용해도 충분하다. while 루프는 조건 하나와 평가할 메시지를 하나 받아들인다. 세미콜론이 두 개의 메시지를 서로 연결한다는 점을 기억하라.

```
Io> i := 1
==> 1
Io> while(i <= 11, i println; i = i + 1); "This one goes up to 11" println
12
...
10
11
This one goes up to 11
```

이와 동일한 작업을 for 루프를 이용해서 작성할 수도 있다. for 루프는 카운터 이름, 첫 번째 값, 마지막 값, 값을 증가시키는 선택적인 구문, 그리고 발신자sender를 포함한 메시지를 받아들인다.

```
Io> for(i, 1, 11, i println); "This one goes up to 11" println
1
2
...
10
11
This one goes up to 11
==> This one goes up to 11
```

값을 증가시키는 선택적인 구문이 포함되어 있는 경우는 이렇다.

```
Io> for(i, 1, 11, 2, i println); "This one goes up to 11" println
1
3
5
7
9
11
This one goes up to 11
==> This one goes up to 11
```

매개변수의 개수를 강제하는 규칙은 없다. 앞의 예에서는, 값을 증가시키는 선택적인 매개변수가 네 번째 자리에 있다. 이렇게 Io는 for 루프를 정의할 때 추가적인 매개변수를 전달하는 것을 허용한다. 이러한 기능이 편리하기는 하지만, 실수를 바로 잡아줄 컴파일러가 없으므로 신중하게 사용해야 한다.

```
Io> for(i, 1, 2, 1, i println, "extra argument")
12
==> 2
Io> for(i, 1, 2, i println, "extra argument")
2
==> extra argument
```

첫 번째 for 루프에서 맨 마지막에 있는 "extra argument"라는 인수는 있을 필요가 없고 사용되지도 않는다. 두 번째 루프에서는 원래 네 번째 자리에 있던 1이라는 인수를 없앴기 때문에 오른쪽에 있던 다른 인수들이 왼쪽으로 한 칸씩 이동하였다. 이 경우에는 본의 아니게 네 번째 자리에 있는 i println이 인덱스를 증가시키는 값으로 이해되고 "extra argument"가 실행되는 메시지로 받아들여진다. 이것은 물론 우리가 의도하는 내용이 아니다. 이렇게 코드가 복잡한 패키지 내부에 파묻혀 있으면 구토를 유발한다. 좋은 것을 나쁜 것과 함께 받아들여야 할 때가 있다. 때로는 자유가 해가 되기도 한다.

if 구문의 구조는 if(조건, true 코드, false 코드)와 같이 함수의 형태로 구현되어 있다. 만약 조건이 true면 true 코드를 실행하고, 그렇지 않으면 false 코드를 실행한다.

```
Io> if(true, "It is true.", "It is false.")
==> It is true.
Io> if(false) then("It is true") else("It is false")
==> nil
Io> if(false) then("It is true." println) else("It is false." println)
It is false.
==> nil
```

지금까지 논리를 제어하는 구조에 대해서 어느 정도 파악했다. 이제 이러한 구조물을 이용해 서 자신만의 연산자를 만들 준비가 되었다.

3.3.2 연산자

많은 프로토타입 언어가 객체지향 언어처럼 연산자를 정의하기 위한 문법적 설탕을 지원한다. 그러한 문법이란 + 나 / 같은 모습을 하고 있는 특별한 메서드를 의미한다. Io에서는 다음과 같이 연산자를 정의하고 있는 테이블의 내용을 직접 살펴볼 수 있다.

```
Io> OperatorTable
==> OperatorTable_0x100296098:
Operators
  0    ? @ @@
  1    **
  2    % * /
  3    + -
  4    << >>
  5    < <= > >=
  6    != ==
  7    &
  8    ^
  9    |
  10   && and
  11   or ||
  12   ..
  13   %= &= *= += -= /= <<= >>= ^= |=
  14   return
Assign Operators
  ::=  newSlot
  :=   setSlot
  =    updateSlot
To add a new operator: OperatorTable addOperator("+", 4)
```

```
    and implement the + message.
To add a new assign operator: OperatorTable addAssignOperator(
    "=", "updateSlot") and implement the updateSlot message.
```

이 테이블을 보면 할당이 별도의 연산자라는 사실을 확인할 수 있다. 왼쪽에 있는 숫자는 우선 순위를 의미한다. 값이 0에 가까울수록 우선적으로 바인딩된다. 예를 들어 +가 ==보다 앞서는 우선순위를 가지고 있다. ( )를 이용해서 우선순위를 오버라이드할 수도 있다. 이러한 연산자를 이용해서 배타적 OR 연산자를 정의해보자. 우리가 정의할 xor은 인수 중에서 단 하나만 true일 때 true를 리턴하고, 그렇지 않으면 false를 리턴한다. 우선 이 연산자를 테이블에 추가해야 한다.

```
Io> OperatorTable addOperator("xor", 11)
==> OperatorTable_0x100296098:
Operators
  ...
  10 && and
  11 or xor ¦¦
  12 ..
  ...
```

새로운 연산자가 테이블 내 원하는 자리에 추가되었음을 확인할 수 있다. 그다음에는 true와 false를 리턴하도록 xor의 내용을 구현해야 한다.

```
Io> true xor := method(bool, if(bool, false, true))
==> method(bool,
    if(bool, false, true)
)
Io> false xor := method(bool, if(bool, true, false))
==> method(bool,
    if(bool, true, false)
)
```

개념을 쉽게 전달하기 위해서 효율성은 고려하지 않는 방식으로 구현했다. 이제 이 연산자는 우리가 원하는 대로 동작을 수행한다.

```
Io> true xor true
==> false
Io> true xor false
==> true
Io> false xor true
==> true
Io> false xor false
==> false
```

이러한 작업이 모두 완료되면 true xor true라는 표현은 true xor(true)로 파싱된다. 연산자 테이블 안에 있는 메서드가 연산자의 우선순위를 정하고, 표현되는 방식을 결정한다.

할당 연산자는 다른 테이블 안에 존재하고 다른 연산자에 비해서 다르게 동작한다. 할당 연산자는 마치 메시지처럼 동작한다. 이러한 내용에 대해서는 뒤에서 도메인 언어의 예를 볼 때 자세하게 살펴볼 것이다. 여기서는 일단 이 정도만 알고 넘어가자. 다음으로는 자신만의 논리 제어control 구조물 구현 방법을 가르쳐주는 메시지에 대해서 살펴볼 차례다.

3.3.3 메시지

이 장의 내용을 작성하던 때 Io의 커미터 중 한 명이 내가 해결하지 못해서 애를 먹던 부분에 대해 도움을 주었다. 그는 내게 이렇게 말해주었다. "브루스, Io에 대해 제대로 이해해야 할 부분이 있는 것 같아요. 거의 모든 것이 메시지라는 사실 말이에요." Io 코드에서는 주석을 달기 위한 문법과 인수 사이에 존재하는 쉼표를 제외하면 거의 모든 것이 메시지다. 그야말로 모든 것이 메시지다. 그래서 Io를 제대로 배운다는 것은 바로 그러한 메시지들을 단순히 호출하는 것 이상의 수준으로 조작하는 방법을 배우는 것이다. 그리고 Io가 가지고 있는 가장 핵심적인 능력의 하나는 메시지 리플렉션이다. 이를 이용하면 모든 메시지의 모든 속성에 대해 자유자재로 질의할 수 있고, 적절한 동작을 수행할 수도 있다.

메시지는 세 개의 컴포넌트를 가지고 있다. 발신자(sender), 목표(target), 그리고 인수(arguments)이다. Io에서 발신자는 목표를 향해서 메시지를 전송한다. 그리고 목표는 전달된 메시지를 실행한다.

call 메서드는 모든 메시지에 대한 메타 정보에 접근하는 것을 허락한다. 두 개의 객체를 만들어보자. 메시지를 받아들이는 postOffice라는 객체와 메시지를 전송하는 mailer라는 객체.

```
Io> postOffice := Object clone
==>  Object_0x100444b38:
Io> postOffice packageSender := method(call sender)
==> method(
    call sender
)
```

다음으로 메시지를 전달하는 mailer를 만들 것이다.

```
Io> mailer := Object clone
==>  Object_0x1005bfda0:
Io> mailer deliver := method(postOffice packageSender)
==> method(
    postOffice packageSender
)
```

packageSender라는 메시지를 postOffice에 전달하는 deliver라는 슬롯이 하나 존재하게 되었다. 이제 mailer가 메시지를 전달하도록 만들 수 있다.

```
Io> mailer deliver
==>  Object_0x1005bfda0:
  deliver          = method(...)
```

그렇다면 이제 deliver라는 메서드를 가지고 있는 객체(즉, mailer)는 메시지를 발신하는 객체에 해당한다. 다음과 같이 메시지를 수신할 목표 객체도 확인할 수 있다.

```
Io> postOffice messageTarget := method(call target)
==> method(
    call target
)
Io> postOffice messageTarget
==>  Object_0x1004ce658:
  messageTarget    = method(...)
  packageSender    = method(...)
```

아주 간단하다. 여기에서 목표는 슬롯 이름에서도 확인할 수 있듯이 우체국(postOffice)이다. 다음과 같이 원래 메시지의 이름과 인수도 구할 수 있다.

```
Io> postOffice messageArgs := method(call message arguments)
==> method(
    call message arguments
)
Io> postOffice messageName := method(call message name)
==> method(
    call message name
)
Io> postOffice messageArgs("one", 2, :three)
==> list("one", 2, : three)
Io> postOffice messageName
==> messageName
```

Io는 이와 같이 메시지 리플렉션 기능을 사용하도록 해주는 메서드를 여러 개 제공한다. 다음으로 던질 질문은 'Io는 메시지를 어떻게 처리하는가?'라는 질문이다.

대부분의 언어는 메서드에 전달되는 인수를 스택 위에 올려놓는다. 예를 들어 자바는 매개변수 값을 일단 계산한 다음, 계산된 값을 스택 위에 저장한다. 하지만 Io는 다르다. Io는 메시지 자체와 함께 주변 문맥context을 전달한다. 그러면 메시지 수신자가 스스로 메시지를 계산한다. 그렇기 때문에 메시지를 이용해서 제어 구조물을 구현할 수도 있다. Io의 if를 기억하기 바란다. if(불리언 표현, true 코드, false 코드)라는 형태를 가지고 있었다. 이제 우리가 if 대신 unless를 구현하고 싶다고 해보자. 다음과 같은 방식으로 구현할 수 있을 것이다.

io/unless.io
```
unless := method(
    (call sender doMessage(call message argAt(0))) ifFalse(
    call sender doMessage(call message argAt(1))) ifTrue(
    call sender doMessage(call message argAt(2)))
)

unless(1 == 2, write("One is not two¦n"), write("one is two¦n"))
```

작은 예지만 무척 아름답다. 코드의 내용을 자세히 읽기 바란다. 여기에서 doMessage를 루비의 eval과 비슷한 무엇, 하지만 더 저수준의 동작을 수행하는 것이라고 생각하면 좋을 것이다.[3] 루비의 eval은 문자열을 코드로 평가하지만, doMessage는 임의의 메시지를 처리한다. Io는 메시지의 형태로 전달된 것을 인터프리트하지만, 구체적인 바인딩과 실행은 뒤로 미룬다.

----
3 역자주_ 루비에서 eval은 자바스크립트에서 사용하는 eval과 같이 코드를 데이터로 받아들여서 동적으로 해석하고 실행하는 함수다.

전형적인 객체지향 언어에서는 인터프리터나 컴파일러가 코드 블록을 포함한 모든 인수를 일단 계산하고 그러한 계산이 리턴하는 값을 스택 위에 올려놓는다. Io에서는 그런 일이 전혀 일어나지 않는다.

westley라는 객체가 princessButtercup unless(trueLove, ("It is false" println), ("It is true" println))과 같은 메시지를 보냈다고 해보자. 최종적인 결과는 다음과 같은 흐름에 따라서 결정된다.

- wessley 객체가 메시지를 보낸다.
- Io는 인터프리트된 메시지와 (발신자, 목표, 메시지를 포함하는) 문맥을 취해서 스택 위에 올려놓는다.
- princessButtercup이 메시지를 평가한다. unless에 해당하는 슬롯이 없으므로 Io가 unless를 찾을 때까지 프로토타입 사슬을 거슬러 올라간다.
- Io가 unless 메시지를 실행하기 시작한다. 우선 Io는 call sender doMessage(call message argAt(0))를 실행한다. 그 코드는 westley trueLove로 단순화된다. 〈프린세스 브라이드〉라는 영화를 본 적이 있다면 westley가 진정한 사랑을 위한 슬롯을 가지고 있음을 알 것이다.[4] 따라서 그 표현이 리턴하는 값은 true다.
- 메시지가 false가 아니므로 세 번째 코드 블록이 실행된다. 이는 westley ("It is true" println)으로 귀결된다.

우리는 unless 제어 구조를 구현하면서, Io가 인수를 곧바로 실행하지 않는다는 사실을 활용했다. 이러한 개념은 매우 강력하다. 우리는 지금 Io의 리플렉션이 가지고 있는 기능 중에서 하나를 보았다. 메시지 리플렉션을 활용한 동작이 그것이다. 리플렉션의 또 다른 측면은 상태^{state}를 다루는 것이다. 객체의 슬롯과 함께 상태에 대한 내용을 살펴보자.

3.3.4 리플렉션

Io는 슬롯에서 어떤 일이 일어나고 있는지 살펴볼 수 있도록 해주는 메서드의 집합을 제공한다. 다음 코드는 우선 두 개의 객체를 만들고, 그 프로토타입 사슬을 ancesters라는 메서드를 이용해서 거슬러 올라간다.

---

4 역자주_ 이 영화에서 촌뜨기 일꾼 소년 웨스틀리와 버터컵 공주는 서로 깊이 사랑한다.

```
io/animals.io
Object ancestors := method(
        prototype := self proto
        if(prototype != Object,
        writeln("Slots of ", prototype type, "\n--------------")
        prototype slotNames foreach(slotName, writeln(slotName))
        writeln
        prototype ancestors))


Animal := Object clone
Animal speak := method(
            "ambiguous animal noise" println)

Duck := Animal clone
Duck speak := method(
            "quack" println)

Duck walk := method(
            "waddle" println)

disco := Duck clone
disco ancestors
```

코드의 내용은 그렇게 복잡하지 않다. 우리는 Animal이라는 프로토타입을 만들고, speak 메서드를 이용해서 Duck이라는 인스턴스를 만들었다. disco의 프로토타입은 Duck이다. ancestors 메서드는 객체의 프로토타입 슬롯을 출력한 다음, 해당 프로토타입에 있는 ancestors 메서드를 호출한다. 하나의 객체가 하나 이상의 프로토타입을 가질 수 있다는 사실을 명심하기 바란다. 여기에서는 그런 경우를 정확하게 다루지 않았다. 그리고 종이를 아끼기 위해, Object 프로토타입 안에 존재하는 슬롯의 내용을 모두 출력하기 전에 재귀를 마무리했다. io animals. io라고 입력해서 직접 실행해보라.

출력되는 내용은 다음과 같다.

```
Slots of Duck
--------------
speak
walk
type

Slots of Animal
--------------
speak
type
```

놀랄 만한 내용은 없다. 모든 객체는 프로토타입을 가지고 있고, 그러한 프로토타입은 그 자체로 슬롯을 가진 객체에 해당한다. Io에서는 리플렉션을 사용하는 것이 두 가지 측면을 갖는다. 앞의 우체국 예제에서는 메시지 리플렉션을 살펴보았다. 객체 리플렉션은 객체와 그러한 객체에 담긴 슬롯을 다루는 것을 의미한다. 클래스라는 개념은 어디에도 없다.

3.3.5 2일 차에 배운 내용

여기까지 잘 따라왔다면, 2일 차에 배운 내용이 획기적으로 느껴졌을 것이다. 필요할 때 적당한 문서를 스스로 찾아서 읽을 수 있다면, Io를 이용해서 간단한 업무를 수행하는 정도의 능력은 갖춘 셈이다. 결정을 내리는 방법, 메서드를 정의하는 방법, 데이터 구조를 사용하는 방법, 그리고 기본적인 제어 구조를 사용하는 방법을 익혔다. 이러한 예제들로 우리는 Io에 더 익숙해지도록 노력할 것이다. Io에 완전히 익숙해지도록 노력하라. Io를 사용하는 방식을 메타프로그래밍과 동시성 공간으로 확장하기 전에 기본적인 내용을 완전히 자기 것으로 만들 필요가 있다.

3.3.6 2일 차 자율 학습

다음을 수행하라.

- 피보나치 수열은 1에서 시작한다. 수열의 다음 수는 언제나 앞에 존재하는 두 수의 합이다. 1, 1, 2, 3, 5, 8, 13, 21, 등등 이런 식이다. n번째 피보나치 수를 찾는 프로그램을 작성하라. 예를 들어 fib(1)은 1이고 fib(4)는 3이다. 보너스 점수를 받고 싶다면, 이 문제를 각각 재귀와 순차적 루프를 이용해서 풀어보라.
- 만약 나누는 값이 0이면 0을 리턴하도록 연산자 /의 구현을 바꾸어보라.

- 2차원 배열에 담긴 수의 값을 모두 더하는 프로그램을 작성해보라.
- 리스트의 슬롯에 myAverage라는 이름의 슬롯을 추가하라. 리스트 안에 담긴 수의 평균을 계산하는 슬롯이다. 리스트에 아무 수도 담겨 있지 않으면 어떤 일이 일어나야 하는가? (보너스: 만약 리스트에 수가 아닌 값이 담겨 있으면 Io 예외를 발생시켜야 한다.)
- 2차원 리스트를 위한 프로토타입을 작성하라. dim(x, y) 메서드는 x개의 요소를 갖는 y번째 리스트를 할당해야 한다. set(x, y, value)는 값을 설정하고, get(x, y)는 해당 좌표의 값을 리턴한다.
- 보너스: 원래 리스트와 새로운 리스트 사이에 (new_matrix get(y, x)) == matrix get(x,y)라는 등식이 성립하도록 전치[transpose]행렬 메서드를 작성하라.
- 행렬을 파일에 적어 넣고, 파일로부터 행렬을 읽어 들이는 프로그램을 작성하라.
- 1과 100 사이에 존재하는 임의의 수를 알아맞히는 프로그램을 작성하라. 기회는 10번이다. 원한다면, 추측이 끝나고 나서 '가까워지고 있음' 혹은 '멀어지고 있음'과 같은 힌트를 제공하는 기능을 함께 구현하라.

3.4 3일: 퍼레이드와 다른 낯선 장소들

내가 Io와 처음으로 보낸 며칠은 좌절의 연속이었다. 하지만 2주 정도가 지나자 이 언어가 나를 데리고 가는 낯선 장소들을 보며 어린 소녀처럼 키득거렸다. 그것은 마치 페라리가 동네 공원에, 동네 퍼레이드에 등장했다는 뉴스처럼 전혀 예상치 못한 일에서 얻게 되는 기쁨이었다. 최종적으로 나는 Io와 함께 내가 정확히 원하던 장소에 도달할 수 있었다. 내 사고방식을 바꾸어주는 언어를 경험하게 되는 장소 말이다.

3.4.1 도메인 언어

Io를 깊숙이 사용하는 사람이라면 누구나 DSL과 관련해서 Io가 제공해주는 강력한 기능에 대해서 고마워한다. Io의 핵심 개발자 중 한 명인 제러미 트레거너[Jeremy Tregunna]는 C 언어의 일부를 Io로 구현하는 데 단지 40줄의 코드가 필요했을 뿐이라고 말하기도 했다. 그 코드는 우리가 이 책에서 다루기에 조금 어려운 내용을 담고 있으므로, 제러미가 작성한 또 다른 코드를 포함했다. 전화번호와 관련해서 매우 흥미로운 API를 구현한 코드다.

다음과 같은 형태로 전화번호를 나타낸다고 생각해보자.

```
{
    "Bob Smith": "5195551212",
    "Mary Walsh": "4162223434"
}
```

이러한 리스트를 관리하는 방법은 여러 가지가 있다. 당장 생각나는 두 가지 방법이 있는데, 하나는 리스트를 파싱하는 방법이고, 하나는 인터프리트하는 방법이다. 파싱한다는 것은 해당 문법의 다양한 요소를 인식하는 프로그램을 작성한 다음, 그 코드를 Io가 이해할 수 있는 구조 속에 집어넣는 것을 의미한다. 이 방법은 나중에 언젠가 살펴볼 것이다. 여기에서는 이 코드를 Io 해시로 인터프리트하는 것이 더 재미있을 것이다. 이 방법을 사용하기 위해서 우리는 Io의 문법 자체를 약간 변경할 필요가 있다. 문법을 수정하는 작업이 끝나면, Io는 우리가 제공하는 문법을 해시를 만들기 위한 합법적인 코드로 받아들일 것이다!

다음은 제러미가 이 문제를 해결한 내용을, 크리스 캐플러^{Chris Kappler}가 Io의 현재 버전에 맞게 고친 코드다.

io/phonebook.io
```
OperatorTable addAssignOperator(":", "atPutNumber")
curlyBrackets := method(
  r := Map clone
  call message arguments foreach(arg,
      r doMessage(arg)
      )
  r
)
Map atPutNumber := method(
  self atPut(
      call evalArgAt(0) asMutable removePrefix("\"") removeSuffix("\""),
      call evalArgAt(1))
)
s:= File with("phonebook.txt") openForReading contents
phoneNumbers := doString(s)
phoneNumbers keys    println
phoneNumbers values println
```

이 코드는 지금까지 보았던 코드에 비해 복잡하지만, 기본적인 빌딩 블록을 이미 알고 있으므로 이해하는 데 큰 어려움은 없을 것이다. 이 내용을 분해해보자.

```
OperatorTable addAssignOperator(":", "atPutNumber")
```

첫 번째 줄은 Io의 할당 연산자 테이블에 :로 표기되는 새로운 연산자를 추가한다. Io는 이제 : 라는 기호를 만나면 첫 번째 인수는 이름(따라서 문자열)이고, 두 번째는 그 이름을 위한 값이라고 이해하면서 그것을 atPutNumber로 파싱할 것이다. 따라서 key : value라는 표현은 atPutNumber("key", value)로 파싱된다. 계속 살펴보자.

```
curlyBrackets := method(
  r := Map clone
  call message arguments foreach(arg,
      r doMessage(arg)
      )
  r
)
```

중괄호({ })를 만날 때마다 파서는 curlyBrackets 메서드를 호출한다. 이 메서드 내부에서 우리는 내용이 비어 있는 맵을 하나 만들었다. 그다음 우리는 각 인수에 대해서 call message arguments foreach(arg, r doMessage(arg))를 실행한다. 무척 압축적인 내용을 담고 있는 코드다! 이것도 정밀하게 분해해보자.

왼쪽에서 오른쪽으로 가면서 우리는 중괄호 사이에 있는 코드의 일부인 call message를 취한다. 그다음 우리는 forEach를 이용해서 리스트에 담긴 전화번호를 하나씩 방문한다. 각각의 이름과 전화번호에 대해서 우리는 r doMessage(arg)를 실행한다. 예를 들어 첫 번째 전화번호에 대해서 우리는 r "Bob Smith": "5195551212"를 실행한다. 그런데 :라는 기호가 연산자 테이블에 atPutNumber로 저장되어 있으므로 우리는 r atPutNumber("Bob Smith", "5195551212")를 실행하게 된다. 그다음에는 다음과 같은 내용을 만난다.

```
Map atPutNumber := method(
  self atPut(
      call evalArgAt(0) asMutable removePrefix("\"") removeSuffix("\""),
      call evalArgAt(1))
)
```

key : value라는 내용이 atPutNumber("key", value)로 해석된다는 사실을 기억하기 바란다. 여기에서 키는 문자열이므로 앞과 뒤에 붙는 따옴표를 제거하는 작업을 수행했다. atPutNumber가 목표 범위, 즉 self에서 첫 번째 인수 주변의 따옴표를 제거하면서 단순히 atPut을 호출함을 확인할 수 있을 것이다. 메시지 자체는 변경할 수 없으므로, 따옴표를 제거하려면 우선 메시지를 변경 가능한 값으로 바꾸는 작업을 수행해야 한다.

이상의 코드를 다음과 같이 사용하면 된다.

```
s := File with("phonebook.txt") openForReading contents
phoneNumbers := doString(s)
phoneNumbers keys    println
phoneNumbers values  println
```

Io의 문법을 이해하는 것은 사소한 일이다. 그보다는 라이브러리 안에서 어떤 일이 일어나고 있는지 아는 것이 중요하다. 여기에서는 새로운 라이브러리의 코드를 몇 줄 볼 수 있다. doString 메시지는 전화번호를 담은 리스트를 코드로 평가한다. File은 파일을 다루기 위해서 필요한 프로토타입이고, with는 파일의 이름을 정하고 파일 객체를 리턴한다. openForReading은 파일을 읽기전용으로 열고 파일 객체를 리턴한다. contents는 해당 파일의 내용을 리턴한다. 이러한 내용을 모두 하나로 묶으면, 이 코드는 전화번호부 책을 읽고 그 내용을 코드로 해석한다.

그다음 내용은 맵을 정의한다. 맵 안에 있는 "string1": "string2"의 형태를 갖는 줄들은 각각 map atPut("string1", "string2")로 해석되고, 우리는 전화번호들의 해시를 갖게 된다. 이렇게 Io에서는 연산자부터 언어를 구성하는 기호에 이르기까지 모든 내용을 마음대로 다시 정의하는 것이 가능하므로, 자기가 정말로 원하는 기능을 수행하는 DSL을 구축하는 것이 가능하다.

이제 우리는 Io의 문법을 어떤 식으로 변경할 수 있는지 막 깨닫게 되었다. 그렇다면 이 언어의 동작을 동적으로 변경하는 작업은 어떻게 수행할 수 있을까? 그것이 바로 다음 절에서 살펴볼 내용이다.

3.4.2 Io의 method_missing

제어 흐름에 대해서 다시 생각해보자. 어떤 메시지가 주어졌을 때 수행되는 모든 행동은 궁극적으로 Object 안에 다 구현되어 있다. 어떤 객체에 메시지를 전달하면, 다음과 같은 일이 일어난다.

- 인수를 하나씩 전부 계산한다. 이러한 인수는 그 자체로 또 하나의 메시지일 뿐이다.
- 메시지의 이름, 목표, 발신자를 확인한다.
- 목표 위에서 메시지의 이름에 해당하는 슬롯을 읽는다.

- 해당 슬롯이 존재하면, 데이터를 리턴하거나 그 안에 담겨 있는 메서드를 호출한다.
- 해당 슬롯이 존재하지 않으면, 메시지를 프로토타입에 전송한다.

이러한 절차는 Io의 상속 메커니즘의 기본적인 모습이다. 이 절차는 변경하지 않는 것이 좋다.

하지만 이러한 절차조차 마음대로 변경하는 것이 가능하다. 루비에서 method_missing을 사용했던 것과 동일한 방식으로 forward 메시지를 활용할 수 있기 때문이다. 하지만 여기에서는 위험이 더 크다. Io는 클래스를 가지고 있지 않기 때문에 forward의 의미를 변경하는 것은 object에서 기대하는 기본적인 동작의 내용이 모두 달라짐을 의미한다. 이것은 외줄타기를 하면서 손도끼를 저글링하는 것과 비슷하다. 할 수만 있으면 그것은 멋진 공연이 될 것이다. 어쨌든 한번 시도해보자!

XML은 데이터를 구조화하는 멋진 방법이지만 문법이 다소 복잡하고 보기 흉하다. 따라서 XML 데이터를 Io 코드로 표현하는 방법을 원한다고 가정해보자. 예를 들어 다음과 같은 내용이 있다고 해보자.

```
<body>
<p>
This is a simple paragraph.
</p>
</body>
```

이를 다음과 같이 표현하고 싶은 것이다.

```
body(
    p("This is a simple paragraph.")
)
```

이 새로운 언어를 LispML이라고 부르자. 우리는 Io의 forward를 루비의 missing_method처럼 이용할 것이다. 코드는 다음과 같다.

```
io/builder.io
Builder := Object clone
Builder forward := method(
  writeln("<", call message name, ">")
  call message arguments foreach(
        arg,
        content := self doMessage(arg);
        if(content type == "Sequence", writeln(content)))
  writeln("</", call message name, ">"))
Builder  ul(
        li("Io"),
        li("Lua"),
        li("JavaScript"))
```

자세히 살펴보자. 여기에서 Builder 프로토타입이 핵심이다. 코드에서 보다시피 그것은 우리가 원하는 동작을 수행하기 위해서 forward의 내용을 수정한다. 우선 여는 태그를 출력한다. 그다음 약간의 메시지 리플렉션을 사용한다. 만약 메시지가 문자열이면 Io는 그것을 하나의 열 sequence로 인식하고, Builder는 따옴표 없이 문자열을 출력한다. 끝으로, Builder는 닫는 태그를 출력한다.

출력된 결과는 우리가 기대하는 바와 일치한다.

```
<ul>
<li>
Io
</li>
<li>
Lua
</li>
<li>
JavaScript
</li>
</ul>
```

LispML이 전통적인 XML에 비해서 정말 더 나은지 여부는 확실치 않지만, 이 예제 자체는 많은 것을 설명해준다. 여기에서 우리는 Io 프로토타입 중 하나의 상속을 수행하는 방식을 완전히 변경했다. 앞으로 Builder의 인스턴스는 모두 동일한 동작을 갖게 될 것이다. 이렇게 우리 자신만의 고유한 Object를 정의하고, 프로토타입들이 이 새로운 객체를 상속하도록 함으로써 우리는 겉으로는 Io와 동일한 문법을 가지고 있지만 동작이라는 측면에서는 완전히 다른 새로

운 언어를 만들 수 있다. 심지어 Object 자체의 내용을 수정해서 새로 만든 객체를 복제하는
방식을 다르게 할 수도 있다.

3.4.3 동시성

Io는 탁월한 동시성 라이브러리를 가지고 있다. 주요한 컴포넌트는 코루틴^{coroutine}, 액터^{actor}, 퓨
처^{future}다.

코루틴

동시성의 기초는 코루틴이다. 코루틴은 프로세스의 실행을 자발적으로 중단하거나 다시 시작
하는 방법을 제공한다. 코루틴을 여러 개의 입구와 출구를 가진 함수라고 생각하면 좋을 것이
다. 각각의 yield는 자발적으로 프로세스를 중단하고, 실행될 자격을 다른 프로세스에 전달한
다. 메시지 앞에 @ 혹은 @@을 붙임으로써 비동기적으로 메시지를 발생시킬 수도 있다. @은 (뒤
에서 살펴볼) 퓨처를 리턴하고, @@은 nil을 리턴하면서 메시지를 현재 스레드에서 시작한다.
예를 들어 다음과 같은 프로그램을 생각해보자.

io/coroutine.io
```
vizzini := Object clone
vizzini talk := method(
          "Fezzik, are there rocks ahead?" println
          yield
          "No more rhymes now, I mean it." println
           yield)

fezzik := Object clone

fezzik rhyme := method(
                     yield
          "If there are, we'll all be dead." println
          yield
          "Anybody want a peanut?" println)

vizzini @@talk; fezzik @@rhyme

Coroutine currentCoroutine pause
```

fezzik과 vizzini는 서로 독립적이며 코루틴을 가지고 있는 Object의 인스턴스들이다. 우리는 talk와 rhyme 메서드를 비동기적으로 호출한다. 두 메서드는 동시에 실행되고, yield 메시지에 지정된 간격에 따라서 통제권을 자발적으로 다른 프로세스에 넘겨준다. 마지막 pause는 모든 비동기 메시지가 완료될 때까지 기다린 다음 프로그램을 종료한다. 코루틴은 협력적인 멀티태스킹을 요구하는 해결책이 필요할 때 탁월하다. 이 예에서 협력이 필요한 두 개의 프로세스는 간단하게 그러한 작업, 예를 들어서 시를 읽는 작업을 수행하고 있다.

```
batate$ io code/io/coroutine.io
Fezzik, are there rocks ahead?
If there are, we'll all be dead.
No more rhymes now, I mean it.
Anybody want a peanut?
Scheduler: nothing left to resume so we are exiting
```

자바 혹은 C에 기초한 언어들은 동시성을 위해서 선점preemptive 멀티태스킹 전략을 이용한다. 상태가 변경될 수 있는 객체에 대해 이 전략을 사용하면 실제로 어떤 결과가 나타날지 예측하기 어렵고, 흔히 쓰는 테스팅 전략을 이용해서 디버깅할 수 없는 프로그램을 낳게 된다. 코루틴은 이와 다르다. 코루틴을 사용하면 애플리케이션은 적절한 타이밍에 알아서 제어를 반납한다. 분산된 클라이언트는 서버로부터 응답을 기다리는 동안 스스로 제어를 반환할 것이다. 업무를 처리하는 프로세스들은 큐에 쌓인 항목들을 모두 처리한 다음에 동작을 멈출 수도 있다.

코루틴은 액터와 마찬가지로 고수준의 추상화를 위한 빌딩 블록이다. 액터는 메시지를 전송하고, 메시지를 처리하고, 다른 액터를 만들 수 있는 보편적이고 기본적인 단위라고 생각하면 된다. 액터가 받아들인 메시지들은 다른 액터의 메시지와 동시에 처리된다. Io에서 액터는 전달된 메시지를 큐에 저장한 다음, 코루틴을 이용해서 큐에 담긴 내용을 처리한다.

이제 우리는 액터를 살펴볼 것이다. 액터를 코딩하는 것이 얼마나 쉬운지 믿기 어려울 것이다.

액터

액터는 스레드에 비해 엄청난 이론적인 장점을 가지고 있다. 액터는 스스로의 상태를 변경할 수 있고, 엄격하게 통제되는 큐를 통해서만 다른 액터에 접근할 수 있다. 스레드는 거의 아무런 제한 없이 다른 스레드의 상태를 변경할 수 있다. 따라서 스레드는 경쟁 상태race condition라는 동시성 문제를 낳는다. 이는 두 개의 스레드가 같은 자원에 동시에 접근함으로써 예상할 수 없는 결과를 낳는 문제를 의미한다.

바로 이 지점에서 Io의 아름다움이 빛을 발한다. Io에서 객체가 다른 객체에게 메시지를 보낸다는 사실은 이러한 객체들이 그 자체로 이미 액터임을 뜻한다. 이야기는 그것으로 끝이다. 간단한 예를 하나 보자. 우선 faster와 slower라는 두 개의 객체를 만들 것이다.

```
Io> slower := Object clone
==> Object_0x1004ebb18:
Io> faster := Object clone
==> Object_0x100340b10:
```

이제 start라는 이름의 메서드를 각각에 더할 것이다.

```
Io> slower start := method(wait(2); writeln("slowly"))
==> method(
    wait(2); writeln("slowly")
)
Io> faster start := method(wait(1); writeln("quickly"))
==> method(
    wait(1); writeln("quickly")
)
```

다음과 같이 한 줄의 코드로 두 개의 메서드를 순차적으로 호출할 수 있다.

```
Io> slower start; faster start
slowly
quickly
==> nil
```

첫 번째 메시지가 끝나야 두 번째 메시지가 시작할 수 있으므로 그들은 순서대로 동작한다. 하지만 메시지 앞에 @@을 붙임으로써 이들이 각각 자신만의 스레드에서 동작하도록 만들 수도 있다. 그러면 곧바로 nil을 리턴한다.

```
Io> slower @@start; faster @@start; wait(3)
quickly
slowly
==> nil
```

프로그램이 종료되기 전에 모든 스레드가 하던 일을 끝마칠 수 있도록, 끝에 추가적으로 기다리는 시간을 더했다. 두 개의 스레드를 이용해 실행한 것이다. 단지 메시지를 비동기적인 방식으로 전송하는 것만으로 두 개의 객체를 손쉽게 액터로 만들었다!

퓨처

동시성에 대한 논의는 퓨처에 대한 설명과 함께 마치도록 하겠다. 퓨처라는 것은 비동기적 메시지 호출을 했을 때 곧바로 리턴되는 결과 객체를 의미한다. 메시지 자체가 처리되는 데에는 시간이 걸릴 수 있으므로, 퓨처는 결과가 나왔을 때 비로소 사용 가능한 결과가 된다. 결과가 존재하기 전에 퓨처에 값을 요청하면 그런 요청을 수행한 프로세스는 실제로 값이 존재하게 될 때까지 차단block된다. 오랜 실행 시간을 갖는 메서드가 있다고 해보자.[5]

```
futureResult := URL with("http://google.com/") @fetch
```

이 메서드를 호출하고 나서 결과가 나올 때까지 기다릴 필요가 없이 곧바로 다른 일에 착수할 수 있다.

```
writeln("Do something immediately while fetch goes on in background...")
// ...
```

결과가 존재하게 되면 퓨처의 해당 값을 사용할 수 있다.

```
writeln("This will block until the result is available.")
// 이 줄은 곧바로 실행된다.

writeln("fetched ", futureResult size, " bytes")
// 이것은 계산이 끝날 때까지 기다린다.

// 이제 Io가 값을 출력한다.
==> fetched 1955 byets
```

futureResult 코드 조각은 즉각적으로 퓨처 객체를 리턴한다. Io에서 퓨처는 프록시 구현이 아니다![6]

퓨처는 결과 객체가 존재하게 될 때까지 차단될 것이다. 결과가 도착하기 전까지 값은 퓨처이며, 그 값의 모든 인스턴스는 결과 객체를 가리킨다. 콘솔은 마지막 명령문이 리턴하는 문자열

---

5 역자주_ 위 코드는 런타임이 URL 객체를 찾지 못해서 실패할 수 있다. Yajl과 함께 컴파일을 해야 실행이 가능할 것이다.

6 역자주_ 퓨처가 프록시처럼 단순히 어딘가에 존재하는 객체나 서비스의 인터페이스가 아니라 그 자체로 독립적인 의미를 갖는 객체라는 의미다.

값을 화면에 나타낼 것이다.

또한 Io에서 퓨처는 자동적으로 교착 상태^{deadlock}를 감지한다. 이것은 아주 유용한 기능이며, 이해하기도, 사용하기도 쉽다.

이제 Io의 동시성에 대해 어느 정도 알게 되었으므로, 언어를 본격적으로 사용할 준비가 되었다. 지금까지 배운 내용을 실전에 적용할 수 있도록 3일 차 내용을 정리해보자.

3.4.4 3일 차에 배운 내용

여기에서 우리는 Io를 이용해서 간단하지 않은 작업을 수행하는 방법을 배웠다. 우선 우리는 문법의 규칙을 수정해서 중괄호를 이용하는 새로운 해시 문법을 구축했다. 우리는 연산자 테이블에 연산자를 더했고 그것을 해시 테이블에 있는 연산자와 연결했다. 그다음에 우리는 XML 요소를 출력하기 위해서, method_missing을 사용하여 XML 생성기를 만들었다.

그다음에는 동시성을 관리하기 위해서 코루틴을 사용하는 코드를 작성했다. 코루틴은 스레드가 자신의 상태만 변경할 수 있게 하므로, 좀 더 예측 가능하고 이해하기 쉬운 동시성 모델을 구축하며 병목을 발생시키는 차단 상태를 덜 필요로 한다. 이러한 점에서 루비, C, 자바 같은 언어가 동시성을 다루는 방식과 구별된다.

프로토타입 액터를 만드는 비동기적 메시지를 보내기도 했다. 이때 우리는 메시지 자체의 문법을 약간 수정하는 것 말고는 다른 일을 할 필요가 없었다. 끝으로 우리는 퓨처가 무엇이고, Io에서 어떻게 동작하는지에 대해 간략하게 살펴보았다.

3.4.5 3일 차 자율 학습

다음을 수행하라.

- XML 프로그램의 기능을 개선해서 들여쓰기를 나타내도록 스페이스를 삽입하게 만들어보라.
- 대괄호를 사용하는 리스트 문법을 만들어보라.
- XML 프로그램의 기능을 개선해서 속성^{attribute}을 처리하도록 만들라. 만약 첫 번째 인수가 (중괄호 문법을 이용하는) 맵이라면, 속성을 XML 프로그램에 더하라. 예를 들어 book({"author": "Tate"} ...)는 ⟨book author="Tate"⟩를 출력해야 한다.

3.5 Io를 마무리하며

Io는 프로토타입 기반 언어를 어떻게 사용하는지 배우는 데 탁월한 언어다. 리스프와 마찬가지로 놀라울 정도로 문법이 단순하지만, 언어가 담고 있는 의미는 충분히 강력하다. 프로토타입 언어는 데이터와 동작을 객체지향 프로그래밍 언어처럼 캡슐화한다. 상속은 단순하다. Io에는 클래스나 모듈이 없다. 어떤 객체는 동작을 자신의 프로토타입으로부터 직접 상속한다.

3.5.1 강점

프로토타입 언어는 일반적으로 상당히 유연하다. 어떤 객체의 어떤 슬롯이라도 변경할 수 있다. Io는 유연성을 극단으로 밀어붙여서, 원하는 문법이라면 어떤 것이라도 만들어낼 수 있도록 허용한다. 루비와 마찬가지로, Io를 동적으로 만들어주는 기능들은 성능을 제한한다는 트레이드오프를 갖는다. 적어도 스레드가 하나일 때는 그렇다. 강력하고 현대적인 동시성 라이브러리 덕분에 Io는 병렬 처리에 적합한 언어가 된다. 오늘날 Io가 어떤 부분에서 두각을 나타내는지 살펴보자.

메모리 사용량

Io의 메모리 사용량footprint은 적다. 실전에서 사용되는 Io 애플리케이션은 대부분 임베디드 시스템이다. 언어 자체가 작고, 강력하고, 상당히 유연하기 때문에 이러한 선택은 일리가 있다. 가상 머신은 다른 운영체제에 이식하기도 쉽다.

단순성

Io의 문법은 믿기 어려울 만큼 압축적이다. 그래서 Io를 아주 빠르게 배울 수 있다. 핵심적인 문법을 익히고 나면 나머지는 라이브러리에 친숙해지는 일뿐이다. 이런 방식을 통해 나는 Io를 사용한 지 거의 한 달 만에 메타프로그래밍까지 접근할 수 있었다. 루비의 경우에는 비슷한 지점에 도달하기까지 시간이 조금 더 걸렸다. 자바의 경우에 메타프로그래밍이라는 개념이 이해되기까지 걸린 시간은 몇 달에 달했다.

유연성

Io의 오리 타이핑과 자유는 어떤 객체의 어떤 슬롯이라도 아무 때나 변경하는 것을 허용한다. 이러한 자유주의적 철학은 애플리케이션을 위해 언어 자체의 기본적인 규칙마저 바꾸는 것이 가능함을 뜻한다. forward 슬롯을 바꿈으로써 어느 곳에서나 프록시를 더하는 것이 상당히 쉽다. 슬롯을 직접 변경함으로써 언어의 주요 구조물을 변경하는 것도 가능하다. 심지어 자신만의 문법을 도입하는 것도 어렵지 않다.

동시성

자바나 루비와 달리 Io의 동시성 구조물은 최신형이고 신선하다. 액터, 퓨처, 코루틴은 테스트가 용이하고 성능도 훌륭한 멀티스레드 애플리케이션을 만드는 과정을 쉽게 만들어준다. Io는 또한 변경 가능한 데이터에 대해서 충분히 많은 고민을 하게 하고, 그것을 어떻게 피할 수 있는지 알려준다. 이러한 기능들이 핵심적인 라이브러리에 포함되어 있기 때문에 강건한 동시성 모델을 구축하는 방법을 어렵지 않게 배울 수 있다. 뒤에 나오는 다른 언어를 살펴보면서 우리는 이러한 개념을 실제로 활용해볼 것이다. 스칼라, 얼랭, 하스켈에서 액터를 다시 만나게 될 것이다.

3.5.2 약점

Io는 수많은 장점을 가지고 있지만 동시에 약점도 가지고 있다. 자유와 유연성은 비용을 수반한다. Io는 이 책에 수록된 언어 중에서 가장 규모가 작은 커뮤니티를 가지고 있기 때문에 어떤 프로젝트에서는 Io를 선택하는 것이 위험할 수도 있다. Io와 관련된 약점을 하나씩 살펴보자.

문법

Io는 극도로 제한된 문법적 설탕을 가지고 있다. 이렇게 단순한 문법은 양날의 검이다. 한 측면에서는 간결한 문법이 언어로서의 Io를 이해하기 쉽게 만들어준다. 하지만 대가가 따른다. 문법이 너무 단순하기 때문에 어려운 개념을 쉽게 설명하기 어렵다. 다시 말해서 어떤 프로그램이 있다고 했을 때 그것이 Io라는 언어를 어떻게 사용하고 있는지 이해하는 것은 어렵지 않은데, 그 프로그램이 실제로 어떤 업무를 수행하고 있는지 이해하는 것은 쉽지 않을 수도 있다는 뜻이다.

그에 비해 루비를 생각해보자. 루비에서 array[-1]과 같은 문법을 만나면 그런 문법적 설탕에 익숙하지 않기 때문에 당황할 수도 있다. 여기에서 -1이라는 것은 배열에서 마지막 요소를 가리키기 위한 표현이다. 또한 [ ]이라는 표현이 배열에서 특정한 위치에 있는 요소를 얻기 위해서 사용하는 하나의 메서드라는 사실도 알 필요가 있다. 이러한 개념을 일단 이해하고 나면, 많은 코드를 한번 훑어보는 것만으로도 어떤 일이 벌어지고 있는지 이해할 수 있다. Io에서는 이러한 트레이드오프가 반대로 일어난다. 처음 시작할 때는 배워야 할 내용이 거의 없지만, 다른 언어에서 문법적 설탕을 통해 쉽게 의사소통되는 내용을 Io에서 이해하기 위해서는 더 많은 노력을 기울여야 하는 것이다.

이러한 문법적 설탕을 둘러싼 균형점을 찾는 것은 어려운 일이다. 너무 많은 설탕을 뿌리면 언어 자체를 이해하거나 그런 문법을 어떻게 사용하는지 기억하는 것이 어렵다. 너무 적으면 나중에 원하는 내용을 표현하기 위해 더 많은 노력을 기울여야 하고 디버깅도 더 힘들어진다. 결국 문법이라는 것은 취향의 문제다. 마츠는 풍부한 설탕을 선호했고, 스티브는 그렇지 않았다.

커뮤니티

현재 Io 커뮤니티의 규모는 매우 작다. 다른 언어와 달리 Io에서는 원하는 라이브러리를 꼭 찾으리라는 보장이 없다. 프로그래머를 찾기도 어렵다. 이러한 단점은, 다양한 언어와 소통할 수 있는 좋은 C 인터페이스를 사용하거나 기억하기 쉬운 문법을 통해 다소 완화되기는 한다. 괜찮은 자바스크립트 프로그래머라면 금방 Io를 익힐 수 있다. 하지만 커뮤니티가 미미하다는 점은 커다란 약점일 수밖에 없으며, 이 새롭고 강력한 언어가 널리 활용되는 것을 막는 가장 큰 이유로 작용한다. Io를 널리 확산하는 데 기여하는 킬러 애플리케이션이 등장하지 않으면 Io는 계속 틈새시장에 존재하는 언어로 남게 될 것이다.

성능

동시성이나 구체적인 애플리케이션 설계 같은 내용을 배제한 상태에서 성능을 이야기하는 것은 별로 현명한 일이 아니다. 하지만 Io가 단일 스레드에서 실행 속도를 떨어뜨리는 기능을 여러 개 가지고 있다는 점은 지적해둘 필요가 있다. 이러한 단점은 Io의 동시성 구조물을 통해 완화되기는 하지만, 이 한계를 기억해둘 필요가 있다.

3.5.3 마치며

전체적으로 나는 Io를 배우는 과정을 즐겼다. 단순한 문법과 작은 메모리 용량이 흥미를 끌었다. 또한 나는 Io가 리스프와 마찬가지로 단순성과 유연성을 통해 무엇이든 오버라이드하는 철학을 담고 있다고 생각한다. 스티브 디코트는 언어를 창조하는 과정에서 이러한 철학을 일관성 있게 견지함으로써 프로토타입 언어 세계의 리스프를 만들었다. 내가 보기에 Io는 성장할 가능성이 있다. 페리스 부엘러와 마찬가지로, Io는 밝지만 동시에 위태로워 보이는 미래를 가지고 있다.

CHAPTER 4

프롤로그

샐리 딥스, 딥스 샐리. 461-0192.　　　　　　　　　　　　　　－레이먼드

아, 프롤로그. 어떤 때는 환상적으로 영리하지만, 어떤 때는 좌절을 안겨주는 언어. 그렇지만 질문하는 방식을 제대로 알고 있을 때는 놀라운 대답을 듣게 될 것이다. 〈레인 맨〉[1]을 생각하면 된다. 이런 장면이 기억난다. 주인공 레이먼드는 전날 밤 전화번호부를 뒤적거리다 통째로 외우곤, 처음 만난 사람(샐리 딥스)의 전화번호를 기억해 중얼거린다. 어떻게 그럴 수 있는지 생각조차 하지 않고 말이다. 레이먼드와 프롤로그 모두에게 나는 "그걸 도대체 어떻게 아는 거야?"라는 질문을 던질 수밖에 없다. 그들은 오직 질문을 정확하게 구성하는 방식을 알고 있을 때에 한해서 놀라운 지식의 원천이 된다.

프롤로그는 우리가 지금까지 살펴본 언어로부터 멀리 떨어져 있다. Io와 루비는 모두 명령형 imperative 언어에 속한다. 명령형 언어는 조리법이다. 우리는 컴퓨터에게 어떻게 작업을 수행해야 하는지 꼬치꼬치 말해준다. 높은 수준의 명령형 언어는 여러 개의 기다란 단계를 하나로 결합해서 사용하기 편리할 수도 있다. 하지만 구매해야 하는 재료의 목록을 알려주고 케이크를 굽기 위한 절차를 하나씩 알려주어야 한다는 사실에는 변함이 없다.

이 장을 쓰기 전에 프롤로그를 처음으로 사용해보는 데 2주 정도가 걸렸다. 학습 속도를 높이

---

1 〈레인 맨〉, DVD, 배리 레빈슨 감독, 1988 (로스앤젤레스, CA: MGM, 2000).

기 위해서 피셔J. R. Fisher가 제공한 튜토리얼[2]을 살펴봤고, 구조와 용어에 익숙해지고 여러 가지 실험을 해보기 위해 A. 애비Aaby가 쓴 문서[3] 등 여러 입문 과정을 학습했다.

프롤로그는 선언형declarative 언어다. 사실과 추론inference을 프롤로그에게 던지고, 생각reasoning도 프롤로그가 하게 둔다. 마치 좋은 제빵 기술자를 찾아가는 것과 비슷하다. 자신이 원하는 빵을 자세하게 설명한 다음 기술자가 알아서 재료를 선택하고 빵을 굽도록 하는 것이다. 프롤로그에서는 '어떻게'에 대해 생각할 필요가 없다. 그 부분은 컴퓨터가 알아서 생각해준다.

인터넷을 살펴보면 스도쿠를 스무 줄도 되지 않는 코드로 풀어내고, 루빅스 큐브를 해결하고, 하노이의 탑 같은 유명한 퍼즐을 (12줄 정도로) 풀어내는 프롤로그 예제를 찾아볼 수 있다. 프롤로그는 논리 프로그래밍 언어 중에서 최초로 성공을 거둔 언어라고 볼 수 있다. 순수 논리를 이용해서 선언을 하면, 프롤로그는 그러한 선언이 참인지 여부를 밝혀낸다. 이러한 선언에 빠진 부분이 있을 수도 있는데, 그러면 프롤로그는 전체적인 선언의 내용을 참으로 만들기 위해서 빈 부분을 알아서 채워 넣으려고 노력한다.

4.1 프롤로그에 대하여

알랭 콜메르Alain Colmerauer와 필리프 루셀Phillippe Roussel에 의해 1972년 개발된 프롤로그는 자연언어 처리에서 인기를 끈 논리 프로그래밍 언어다. 존경을 받을 위치에 올라선 이 언어는 스케줄링에서 전문가 시스템에 이르기까지 다양한 문제 해결의 기초를 제공하는 언어가 되었다. 규칙을 기초로 하는 이 언어를 이용하면 어떤 논리든 설명하고 질문을 던질 수 있다. 프롤로그는 SQL처럼 데이터베이스에서 사용될 수도 있지만 이 경우 데이터는 논리적 규칙과 관계를 바탕으로 구성되어 있어야 한다. 프롤로그는 SQL처럼 두 가지 측면을 가지고 있다. 하나는 데이터를 표현하는 것이고, 다른 하나는 데이터를 질의하는 것이다. 프롤로그에서는 데이터가 논리적 규칙의 형태를 갖는다. 그런 데이터를 구성하는 빌딩 블록은 다음과 같다.

- **사실:** 사실fact은 세계의 어떤 측면에 대한 기본적인 선언assertion이다. (베이브는 돼지다. 돼지는 진흙을 좋아한다.)

---

2 http://www.csupomona.edu/~jrfisher/www/prolog_tutorial/contents.html

3 http://www.lix.polytechnique.fr/~liberti/public/computing/prog/prolog/prolog-tutorial.html

- **규칙:** 규칙rule은 해당 세계 안에 존재하는 사실에 대한 추론이다. (그 동물이 돼지라면 진흙을 좋아할 것이다.)
- **질의:** 질의query는 세계에 대한 질문이다. (베이브는 진흙을 좋아하는가?)

사실과 규칙은 지식 베이스knowledge base에 저장될 수 있다. 프롤로그 컴파일러는 이러한 지식 베이스를 효율적인 질의를 위한 구조로 컴파일한다. 이러한 예를 살펴보면서 우리는 지식 베이스를 표현하는 데 프롤로그를 사용할 것이다. 그다음 데이터를 직접 가져와 프롤로그가 규칙을 서로 연결하게 하여 우리가 아직 모르고 있는 어떤 사실을 말하게 할 것이다.

이 정도면 배경지식은 충분하다. 시작해보자.

4.2 1일: 훌륭한 운전사

〈레인 맨〉에서 레이먼드는 자기 동생에게 자기가 한때 훌륭한 운전사였다고 말한다. 주차장에서 시속 8킬로미터로 차를 운전하는 일을 능숙하게 할 수 있다는 뜻으로 말이다. 그는 운전대, 브레이크, 엑셀러레이터 등을 모두 사용한다. 다만 제한된 범위 안에서 사용할 뿐이다. 이것이 바로 우리의 1일 차 목표다. 우리는 프롤로그를 이용해서 어떤 사실의 상태를 정의하고, 규칙을 만들고, 간단한 질의를 수행할 것이다. 프롤로그는 Io와 마찬가지로 문법적으로 대단히 단순하다. 문법의 규칙은 금방 익힐 수 있다. 그러한 개념을 뭔가 흥미로운 일에 적용하기 시작하면 비로소 본격적인 여행이 시작된다. 프롤로그를 처음으로 접한다면 이러한 학습이 지금까지의 사고방식을 근본적으로 변화시킬 것이다. 그런 변화를 느끼지 못하면 프롤로그를 익힐 수 없다. 자세한 내용은 뒤에서 차차 다룰 것이다.

우선 소프트웨어부터 설치해야 한다. 나는 이 책을 위해서 GNU 프롤로그 버전 1.3.1을 사용했다. 버전에 대해서는 약간 주의할 필요가 있다. 어느 것을 설치하는가에 따라서 코드의 내용이 달라질 수 있기 때문이다. 나는 모든 버전이 공통적으로 사용하는 기능만 사용하도록 노력할 것이다. 하지만 만약 나와 다른 버전을 사용한다면, 다른 부분을 이해하기 위해서 스스로 노력해야 한다. 이제부터 공부하는 내용은 버전과 상관없이 프롤로그를 사용하기 위한 기본적인 방식이다.

4.2.1 기본적인 사실

어떤 언어에서는 대소문자를 구별하는 일이 전적으로 프로그래머의 마음에 달려 있다. 하지만 프롤로그에서는 첫 번째 문자가 대문자인지 소문자인지 하는 것이 중요한 의미를 갖는다. 첫 글자가 소문자로 시작하면 그것은 루비의 심벌처럼 고정된 값을 의미하는 원자^{atom}다. 만약 첫 글자가 대문자나 밑줄이면 변수^{variable}다. 변수 값은 변할 수 있다. 원자는 변하지 않는다. 이제 몇 개의 사실을 이용해서 지식 베이스를 만들어보자. 다음과 같은 내용을 편집기에 입력하라.

prolog/friends.pl
```
likes(wallace, cheese).
likes(grommit, cheese).
likes(wendolene, sheep).

friend(X, Y) :- \+(X = Y), likes(X, Z), likes(Y, Z).
```

이 파일은 사실과 규칙을 이용하는 지식 베이스를 저장하고 있다. 처음 세 줄의 명령문은 사실이고, 마지막 문장은 규칙이다. 사실은 세상에 대한 직접적인 관측이다. 규칙은 세상에 대한 논리적인 추론이다. 지금은 우선 처음 세 줄에 집중하기 바란다. 이 줄들은 각각 하나의 사실을 규정한다. wallace, grommit, wendolene은 모두 원자다. 이 줄들을 소리 내어 읽을 때는 wallace likes cheese, grommit likes cheese, wendolene likes sheep 라고 읽으면 된다. 이러한 사실을 기반으로 동작을 발생시켜보자.

프롤로그 해석기를 시작하라. GNU 프롤로그를 사용한다면, gprolog라고 입력하라. 그다음 예제 파일을 읽어 들이기 위해 ['friends'].라고 입력한다.

```
| ?- ['friends'].
compiling /Users/batate/prag/Book/code/prolog/friends.pl for byte code...
/Users/batate/prag/Book/code/prolog/friends.pl compiled, 4 lines read -
997 bytes written, 11 ms

yes
| ?-
```

프롤로그가 중간 결과 값을 기다리는 상황이 아니라면 yes 혹은 no라는 대답이 나올 것이다. 이 예에서는 파일을 읽어 들이는 작업이 성공적으로 완료되었음을 알리고 있다. 이제 질문을 할 준비가 되었다. 가장 기본적인 질문은 사실에 대해 yes 혹은 no라고 답변할 수 있는 질문이다. 몇 개의 질문을 던져보자.

```
| ?- likes(wallace, sheep).

no
| ?- likes(grommit, cheese).

yes
```

이런 질문은 우리의 직관에 쉽게 와 닿는다. wallace는 sheep를 좋아하는가? 아니요. grommit 은 cheese를 좋아하는가? 예. 하지만 이런 질문은 별로 재미가 없다. 프롤로그가 단순한 사실 을 확인해주고 있을 뿐이다. 이런 사실을 기초로 어떤 논리를 구축해야 뭔가 흥미로운 일이 일 어난다. 이제 추론에 대해서 알아보자.

4.2.2 기본적인 추론과 변수

friend라는 규칙을 시도해보자.

```
| ?- friend(wallace, wallace).

no
```

프롤로그는 우리가 제공한 규칙을 살펴본 다음, 주어진 질문에 대해 yes 혹은 no로 대답을 한 다. 여기에서는 단순히 눈에 보이는 것보다 더 많은 일이 일어나고 있다. friend 규칙을 다시 한 번 확인해보기 바란다.

실제 영어에서 만약 X가 Y와 친구라면, X와 Y는 같은 사람이 아니다. :-라는 기호의 오른쪽에 있는 내용 중에서 부목표subgoal라고 불리는 첫 번째 부분을 보자. \+는 논리적 부정을 수행한다. 따라서 \+(X = Y)는 X가 Y와 같지 않다는 사실을 의미한다.

몇 개의 질의를 더 수행해보라.

```
| ?- friend(grommit, wallace).

yes
| ?- friend(wallace, grommit).

yes
```

실제 영어에서 우리는 만약 X가 Z를 좋아하고, Y도 Z를 좋아한다면 X와 Y가 친구라고 말할 수 있다. 이 경우에는 wallace와 grommit이 둘 다 cheese를 좋아하므로 이러한 질의는 yes라고 응답한다.

코드의 내용을 더 살펴보자. X는 Y와 같지 않으므로 첫 번째 부목표의 내용은 증명되었다. 이제 질의는 두 번째와 세 번째 부목표인 likes(X, Z)와 likes(Y, Z)를 검정한다. grommit과 wallace는 둘 다 cheese를 좋아한다. 따라서 우리는 두 번째와 세 번째 부목표도 증명했다. 이제 다른 질의를 시도해보자.

```
| ?- friend(wendolene, grommit).

no
```

이 경우 프롤로그는 X, Y, Z를 위해서 여러 가지 가능한 값을 시도해보아야 했다.

- wendolene, grommit, cheese
- wendolene, grommit, sheep

하지만 두 조건 모두 wendolene이 Z를 좋아하고 동시에 grommit도 Z를 좋아한다는 부목표를 만족시키지 않는다. 만족하는 내용이 존재하지 않으므로 최종적으로 no라고 대답한다. 그들은 친구가 아닌 것이다.

우리가 사용한 용어를 정리해보자.

```
friend(X, Y) :- \+(X = Y), likes(X, Z), likes(Y, Z).
```

위 문장은 X, Y, Z라는 세 개의 변수를 사용하는 프롤로그 규칙이다. 이 문장을 우리는 friend와 두 개의 인수라는 의미를 담아서 짧게 friend/2라고 표기한다. 이 규칙은 쉼표로 구분되는 세 개의 부목표를 가지고 있다. 규칙이 참이 되려면 모든 부목표가 참이 되어야 한다. 따라서 우리의 규칙은 X와 Y가 서로 같지 않고, X와 Y 모두 동일한 Z를 좋아하면 친구라고 인식하는 규칙이다.

4.2.3 빈칸 채우기

프롤로그를 이용해서 간단한 yes/no 질문을 사용해보았다. 하지만 그보다 많은 일을 할 수 있다. 여기에서 우리는 논리적 엔진을 이용해서 주어진 질의를 만족시키는 모든 가능한 매치를 찾는 일을 수행할 것이다. 그렇게 하기 위해서 우리는 질의 안에 변수를 집어넣을 필요가 있다.

다음과 같은 지식 베이스를 생각해보라.

prolog/food.pl
```
food_type(velveeta, cheese).
food_type(ritz, cracker).
food_type(spam, meat).
food_type(sausage, meat).
food_type(jolt, soda).
food_type(twinkie, dessert).

flavor(sweet, dessert).
flavor(savory, meat).
flavor(savory, cheese).
flavor(sweet, soda).

food_flavor(X, Y) :- food_type(X, Z), flavor(Y, Z).
```

음식(food)이 특정한 종류(type)를 가지고 있음을 의미하는 food_type(velveeta, cheese) 등을 포함하여 몇 개의 사실이 포함되어 있다. flavor(sweet, dessert)는 어떤 음식의 종류가 특정한 향(flavor)을 가지고 있음을 의미한다. 끝으로 음식의 향을 추론하는 food_flavor라는 규칙이 있다. 어떤 음식 X가 Z라는 종류(food_type)의 음식이고 그 Z가 특정한 향(flavor) Y를 갖고 있으면 논리적으로 X의 향은 Y다. 이제 컴파일을 해보자.

```
| ?- ['food'].
compiling /Users/batate/prag/Book/code/prolog/food.pl for byte code...
/Users/batate/prag/Book/code/prolog/food.pl compiled,
12 lines read - 1557 bytes written, 15 ms
(1 ms) yes
```

그리고 몇 개의 질문을 던져보라.

```
| ?- food_type(What, meat).

What = spam ? ;

What = sausage ? ;

no
```

지금부터 흥미로워진다. 우리는 프롤로그에게 "food_type(What, meat)이라는 질의를 만족시키는 값 What을 찾으라"라고 말했다. 이에 대해 프롤로그는 spam이라는 값을 찾아주었다. 우리는 세미콜론(;)을 입력하여 프롤로그에게 다른 것을 더 찾으라고 말했고, 그러자 프롤로그는 sausage라는 값도 리턴했다. 이러한 질의를 만족시키기 위해서는 기본적인 사실만 이용하면 되기 때문에 어려운 일이 아니다. 우리가 또 하나를 더 찾으라고 말하니까 프롤로그는 no라고 대답했다. 이런 식의 동작은 다소 의미가 불분명하게 보일 수도 있다. 편의상 프롤로그는 더 이상 찾을 수 있는 값이 없음이 분명하면 yes라는 답을 내놓는다. 만약 다른 값이 있는지 즉시 결정할 수 없고 추가적인 연산이 필요하다면 no라는 답을 내놓고 프롬프트를 되돌려준다. 이러한 기능은 매우 편리하다. 프롤로그는 어떤 정보를 알려줄 수 있는 상황에서 최대한 빠르게 답을 알려주기 때문이다. 몇 개를 더 시도해보자.

```
| ?- food_flavor(sausage, sweet).

no
| ?- flavor(sweet, What).

What = dessert ? ;

What = soda

yes
```

소시지(sausage)는 물론 달콤하지(sweet) 않다. 그렇다면 sweet에 해당하는 음식은 무엇이 있을까? 디저트(dessert)와 콜라(soda)다. 이것은 모두 사실이다. 그렇지만 이 연결을 당신이 아니라 프롤로그에게 만들어보라고 시킬 수도 있다.

```
| ?- food_flavor(What, savory).

What = velveeta ? ;

What = spam ? ;

What = sausage ? ;

no
```

여기에서 food_flavor(X, Y)가 사실이 아니라 규칙이라는 점을 기억하기 바란다. 우리는 프롤로그에게 "어떤 음식이 짭짤한가savory?"라는 질의를 만족시키는 모든 가능한 값을 찾아달라고 말했다. 프롤로그는 대답을 만들기 위해서 음식, 종류, 향에 관련된 기본적인 사실을 하나의 논리 안에 엮어야 한다. 이때 논리 엔진은 모든 목표를 참으로 만드는 값들의 가능한 조합을 찾기 위한 작업을 수행한다.

4.2.4 지도 색칠하기

지도에 색을 입히는 문제에 대해서 생각해보자. 프롤로그에서 놀라운 경험을 하기 원한다면 이 예가 적당하다. 우리는 [그림 4]와 같이 미국 남동부의 지도에 색을 칠하고 싶다. 미국 남동부 지도에 색을 입히되, 서로 접하고 있는 주끼리는 모두 다른 색으로 하고 싶다.

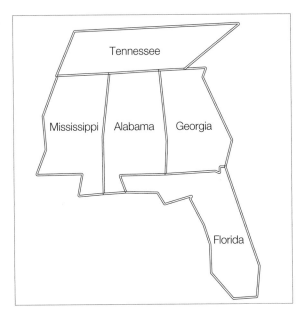

그림 4 미국 남동부 주 지도

간단하게 코드로 작성할 수 있다.

prolog/map.pl
```
different(red, green). different(red, blue).
different(green, red). different(green, blue).
different(blue, red). different(blue, green).

coloring(Alabama, Mississippi, Georgia, Tennessee, Florida) :-
  different(Mississippi, Tennessee),
  different(Mississippi, Alabama),
  different(Alabama, Tennessee),
  different(Alabama, Mississippi),
  different(Alabama, Georgia),
  different(Alabama, Florida),
  different(Georgia, Florida),
  different(Georgia, Tennessee).
```

세 개의 색이 있다. 우리는 프롤로그에게 지도에 색을 칠할 때 서로 다른 색을 사용하라고 말한다. 그리고 하나의 규칙이 존재한다. coloring 규칙에 따르면, 프롤로그에게 어느 주가 서로 접하고 있는지 알려주었다. 그게 전부다. 실행해보자.

```
| ?- coloring(Alabama, Mississippi, Georgia, Tennessee, Florida).

Alabama = blue
Florida = green
Georgia = red
Mississippi = red
Tennessee = green ?
```

이렇게 다섯 개의 주를 세 가지 색을 이용해서 칠하는 방법은 여러 가지가 존재한다. 세미콜론 대신 a라고 입력하면 또 다른 조합 모두가 한 번에 출력된다. 어쨌든 우리는 12줄의 코드만 이용해서 이 문제를 해결했다. 이 논리는 말도 되지 않을 정도로 단순하다. 어린아이조차 이해할 수 있을 정도다. 어느 시점이 되면 당신은 다음 질문을 던지게 될 것이다.

도대체 일을 수행하는 프로그램은 어디에 있는가?

알고리즘이라는 게 없잖아! 이 문제를 스스로 선택한 절차적 언어를 이용해서 풀도록 시도해보라. 그렇게 만들어낸 알고리즘이 이해하기 쉬운가? 이와 같은 복잡한 논리 문제를 루비나 Io를 이용해서 풀어야 한다고 하면 어떤 작업을 수행해야 하는지 생각해보기 바란다. 가능한 방법 중 하나는 이런 모습을 가지고 있을 것이다.

- 논리를 구성한다.

- 프로그램 안에 논리를 구현한다.

- 프로그램이 모든 가능한 답을 찾도록 한다.

- 찾은 답을 출력한다.

이와 같은 프로그램을 계속 반복해서 작성해야 할 것이다. 프롤로그는 우리에게 논리적 인과관계에 대해 사실을 기초로 표현하고, 추론하고, 질문을 던지도록 한다. 이 언어에서 우리는 조리법을 단계별로 자세하게 구축하는 데 아무런 책임이 없다. 프롤로그는 논리적 문제를 해결하기 위해 알고리즘을 적는 것과 무관하다. 프롤로그는 세상을 있는 그대로 설명하게 하고, 컴퓨터가 해결할 수 있는 논리적 문제를 정의하는 것과 관련이 있을 뿐이다.

일은 컴퓨터에게 시킬 것!

4.2.5 통합, 파트 1

잠시 뒤로 물러나서 이론적 배경을 짚고 넘어가자. 우선 통합^{unification}에 대해 알아볼 필요가 있다. 대부분의 언어는 변수에 값을 할당하는 방식을 이용한다. 자바나 루비에서 x = 10은 x라는 변수에 10이라는 값을 할당한다. 그에 비해 프롤로그에서 말하는 통합은 할당이 아니라 = 기호 양쪽의 두 구조물을 동일한 것으로 만드는 일이다.[4] 예를 들어 다음과 같은 지식 베이스를 생각해보자.

----

4 역자주_ = 기호를 이용해서 값을 변수에 할당하는 프로그래밍에 익숙한 사람들에게 프롤로그의 통합은 쉽게 이해되는 개념이 아니다. 하지만 일단 이해를 하고 나면 단순하다. 이렇게 생각하면 좋을 것이다. x = 10이라는 코드를 보면 우리는 x가 가리키고 있는 메모리에 10이라는 값이 할당된다는 사실을 안다. =이라는 간단한 기호가 사실은 '메모리에 존재하는 x의 주소에 접근해서 오른쪽에 있는 값을 기록하라'는 복잡한 알고리즘을 의미한다는 사실을 알고 있기 때문이다. 프롤로그에서 사용하는 = 기호는 이와 같은 할당 알고리즘이 아니라 통합 알고리즘을 수행한다. 문제는 통합 알고리즘이 의미하는 내용이 무엇인지를 이해하는 것이다. 예를 들어 y = f(x)라는 코드가 있다고 하자. 우리가 잘 알고 있는 할당 알고리즘은 우선 f(x)라는 표현을 평가(즉, 실행)해서 리턴되는 값을 y의 메모리에 적어 넣는다. 하지만 통합 알고리즘은 = 기호 양쪽에 오는 표현을 평가하지 않는다. 다만 양쪽에 존재하는 표현이 동일한 값을 나타내도록 바인딩하는 작업을 수행한다. f(y) = f(g(x))라는 코드가 있다고 하자. 그러면 통합 알고리즘은 f(y)라는 표현과 f(g(x))라는 표현을 평가하는 것이 아니라, y와 g(x)가 동일한 값을 의미한다는 사실을 파악한다. y와 g(x)가 동등하기 때문에 통합이 일어나 y = g(x)라는 사실이 성립한다. 이 책에서 저자가 설명하는 내용은 자세한 과정을 생략했기 때문에 이해하기 어려울 수 있다. 프롤로그의 통합에 대해서 자세히 공부하고 싶은 사람은 존 미첼(John C. Mitchell)이 쓴 『Concepts in Programming Languages』 (Cambridge University Press, 2002)의 15장을 읽어볼 것을 권한다.

prolog/ohmy.pl
```
cat(lion).
cat(tiger).
dorothy(X, Y, Z) :- X = lion, Y = tiger, Z = bear.
twin_cats(X, Y) :- cat(X), cat(Y).
```

이 예에서 보이는 = 기호는 값을 할당하는 것이 아니라 통합을 수행한다. 그것은 기호의 양옆에 있는 대상을 동일한 값으로 만드는 것이다. 이 예에는 두 개의 사실이 있다. 사자와 호랑이가 모두 고양이라는 사실이다. 그 아래에 두 개의 간단한 규칙이 있다. dorothy/3에서 X, Y, Z는 각각 사자, 호랑이, 곰이다. twin_cats/2에서 X와 Y는 모두 고양이다. 이렇게 구성된 지식베이스를 이용해서 통합을 살펴볼 수 있다.

두 개의 규칙 중에서 우선 첫 번째 규칙을 사용해보자. 규칙을 컴파일하고 별다른 인수 없이 간단한 질의를 해보면 이렇다.

```
| ?- dorothy(lion, tiger, bear).

yes
```

통합이 바인딩만이 아니라 '두 개의 대상을 매치시키는 값을 찾으라'를 의미한다는 점을 기억하라. 이 예에서 프롤로그는 X, Y, Z를 각각 lion, tiger, bear에 바인딩하고 있다. 이러한 바인딩을 통해 왼쪽에 있는 값들은 오른쪽에 있는 값과 성공적으로 매치된다. 따라서 통합이 성립하고, 프롤로그는 yes라고 대답한다. 이 예는 너무 간단하니까 약간 복잡하게 만들기 위한 양념을 뿌려보자. 통합이라는 과정 자체는 = 기호의 왼쪽, 오른쪽 모두에서 일어날 수 있다. 예를 들어서 다음과 같은 코드를 실행해보라.

```
| ?- dorothy(One, Two, Three).

One = lion
Three = bear
Two = tiger

yes
```

이 예는 앞에서 본 예에 비해 계층layer 혹은 간접적 절차가 하나 더 존재한다. 이 경우 프롤로그는 우선 X, Y, Z를 lion, tiger, bear와 통합한다. 그다음에 X, Y, Z를 One, Two, Three와 통합하고 결과를 출력한다.

이제 마지막 규칙인 twin_cats/2를 생각해보자. 이 규칙은 X와 Y가 모두 고양이라는 사실을
증명할 수 있으면 true를 리턴한다. 이렇게 해보라.

```
| ?- twin_cats(One, Two).

One = lion
Two = lion ?
```

프롤로그는 이 규칙을 만족시키는 값을 찾아서 결과를 보고했다. 이 결과에 따르면 lion과 lion
은 모두 고양이다. 프롤로그가 어떻게 그런 결론을 내렸는지 보자.

- 우리는 twin_cats(One, Two)라고 질의했다. 프롤로그는 One을 X에 Two를 Y에 바인딩한다. 이 바인딩을
  수행하려면 프롤로그는 반드시 오른쪽에 주어진 목표들을 시험해야 한다.
- 첫 번째 목표는 cat(X)다.
- 이 목표와 매치되는 사실은 두 가지로 cat(lion)과 cat(tiger)다. 프롤로그는 우선 첫 번째 사실을 이
  용해서 X를 lion에 바인딩한다. 그리고 다음 목표로 넘어간다.
- 프롤로그는 이제 Y를 cat(Y)에 바인딩한다. 이 목표는 정확하게 앞과 동일한 방식으로 해결할 수 있고, 즉
  lion을 선택한다.
- 우리는 두 개의 목표를 모두 만족시켰다. 따라서 규칙은 성공이다. 프롤로그는 성공을 거두도록 해준 One과
  Two의 값을 나타내고, yes를 출력한다.

이렇게 규칙을 참으로 만들어주는 첫 번째 해답을 얻었다. 때로는 한 개의 해답으로 충분하다.
어느 경우에는 하나 이상이 필요할 때도 있다. 이제 우리는 세미콜론을 이용해서 다른 해답을
더 찾아볼 수 있다. 아니면 a를 입력해서 가능한 나머지 해답을 한꺼번에 확인해볼 수도 있다.

```
One = lion
Two = tiger

One = tiger
Two = lion

One - tiger
Two = tiger

yes
```

프롤로그가 목표에 존재하는 정보와 주어진 사실을 이용해서 X와 Y의 모든 가능한 조합을 하나씩 시험해보고 있음에 주목하기 바란다. 뒤에서 보겠지만, 통합을 이용하면 데이터의 구조에 기초해서 상당히 정교한 매칭 작업을 수행할 수 있다. 이 정도면 1일 차 공부로는 충분하다. 2일 차에는 약간 더 복잡한 내용을 공부할 것이다.

4.2.6 실전 프롤로그

이런 방식으로 작성되는 '프로그램'이 다소 낯설고 불편하게 느껴질 것이다. 프롤로그에서는 자세하게 단계별로 서술되는 조리법이 거의 존재하지 않는다. 오직 다 구워졌을 때 오븐에서 꺼내게 되는 케이크의 모습을 묘사할 뿐이다. 내가 프롤로그를 학습할 때 실전에서 프롤로그를 사용하고 있는 사람을 인터뷰한 것은 큰 도움이 되었다. 돌고래를 연구하는 프로젝트에서 다양한 스케줄링 구현에 프롤로그를 사용한 브라이언 타복스^{Brian Tarbox}와 이야기를 나누어보았다.

돌고래 연구가인 브라이언 타복스와의 인터뷰

브루스: 프롤로그를 배웠던 경험은 어땠는지 이야기해주세요.

브라이언: 하와이 대학교 마노아에서 대학원 과정을 밟던 1980년대에 프롤로그를 배웠죠. 케왈로 베이슨 해양 포유류 연구소에서 돌고래들의 인식 능력에 대해 연구하고 있었습니다. 그 당시 연구소에서 진행된 논의는 대부분 돌고래가 어떤 방식으로 생각을 하는지에 대한 몇몇 이론적 연구에 의존하고 있음을 알게 되었죠. 우리는 주로 아키아카마이, 줄여서 아키라고 부르는 돌고래와 작업을 수행했습니다. 사람들은 보통 "글쎄, 아키는 아마 상황을 이런 방식으로 보고 있을 거야"라고 말하면서 논쟁을 시작했습니다.

저는 아키가 세상을 이해하고 있는 방식, 혹은 최소한 우리가 연구 대상으로 삼고 있는 부분과 관련된 방식을 실행할 수 있는 모델을 만드는 것으로 석사 학위 논문을 준비하기로 했죠. 우리 모델이 아키의 행동을 정확하게 예측할 수 있으면, 실제 사고방식 이론에 대해 상당한 수준의 확신을 얻을 수 있을 거라고 보았습니다.

프롤로그는 놀라운 언어지만, 어떤 단계를 넘어서는 경험을 쌓기 전에는 이상한 결과만 제공해줄지도 모릅니다. 프롤로그를 이용해서 수행했던 어떤 연구가 기억납니다. x = x + 1과 비슷한 코드를 작성했죠. 프롤로그는 no라고 대답했고요. 대개의 언어는 이렇게 무례하게 no라고 대답하지 않습니다. 잘못된 대답을 주거나, 컴파일이 되지 않을 수는 있지만 이

렇게 말대꾸를 하는 언어는 처음이었습니다. 그래서 프롤로그 지원팀에 전화를 해서 내가 변수에 어떤 값을 할당하려고 하니까 프롤로그가 no라고 말한다고 털어놓았죠. 그러자 그들이 물었습니다. "변수의 값을 왜 바꾸려고 합니까?" 세상에. 변수의 값을 바꾸는 것을 허용하지 않는 언어도 있다는 말인가요? 하지만 프롤로그를 더 알고 나면 변수는 어떤 특정한 값을 갖거나 아니면 바인딩이 해제되기만 한다는 사실을 깨닫게 됩니다. 하지만 그 당시에는 정말 화나는 일이었죠.

브루스: 프롤로그를 어떤 식으로 사용했나요?

브라이언: 두 개의 주요한 시스템을 구축했습니다. 하나는 돌고래 시뮬레이터고 하나는 연구소 스케줄러입니다. 연구소는 하루에 네 번 실험을 수행했죠. 각 실험은 네 마리의 돌고래를 이용합니다. 연구에 사용할 수 있는 돌고래가 엄청나게 귀한 자원이라는 사실을 이해하셔야 합니다. 각 돌고래는 각자 서로 다른 실험에 참여하고 있었는데, 각 실험은 서로 구분되는 성격을 요구합니다. 어떤 역할은, 실제 돌고래 조련사 같은 단지 소수만이 수행할 수 있습니다. 데이터를 기록하는 것 같은 역할은 더 많은 사람이 할 수 있지만, 그것 역시 특별한 교육을 받아야 합니다. 대학원생도 있고, 학부생도 있고, 지구감시기구^{Earthwatch}에서 나온 자원봉사자도 있었죠. 사람들은 각자 자기만의 스케줄이 있고, 저마다의 기술을 갖고 있었습니다. 이런 상황에서 특정한 기술을 가진 사람들이 어떤 업무를 위해서 동원되도록 만드는 일은 스태프 1명이 종일 매달려서 수행해야 하는 일이었습니다.

그래서 프롤로그를 이용해서 스케줄을 담당하는 프로그램을 만들기로 마음먹었습니다. 프롤로그를 이용해서 원하는 내용을 만드는 것이 쉬운 일은 아니었습니다. 각 인물의 기술을 묘사하고, 그들의 스케줄을 설명하고, 각 실험이 요구하는 기술에 대해 말하는 사실을 모아서 집합을 만들었습니다. 그다음에는 그냥 프롤로그에게 "스케줄을 짜봐"라고 말하면 됐죠. 실험에 필요한 업무의 목록이 주어지면 프롤로그는 스케줄이 맞고 필요한 기술을 가진 사람을 찾은 다음, 해당 업무에 바인딩을 합니다. 그럼 실험을 구성하는 모든 업무에 대해서 만족하는 결과를 얻을 때까지 그 작업을 진행하거나 그런 조합을 찾을 수 없다고 이야기합니다. 조합을 찾을 수 없으면 그때까지 했던 바인딩을 모두 취소하고 출발점으로 되돌아가 다른 조합을 가지고 같은 작업을 반복합니다. 최종적으로 프롤로그는 가능한 스케줄을 내놓던가 아니면 해당 실험은 정상적으로 수행될 수 없다고 이야기합니다.

브루스: 독자들이 관심을 가질 만한 흥미로운 사실, 규칙, 단언^{assertion} 같은 게 있었나요?

브라이언: 시뮬레이션된 돌고래들이 실제 세계에서 아키의 행동을 이해하는 데 도움이 되는 단서를 내놓은 적이 있습니다. 아키는 "후프를 통과해" 혹은 "꼬리로 오른쪽 공을 건드려"와

같이 동작과 관련된 '문장'에 대해서 반응을 보입니다. 우리가 아키에게 어떤 명령을 내리면 아키는 그에 대해서 반응을 보이는 거죠.

제가 수행했던 연구의 일부는 'not'과 같은 새로운 단어를 가르치는 것이었습니다. 이 맥락에서는 "공을 건드리지 마"라는 말이 공을 제외한 다른 것은 건드려도 좋다는 사실을 의미합니다. 이것은 아키에게는 이해하기 어려운 문제였지만, 연구 자체는 잘 진행이 되고 있었습니다. 그러나 어느 한 시점에서 아키는 우리가 그 명령을 내리기만 하면 그냥 물속으로 사라졌습니다. 이해할 수 없었죠. 돌고래에게 이유를 직접 물어볼 수 없으니 매우 답답한 상황이었습니다. 그래서 우리는 이러한 훈련 작업을 시뮬레이션된 돌고래에게 시켰고, 흥미로운 결과를 얻었습니다. 돌고래는 보통 상당히 영리한 동물이지만 어떤 문제에 대해서는 가장 단순한 해답을 찾아내는 동물입니다. 우리가 컴퓨터 시스템상에서 시뮬레이션된 돌고래에게 동일한 작업을 시켜보니까 아키가 사용하는 행동언어가 탱크에 있는 창문을 지칭하는 '단어'를 포함하고 있다는 사실이 드러났습니다. 그 단어는 거의 사용되는 일이 없기 때문에 대부분의 조련사는 그 단어를 잊고 있었습니다. 시뮬레이션된 돌고래는 '창문'에 해당하는 단어가 '공이 아님'이라는 규칙을 만족시킨다는 사실을 발견했습니다. 또한 '후프가 아님', '파이프가 아님', '프리스비가 아님'이라는 규칙도 모두 만족시켰습니다. 우리가 주변에 있는 사물들을 변경하면 이러한 규칙이 적용되는 것을 바꿀 수 있었겠지만, 탱크에 있는 창문은 바꿀 수 없었습니다. 아키는 사실 탱크의 바닥으로 내려가서 창문 옆에 있었던 겁니다. 우리는 그런 아키의 모습을 볼 수 없었던 겁니다!

브루스: 프롤로그에서 가장 마음에 드는 부분은 무엇입니까?

브라이언: 선언적인 프로그래밍 모델이 매우 매력적입니다. 프롤로그에서는 어떤 문제를 묘사할 수 있으면 그 문제는 이미 해결된 거나 다름없습니다. 다른 언어에서는 컴퓨터에게 "내가 뭘 원하는지 알잖아. 제발 그냥 좀 해봐" 하고 애원하고 싶은 경우가 종종 있습니다. C나 C++이 "세미콜론이 필요합니다"라는 식의 컴파일 에러를 출력하는 것이 좋은 예에 해당하죠. 세미콜론이 필요하다는 사실을 알고 있으면 자기가 알아서 세미콜론을 집어넣고 진행하면 왜 안 되는 거죠? 프롤로그를 이용해서 스케줄 프로그램을 만들 때 제가 한 일은 기본적으로 "이런 모습을 가진 하루가 필요해. 한번 이렇게 만들어봐"라고 말한 것뿐입니다. 그리고 프롤로그는 내가 말하는 대로 했죠.

브루스: 프롤로그가 가장 문제를 낳았던 부분은요?

브라이언: 프롤로그는 주어진 문제에 대해서 모 아니면 도라는 식의 접근을 취하는 것 같습니다. 적어도 제가 사용해온 바에 따르면 말이죠. 연구실 스케줄 문제를 해결할 때 프로그

램은 30분 정도 열심히 동작한 다음에 그날을 위한 멋진 스케줄을 내놓거나 아니면 그냥 no
라고 대답했습니다. 이 경우 no는 그날에 너무 많은 제약이 존재해서 가능한 해답이 없다는
사실을 의미하는 거였죠. 하지만 부분적인 해답을 내놓거나 제약이 어느 부분에 존재하는지
등에 관한 정보를 제공하지는 않습니다.

이러한 인터뷰를 통해서 확인한 내용은 매우 강력한 개념을 포함한다. 문제를 풀기 위한 해결
책을 상세하게 묘사할 필요가 없다. 문제 자체만 묘사하면 된다. 여기에서 문제를 묘사하기 위
한 언어는 논리, 즉 순수한 논리일 뿐이다. 사실과 추론에서부터 시작하라. 나머지는 프롤로그
가 알아서 해결해줄 것이다. 프롤로그 프로그램은 이렇게 높은 추상 수준에 존재한다. 스케줄
이나 행동 패턴 등은 프롤로그를 통해서 풀 수 있는 좋은 예에 속한다.

4.2.7 1일 차에 배운 내용

오늘 우리는 프롤로그 언어를 구성하는 기본적인 빌딩 블록을 학습했다. 프롤로그에게 해답을
찾는 방법을 알려주기 위해서 단계별 코드를 작성하는 대신, 우리는 순수한 논리를 이용해서
지식 자체를 코딩했다. 그러한 지식을 엮어서 문제에 대한 해결책을 찾는 어려운 작업은 프롤
로그가 담당했다. 우리는 논리를 지식 베이스에 집어넣고 원하는 질의를 던졌다.

약간의 지식 베이스를 구축한 다음 우리는 그것을 컴파일하고 질의를 던져보았다. 질의는 두
개의 형태를 가지고 있다. 우선 우리는 질의를 이용해 사실을 규정했다. 그러면 프롤로그는 우
리에게 그러한 사실이 참인지 거짓인지 말해주었다. 둘째로 우리는 질의에 하나 혹은 여러 개
의 변수를 포함시켜보았다. 그러면 프롤로그는 주어진 사실을 참으로 만들어주는 조합을 모두
찾아서 알려주었다.

프롤로그가 규칙 안에 포함되어 있는 부분적인 규칙을 하나씩 순차적으로 살펴본다는 사실도 배
웠다. 각각의 목표를 참으로 만들기 위해서 프롤로그는 변수들의 가능한 조합을 전부 확인해보
며 목표를 만족시키는지 여부를 검사했다. 프롤로그 프로그램은 모두 이런 방식으로 동작한다.

다음 절에서 우리는 더 복잡한 추론에 대해 살펴볼 것이다. 수학 연산이나 리스트처럼 복잡한 자
료구조에 대해서 배울 것이고, 리스트를 순차적으로 방문하는 전략에 대해서도 학습할 것이다.

4.2.8 1일 차 자율 학습

다음을 찾아보라.

- 무료 프롤로그 튜토리얼들
- 지원 포럼(몇 개가 있다)
- 자신이 사용하는 프롤로그 버전을 위한 온라인 레퍼런스

다음을 수행하라.

- 간단한 지식 베이스를 구축해보자. 자기가 좋아하는 책과 저자에 대한 내용을 담는다.
- 지식 베이스 안에서 어느 특정한 저자가 작성한 책을 모두 찾으라.
- 연주자와 악기를 나타내는 지식 베이스를 구축하라. 연주자를 장르나 음악을 이용해서 표현하라.
- 기타를 연주하는 사람을 모두 찾으라.

4.3 2일: 시작까지 15분 남았어

〈레인 맨〉의 주인공은 〈시민법정〉[5]에 등장하는 퉁명스러운 와프너 판사에게 집착한다. 많은 자폐증 환자와 마찬가지로 레이먼드는 자신이 친숙한 것에 광적으로 집착한다. 그는 와프너 판사와 〈시민법정〉에 매달린다. 이 수수께끼 같은 언어를 파다 보면 어느 순간 의미를 깨닫게 되는 순간이 올지도 모른다. 물론 운이 좋은 사람이라면 접하자마자 이해가 되고 의미가 파악될 것이다. 하지만 그런 사람이 아니더라도 희망을 버리지 말아야 한다. 오늘 우리는 "시작까지 15분 남았어"[6]의 순간을 겪을 것이다. 쉽지 않으니 긴장하기 바란다. 우선 공구함에 연장 몇 가지가 더 필요하다. 우리는 재귀, 수학, 리스트에 대해 배울 것이다. 시작해보자.

4.3.1 재귀

루비와 Io는 명령형 프로그래밍 언어였다. 알고리즘 안에서 각 단계를 세세하게 설명해야 한다. 프롤로그는 우리가 접한 첫 번째 선언형 언어다. 따라서 리스트나 트리같이 사물을 모아놓

---

5 역자주_ 미국에서 1981년부터 방영된 법정 리얼리티 쇼. 전직 판사인 조지프 와프너가 판사 역할을 맡았다.
6 역자주_ 〈레인 맨〉에서 레이먼드가 〈시민법정〉 방영을 기다리며 하는 대사

은 구조를 다룰 때 순차적 방문 대신 재귀를 사용하게 될 것이다. 우리는 재귀를 살펴보고, 그것을 바탕으로 기본적인 추론을 이용해서 문제를 풀어볼 것이다. 그다음에는 동일한 방법을 리스트와 수학에도 적용해볼 것이다.

다음 데이터베이스를 보라. 1963년 영화 〈스펜서의 산〉과 후속 시리즈 〈더 월턴스〉에 등장하는 월턴 가문의 가계도를 트리구조로 표현한 것이다. 부계와의 관련성을 설명하고, 그것을 기초로 조상들과의 관계를 추론한다. 조상이란 아버지, 할아버지, 고조할아버지를 의미할 수 있으므로 이러한 규칙을 중첩^{nest}하거나 아니면 순차적으로 방문해야 한다. 여기에서 우리는 선언형 언어를 다루고 있으므로 중첩 방식을 사용할 것이다. 두 개의 ancestor 클로즈^{clause}[7] 중 하나는 anscestor 클로즈를 사용한다. 여기에서 ancestor(Z, Y)가 재귀적인 부목표다.

prolog/family.pl
```
father(zeb,          john_boy_sr).
father(john_boy_sr, john_boy_jr).

ancestor(X, Y) :-
    father(X, Y).
ancestor(X, Y) :-
    father(X, Z), ancestor(Z, Y).
```

여기에서 father는 재귀적인 부목표를 성립하게 하는 핵심적인 사실을 모아놓은 집합에 해당한다. ancestor/2라는 규칙은 두 개의 클로즈를 포함한다. 하나의 규칙이 여러 개의 클로즈로 이루어져 있는 경우, 규칙 전체가 참이 되기 위해서는 하나의 클로즈만 참이면 된다. 부목표 사이에 쉼표가 있으면 and 조건으로 생각하고, 마침표가 있으면 or 조건이라고 생각하면 된다. 첫 번째 클로즈는 "만약 X가 Y의 father라면, X는 Y의 ancestor이다"라는 말이다. 이것은 매우 쉬운 관계다. 이 규칙을 다음과 같이 시험해볼 수 있다.

```
| ?- ancestor(john_boy_sr, john_boy_jr).

true ? a

no
```

프롤로그는 john_boy_sr가 john_boy_jr의 조상이냐고 묻는 질문에 대해서 true라고 대답한

---

7 역자주_ 프롤로그에서 클로즈는 마침표와 함께 끝나는 정보의 단위다. 사실이나 규칙 등이 모두 하나의 클로즈가 될 수 있다.

다[8]. 이 첫 번째 클로즈는 하나의 사실에 기초하고 있다.

두 번째 클로즈인 ancestor(X, Y) :- father(X, Z), ancestor(Z, Y)은 좀 더 복잡하다. 이 클로즈는 X가 Z의 father이고, 동일한 Z가 Y의 ancestor라면 X는 Y의 ancestor라는 내용을 담고 있다.

휴, 이제 두 번째 클로즈를 사용해보자.

```
| ?- ancestor(zeb, john_boy_jr).

true ?
```

그렇다. zeb는 john_boy_jr의 조상이 맞는다. 언제나 그렇듯, 다음과 같이 질의 안에서 변수를 사용할 수도 있다.

```
| ?- ancestor(zeb, Who).

Who = john_boy_sr ? a

Who = john_boy_jr

no
```

여기에서 우리는 zeb가 john_boy_jr와 john_boy_sr의 조상이라는 사실을 확인할 수 있다. ancestor라는 술어[predicate]는 역순으로 동작할 수도 있다.

```
| ?- ancestor(Who, john_boy_jr).

Who = john_boy_sr ? a

Who = zeb

no
```

멋지다. 우리의 지식 베이스에 존재하는 이 규칙을 조상을 찾기 위한 목적과 후손을 찾기 위한 목적, 두 가지 방식으로 모두 사용할 수 있기 때문이다.

---

8 역자주_ true는 yes와 동일한 결과를 의미한다. GNU 프롤로그는 최적화를 위해 중간 단계의 답이 발견되면 일단 화면에 true라는 결과를 출력하고 사용자의 명령을 기다린다. 이때 a라고 입력하면 나머지 모든 해답을 출력하는데, 이 예에서는 다른 해답이 없으므로 프롤로그는 no라고 대답한다.

그렇지만 약간의 주의가 필요하다. 재귀적인 부목표를 사용할 때는 각 재귀가 저마다 스택 공간을 차지하기 때문에 공간이 부족해질 수 있다. 선언형 언어는 이러한 문제를 보통 꼬리 재귀 최적화tail recursion optimization라는 방식을 통해서 해결한다. 재귀적인 부목표를 재귀적인 규칙 전체에서 가장 마지막 위치에 오도록 하면, 프롤로그는 코드를 실행할 때 불필요한 스택을 제거하여 메모리 사용량을 일정하게 유지함으로써 최적화를 수행한다. 우리의 예에서 ancestor(Z, Y)라는 부목표는 재귀적인 규칙 전체에서 가장 마지막에 놓여 있으므로 꼬리 재귀에 해당한다. 프롤로그 프로그램이 스택 공간이 부족해서 멈추는 일이 발생한다면 꼬리 재귀를 통한 최적화를 수행할 필요가 있음을 기억해야 한다.

지금까지 번거로운 작업을 확인해보았으니, 이제 리스트와 튜플을 살펴볼 때가 되었다.

4.3.2 리스트와 튜플

리스트와 튜플은 프롤로그에서 커다란 위치를 차지한다. 리스트는 [1, 2, 3]이라고 쓰고, 튜플은 (1, 2, 3)이라고 쓴다. 리스트는 가변적인 수의 변수를 담는 컨테이너고, 튜플은 크기가 미리 정해진 수의 변수를 담는 컨테이너다. 리스트와 튜플은 변수를 바인딩하는 통합이라는 맥락에서 생각할 때 강력한 기능을 뿜낸다.

통합, 파트 2

프롤로그가 변수를 통합할 때, 왼쪽과 오른쪽을 서로 매치하는 방식으로 작업한다는 사실을 기억하기 바란다. 두 개의 튜플은 동일한 수의 요소를 담고 있고, 각 요소가 각각 통합이 되면 전체적으로도 통합이 될 수 있다. 두 개 정도의 예를 살펴보자.

```
| ?- (1, 2, 3) = (1, 2, 3).

yes
| ?- (1, 2, 3) = (1, 2, 3, 4).

no
| ?- (1, 2, 3) = (3, 2, 1).

no
```

튜플은 각각의 요소가 모두 성공적으로 통합되면 전체적으로도 통합이 된다. 첫 번째 튜플 두 개는 왼쪽과 오른쪽이 서로 정확하게 매치되지만, 두 번째 튜플 두 개는 담고 있는 요소의 수가 서로 다르므로 통합되지 않는다. 세 번째 튜플은 왼쪽과 오른쪽의 크기가 동일하지만 요소의 순서가 다르다. 이제 약간의 변수를 넣어보자.

```
¦ ?- (A, B, C) = (1, 2, 3).


A = 1
B = 2
C = 3

yes
¦ ?- (1, 2, 3) = (A, B, C).
A = 1
B = 2
C = 3

yes
¦ ?- (A, 2, C) = (1, B, 3).

A = 1
B = 2
C = 3

yes
```

변수가 어느 쪽에 있는지는 중요하지 않다. 프롤로그가 그들을 통합할 수 있으면 위치에 상관없이 성공적으로 통합된다. 이제 리스트를 살펴보자. 튜플과 비슷한 방식으로 동작한다.

```
¦ ?- [1, 2, 3] = [1, 2, 3].

yes
¦ ?- [1, 2, 3] = [X, Y, Z].

X = 1
Y = 2
Z = 3
```

```
yes
| ?- [2, 2, 3] = [X, X, Z].

X = 2
Z = 3

yes

| ?- [1, 2, 3] = [X, X, Z].

no
| ?- [] = [].
```

마지막 두 개의 예가 특별히 재미있다. [X, X, Z]와 [2, 2, 3]은 X = 2인 경우에 성립할 수 있으므로 프롤로그가 통합할 수 있다. 하지만 [1, 2, 3] = [X, X, Z]는 X를 첫 번째와 두 번째 요소에 사용했고 그 값이 다르므로 통합될 수 없다. 리스트는 튜플이 갖지 못한 기능도 하나 가지고 있다. 리스트를 [Head|Tail] 같은 방식으로 분해하는 기능이 그것이다. 분해를 허락하는 이런 구조물을 통해 리스트를 통합하면, 다음과 같이 Head는 리스트의 첫 번째 요소에 바인딩되고, Tail은 리스트의 나머지 요소 전체에 바인딩된다.

```
| ?- [a, b, c] = [Head|Tail].

Head = a
Tail = [b,c]

yes
```

[Head|Tail]은 텅 빈 리스트와는 통합될 수 없다. 하지만 요소가 1개 담겨 있는 리스트는 괜찮다.

```
| ?- [] = [Head|Tail].

no
| ?- [a] = [Head|Tail].

Head = a
Tail = []

yes
```

다양한 조합을 사용해서 더 복잡하게 만들 수도 있다.

```
| ?- [a, b, c] = [a|Tail].

Tail = [b,c]

yes
```

프롤로그는 a를 매치하고, 리스트의 나머지는 Tail과 통합한다. 혹은 이러한 꼬리를 이용해서 다시 한 번 머리와 꼬리로 구분할 수도 있다.

```
| ?- [a, b, c] = [a|[Head|Tail]].

Head = b
Tail = [c]

yes
```

혹은 세 번째 요소를 콕 집어서 골라낼 수도 있다.

```
| ?- [a, b, c, d, e] = [_, _|[Head|_]].

Head = c

yes
```

밑줄(_)은 와일드카드이기 때문에 어떤 것과도 통합된다. 기본적으로 그것은 "이 위치에는 어떤 값이 와도 상관없다"라고 말하는 것과 같다. 우리는 프롤로그에게 처음 두 개의 요소는 관심 없으니까 그냥 건너뛰고 나머지 부분을 헤드와 테일로 구분하라고 말했다. 따라서 Head는 세 번째 요소를 골라내고, 꼬리에 해당하는 나머지 _은 실제적인 값과 상관없이 분리된다.

이 정도 공부를 했으면 본격적인 내용을 살펴보기에 충분하다. 통합은 강력한 도구다. 그것을 리스트, 튜플 등과 섞어서 사용하면 대단히 강력한 도구를 손에 넣게 된다.

이제 프롤로그에서 사용하는 기본적이고 핵심적인 자료구조에 대해서 알게 되었고, 통합이 어떻게 동작하는지도 알게 되었다. 지금까지 공부한 내용을, 논리를 사용하는 간단한 수학 내용에 적용할 모든 준비가 끝났다.

4.3.3 리스트와 수학

다음 예에서는 리스트상에서 어떤 연산을 수행하기 위해서 재귀와 수학을 결합해서 사용하는 것을 설명하고자 한다. 숫자를 세고, 더하고, 평균을 구하는 연산을 보여줄 것이다. 다섯 개 정도의 규칙만 있으면 어떤 어려운 일도 수행할 수 있다.

prolog/list_math.pl
```
count(0, []).
count(Count, [Head|Tail]) :- count(TailCount, Tail), Count is TailCount + 1.

sum(0, []).
sum(Total, [Head|Tail]) :- sum(Sum, Tail), Total is Head + Sum.

average(Average, List) :- sum(Sum, List), count(Count, List), Average is Sum/
Count.
```

여기에서 가장 간단한 예는 count다. 다음과 같이 사용한다.

```
| ?- count(What, [1]).

What = 1 ? ;

no
```

아무것도 아닌 것처럼 보일 정도로 간단하다. 빈 리스트의 카운트는 0이다. 일반적으로 리스트의 카운트는 테일의 카운트에 1을 더한 값이다. 이것이 어떻게 동작하는지 단계별로 살펴보자.

- 우리는 count(What, [1])이라는 질의를 던졌다. 주어진 리스트가 비어 있지 않기 때문에 이것은 첫 번째 규칙과 통합되지 않는다. 그래서 우리는 두 번째 규칙인 count(Count, [Head|Tail])를 만족시키는 목표로 넘어간다. 우리는 What을 Count에 바인딩하고, Head를 1에 바인딩하고, Tail을 []에 바인딩함으로써 통합을 수행한다.
- 통합 다음에는 첫 번째 목표가 count(TailCount, [])다. 이 부목표를 증명하려고 시도한다. 이번에는 첫 번째 규칙과의 통합을 수행한다. 그러면 TailCount는 0에 바인딩된다. 첫 번째 규칙이 만족되었으므로 우리는 두 번째 목표로 넘어간다.
- 이제 Count is TailCount + 1이라는 목표를 평가한다. 필요하면 변수를 통합할 수도 있다. TailCount는 0에 바인딩되어 있으므로, Count를 0 + 1, 즉 1에 바인딩한다.

이게 전부다. 우리는 재귀적인 절차를 따로 정의하지 않았다. 논리적인 규칙만 정의했을 뿐이다. 다음 예는 리스트 안에 있는 요소를 서로 더하는 작업을 수행한다. 이러한 규칙을 위한 코드를 다시 보면 다음과 같다.

```
sum(0, []).
sum(Total, [Head|Tail]) :- sum(Sum, Tail), Total is Head + Sum.
```

이 코드는 count 규칙과 완전히 동일한 방식으로 동작한다. 이것도 두 개의 클로즈를 가진다. 하나는 베이스 조건이고 다른 하나는 재귀 본문이다. 사용법은 비슷하다.

```
| ?- sum(What, [1, 2, 3]).

What = 6 ? ;

no
```

명령형 프로그래밍이라는 시각에서 바라보면, 이 sum은 재귀적인 언어 안에서 동작하는 것과 정확하게 일치하는 방식으로 동작한다고 말할 수 있다. 빈 리스트의 sum은 0이다. 나머지 요소들의 sum은 Tail의 sum에 Head의 값을 더한 것과 일치한다.

하지만 이것을 다른 방식으로 해석할 수도 있다. 우리는 프롤로그에게 sum을 어떤 방식으로 수행해야 하는지 말하지 않았다. 우리는 sum과 관련된 규칙과 목표를 서술했을 뿐이다. 이러한 목표를 만족시키기 위해서 논리 엔진은 특정한 부목표들을 만족시켜야 한다. 이런 작업에 대한 선언형 방식의 해석은 다음과 같다. "빈 리스트의 sum은 0이고, 만약 테일의 합과 헤드를 더한 값이 Total임을 증명할 수 있다면 리스트의 sum은 Total이다." 재귀를 목표와 부목표에 대한 증명이라는 개념으로 대체한 셈이다.

이와 비슷하게, 빈 리스트의 count는 0이다. 리스트의 count는 Head의 카운트에 해당하는 1에 Tail의 count를 더한 값이다.

이러한 논리를 사용하면, 규칙들이 다른 규칙을 이용해서 구축될 수도 있다. 예를 들어 평균을 구하기 위해서 sum과 count를 함께 사용하는 식이다.

```
average(Average, List) :- sum(Sum, List), count(Count, List), Average is Sum/
Count.
```

다음 내용을 증명할 수 있으면 리스트의 평균은 Average다.

- 리스트의 sum은 Sum이다.
- 리스트 count는 Count다.

- Average는 Sum/Count다.

이러한 규칙은 우리가 기대하는 방식으로 동작한다.

```
| ?- average(What, [1, 2, 3]).

What = 2.0 ? ;

no
```

4.3.4 규칙을 양방향으로 사용하기

이제 우리는 프롤로그에서 재귀가 어떻게 동작하는지에 대해 이해할 수 있게 되었다. 방향을 약간 바꿔서 append라는 다른 규칙에 대해서 이야기해보자. append(List1, List2, List3)은 만약 List3이 List1 + List2라는 사실이 성립하면 참이다. 이것은 매우 강력한 규칙이라서 다양한 방식으로 활용된다.

다음은 마치 작은 팩 안에 담긴 농축액처럼 진한 맛을 가진 코드다. 이것을 여러 가지 다른 방식으로 사용할 수도 있다. 다음 코드는 일종의 거짓말 탐지기 역할을 수행한다.

```
| ?- append([oil], [water], [oil, water]).

yes
| ?- append([oil], [water], [oil, slick]).

no
```

다음 코드는 리스트를 만들어주는 기능을 수행한다.

```
| ?- append([tiny], [bubbles], What).

What = [tiny,bubbles]

yes
```

다음 코드는 리스트 뺄셈을 수행한다.

```
| ?- append([dessert_topping], Who, [dessert_topping, floor_wax]).

Who = [floor_wax]

yes
```

다음 코드는 리스트의 가능한 모든 분할을 계산한다.

```
| ?- append(One, Two, [apples, oranges, bananas]).

One = []
Two = [apples,oranges,bananas] ? a

One = [apples]
Two = [oranges,bananas]

One = [apples,oranges]
Two = [bananas]

One = [apples,oranges,bananas]
Two = []

no
```

보다시피 하나의 규칙이 네 개의 방식으로 사용되고 있다. 프롤로그를 모르는 사람이라면 이런 규칙을 만들어내는 것이 많은 양의 코드를 요구한다고 생각할 것이다. 얼마나 많을지 실제로 확인해보자. 우리는 프롤로그 append를 다시 구현하고, concatenate라는 새로운 이름으로 부를 것이다. 코드를 작성하는 과정은 다음과 같은 몇 개의 단계로 나뉜다.

- 빈 리스트를 List1에 결합할 수 있는 concatenate(List1, List2, List3)이라는 규칙을 작성하라.
- List1에서 항목을 한 개 꺼내서 List2에 결합하는 규칙을 추가하라.
- List1에서 항목을 두 개 혹은 세 개 꺼내서 List2에 결합하는 규칙을 추가하라.
- 이것을 일반화하는 방법을 생각하라.

시작해보자. 첫 번째 단계는 빈 리스트를 List1에 결합하는 것이다. 그런 규칙을 만드는 것은 상당히 쉽다.

prolog/concat_step_1.pl
```
concatenate([], List, List).
```

아무 문제가 없다. 이 경우 concatenate는 만약 첫 번째 인수가 리스트고 뒤를 따르는 두 개의 인수가 서로 같으면 참이다.

그것은 이렇게 동작한다.

```
| ?- concatenate([], [harry], What).

What = [harry]

yes
```

다음 단계를 보자. List1에서 첫 번째 요소를 꺼내서 List2에 결합하는 규칙을 작성해보자.

prolog/concat_step_2.pl
```
concatenate([], List, List).
concatenate([Head|[]], List, [Head|List]).
```

concatenate(List1, List2, List3)라는 규칙이 있다고 했을 때 우리는 List1을 헤드와 테일로 나눈다. 이 경우에 테일은 빈 리스트다. 이제 List1의 헤드와 List2를 결합해서 세 번째 리스트를 생성한다. 이 지식 베이스를 컴파일하는 것을 잊지 말기 바란다. 이것도 별문제 없이 잘 동작한다.

```
| ?- concatenate([malfoy], [potter], What).

What = [malfoy,potter]

yes
```

이제 길이가 2와 3인 리스트를 결합하는 규칙을 정의할 수 있다.

prolog/concat_step_3.pl
```
concatenate([], List, List).
concatenate([Head|[]], List, [Head|List]).
concatenate([Head1|[Head2|[]]], List, [Head1, Head2|List]).
concatenate([Head1|[Head2|[Head3|[]]]], List, [Head1, Head2, Head3|List]).
```

이 규칙도 앞에서와 동일한 방식으로 동작한다.

```
| ?- concatenate([malfoy, granger], [potter], What).

What = [malfoy,granger,potter]

yes
```

지금까지의 작업을 통해 우리가 손에 넣은 것은 빈 리스트를 다루는 베이스 조건, 그리고 첫 번째 리스트의 크기를 하나 줄이고 동시에 세 번째 리스트의 크기를 하나 늘어나게 만드는 전략이다. 이 과정에서 두 번째 리스트는 변하지 않는다. 이제 이와 같은 과정을 일반화할 수 있는 정보를 충분히 갖게 되었다. 다음은 중첩된 규칙을 이용해서 concatenate를 정의한 것이다.

prolog/concat.pl
```
concatenate([], List, List).
concatenate([Head|Tail1], List, [Head|Tail2]) :-
    concatenate(Tail1, List, Tail2).
```

이 간결하고 조그만 코드 블록은 믿을 수 없을 정도로 간단히 설명된다. 첫 번째 클로즈는 빈 리스트를 List에 결합하면 다시 List를 얻게 된다고 말하고 있다. 두 번째 클로즈는 List1과 List2를 결합했을 때, 만약 List1의 헤드와 List3의 헤드가 같고 List1의 테일과 List2를 결합했을 때 List3의 테일과 동일한 결과를 얻음이 증명된다면 List3을 얻게 된다고 말하고 있다. 이러한 해결책이 보여주는 단순성과 우아함은 프롤로그가 가진 힘을 보여주는 증거다.

이제 concatenate([1, 2], [3], What)이라는 질의를 하면 어떤 결과를 얻게 되는지 살펴보자. 각 단계별로 일어나는 통합 과정을 설명할 것이다. 우리가 규칙을 중첩시키고 있기 때문에 각각의 부목표를 증명하려 할 때마다 별도의 변수 값을 갖게 된다는 사실에 유의하기 바란다. 중요한 내용은 문자를 이용해서 표시를 했으므로 쉽게 따라올 수 있을 것이다. 각 단계가 지날 때마다 프롤로그가 다음 단계를 증명하려고 할 때 어떤 일이 벌어지는지 보여줄 것이다.

- 여기부터 출발하자.

```
concatenate([1, 2], [3], What)
```

- [1,2]는 빈 리스트가 아니므로 첫 번째 규칙은 해당사항이 없다. 이렇게 통합한다.

```
concatenate([1|[2]], [3], [1|Tail2-A]) :- concatenate([2], [3], [Tail2-A])
```

두 번째 테일을 제외한 모든 것이 통합되었다. 다음 목표로 넘어간다. 오른쪽에 있는 내용을 통합해보자.

- concatenate([2], [3], [Tail2-A])라는 규칙을 적용하려고 한다. 그것은 다음과 같은 내용을 돌려줄

것이다.

```
concatenate([2¦[]], [3], [2¦Tail2-B]) :- concatenate([], [3], Tail2-B)
```

Tail2-B가 Tail2-A의 테일이라는 사실에 유의하라. 그것은 원래의 Tail2와 같은 것이 아니다. 하지만 이제 우리는 오른쪽을 다시 한 번 통합해야 한다.

- concatenate([], [3], Tail2-C) :- concatenate([], [3], [3]).
- Tail2-C가 [3]이라는 사실을 알 수 있다. 이제 체인을 거꾸로 따라 올라가야 한다. 단계마다 Tail2를 집 어넣으면서 세 번째 인수를 살펴보자. Tail2-C는 [3]이고, 따라서 [2¦Tail2-2]는 [2,3]을 의미한다. 끝 으로 [1¦Tail2]는 [1,2,3]이다. 따라서 What은 [1,2,3]이다.

여기에서 프롤로그는 우리를 위해서 많은 일을 수행하고 있다. 이것을 잘 이해할 수 있을 때까지 반복해서 살펴보기 바란다. 중첩된 부목표를 통합하는 것은 이 책에 담긴 고급 문제를 위한 핵심적인 개념에 해당한다.

지금까지 우리는 프롤로그가 가지고 있는 가장 높은 수준의 기능을 자세하게 살펴보았다. 이러한 해법들을 충분히 이해하기 위해서 시간을 갖고 살펴보기 바란다.

4.3.5 2일 차에 배운 내용

이 절에서 우리는 프롤로그가 데이터를 조직하기 위해 사용하는 기본적인 빌딩 블록인 리스트와 튜플에 대해 살펴보았다. 또한 다른 언어에서라면 순차적인 방문을 통해서 해결했을 문제를 표현하게 해주는 중첩된 규칙에 대해서도 알아보았다. 프롤로그의 통합에 대해 자세히 공부했고 프롤로그가 :- 혹은 =의 양쪽 측면을 어떻게 매치하는지에 대해서도 알아보았다. 규칙을 작성할 때 우리는 알고리즘이 아니라 논리적 규칙을 적는 것이며, 그다음에는 프롤로그가 알아서 해법을 찾도록 하는 것이라는 사실도 보았다.

수학도 이용했다. 기본적인 계산을 수행하는 방법과 총합과 평균을 구하기 위해서 중첩된 부목표를 사용하는 방법도 살펴보았다.

끝으로 리스트를 사용하는 방법을 보았다. 리스트에 있는 하나 혹은 그 이상의 변수를 다른 변수에 매치하는 방법을 보았는데, 더 중요하게는 [Head¦Tail] 패턴을 이용해서 어떤 리스트의 헤드와 나머지 요소를 변수에 매치하는 방법도 알아보았다. 이런 기법을 이용해서 리스트를 재귀적으로 방문하기도 했다. 이러한 빌딩 블록들은 우리가 3일 차에 풀게 되는 복잡한 문제를 해결하기 위한 토대 역할을 담당하게 될 것이다.

4.3.6 2일 차 자율 학습

다음을 찾아보라.

- 피보나치 수열과 팩토리얼 계산을 구현한 프롤로그 코드. 그것들은 어떻게 동작하는가?
- 프롤로그를 이용하는 세상의 커뮤니티. 그들은 프롤로그를 이용해서 오늘날 어떤 문제를 해결하고 있는가?

더 심화된 내용을 학습하고 싶다면, 다음 문제에 도전해보라.

- 하노이의 탑을 구현한 코드. 그것은 어떻게 동작하는가?
- 'not' 표현을 다루는데 따르는 문제로는 어떤 것들이 있는가? 프롤로그에서 부정 연산을 수행하는 데 특별히 주의를 기울여야 하는 이유는 무엇인가?

다음을 수행하라.

- 리스트에 있는 요소의 순서를 바꾸어보라.
- 리스트에 있는 요소 중 값이 가장 작은 것을 찾으라.
- 리스트의 요소들을 크기 순서로 정렬하라.

4.4 3일: 라스베이거스 날려보내기

내가 프롤로그를 설명하기 위해 자폐증을 앓는 레인 맨[9]을 선택한 이유를 이해하게 되었을 것이다. 이런 비유를 사용하는 것이 오히려 헷갈릴 수도 있겠지만, 프로그래밍을 설명하기 위해서는 이런 비유가 어느 정도 괜찮은 방법이라고 생각한다. 내가 〈레인 맨〉에서 가장 좋아하는 장면 중 하나는 동생이 레이먼드가 카드 카운팅을 할 수 있다는 사실을 깨닫게 되는 부분이다. 레이먼드와 그의 동생은 라스베이거스에 가서 은행이 망할 지경으로 돈을 긁어모은다. 이번 장에서 우리는 얼굴에 미소를 짓게 만드는 프롤로그의 측면을 살펴보게 될 것이다. 여기에서 보는 예제들은 미칠 것 같은 부분과 상쾌한 부분이 함께 섞여 있다. 우리는 프롤로그를 적용하기 알맞은 두 개의 유명한 퍼즐 문제를 풀어볼 것이다. 제약을 이용해 시스템을 해결하는 방식을

....

9 역자주_ 레이먼드의 동생 찰리가 레이먼드를 부르는 이름

사용할 것이다.

이러한 퍼즐을 스스로 풀어보려고 시도해보는 것도 괜찮을 것이다. 그런 시도를 한다면 프롤로그에게 단계별로 일어나는 일을 상세하게 알려주려고 하지 말고, 대신 게임에 대해서 이미 알고 있는 규칙을 묘사하도록 노력하라. 우선 간단한 스도쿠 문제에서 출발하여, 연습문제에서는 더 커다란 스도쿠 문제를 해결할 기회를 제공할 것이다. 그다음에는 퍼즐 문제의 고전인 8 퀸 퍼즐 문제를 다룰 것이다.

4.4.1 스도쿠 풀기

스도쿠 문제를 코딩하는 과정은 내게 마술처럼 느껴졌다. 스도쿠는 행과 열, 그리고 상자로 이루어져 있다. 가장 전형적인 스도쿠는 9*9 칸으로 어떤 칸은 숫자가 있고 나머지는 비어 있다. 격자의 각 셀은 1에서 9 사이의 수를 담는다. 정답을 찾기 위해서는 각 행, 열, 상자에 1에서 9 사이의 수가 한 번씩만 나타나도록 채워야 한다.

일단 4*4 스도쿠에서 시작해보자. 문제를 푸는 데 필요한 시간은 짧지만 개념은 똑같다. 문제는 다음과 같다. 4개의 행과 4개의 열, 그리고 4개의 상자가 주어진다. 다음 표는 각 셀이 1에서 4 사이의 값을 갖는 문제다.

```
1   1   2   2
1   1   2   2
3   3   4   4
3   3   4   4
```

첫 번째로 할 일은 질의가 어떤 모습을 갖게 될 지 제대로 이해하는 것이다. 그건 쉽다. 우리는 sudoku(Puzzle, Solution)과 같은 형태로 퍼즐과 해법을 사용할 것이다. 사용자는 다음과 같이 밑줄이 그어진 부분을 숫자로 대체하면서 리스트의 형태로 퍼즐을 프롤로그에게 제공한다.

```
suduku([_, _, 2, 3,
        _, _, _, _,
        _, _, _, _,
        3, 4, _, _],
        Solution).
```

만약 해가 존재하면, 프롤로그는 해법을 제시할 것이다. 이 문제를 루비로 풀었을 때 나는 주어진 퍼즐을 푸는 알고리즘을 스스로 생각해내야만 했다. 프롤로그의 경우는 다르다. 게임 규칙만 설명하면 충분하다. 그 규칙은 이렇다.

- 퍼즐이 해결되었을 때 퍼즐에 담긴 수와 해법에 담긴 수가 동일해야 한다.
- 스도쿠 보드는 1에서 4 사이의 수를 담는, 16개의 셀을 갖는 표이다.
- 보드는 4개의 행, 4개의 열, 4개의 상자를 갖는다.
- 퍼즐은 각각의 행과 열과 상자 안에 반복되는 수가 없어야 유효하다.

맨 위에서부터 보자. 해법과 퍼즐 사이에 존재하는 수가 정확히 일치해야 한다.

prolog/sudoku4_step_1.pl
```
sudoku(Puzzle, Solution) :-
        Solution = Puzzle.
```

벌써 진도가 나갔다. 우리의 '스도쿠 해결사'는 빈칸이 없는 경우 이미 정상적으로 작동을 한다.

```
| ?- sudoku([4, 1, 2, 3,
             2, 3, 4, 1,
             1, 2, 3, 4,
             3, 4, 1, 2], Solution).

Solution = [4,1,2,3,2,3,4,1,1,2,3,4,3,4,1,2]

yes
```

겉모습은 예쁘게 정리되지 않았지만 의도는 명확하다. 우리는 한 행씩 해서 전부 16개의 수를 돌려받고 있다. 하지만 우리는 더 욕심을 부릴 수도 있다.

```
| ?- sudoku([1, 2, 3], Solution).

Solution = [1,2,3]

yes
```

이 보드는 유효하지 않지만 우리의 해결사는 유효한 해법이 있다고 보고한다. 확실히 우리는 보드의 크기를 16개의 요소로 제한할 필요가 있다. 다른 문제도 존재한다. 셀에는 어떤 수라도 들어갈 수 있다.

```
| ?- sudoku([1, 2, 3, 4, 5, 6, 7, 8, 9, 0, 1, 2, 3, 4, 5, 6], Solution).

Solution = [1,2,3,4,5,6,7,8,9,0,1,2,3,4,5,6]

yes
```

해법이 유효한 것이 되려면 1에서 4까지의 값만 가지고 있어야 한다. 이렇게 아무 값이나 허용이 되면 두 가지 문제가 발생한다. 첫째, 유효하지 않은 해를 해답으로 착각할 수가 있다. 둘째, 프롤로그는 각 셀의 값을 검정하기 위한 정보를 충분히 가질 수 없다. 다시 말해 결과를 담은 집합이 제한되지grounded 않는다. 결국 우리는 각 셀에 들어갈 수 있는 값을 제대로 표현하지 않았기 때문에 프롤로그는 주어진 상황에서 각 셀에 들어갈 수 있는 값을 추측할 수가 없다.

게임 규칙의 두 번째를 살펴봄으로써 이와 같은 문제를 해결해보자. 규칙2는 보드가 1에서 4 사이의 수를 값으로 하는 16개의 셀을 갖는다고 말한다. GNU 프롤로그에는 가능한 값을 표현하는 fd_domain(List, LowerBound, UpperBound)라는 술어가 내장되어 있다. 이 술어는 List에 있는 값 전부가 경계를 포함해서 LowerBound와 UpperBound 사이에 들어 있으면 true를 리턴한다. 우리는 Puzzle 안에 있는 값이 모두 1에서 4 사이에 존재함을 확인하면 된다.

prolog/sudoku4_step_2.pl
```
sudoku(Puzzle, Solution) :-
        Solution = Puzzle,
        Puzzle = [S11, S12, S13, S14,
                  S21, S22, S23, S24,
                  S31, S32, S33, S34,
                  S41, S42, S43, S44],
        fd_domain(Puzzle, 1, 4).
```

우리는 Puzzle을 16개의 변수로 이루어진 리스트를 통해서 통합했고, 셀의 값은 1에서 4사이의 수로 제한했다. 이제 퍼즐이 유효한 값을 갖지 않으면 no가 리턴된다.

```
| ?- sudoku([1, 2, 3], Solution).

no
| ?- sudoku([1, 2, 3, 4, 5, 6, 7, 8, 9, 0, 1, 2, 3, 4, 5, 6], Solution).

no
```

이제 해법의 핵심에 도달했다. 규칙3은 보드가 행, 열, 상자로 이루어져 있다고 규정한다. 우리는 퍼즐을 행, 열, 상자의 형태로 분류할 것이다. 이제 우리가 셀을 셀이라고 부르는 이유를 알게 될 것이다. 행을 묘사하는 것은 쉽다.

```
Row1 = [S11, S12, S13, S14],
Row2 = [S21, S22, S23, S24],
Row3 = [S31, S32, S33, S34],
Row4 = [S41, S42, S43, S44],
```

열도 비슷하다.

```
Col1 = [S11, S21, S31, S41],
Col2 = [S12, S22, S32, S42],
Col3 = [S13, S23, S33, S43],
Col4 = [S14, S24, S34, S44],
```

그리고 상자는 이렇다.

```
Square1 = [S11, S12, S21, S22],
Square2 = [S13, S14, S23, S24],
Square3 = [S31, S32, S41, S42],
Square4 = [S33, S34, S43, S44].
```

보드를 여러 개의 조각으로 분류했으므로, 다음 규칙으로 넘어갈 수 있다. 보드는 각각의 행, 열, 상자가 중복되는 값을 갖지 않을 때에 한해서 유효하다. 이렇게 중복된 값이 있는지 여부를 검사하기 위해서 우리는 다시 GNU 프롤로그의 술어를 활용할 것이다. fd_all_different(List)는 List에 있는 값이 모두 다르면 참을 리턴한다. 우리는 모든 행과 열, 그리고 상자가 유효한지 여부를 검사하는 규칙이 필요하다. 그렇게 하기 위해 간단한 규칙을 사용하겠다.

```
valid([]).
valid([Head|Tail]) :-
    fd_all_different(Head),
    valid(Tail).
```

이 술어는 주어진 리스트가 모두 다른 값을 담고 있으면 참을 리턴한다. 첫 번째 클로즈는 빈 리스트가 유효하다고 말한다. 두 번째 클로즈는 첫 번째 요소가 다른 요소와 전부 다르고 리스트의 나머지 부분이 유효하면 전체가 유효하다고 말한다.

남은 일은 이제 valid(List) 규칙을 호출하는 것뿐이다.

```
valid([Row1, Row2, Row3, Row4,
       Col1, Col2, Col3, Col4,
       Square1, Square2, Square3, Square4]).
```

믿기 어렵겠지만 이게 전부다. 이것으로 4*4 스도쿠 문제를 해결할 수 있다.

```
| ?- sudoku([_, _, 2, 3,
            _, _, _, _,
            _, _, _, _,
            3, 4, _, _],
            Solution).

Solution = [4,1,2,3,2,3,4,1,1,2,3,4,3,4,1,2]

yes
```

더 보기 편한 방식으로 표현하면 이것이다.

```
4    1    2    3
2    3    4    1
1    2    3    4
3    4    1    2
```

처음부터 끝까지 모든 내용을 담은 완성된 프로그램은 이렇다.

prolog/sudoku4.pl
```
valid([]).
valid([Head|Tail]) :-
    fd_all_different(Head),
    valid(Tail).

sudoku(Puzzle, Solution) :-
        Solution = Puzzle,
        Puzzle = [S11, S12, S13, S14,
                  S21, S22, S23, S24,
                  S31, S32, S33, S34,
                  S41, S42, S43, S44],
        fd_domain(Solution, 1, 4),

        Row1 = [S11, S12, S13, S14],
        Row2 = [S21, S22, S23, S24],
        Row3 = [S31, S32, S33, S34],
        Row4 = [S41, S42, S43, S44],
```

```
        Col1 = [S11, S21, S31, S41],
        Col2 = [S12, S22, S32, S42],
        Col3 = [S13, S23, S33, S43],
        Col4 = [S14, S24, S34, S44],

        Square1 = [S11, S12, S21, S22],
        Square2 = [S13, S14, S23, S24],
        Square3 = [S31, S32, S41, S42],
        Square4 = [S33, S34, S43, S44],

        valid([Row1, Row2, Row3, Row4,
               Col1, Col2, Col3, Col4,
               Square1, Square2, Square3, Square4]).
```

아직 프롤로그의 진정한 맛을 느껴보지 못한 사람이라면 이 예를 통해서 참맛을 느꼈을 것이다. 프로그램은 어디에 있는가? 글쎄, 우리는 프로그램을 작성하지 않았다. 우리는 그저 게임의 규칙을 묘사했을 뿐이다. 보드는 1에서 4까지의 값을 갖는 16개의 셀로 이루어져 있고, 행, 열, 상자는 모두 중복된 값을 가질 수 없다. 이 퍼즐의 경우 12줄 정도의 코드로 해결되었으며, 스도쿠라는 문제 자체를 해결하기 위한 특별한 전략은 별도로 필요하지 않았다. 뒤에 나오는 연습문제에서는 9*9 스도쿠 문제를 만나게 될 텐데, 크기가 커진다고 해서 특별히 어려울 것은 없다.

이 문제는 프롤로그가 어떤 종류의 문제를 푸는 데 탁월한지를 잘 보여준다. 우리는 표현하기는 쉽지만 해결하기는 어려운 제한의 집합을 이용했다. 이제 상당히 제한된 자원을 활용하는 과정을 포함하는 또 다른 퍼즐 문제를 생각해보자. 바로 유명한 8 퀸 문제다.

4.4.2 8 퀸

8 퀸 문제를 해결하기 위해 우리는 체스판 위에 8개의 퀸을 올려놓는다. 이때 어떤 퀸도 행, 열, 대각선을 공유하지 않아야 한다. 언뜻 보기에는 쉬운 문제처럼 생각된다. 어린 아이들이 푸는 문제처럼 보이기도 한다. 하지만 이 문제를 다른 각도에서 보면, 행, 열, 대각선을 제한된 자원으로 인식할 수도 있다. 실제 세상의 비즈니스는 이렇게 제한된 자원 문제를 해결해야 하는 요구로 가득 차 있다. 프롤로그를 이용해 이 문제를 어떻게 해결하는지 보자.

우선 질의가 어떤 모습을 갖는지 생각해보아야 한다. 우리는 각 퀸을 행과 열의 위치를 나타내는 (Row, Col)이라는 튜플로 나타낼 것이다. Board는 이러한 튜플로 이루어진 리스트다. 그리고 eight_queens(Board)는 정확한 해법이 담긴 보드가 발견되면 참을 리턴한다. 이때 우리의 질의는 다음과 같은 모습을 갖는다.

```
eight_queens([(1, 1), (3, 2), ...]).
```

이 퍼즐을 풀기 위해 만족시켜야 하는 목표를 보자. 해법을 미리 보지 않고 게임을 해결하고자 한다면, 목표만 보면 된다. 이 장의 뒷부분에 나오는 해법을 여기에서는 설명하지 않겠다.

- 보드는 8개의 퀸을 갖는다.
- 각 퀸은 1에서 8까지의 행, 그리고 1에서 8까지의 열에 위치한다.
- 하나 이상의 퀸이 같은 행에 있을 수 없다.
- 하나 이상의 퀸이 같은 열에 있을 수 없다.
- 하나 이상의 퀸이 남서쪽에서 북동쪽으로 향하는(╱) 같은 대각선 위에 있을 수 없다.
- 하나 이상의 퀸이 북서쪽에서 남동쪽으로 향하는(╲) 같은 대각선 위에 있을 수 없다.

한 행과 열은 하나의 퀸만 가질 수 있다. 하지만 대각선이 더 문제다. 퀸은 [그림 5]처럼 왼쪽 아래에서 오른쪽 위로 올라가는 대각선과 왼쪽 위에서 오른쪽 아래로 내려가는 대각선을 가지고 있다. 하지만 이러한 규칙을 코딩하는 것은 상대적으로 쉽다.

그림 5 퀸의 움직임

여기에서도 우리는 리스트의 맨 위에서부터 시작할 것이다. 체스판에는 여덟 개의 퀸이 있다.

즉 우리의 리스트는 8이라는 크기를 갖는다. 그 정도 크기를 다루는 것은 어렵지 않다. 앞에서 보았던 count 술어를 이용하거나 length와 같이 프롤로그에 내장된 술어를 이용할 수 있다. length(List, N)은 List가 N 개의 요소를 가지고 있으면 참을 리턴한다. 이번에는 각각의 목표가 동작하는 방식을 하나씩 설명하는 대신, 전체 문제를 해결하는 데 필요한 목표들을 설명하는 방식을 취하겠다. 그러면 첫 번째 목표는 다음과 같다.

```
eight_queens(List) :- length(List, 8).
```

다음에는 리스트에 담긴 퀸이 모두 유효한지 여부를 검사해야 한다. 퀸이 유효한지 확인하는 규칙을 만들어야 한다.

```
valid_queen((Row, Col)) :-
    Range = [1,2,3,4,5,6,7,8],
    member(Row, Range), member(Col, Range).
```

member라는 술어는 이름 그대로의 동작을 수행한다. 멤버십을 검사하는 것이다. 퀸은 행과 열의 값이 모두 1에서 8사이에 있는 값이면 유효하다고 간주된다. 다음으로는 보드 전체가 모두 유효한 퀸으로 이루어져 있는지 확인하는 규칙이 필요하다.

```
valid_board([]).
valid_board([Head¦Tail]) :- valid_queen(Head), valid_board(Tail).
```

비어 있는 보드는 유효하다. 그렇지 않은 보드는 첫 번째 퀸이 유효하고 나머지 보드가 유효하면 유효한 것으로 간주된다.

계속해서 다음으로 필요한 규칙은 두 개의 퀸이 동일한 행을 공유하지 않는다는 규칙이다. 여기서부터 뒤따르는 여러 개의 규칙을 해결하려면, 약간의 도움을 구할 필요가 있다. 우리는 프로그램을 작은 조각으로 분할해서 각각의 문제를 쉽게 묘사할 수 있도록 만들 것이다. 행, 열, 대각선은 정확히 무엇을 의미하는가? 이렇게 질문을 던지는 것이다. 우선 행이다. 우리는 rows(Queens, Rows)라는 이름의 함수를 만들 것이다. 이 함수는 Rows가 모든 퀸이 가지고 있는 Row 요소들로 이루어진 리스트면 참을 리턴한다.

```
rows([], []).
rows([(Row, _)¦QueensTail], [Row¦RowsTail]) :-
    rows(QueensTail, RowsTail).
```

이것은 약간의 상상력을 필요로 한다. 비어 있는 리스트의 rows는 마찬가지로 비어 있는 리스트고, rows(Queens, Rows)는 만약 리스트에 있는 첫 번째 퀸의 Row가 Rows의 첫 번째 요소와 같고 Queens의 테일의 rows가 Rows의 테일과 같으면 Rows다. 이해가 되지 않으면, 테스트 리스트를 이용해서 이러한 함수를 확인해보기 바란다. 다행인 점은 열이 행과 완전히 동일한 방식으로 동작한다는 사실이다. 행 대신 열을 사용하기만 하면 된다.

```
cols([], []).
cols([(_, Col)|QueensTail], [Col|ColsTail]) :-
  cols(QueensTail, ColsTail).
```

rows의 경우와 논리가 정확히 동일하다. 하지만 우리는 퀸 튜플에서 첫 번째 요소가 아니라 두 번째 요소를 매치했다.

계속해서 우리는 대각선에 번호를 매겨야 한다. 그렇게 하기 위한 가장 쉬운 방법은 약간의 뺄셈과 덧셈을 수행하는 것이다. 만약 북과 서가 1이면 북서에서 남동으로 내려가는 대각선에 Col - Row의 값을 할당한다. 다음은 이러한 대각선을 계산하는 술어다.

```
diags1([], []).
diags1([(Row, Col)|QueensTail], [Diagonal|DiagonalsTail]) :-
  Diagonal is Col - Row,
  diags1(QueensTail, DiagonalsTail).
```

그다음부터는 행과 열의 경우와 동일하게 동작한다. 하지만 이 경우에는 제약이 하나 더 있다. Diagonal은 Col - Row다. 이것이 통합이 아니라는 사실에 주목해야 한다! 이것은 is 술어이며 해법이 확실한 근거를 갖도록 만든다. 끝으로 우리는 남동에서 북서로 가는 대각선을 이렇게 구한다.

```
diags2([], []).
diags2([(Row, Col)|QueensTail], [Diagonal|DiagonalsTail]) :-
  Diagonal is Col + Row,
  diags2(QueensTail, DiagonalsTail).
```

공식이 약간 어렵지만, row와 col의 합이 동일한 퀸이 실제로 같은 대각선 위에 있다는 사실을 확인할 때까지 여러 개의 값을 대입해보기 바란다. 이제 행, 열, 대각선을 묘사할 수 있는 규칙을 모두 손에 넣었으므로, 할 일은 퀸이 갖는 행, 열, 대각선이 모두 다르다는 사실을 확인하는 것뿐이다.

전체 내용을 맥락 속에서 파악할 수 있도록 해법 전체 코드를 한번 보자. 행과 열을 위한 검사는 마지막 8개의 클로즈다.

prolog/queens.pl
```prolog
valid_queen((Row, Col)) :-
    Range = [1,2,3,4,5,6,7,8],
    member(Row, Range), member(Col, Range).

valid_board([]).
valid_board([Head|Tail]) :- valid_queen(Head), valid_board(Tail).

rows([], []).
rows([(Row, _)|QueensTail], [Row|RowsTail]) :-
  rows(QueensTail, RowsTail).
cols([], []).
cols([(_, Col)|QueensTail], [Col|ColsTail]) :-
  cols(QueensTail, ColsTail).

diags1([], []).
diags1([(Row, Col)|QueensTail], [Diagonal|DiagonalsTail]) :-
  Diagonal is Col - Row,
  diags1(QueensTail, DiagonalsTail).

diags2([], []).
diags2([(Row, Col)|QueensTail], [Diagonal|DiagonalsTail]) :-
  Diagonal is Col + Row,
  diags2(QueensTail, DiagonalsTail).

eight_queens(Board) :-
  length(Board, 8),
  valid_board(Board),

  rows(Board, Rows),
  cols(Board, Cols),
  diags1(Board, Diags1),
  diags2(Board, Diags2),

  fd_all_different(Rows),
  fd_all_different(Cols),
  fd_all_different(Diags1),
  fd_all_different(Diags2).
```

이제 프로그램을 실행할 수 있다. 하지만 실행을 시켜보면, 코드가 멈추지 않고 계속 실행될 것
이다. 원하는 해를 찾을 때까지 확인해야 하는 조합이 너무나 많기 때문이다. 하지만 잘 생각해

보면 하나의 행에는 언제나 단 한 개의 퀸만 존재한다는 사실을 알 수 있다. 우리는 다음과 같은 모습을 가진 보드를 제공함으로써 더 빠르게 답을 구할 수 있다.

```
| ?- eight_queens([(1, A), (2, B), (3, C), (4, D), (5, E), (6, F), (7, G), (8,
H)]).

A = 1
B = 5
C = 8
D = 6
E = 3
F = 7
G = 2
H = 4 ?
```

전보다 나아졌지만 프로그램이 해야 하는 일이 여전히 너무 많다. 우리는 행을 선택하는 방법을 제거해서 API를 단순화할 수 있다. 다음은 그런 식의 최적화가 수행된 버전이다.

prolog/optimized_queens.pl

```prolog
valid_queen((Row, Col)) :- member(Col, [1,2,3,4,5,6,7,8]).
valid_board([]).
valid_board([Head|Tail]) :- valid_queen(Head), valid_board(Tail).

cols([], []).
cols([(_, Col)|QueensTail], [Col|ColsTail]) :-
  cols(QueensTail, ColsTail).

diags1([], []).
diags1([(Row, Col)|QueensTail], [Diagonal|DiagonalsTail]) :-
  Diagonal is Col - Row,
  diags1(QueensTail, DiagonalsTail).

diags2([], []).
diags2([(Row, Col)|QueensTail], [Diagonal|DiagonalsTail]) :-
  Diagonal is Col + Row,
  diags2(QueensTail, DiagonalsTail).

eight_queens(Board) :-
  Board = [(1, _), (2, _), (3, _), (4, _), (5, _), (6, _), (7, _), (8, _)],
  valid_board(Board),
```

```
cols(Board, Cols),
diags1(Board, Diags1),
diags2(Board, Diags2),
fd_all_different(Cols),
fd_all_different(Diags1),
fd_all_different(Diags2).
```

우리는 철학적인 의미에서 한 가지 커다란 변화를 도입했다. 전체 순열의 수를 크게 감소시키기 위해서 Board를 (1, _), (2, _), (3, _), (4, _), (5, _), (6, _), (7, _), (8, _)에 매치시켰다. 그리고 행과 관련된 규칙을 모두 제거했다. 이러한 최적화를 수행하자 속도가 달라졌다. 오래된 맥북을 사용했는데도 전체 계산 과정이 3분 정도에 불과했다.

이러한 결과는 상당히 만족스럽다. 우리는 해법의 구체적인 내용에 대해서는 거의 아는 바가 없다. 우리는 게임의 규칙을 묘사했을 뿐이고, 성능을 향상시키기 위해서 약간의 논리를 적용했다. 이러한 경험을 통해서 나는 앞으로도 문제의 성격이 적당하기만 하면 기꺼이 프롤로그를 사용할 수도 있겠다고 생각했다.

4.4.3 3일 차에 배운 내용

오늘은 전통적인 퍼즐 문제를 푸는 데 프롤로그를 이용하는 방법을 학습해보았다. 제한된 자원을 활용해야 하는 문제는 우리 업계에서 고전적인 문제에 속한다. 주어진 제한을 모두 나열하고 해법을 찾는 것이다. 이러한 과정에서 우리는 예컨대 9개의 테이블을 결합join하는 SQL을 사용하는 식의 방법은 생각조차 하지 않는다. 논리적 문제를 해결할 때는 그런 절차적인 방식을 사용하지 않는다.

우리는 스도쿠 문제에서 출발했다. 프롤로그의 해법은 놀랄 정도로 단순했다. 우리는 16개의 변수를 행, 열, 상자에 대응시켰다. 그다음 행, 열, 상자가 모두 고유한 값을 가져야 한다는 게임의 규칙을 묘사했다. 그러자 프롤로그는 모든 가능성을 확인하는 과정을 거쳐서 하나의 해법을 제시했다. 직관적인 API를 만들기 위해서 와일드카드와 변수를 사용하긴 했지만, 해법을 찾는 과정 자체에 대해서는 프롤로그에게 아무런 도움도 주지 않았다.

그다음에는 프롤로그를 이용해서 8 퀸 퍼즐을 해결해보았다. 여기에서도 우리는 게임의 규칙을 묘사한 다음 프롤로그가 해법을 찾도록 만들었다. 92개의 해를 갖는 이 고전적인 문제는 계산을 수행하는 분량이 방대하지만, 우리가 작성한 간단한 코드만으로 몇 분 안에 문제를 해결할 수 있었다.

사실 나는 스도쿠를 푸는 데 동원되는 다양한 트릭과 기술에 대해 알지 못한다. 프롤로그를 이용하면 그런 것들을 알 필요가 없다. 게임을 수행하기 위해서 필요한 기본적인 규칙만 알면 충분하기 때문이다.

4.4.4 3일 차 자율 학습

다음을 찾아보라.

- 프롤로그는 입력/출력과 관계된 기능도 가지고 있다. 변수를 출력하는 print 술어를 찾아보라.
- 성공적인 해법만 출력하기 위해서 print 술어를 사용하는 방법을 찾아보라.

다음을 수행하라.

- 앞에서 본 스도쿠 해결사 코드를 수정해서 6*6(상자는 3*2)과 9*9 퍼즐을 해결할 수 있도록 만들어보라.
- 스도쿠 코드의 해법을 보기 좋게 출력하도록 만들어보라.

퍼즐을 좋아하는 사람이라면, 프롤로그 때문에 퍼즐에 대한 흥미를 느끼지 못할 수도 있다. 이 책에서 다룬 퍼즐을 더 깊이 알고 싶으면 8 퀸에서 출발하는 것이 좋은 선택일 것이다.

- 퀸의 목록을 입력으로 받아 8 퀸 문제를 해결하라. 튜플을 이용하지 말고 1에서 8 사이의 수를 이용해서 각 퀸을 나타내라. 리스트 안에서의 위치에 따라서 퀸의 행을 판단하고 리스트 안에서의 값을 이용해서 열을 판단하라.

4.5 프롤로그를 마무리하며

프롤로그는 이 책에 포함된 언어 중에서 가장 오래된 편이지만 그 안에 담긴 아이디어는 여전히 흥미롭고 오늘날의 프로그래밍과 많은 관련이 있다. 프롤로그를 사용하는 것은 논리를 이용해서 프로그래밍하는 것을 의미한다. 우리는 프롤로그를 이용해서 규칙, 그리고 서로 결합되어 있는 클로즈들을 처리한다. 그리고 하나의 클로즈는 여러 개의 목표가 결합되어 만들어진다.

프롤로그 프로그래밍은 두 가지 주요한 단계로 이루어져 있다. 우선 지식 베이스, 논리적인 사실의 결합, 문제 도메인에 대한 추론 등을 구축하는 데에서 시작한다. 다음에는 지식 베이스를 컴파일하고, 도메인에 대한 질문을 던진다. 이러한 질문 중에서 어느 것은 단언의 형태를 띠기도 하는데, 프롤로그는 그런 단언에 대해서 yes 혹은 no라고 대답한다. 어떤 질의들은 내부에 변수를 갖기도 한다. 프롤로그는 질의의 내용을 참으로 만들어주는 값을 찾아서 그러한 변수에 채워 넣는다.

프롤로그는 간단한 할당 연산 대신 시스템에서 양쪽에 존재하는 변수가 서로 매치하도록 만드는 통합이라는 방법을 사용한다. 경우에 따라서 프롤로그는 어떤 추론을 위한 변수를 통합하기 위해서 여러 가지 서로 다른 가능한 변수들의 조합을 찾아봐야 할 때도 있다.

4.5.1 강점

프롤로그는 비행기 스케줄에서 금융 파생상품에 이르는 광범위한 문제에 적용될 수 있다. 프롤로그는 뚜렷한 진입장벽을 가지고 있지만 프롤로그가 해결할 수 있는 여러 문제의 성격을 고려해보면 프롤로그나 그와 비슷한 언어를 학습하는 것이 의미가 있다.

브라이언 타복스가 수행한 돌고래 연구를 다시 생각해보라. 그는 세계에 대한 단순한 추론을 만들어서 돌고래의 행위와 관련된 복잡한 추론을 만들어낼 수 있었다. 또한 프롤로그를 이용함으로써 매우 제한된 자원을 최대한 활용할 수 있는 스케줄을 만들어내기도 했다. 이처럼 오늘날 프롤로그가 적극적으로 사용되는 영역이 많다.

자연언어 처리

자연언어 인식을 위해서 처음으로 사용된 언어가 아마 프롤로그일 것이다. 특히 프롤로그 언어의 모델은 자연언어를 받아들이고, 사실과 추론으로 이루어진 지식 베이스를 적용하고, 그리하여 복잡하고 부정확한 언어를 컴퓨터가 이해할 수 있는 구체적인 규칙으로 표현하는 것을 가능하게 해준다.

게임

게임에서 특히 동료나 적군의 동작을 모델링하는 분야는 점점 복잡해지고 있다. 프롤로그 모델은 상대방의 특징과 행위를 주어진 시스템 내부에서 설명할 수 있다. 프롤로그는 여러 종류의 적군 속에 다양한 행위를 집어넣어서 좀 더 생명체 같은 경험과 기쁨을 제공한다.

시맨틱 웹

시맨틱 웹은 웹에 존재하는 서비스와 정보에 일정한 의미를 부여해서 사용자의 질의를 더 잘 만족시킬 수 있도록 하려는 노력이다. 자원설명 프레임워크(RDF)는 자원을 설명하는 기본적인 방법을 제공한다. 서버는 이러한 자원을 지식 베이스로 컴파일할 수 있다. 이러한 지식이 프롤로그의 자연언어 처리 기능과 결합되면 풍성한 사용자 경험을 제공할 수 있다. 이러한 종류의 기능을 웹 서버라는 문맥 속에서 제공하는 프롤로그 패키지가 다수 존재한다.

인공지능

인공지능(AI)은 컴퓨터 안에 지능을 집어넣으려는 노력이다. 이러한 지능은 다양한 형태를 가질 수 있는데, 대부분의 경우에 어떤 에이전트가 복잡한 규칙을 기초로 해서 필요에 따라 행동을 수정하는 것을 포함한다. 프롤로그는 이런 분야에서, 특히 규칙이 구체적이고 어떤 엄밀한 논리에 바탕을 두고 있을 때 탁월하다. 이런 이유 때문에 프롤로그는 때론 논리 프로그래밍 언어라고 불리기도 한다.

스케줄링

프롤로그는 제한된 자원들을 대상으로 작업할 때 탁월하다. 운영체제의 스케줄러나 다른 종류의 복잡한 스케줄러를 구현하기 위해서 프롤로그를 이용하는 경우가 많다.

4.5.2 약점

프롤로그는 오랫동안 존재해왔다. 그래서 여러 측면에서 낡은 부분이 있고, 그에 따른 한계가 존재한다.

유틸리티

프롤로그는 핵심 영역에서는 탁월하지만, 틈새시장인 논리 프로그래밍 영역에 너무 집중한다는 측면이 있다. 프롤로그는 범용 목적의 언어가 아니다. 언어의 설계와 관련된 한계도 가지고 있다.

매우 커다란 데이터 집합

프롤로그는 결정 트리를 대상으로 주어진 규칙의 집합에 매치하는 모든 가능한 조합을 확인하기 위해서 깊이 우선 검색depth-first search을 수행한다. 다양한 컴파일러가 이런 절차를 상당한 수준으로 최적화하고 있다. 하지만 이러한 알고리즘은 본질적으로 계산하기가 복잡하고, 특히 데이터의 양이 커지면 계산하기가 어렵다는 한계가 있다. 또한 프롤로그 사용자들이 데이터 집합의 크기를 적당한 수준으로 통제하려면 언어 자체가 동작하는 방식을 제대로 이해해야 한다는 단점도 있다.

명령형 모델과 선언형 모델의 혼합

함수형 언어 패밀리에 속하는 많은 언어가, 특히 재귀를 많이 사용하는 언어들이 대부분 그런 것처럼, 프롤로그가 재귀적인 규칙을 어떻게 해결하는지에 대해 정확하게 이해해야 한다. 심지어 별로 크지 않은 문제를 해결할 때에도 꼬리 재귀와 관련된 규칙을 정의해야 하는 경우가 일반적이다. 그래서 데이터의 크기가 상대적으로 작은 경우만 제대로 해결할 수 있는, 확장 불가능한 프롤로그 애플리케이션을 만드는 경우가 많다. 만족할 만한 수준으로 확장 가능한 코드를 작성하려면 프롤로그를 어떻게 설계하는 것이 효과적인지에 대해 정확하게 이해해야 한다.

4.5.3 마치며

이 책에 담긴 언어를 익혀나가는 동안 나는 너무 오래 커다란 망치를 이용해서 나사를 돌리려고 했다는 사실을 깨달았다. 특히 프롤로그는 그와 같은 깨달음을 전해주는 통렬한 기회를 제공했다. 프롤로그에 잘 어울리는 문제를 발견한다면 강점을 잘 활용하기 바란다. 그와 같은 상황에서는 규칙에 기초한 언어인 프롤로그를 다른 범용 목적의 언어와 결합해서 활용하는 것이 최선이다. 그러니까 이것은 SQL을 루비 혹은 자바와 함께 사용하는 것과 마찬가지다. 그러한 언어들을 제대로 섞어서 사용할 수 있다면, 다른 사람보다 앞선 경험을 할 수 있을 것이다.

CHAPTER 5

스칼라

우리는 양이 아니에요.

– 에드워드

지금까지 우리는 세 개의 언어와 세 개의 서로 다른 프로그래밍 패러다임을 살펴보았다. 스칼라는 네 번째로 만나게 되는 종류의 언어다. 스칼라는 서로 다른 프로그래밍 패러다임 사이에 존재하는 간극을 메우기 위해서 일부러 혼합된 방식을 사용한다. 이 경우 다리 양쪽에 존재하는 것은 자바와 같은 객체지향 언어와 하스켈 같은 함수 언어다. 스칼라는 프랑켄슈타인같이 보이지만, 괴물은 아니다. 〈가위손〉을 생각하면 될 것이다.[1]

팀 버튼 감독이 만든 이 초현실주의적인 영화에 등장하는 에드워드는 내가 가장 좋아하는 인물이다. 그는 손이 가위로 된 소년과 기계의 혼합물이었다. 에드워드는 이 아름다운 영화에서 놀라운 감정을 묘사한다. 때론 이상하고 때론 놀라운 모습을 보이지만, 항상 독특한 표현을 전달했다. 경우에 따라 그의 가위는 믿기 어려운 일을 가능하게 했다. 하지만 또 다른 상황에서는 이상한 행동을 했고 모욕을 당했다. 모든 새롭고 이색적인 것들이 그렇듯이, 그는 종종 오해받았고 '길 잃은 양'이라는 비난을 받았다. 하지만 그가 강한 모습을 보여주는 한 장면에서, 이 수줍음 많은 소년은 이렇게 말했다. "우리는 양이 아니에요."

----

[1] 〈가위손〉, DVD, 팀 버튼 감독, 1990 (비벌리힐스, CA: 20세기 폭스, 2002).

5.1 스칼라에 대하여

컴퓨터 프로그램에 대한 요구사항이 복잡해질수록 언어도 함께 진화해야만 한다. 언어가 탄생하고 나서 대략 20년 정도의 시간이 흐르면 과거의 패러다임은 다양한 아이디어를 조직하고 표현해야 한다는 새로운 요구 앞에서 기능을 정상적으로 수행하지 못하게 변한다. 새로운 패러다임이 등장해야 하지만, 그게 그렇게 간단한 일은 아니다.

새로운 프로그래밍 패러다임은 언제나 하나의 언어가 아니라 여러 개의 언어와 함께 등장한다. 처음 사용되는 언어는 대개 놀라울 정도로 생산성이 좋지만 현실성이 부족하다. 객체지향에서는 스몰토크를, 함수형에서는 리스프를 생각해보라. 그렇기 때문에 기존의 패러다임에 속한 언어들은 사용자들이 원래 패러다임 안에서 안전하게 살아가고 있는 동안 새로운 패러다임이 가지고 있는 개념을 조금씩 구현하며 상대방을 닮아간다. 예를 들어 에이다는 절차형 언어 내부에 캡슐화 같은 객체지향 아이디어를 구현했다. 어떤 시점에 이르면 C++가 그랬던 것처럼 어떤 혼합형 언어가 낡은 패러다임과 새로운 패러다임 사이에 실전적인 다리를 놓는 순간이 온다. 그러고 나면 자바와 C#처럼 상업적으로 수용되는 혼합형 언어가 등장한다. 그리고 끝으로 새로운 패러다임을 순수하게 구현하는 성숙한 언어가 나타난다.

5.1.1 자바와의 관련성

스칼라는 최소한 다리, 혹은 그 이상의 존재에 해당한다. 스칼라는 사람들이 이미 투자해놓은 자산을 최대한 보호할 수 있도록 자바와 통합되는 방법을 제공한다.

- 스칼라는 자바 가상 머신 위에서 동작한다. 따라서 스칼라는 이미 존재하는 코드와 나란히 실행될 수 있다.
- 스칼라는 자바 라이브러리를 직접 사용할 수 있다. 따라서 개발자들은 이미 존재하는 프레임워크와 레거시 코드를 활용할 수 있다.
- 스칼라는 자바와 마찬가지로 정적 타이핑을 사용한다. 따라서 두 언어는 철학적 기반을 공유한다.
- 스칼라의 문법은 자바와 가깝기 때문에 개발자들이 쉽게 배울 수 있다.
- 스칼라는 객체지향과 함수 프로그래밍 패러다임을 모두 지원한다. 따라서 개발자들은 자신의 코드에 함수 프로그래밍 개념을 단계별로 조금씩 적용할 수 있다.

5.1.2 맹신은 없다

어떤 언어는 자기가 계승하는 언어를 너무 심하게 받아들인 나머지 기존의 언어를 더 이상 적합하지 않은 것으로 만드는 개념까지 받아들인다. 자바와의 유사성이 큼에도 불구하고, 스칼라의 설계는 자신만의 커뮤니티를 형성하기에 충분한 차별성을 갖는다. 다음과 같은 중요한 개선점들은 자바 언어와의 결별을 가능하게 했다.

| 자료형 유추 |

자바에서는 모든 변수, 인수, 매개변수에 대해서 자료형을 선언해야 한다. 스칼라는 가능한 모든 곳에서 변수의 자료형을 컴파일러가 유추한다.

| 함수 개념 |

스칼라는 자바 안에 중요한 함수 개념을 도입했다. 특히 스칼라는 이미 존재하는 함수를 다양한 방식으로 결합해서 새로운 함수를 만들 수 있도록 한다. 이 책에서 보게 될 내용은 코드 블록, 고계함수, 복잡한 컬렉션 라이브러리다. 스칼라는 기초적인 문법적 설탕을 뿌리는 데서 멈추지 않는다.

| 불변 변수 |

자바도 불변 변수를 가질 수는 있지만, 흔히 사용되지 않는 수식어 키워드를 사용할 때에 한해서 그렇다. 이 책에서는 스칼라가 우리로 하여금 변수가 불변인지 아니면 변경할 수 있는지 여부를 미리 결정하도록 강제하는 모습을 확인하게 될 것이다. 이러한 결정은 동시성 문맥에서 애플리케이션이 동작하는 방식에 지대한 영향을 끼친다.

| 고급 프로그래밍 구조물 |

스칼라는 언어가 가진 기초 구성물을 잘 활용해서 그 위에 유용한 개념을 만들어 얹는다. 이 장에서 우리는 동시성을 위해 사용되는 액터, 고계함수를 사용하는 루비 스타일의 컬렉션, XML 처리를 위한 언어의 기능 등을 소개할 것이다.

더 자세한 내용을 살펴보기 전에 스칼라의 배후에 놓인 동기를 확인할 필요가 있다. 우리는 언어의 창시자와 대화를 나누면서 그가 왜 두 개의 패러다임을 한 언어 안에 담기로 결정했는지 알아볼 것이다.

5.1.3 스칼라의 창시자 마틴 오더스키와의 인터뷰

스칼라를 만든 마틴 오더스키는 스위스의 두 기술 연방 기관 중 하나인 로잔 연방 공과대학교 (EPFL)의 교수다. 그는 자바 제네릭 스펙을 작성했고, javac 레퍼런스 컴파일러를 제작하기도 했다. 그는 또한 스칼라 관련 최고의 베스트셀러인 『Programming in Scala』(에이콘, 2014)의 저자이기도 하다. 다음은 그와 나눈 대화의 내용이다.

브루스: 스칼라를 만든 이유가 무엇인가요?

오더스키 박사: 함수 패러다임과 객체지향 프로그래밍을 결합하는 것이 실전적으로 가치가 있을 거라는 생각을 늘 해왔습니다. 함수 프로그래밍 커뮤니티가 OOP에 대해서 갖는 다소 무시하는 듯한 태도와, 객체지향 진영이 함수 프로그래밍은 학술적 연구에 불과하다고 생각하는 것에 대해 좌절을 느끼곤 했습니다. 그래서 저는 두 개를 하나로 결합해서 뭔가 새롭고 강력한 것을 만들어낼 수 있다는 사실을 보여주고 싶었습니다. 그리고 개인적으로 사용하기에 편리함을 느낄 수 있는 언어를 만들고 싶은 생각도 있었죠.

브루스: 스칼라에서 가장 마음에 드는 부분은 어떤 것인지요?

오더스키 박사: 프로그래머가 원하는 내용을 자유롭게 표현할 수 있도록 하고, 가벼움을 느낄 수 있게 하고, 그와 동시에 자료형 시스템을 통해서 뭔가 강력한 기능을 지원할 수 있는 점을 만족스럽게 생각합니다.

브루스: 스칼라가 가장 잘 해결할 수 있는 문제는 어떤 것인가요?

오더스키 박사: 스칼라는 범용입니다. 스칼라로 시도하지 못할 만한 문제는 없습니다. 스칼라가 다른 주류 언어에 비해서 갖는 특별한 강점은 함수 프로그래밍의 지원에 있습니다. 따라서 함수적인 접근이 의미를 갖는 곳이라면 어디에서든지 스칼라는 빛을 발합니다. 동시성이나 병렬처리, XML을 처리하는 웹 앱, 혹은 도메인 언어를 구현하는 경우 등이 그에 해당합니다.

브루스: 처음부터 다시 시작할 기회가 있다면 어떤 부분을 고치고 싶은지요?

오더스키 박사: 스칼라의 지역 자료형 유추는 일반적으로 잘 동작하지만 약간의 한계가 있습니다. 처음부터 다시 시작할 수 있다면, 더 강력한 제약조건 해결기constraint solver를 사용할 것 같습니다. 그렇게 하는 것이 지금도 가능하긴 한데, 이미 설치되어 사용 중인 소프트웨어가 많기 때문에 점점 어려운 선택이 되고 있습니다.

스칼라를 둘러싼 입소문이 자라나고 있다. 트위터가 핵심 시스템을 개발하는 언어를 루비에서 스칼라로 바꾸었기 때문이다. 객체지향적인 특징이 있기 때문에 자바로부터 전환하는 과정이 무척 부드럽기 때문이기도 하지만, 스칼라가 주목을 받는 이유는 함수 프로그래밍 기능 때문이다. 순수한 함수 프로그래밍은 강력한 수학적 기초를 갖는 프로그래밍 스타일을 가능하게 만든다. 함수 언어는 다음과 같은 성격을 가지고 있다.

- 함수 프로그램은 함수로 이루어져 있다.
- 함수는 항상 어떤 값을 리턴한다.
- 동일한 입력이 주어지면 함수는 언제나 동일한 결과를 리턴한다.
- 함수 프로그램은 상태를 변경하거나 데이터를 변경하는 것을 피한다. 하나의 값을 설정했으면, 그 값을 끝까지 유지한다.

엄밀히 말해서 스칼라는, C++가 순수 객체지향 언어가 아닌 것처럼, 순수 함수 프로그래밍 언어가 아니다. 변경 가능한 값을 허용하기 때문에 어떤 함수가 동일한 입력에 대해서 전과 다른 출력을 하는 것이 가능하다(대부분의 객체지향 언어가 게터와 세터를 사용하기 때문에 이 규칙을 따르지 않는다). 하지만 스칼라는 함수 추상이 의미를 갖는 곳에서는 함수를 사용하는 것을 가능하게 한다.

5.1.4 함수 프로그래밍과 동시성

오늘날 객체지향 언어를 사용하는 개발자들이 동시성과 관련해서 갖게 되는 가장 큰 문제는 변경 가능한 상태$^{mutable\ state}$, 즉 데이터의 값이 변할 수 있다는 사실이다. 초기 값이 설정된 이후에 또 다른 값을 가질 수 있는 변수를 변경 가능하다고 부른다. 동시성과 변경 가능한 상태의 관계는 오스틴 파워와 이블 박사의 관계에 해당한다. 두 개의 서로 다른 스레드가 동일한 데이터를 동시에 변경할 수 있다면, 그러한 연산이 해당 데이터를 정상적인 상태로 유지할 거라는 보장이 없고, 이런 연산을 테스트하는 것은 거의 불가능하다. 데이터베이스는 이 문제를 트랜잭션과 잠금장치^{locking}를 이용해서 해결한다. 객체지향 프로그래밍 언어들은 이렇게 공유되는 데이터에 대한 접근을 통제하는 도구를 제공함으로써 문제를 해결한다. 하지만 대부분의 개발자는 심지어 그런 도구를 사용하는 방법을 알더라도 문제를 제대로 잘 해결하지 못한다.

함수 프로그래밍 언어들은 공식에서 변경 가능한 상태를 원천적으로 제거함으로써 문제를 해결한다. 스칼라는 변경 가능한 상태를 완전히 제거하도록 강제하지 않지만, 순수한 함수 스타일로 프로그래밍할 수 있는 도구를 제공한다.

스칼라를 이용하면 스몰토크와 리스프 사이에서 고민하지 않아도 된다. 자, 이제 스칼라를 이용해서 객체지향 세계와 함수 세계를 통합하는 일을 수행해보자.

5.2 1일: 언덕 위의 성

〈가위손〉을 보면 약간 이상해 보이는 성이 언덕 위에 있다. 옛날에는 그 성이 신비하고 매혹적인 장소였지만 지금은 낡고 버려진 장소에 불과하다. 깨진 창문을 통해 찬바람이 들어오고 방은 과거의 모습을 상실했다. 과거에는 내부가 안락함을 제공해주었지만 지금은 춥고 어수선하다. 객체지향 패러다임도, 특히 초기에 구현된 내용은 이와 비슷하게 나이를 먹어가는 조짐을 보이고 있다. 초창기 정적 타이핑과 동시성을 구현했던 자바 언어는 이제 성형수술이 필요하다. 이 절에서 우리는 스칼라를, 객체지향 프로그래밍 패러다임이라는 저 언덕 위에 있는 성의 맥락에서 살펴볼 것이다.

스칼라는 자바 가상 머신(JVM) 위에서 동작한다. 자바 언어에 대한 상세한 설명은 하지 않을 것이다. 그런 정보는 여러 곳에 무료로 존재한다. 자바가 가진 아이디어가 스칼라에 침투해 들어오는 모습을 보게 되겠지만, 그러한 부분을 최소화해서 두 개의 언어를 배워야 하는 수고를 하지 않도록 신경 쓸 것이다. 이제 스칼라를 설치하라. 나는 이 책에서 2.7.7.final 버전을 사용했다.

5.2.1 스칼라의 자료형

스칼라를 설치했으면 scala라는 명령을 콘솔에 입력하라. 모든 것이 제대로 처리되었다면 아무 에러 메시지도 뜨지 않고 scala>라는 프롬프트를 보게 될 것이다.[2] 이제 약간의 코드를 입력해보자.

---

2 역자주_ 혹시 JDK 관련 에러가 뜰 경우 스칼라 최신 버전을 설치하면 해결된다.

```
scala> println("Hello, surreal world")
Hello, surreal world

scala> 1 + 1
res8: Int = 2

scala> (1).+(1)
res9: Int = 2

scala> 5 + 4 * 3
res10: Int = 17

scala> 5.+(4.*(3))
res11: Double = 17.0

scala> (5).+((4).*(3))
res12: Int = 17
```

보는 바와 같이 정수는 객체다. 자바를 사용할 때 나는 (원시 값인) int를 (객체인) Integer 로 바꿀 때마다 머리를 쥐어뜯었다. 스칼라에서는 사실 미세한 예외를 제외하면 모든 것이 객체다. 그것만으로도 이미 정적 타이핑 시스템을 사용하는 대부분의 언어와 구별된다. 스칼라가 문자열을 어떻게 다루는지 보자.

```
scala> "abc".size
res13: Int = 3
```

스칼라에서는 문자열이 그 자체로 약간의 문법적 설탕이 가미된 일급 객체다. 이제 자료형이 서로 충돌하도록 만들어보자.

```
scala> "abc" + 4
res14: java.lang.String = abc4

scala> 4 + "abc"
res15: java.lang.String = 4abc

scala> 4 + "1.0"
res16: java.lang.String = 41.0
```

흠… 우리가 기대하는 결과가 아니다. 스칼라가 알아서 정수를 문자열로 변환시키고 있다. 이러한 충돌을 더 복잡하게 만들어보자.

```
scala> 4 * "abc"
<console>:5: error: overloaded method value * with alternatives (Double)Double
<and> (Float)Float <and> (Long)Long <and> (Int)Int <and> (Char)Int
<and> (Short)Int <and> (Byte)Int cannot be applied to (java.lang.String)
       4 * "abc"
         ^
```

바로 이거다. 스칼라는 사실 강한 타이핑 시스템을 사용하는 언어인 것이다. 스칼라는 자료형 유추를 이용하기 때문에 대부분의 경우에는 문법적 단서를 이용해서 필요한 자료형을 스스로 파악한다. 하지만 루비와 달리 스칼라는 그러한 유추를 컴파일 시간에 수행한다. 스칼라 콘솔은 입력되는 코드의 내용을 실제로 한 줄씩 컴파일하고 그때마다 실행을 한다.

아마 스칼라 문자열과 자바 문자열의 관련성을 궁금해하는 사람이 있을 것이다. 대부분의 스칼라 관련 글과 책은 이러한 주제를 깊숙하게 다루는데, 이 책에서는 그렇게 할 만한 여유가 없다. 그런 부분을 모른다고 해도 흥미로운 프로그래밍 구조물을 살펴보는 데는 별다른 영향이 없다. 뒤에서 자바와의 통합이 이루어지는 방식을 자세하게 설명하는 책을 몇 권 소개할 것이다. 여기에서는 그냥 스칼라가 두 언어 사이에 존재하는 다양한 자료형을 적절하게 다루는 전략을 가지고 있다는 정도로만 설명하겠다. 그런 전략은 필요한 곳에서는 java.lang.String처럼 간단한 자바 자료형을 그대로 사용하는 것을 포함한다. 지금은 나를 믿고 이 과도한 단순화를 사실로 받아들이기를 희망한다.

5.2.2 표현과 조건

지금부터는 간단한 문법과 예를 빠르게 일별할 것이다. 다음은 스칼라가 갖는 참/거짓 표현의 예다.

```
scala> 5 < 6
res27: Boolean = true

scala> 5 <= 6
res28: Boolean = true

scala> 5 <= 2
res29: Boolean = false
```

```
scala> 5 >= 2
res30: Boolean = true

scala> 5 != 2
res31: Boolean = true
```

특별히 흥미로운 점은 없다. 우리가 지금까지 보아온 C 스타일의 문법과 다르지 않다. if 구문 안에서 이런 표현이 사용되는 방식을 살펴보자.

```
scala> val a = 1
a: Int = 1

scala> val b = 2
b: Int = 2

scala> if ( b < a) {
     |   println("true")
     | } else {
     |   println("false")
     | }
false
```

몇 개의 변수에 값을 할당하고 그들을 if/else 구문 안에서 비교하고 있다. 변수에 값을 할당하는 부분을 잘 보기 바란다. 우선 자료형을 선언하지 않았음에 주목하라. 스칼라는 루비와 달리 자료형을 컴파일 시간에 바인딩한다. 하지만 자바와는 달리 자료형을 유추할 수 있다. 따라서 필요하면 그렇게 할 수도 있지만 구태여 val a : Int = 1과 같이 자료형을 지정하지 않아도 상관없다.

그리고 스칼라 변수 선언이 val 키워드를 이용해서 시작되고 있음에 주목하라. var 키워드를 사용할 수도 있다. val은 불변 값을 의미하고 var은 변경 가능한 값을 의미한다. 이에 대해서는 뒤에서 자세하게 설명할 것이다.

루비에서는 0이 true로 평가되었다. C에서 0은 false다. 두 언어에서 공히 nil은 false로 평가된다. 스칼라가 이런 값들을 어떻게 다루는지 살펴보자.

```
scala> Nil
res3: Nil.type = List()
scala> if(0) {println("true")}
<console>:5: error: type mismatch;
 found    : Int(0)
 required: Boolean
       if(0) {println("true")}
          ^

scala> if(Nil)  println("true") (
<console>:5: error: type mismatch;
 found    : Nil.type (with underlying type object Nil)
 required: Boolean
       if(Nil) {println("true")}
          ^
```

Nil은 비어 있는 리스트이며, 따라서 Nil이나 0을 불리언 값처럼 검사할 수 없다. 이런 동작은 스칼라가 가진 강한 정적 타이핑 철학과 일치한다. Nil과 숫자는 불리언 값이 아니므로 그것들을 불리언 값으로 취급하는 것은 허용되지 않는다. 단순한 표현과 기초적인 구조물을 살펴보았으므로 이제 루프를 보도록 하자.

5.2.3 루프

이제부터 나오는 예제는 조금 복잡하므로 파일에 저장된 코드로 작성할 것이다. 루비나 Io에서 그랬던 것처럼 scala 경로/program.scala와 같은 방식으로 실행하면 된다.

2일 차에 코드 블록을 살펴볼 때 결과 집합을 순차적으로 방문하는 방법이 여러 개 있음을 살펴보게 될 것이다. 지금은 명령형 프로그래밍 스타일에서 사용하는 루프를 살펴본다. 이러한 루프가 자바에서 보던 것과 상당히 닮았다고 느낄 것이다.

우선 기초적인 while 루프다.

```
scala/while.scala
def whileLoop {
    var i = 1
    while(i <= 3) {
        println(i)
        i += 1
    }
}

whileLoop
```

이렇게 함수를 정의했다. 자바 개발자라면 위 코드에서 함수 앞에 public이라는 표현이 빠져 있음을 눈치 챘을 것이다. 스칼라에서는 누구나 접근할 수 있음을 뜻하는 public이 기본적으로 설정되는 값이다.

이 메서드 안에서 우리는 3까지 카운트 하는 간단한 while 루프를 작성했다. 변수 i는 값이 변하므로 그것을 var라는 키워드와 함께 선언했다. 그다음에 따르는 내용은 자바에서 사용하는 while 구문과 다르지 않다. 보다시피 괄호 내부에 있는 본문 내용은 조건이 false가 아니면 실행된다. 이 코드는 다음과 같은 방식으로 실행할 수 있다.

```
batate$ scala code/scala/while.scala
1
2
3
```

정적 타이핑을 둘러싼 나의 내적 갈등

초보자들은 프로그래밍 언어에서 강한 타이핑과 정적 타이핑을 혼동한다. 거칠게 말해서 강한 타이핑이란 언어가 두 개의 자료형이 서로 호환되는지 여부를 검사하고, 만약 호환되지 않으면 에러를 발생시키거나 강제로 자료형을 변환함을 뜻한다. 겉으로 보기에 자바와 루비는 모두 강한 타이핑을 사용한다(이게 과도한 단순화라는 사실은 나도 안다). 이에 비해 어셈블리와 C 컴파일러는 약한 타이핑을 사용한다. 컴파일러가 메모리 안에 저장되어 있는 데이터가 정수인지, 문자열인지, 그냥 임의의 데이터인지 신경 쓰지 않는다는 의미다.

정적인가 동적인가 하는 것은 완전히 다른 문제다. 정적 타이핑 언어는 자료형 수소에 기초해서 다형성을 적용시킨다. (정적인) 유전적 청사진에 의거해서 오리인가, 아니면 그저 오리처럼 꽥꽥거리며 걷기 때문에 오리인가? 정적 타이핑을 사용하는 언어는 컴파일러와 도구가 코드에 담긴 에러를 검출하고, 코드의 키워드를 색상을 이용해서 강조하고, 리팩토링 기능을 제공하는 등의 이점을 누릴 수 있다. 그에 비해 코딩할 때 조금 더 수고를 해야 하고 제한도 뒤따른다. 정적 타이핑에서 오는 이러한 트레이드오프에 대해 어떤 생각을 하는가에 따라서 개발자로서의 역사가 달라질 것이다.

내가 처음 객체지향 개발에 사용한 언어는 자바였다. 자바의 정적 타이핑 울타리에서 벗어나기 전까지 나는 꼬리를 물며 나타나는 프레임워크를 만났었다. 업계는 수천, 수백만 달러를 세 가지 서로 다른 버전의 EJB, 스프링, 하이버네이트, JBoss, 그리고 관점지향 프로그래밍 개발에 투입했고, 그런 노력을 통해 특정한 사용법을 전보다 약간 유연하게 만들었다. 우리는 당시 자바의 타이핑 모델을 더 동적으로 만들기 위해서 애썼고, 이러한 전투의 고비마다 자바가 우리를 위한 프로그래밍 환경이라기보다 오히려 적군이라고 느낄 수밖에 없었다. 그리하여 내가 저술한 책들도 동적인 프레임워크라는 주제에서 출발해서 나중에는 동적인 언어 자체를 향해 나아갔다.

따라서 내가 정적 타이핑 언어에 대해서 가지고 있는 일종의 편견은 자바와의 전쟁에서 비롯되었다. 하스켈이 가지고 있는 탁월한 정적 타이핑 시스템은 이러한 상처로부터 서서히 벗어나는 계기가 되었다. 내 의도는 분명하다. 내 이야기를 듣고 있는 당신은 편견에 사로잡힌 사람을 저녁 식사에 초대한 셈이다. 하지만 나는 우리의 대화가 편견에 영향을 받지 않고 공정하게 진행되도록 최선을 다할 것이다.

for 루프는 자바나 C에서와 거의 똑같지만 약간의 문법적 차이가 있다.

scala/for_loop.scala
```scala
def forLoop {
    println( "for loop using Java-style iteration" )
    for(i <- 0 until args.length) {
        println(args(i))
    }
}

forLoop
```

인수는 <- 연산자 앞에 있는 변수다. 그 뒤로 '초기 값 until 마지막 값'이라는 형태를 갖는 범위가 온다. 이 경우 우리는 명령줄에서 전달된 인수를 이용해서 순차 방문을 수행한다.

```
batate$ scala code/scala/forLoop.scala its all in the grind
for loop using Java-style iteration
its
all
in
the
grind
```

루비에서와 마찬가지로 우리는 컬렉션을 순차 방문할 수도 있다. 여기에서는 일단 루비의 each 와 비슷한 foreach를 사용해보자.

scala/ruby_for_loop.scala
```
def rubyStyleForLoop {
    println( "for loop using Ruby-style iteration" )
    args.foreach { arg =>
        println(arg)
    }
}

rubyStyleForLoop
```

args는 명령줄에 입력되는 값을 받아들이는 리스트다. 스칼라는 리스트에 담긴 요소를 순서대로 하나씩 이 블록에 전달한다. 여기에서 arg는 args 리스트에 담긴 하나의 인수다. 루비에서는 이와 똑같은 코드가 args.each{|arg| puts arg}라는 식으로 작성되었을 것이다. 각각의 인수를 정의하는 문법은 다르지만 아이디어는 동일하다. 다음은 코드가 동작하는 모습이다.

```
batate$ scala code/scala/ruby_for_loop.scala freeze those knees chickadees
for loop using Ruby-style iteration
freeze
those
knees
chickadees
```

나중에 우리는 앞에서 보았던 명령형 루프보다 이러한 모습의 순차 방문을 더 많이 이용하게 될 것이다. 하지만 여기에서는 언덕 위에 있는 낡은 성에 대한 이야기를 하고 있으므로 그런 순차 방문에 대한 논의는 나중으로 미룬다.

5.2.4 범위와 튜플

스칼라는 루비처럼 언어 자체가 범위^{range}를 지원한다. 콘솔에 다음과 같은 코드 스니펫을 입력해보라.

```
scala> val range = 0 until 10
range: Range = Range(0, 1, 2, 3, 4, 5, 6, 7, 8, 9)

scala> range.start
res2: Int = 0

scala> range.end
res3: Int = 10
```

이해하기 어려운 부분은 없다. 루비의 범위와 거의 똑같다. 값을 증가시킬 수도 있다.

```
scala> range.step
res4: Int = 1

scala> (0 to 10) by 5
res6: Range = Range(0, 5, 10)

scala> (0 to 10) by 6
res7: Range = Range(0, 6)
```

이것은 루비의 범위와 같다. 점이 두 개인 1..10은 1 to 10에 해당한다. 그리고 점이 세 개인 1...10은 1 until 10과 같다. to는 마지막 값을 포함한다.

```
scala> (0 until 10 by 5)
res0: Range = Range(0, 5)
```

방향도 설정할 수 있다.

```
scala> val range = (10 until 0) by -1
range: Range = Range(10, 9, 8, 7, 6, 5, 4, 3, 2, 1)
```

하지만 스칼라가 방향을 유추해내지는 못한다.

```
scala> val range = (10 until 0)
range: Range = Range()

scala> val range = (0 to 10)
range: Range.Inclusive = Range(0, 1, 2, 3, 4, 5, 6, 7, 8, 9, 10)
```

기본적인 증가 값은 주어진 마지막 값에 상관없이 언제나 1이다. 범위는 정수로 국한되지 않는다.

```scala
scala> val range = 'a' to 'e'
range: RandomAccessSeq.Projection[Char] = RandomAccessSeq.Projection(a, b, c, d, e)
```

스칼라는 개발자를 위해 암묵적인 자료형 변환을 수행한다. for 구문을 작성할 때 우리는 실제로는 범위를 정의하는 것이다.

스칼라는 프롤로그처럼 튜플을 제공한다. 튜플은 길이가 고정된 객체 집합이다. 이와 같은 패턴을 다른 함수 언어에서도 발견할 수 있다. 튜플에 저장되는 객체는 서로 자료형이 달라도 상관없다. 순수 함수 언어에서는 개발자들이 객체와 속성을 종종 튜플을 이용해서 표현한다. 다음 예를 실행해보라.

```scala
scala> val person = ("Elvis", "Presley")
person: (java.lang.String, java.lang.String) = (Elvis,Presley)

scala> person._1
res9: java.lang.String = Elvis

scala> person._2
res10: java.lang.String = Presley

scala> person._3
<console>:6: error: value _3 is not a member of (java.lang.String, java.lang.
String)
       person._3
              ^
```

스칼라는 여러 개의 값을 한꺼번에 할당하는 연산을 수행할 때 리스트가 아니라 튜플을 사용한다.

```scala
scala> val (x, y) = (1, 2)
x: Int = 1
y: Int = 2
```

튜플은 고정된 길이를 갖기 때문에 스칼라는 튜플에 저장된 값을 이용해서 정적 타이핑 검사를 수행할 수 있다.

```
scala> val (a, b) = (1, 2, 3)

<console>:15: error: constructor cannot be instantiated to expected type;
 found    : (T1, T2)
 required: (Int, Int, Int)
       val (a, b) = (1, 2, 3)
           ^
<console>:15: error: recursive value x$1 needs type
       val (a, b) = (1, 2, 3)
           ^
```

기본적인 내용을 공부했으니 이제 모든 것을 한군데로 모아보자. 다음에는 객체지향 클래스 정의를 내려볼 것이다.

5.2.5 스칼라에서의 클래스

속성을 가지고 있지만 메서드나 생성자를 갖지 않는 단순한 클래스는 스칼라에서 한 줄로 정의할 수 있다.

```
class Person(firstName: String, lastName: String)
```

값을 저장하는 단순한 클래스를 위해 일일이 본문의 내용을 작성할 필요는 없다. Person 클래스는 public이며 firstName과 lastName이라는 속성을 갖는다. 이 클래스를 콘솔에서 사용할 수 있다.

```
scala> class Person(firstName: String, lastName: String)
defined class Person

scala> val gump = new Person("Forrest", "Gump")
gump: Person = Person@7c6d75b6
```

하지만 우리가 원하는 건 이 정도가 아닐 것이다. 객체지향에서 클래스는 데이터와 행동을 결합한다. 이런 내용을 모두 담고 있는 클래스를 스칼라를 이용해서 정의해보자. 이 클래스를 Compass라고 부를 것이다. 컴퍼스의 방향은 우선 북쪽을 향한다. 이 컴퍼스에 왼쪽 혹은 오른쪽으로 90도 회전을 하라고 시키면 방향에 해당하는 만큼의 값이 변경된다. 이런 일을 수행하는 스칼라 코드 전체의 모습은 다음과 같다.

```
scala/compass.scala
class Compass {
  val directions = List("north", "east", "south", "west")
  var bearing = 0
  print("Initial bearing: ")
  println(direction)
  def direction() = directions(bearing)

  def inform(turnDirection: String) {
    println("Turning " + turnDirection + ". Now bearing " + direction)
  }

  def turnRight() {
    bearing = (bearing + 1) % directions.size
    inform("right")
  }

  def turnLeft() {
    bearing = (bearing + (directions.size - 1)) % directions.size
    inform("left")
  }
}

val myCompass = new Compass

myCompass.turnRight
myCompass.turnRight

myCompass.turnLeft
myCompass.turnLeft
myCompass.turnLeft
```

문법 자체는 짚고 넘어갈 필요가 있는 몇 개를 빼면 상대적으로 쉽다. 생성자는 (적어도 생성자에 전달하지 않은 변수들을 포함하는) 인스턴스 변수를 정의하는 책임을 가진다. 루비에서와 달리 모든 메서드 정의가 매개변수 자료형과 이름을 가지고 있다. 그리고 코드의 처음 부분은 특정 메서드에 포함되어 있지 않다. 이런 내용을 하나씩 살펴보자.

```
class Compass {
  val directions = List("north", "east", "south", "west")
  var bearing = 0
  print("Initial bearing: ")
  println(direction)
```

클래스를 정의하는 부분 바로 다음에 오는 코드 블록 전체가 사실은 생성자의 내용에 해당한다. 이 생성자는 List를 정의하는 내용을 가지고 있고, 방향을 나타내는 인덱스 값에 해당하는 bearing이라는 변수를 정의한다. 나중에 방향을 바꾸면 바로 이 bearing 변수의 값이 변경될 것이다. 그다음에는 사용자에게 이 클래스가 현재 보유하고 있는 방향의 값을 영어로 표현하기 위한 편리한 메서드를 두 개 정의한다.

```scala
def direction() = directions(bearing)

  def inform(turnDirection: String) {
    println("Turning " + turnDirection + ". Now bearing " + direction)
  }
```

생성자의 내용은 이러한 메서드 정의와 함께 이어지고 있다. direction 메서드는 bearing의 값을 인덱스로 이용해서 directions가 해당 인덱스에 포함하고 있는 값을 리턴한다. 스칼라는 메서드를 본문을 둘러싸는 괄호로 정의하지 않고 그냥 한 줄로 정의할 수 있도록 해주는 편리한 문법을 가지고 있다.

inform 메서드는 사용자가 방향을 바꿀 때마다 친절한 메시지를 출력한다. 이 메서드는 바꿀 방향을 나타내는 매개변수를 입력으로 받아들인다. 이 메서드는 값을 리턴하지 않는다. 이제 방향을 바꾸는 메서드의 내용을 확인해보자.

```scala
def turnRight() {
    bearing = (bearing + 1) % directions.size
    inform("right")
  }

  def turnLeft() {
    bearing = (bearing + (directions.size - 1)) % directions.size
    inform("left")
  }
```

turns 메서드는 방향을 나타내는 값을 이용해서 bearing의 값을 변경한다. % 연산자는 나머지 연산을 의미한다(나누기를 한 다음 몫은 버리고 나머지를 리턴한다). 이 연산을 수행하면 오른쪽 회전이면 bearing에 1을 더하고, 왼쪽 회전이면 1을 빼는 결과를 낳는다.

5.2.6 보조 생성자

지금까지 기초적인 생성자가 동작하는 방식을 보았다. 클래스와 메서드를 초기화하는 내용이 하나의 코드 블록으로 작성되었다. 생성자를 다른 방식으로 정의하는 것도 가능하다. 두 개의 생성자를 가진 Person 클래스를 생각해보자.

```scala
scala/constructor.scala
class Person(firstName: String) {
  println("Outer constructor")
  def this(firstName: String, lastName: String) {
    this(firstName)
    println("Inner constructor")
  }
  def talk() = println("Hi")
}
val bob = new Person("Bob")
val bobTate = new Person("Bob", "Tate")
```

이 클래스는 firstName이라는 인수를 받아들이는 생성자와 talk라는 이름의 메서드를 가지고 있다. this 메서드에 주목하기 바란다. 바로 두 번째 생성자다. 그것은 firstName과 lastName 이라는 두 개의 인수를 받아들인다. 이 생성자는 this를 이용해서 firstName을 인수로 받아들이는 메인 생성자를 호출한다.

클래스 정의 뒤에 오는 코드는 Person 클래스 개체를 두 가지 방식으로 생성한다. 첫 번째로 메인 생성자를 이용하고, 다음으로 보조 생성자를 사용하는 것이다.

```
batate$ scala code/scala/constructor.scala
Outer constructor
Outer constructor
Inner constructor
```

이게 전부다. 보조 생성자는 광범위한 사용 패턴을 가지고 있기 때문에 잘 알아두는 것이 중요하다. 이제 클래스에서 메서드를 어떻게 정의하는지 보자.

5.2.7 클래스를 확장하기

지금까지 우리가 본 클래스는 무척 간단했다. 기초적인 클래스를 두 개 정의했는데 그 안에는 속성과 메서드만 포함되어 있었다. 여기에서는 클래스가 서로 상호작용하는 몇 가지 방식에 대해서 알아볼 것이다.

짝 객체와 클래스 메서드

자바와 루비에서는 클래스 메서드와 인스턴스 메서드를 하나의 클래스 안에서 만들 수 있다. 자바에서 클래스 메서드는 static 키워드를 표시한다. 루비는 def self.class_method를 이용한다. 스칼라는 이런 방법을 사용하지 않는다. 대신 인스턴스 메서드는 class 정의 내부에서 선언한다. 만약 그것이 하나의 객체 인스턴스만 갖는다면 class 키워드 대신 object 키워드를 이용해서 정의한다. 다음 예를 보자.

scala/ring.scala
```
object TrueRing {
  def rule = println("To rule them all")
}
TrueRing.rule
```

TrueRing의 내용은 보통의 class 정의와 완전히 동일하지만, 추가적으로 싱글턴 객체를 생성한다. 스칼라에서는 객체가 object 정의와 class 정의를 모두 가질 수 있다. 이러한 방법을 사용하면 클래스 메서드는 싱글턴 객체 선언 내에서, 인스턴스 메서드는 클래스 선언 내에서 생성할 수 있다. 이 예에서는 rule이라는 이름의 메서드가 클래스 메서드다. 이렇게 class와 object를 같이 사용하는 방법을 짝 객체companion object라고 부른다.

상속

스칼라에서 상속은 상당히 쉽다. 하지만 문법은 정확하게 표현되어야 한다. 다음은 Employee 클래스를 이용해서 Person 클래스를 확장하는 내용이다. Employee가 id 필드에 추가적인 직원 번호를 저장하고 있음에 주목하기 바란다. 코드는 이렇다.

scala/employee.scala
```
class Person(val name: String) {
  def talk(message: String) = println(name + " says " + message)
  def id(): String = name
}
```

```
class Employee(override val name: String,
                        val number: Int) extends Person(name) {
  override def talk(message: String) {
    println(name + " with number " + number + " says " + message)
  }
  override def id():String = number.toString
}

val employee = new Employee("Yoda", 4)
employee.talk("Extend or extend not. There is no try.")
```

이 예에서 우리는 Employee를 이용해서 Person 클래스를 확장했다. Employee 안에 새로운 인스턴스 변수인 number를 더하고, 새로운 행위를 추가하기 위해서 talk 메서드를 오버라이드했다. 문법적으로 복잡한 부분은 생성자를 정의하는 곳에 집중되어 있다. 비록 자료형과 관련된 정보는 생략할 수 있지만 Person이 받아들이는 매개변수 전체를 나열해야 함에 유의하기 바란다.

생성자 및 확장하는 메서드들 앞에는 override 키워드가 반드시 요구된다. 이 키워드는 철자를 잘못 써서 실수로 새로운 메서드를 정의하는 잘못을 방지하도록 해준다. 전체적으로 보았을 때 놀랄 만한 내용은 없다. 하지만 어쩐지 가위손이 다치기 쉬운 아기 토끼를 어루만지는 느낌이다. 계속 진행해보자.

트레이트

모든 객체지향 언어는 하나의 객체가 여러 개의 역할을 담당할 수 있어야 한다. 하나의 객체는 영원히 나열할 수 있는 나무를 품은 관목 숲과 같다. 이러한 숲이 바이너리 데이터를 어떻게 MySQL에 집어넣는지 일일이 알아야 하는 상황은 바람직하지 않다. C++는 다중 상속을 이용하고, 자바는 인터페이스를 이용하고, 루비는 믹스인을 이용하고, 스칼라는 트레이트를 이용한다. 스칼라의 트레이트는 모듈을 이용해서 구현된 루비의 믹스인과 비슷하다. 혹은 자바의 인터페이스에 구현 코드를 추가한 것이라고 생각해도 좋다. 트레이트를 구체적인 내용이 부분적으로 구현된 클래스라고 생각할 수도 있다. 트레이트는 하나의 중요한 관심사항을 구현하는 것으로 국한되는 것이 이상적이다. 다음은 Nice라는 트레이트를 Person에 더하는 예다.

```
scala/nice.scala
class Person(val name:String)

trait Nice {
  def greet() = println("Howdily doodily.")}

class Character(override val name:String) extends Person(name) with Nice

val flanders = new Character("Ned")
flanders.greet
```

맨 처음 내용은 Person이다. 그것은 name이라는 이름을 가진 하나의 인수를 받아들인다. 두 번째는 Nice라는 트레이트다. 이것이 바로 믹스인에 해당한다. 그것은 greet라는 메서드를 하나 가지고 있다. 그다음으로 Character라는 클래스가 Nice 트레이트를 혼합하고 있다. 이제 Character 클래스를 사용하는 클라이언트 코드는 어떤 인스턴스에서라도 greet라는 메서드를 호출할 수 있다. 호출한 결과는 기대하는 바와 동일하다.

```
batate$ scala code/scala/nice.scala
Howdily doodily.
```

그다지 복잡한 내용은 없다. 우리는 greet 메서드를 가진 Nice라는 트레이트를 어떤 스칼라 클래스에도 집어넣어서 그것이 greet라는 행동을 수행하도록 만들 수 있다.

5.2.8 1일 차에 배운 내용

두 개의 서로 다른 프로그래밍 패러다임을 하나의 언어에 넣어야 했기 때문에 1일 차인데도 엄청나게 많은 영역을 다루었다. 1일 차에 배운 내용은 스칼라가 객체지향 개념을 포괄하고, JVM 위에서 이미 존재하는 모든 자바 라이브러리를 활용하면서 동작한다는 내용 등이었다. 스칼라의 문법은 자바와 비슷하며 자바와 마찬가지로 강한 정적 타이핑을 사용한다. 하지만 마틴 오더스키가 스칼라를 만든 것은 객체지향과 함수 프로그래밍이라는 두 개의 패러다임을 연결하기 위해서였다. 2일 차에 살펴볼 함수 프로그래밍 개념은 동시성 코드를 작성하는 것을 수월하게 만들어준다.

또한 스칼라의 정적 타이핑은 자료형을 유추한다. 스칼라는 문법을 살펴보고 필요한 단서를 얻어 유추를 수행할 수 있으므로, 스칼라 개발자는 모든 상황에서 모든 변수에 자료형을 지정할 필요가 없다. 필요하다면 컴파일러가 정수를 문자열로 만드는 것처럼 자료형 변환을 수행할 수 있어 암묵적인 자료형 변환이 여러 곳에서 일어난다.

스칼라의 표현은 다른 언어에서와 다를 바가 없지만, 조금 엄격한 규칙을 따른다. 조건을 따지는 값은 반드시 불리언 자료형이어야 하며, Nil이나 0은 불리언 값처럼 사용될 수 없다. 그런 값들이 true나 false를 대신할 수 없는 것이다. 하지만 스칼라의 루프나 논리 구조는 다른 언어와 다르지 않다. 스칼라는 튜플(길이가 고정되어 있고 여러 가지 자료형을 담을 수 있다) 또는 범위(길이가 고정되어 있고, 양끝이 포함되고, 순서가 있는 수의 나열) 같은 고급 구조물을 지원한다.

스칼라 클래스는 동작하는 방식이 자바의 클래스와 거의 비슷하지만 클래스 메서드는 지원하지 않는다. 대신 스칼라는 짝 객체라는 개념을 이용해서 클래스에 포함되는 클래스 메서드와 인스턴스 메서드를 정의한다. 루비가 믹스인을 이용하고 자바가 인터페이스를 이용하는 지점에서 스칼라는 믹스인과 비슷한 구조를 갖는 트레이트라는 구조물을 사용한다.

2일 차에는 스칼라의 함수 기능에 대해서 알아볼 것이다. 코드 블록, 컬렉션, 불변 변수, foldLeft와 같이 언어에 내장된 고급 메서드를 공부한다.

5.2.9 1일 차 자율 학습

스칼라의 첫날 많은 내용을 다루었다. 하지만 대부분 낯익은 내용들이다. 여기에서 다룬 객체 지향 개념은 대부분 독자에게 이미 익숙한 내용이다. 따라서 이번 연습문제는 앞에서 보았던 첫날 문제들에 비해 어렵다. 하지만 푸는 데 어려움은 없을 것이다.

다음을 찾아보라.

- 스칼라 API
- 자바와 스칼라의 비교
- val과 var에 대한 논의

다음을 수행하라.

- X, O, 스페이스 문자를 이용해서 틱택토 보드를 만들고, 승자가 있는지, 비겼는지, 아니면 아직 게임이 진행

중인지 여부를 판별하는 게임 프로그램을 작성하라. 필요하면 클래스를 활용하라.

- 보너스 문제: 두 사람이 틱택토 게임을 수행하도록 하라.

5.3 2일: 정원 손질하기와 그 밖의 트릭

〈가위손〉에는 마법 같은 순간이 있다. 언덕 위의 저택을 떠난 에드워드가 비범한 능력으로 인간 사회에서 특별한 위치를 가질 수 있다는 사실을 깨달을 때다.

프로그래밍 언어의 역사에 관심이 있는 사람이라면 누구든 이와 비슷한 이야기가 실제로 있었음을 기억할 것이다. 객체지향 패러다임이 아직 새로운 것이었을 때 사람들은 스몰토크를 받아들일 준비가 되어 있지 않았다. 너무나 새로운 개념이었기 때문이다. 사람들은 기존의 절차형 프로그래밍을 계속 수행하면서 동시에 객체지향 개념을 실험해볼 수 있는 언어가 필요했다. C++가 등장했을 때 사람들은 새로운 객체지향 트릭을 시도해보면서 이미 익숙한 C의 절차적 기능을 지속시킬 수 있었다. 그 결과 사람들은 마침내 낡은 문맥 안에서 새로운 트릭을 사용하기 시작했다.

이제 스칼라가 함수 언어에 대해서 이와 비슷한 일을 수행할 차례가 되었다. 이러한 혼용이 처음에는 이상하게 보이겠지만 아이디어 자체는 강력하고 중요하다. 이러한 기능은 3일 차에 보게 될 동시성 구조물의 기초를 제공한다. 우선 간단한 함수부터 생각해보자.

```
scala> def double(x:Int):Int = x * 2
double: (Int)Int

scala> double(4)
res0: Int = 8
```

함수를 정의하는 것은 루비와 매우 흡사하다. def 키워드는 함수와 메서드를 정의할 때 모두 사용된다. 매개변수와 자료형이 그 뒤를 따른다. 다음에는 선택사항인 리턴 자료형을 정의한다. 스칼라는 종종 리턴 자료형을 스스로 유추하기 때문에 생략될 때도 많다.

함수를 호출하려면 이름과 인수 리스트를 이용하면 된다. 루비와 달리 이 경우 괄호가 선택사항이 아님에 유의하기 바란다.

다음은 한 줄짜리 메서드 정의다. 메서드의 정의를 블록 형태로 담을 수도 있다.

```
scala> def double(x:Int):Int = {
     |    x * 2
     | }
double: (Int)Int

scala> double(6)
res3: Int = 12
```

리턴 자료형을 나타내는 Int 다음에 있는 = 기호는 반드시 요구된다. 이것을 잊으면 문제가 생길 것이다. 지금까지 본 내용이 함수 선언과 관련된 주요한 부분들이다. 인수를 생략한다든가 하는 사소한 변형을 만나게 될 수도 있지만 대부분의 경우 여기서 본 틀을 벗어나지 않는다.

함수 안에서 사용되는 변수를 생각해보자. 순수 함수 프로그래밍 모델을 배우고 싶다면 변수들의 라이프사이클에 대해서 신중하게 주의를 기울일 필요가 있다.

5.3.1 var 대 val

스칼라는 자바 가상 머신을 기초로 삼고 있으며 자바와 밀접한 관련을 맺고 있다. 어떤 경우 이와 같은 설계가 언어를 제한하기도 한다. 다른 면으로는 그렇기 때문에 지난 15년, 20년 동안 개발되어온 코드로부터 이점을 취할 수 있다. 뒤에서 스칼라의 동시성 프로그래밍에 적합한 기능을 강조하는 내용을 보게 될 것이다. 하지만 세상에 존재하는 어떤 동시성 기능이라고 해도 기초적인 설계 원리를 따르지 않으면 소용이 없다. 그런 면에서 변경 가능한 상태는 좋지 않다. 변수를 선언할 때 변하지 않는 상태가 다른 값과 충돌을 일으키는 극단적인 경우가 아니면 언제나 불변 변수를 사용하는 것이 옳다. 자바의 경우에는 final 키워드를 사용하는 것이 바람직하다. 스칼라에서는 val이 불변을 의미하고 var는 값이 변할 수 있음을 뜻한다.

```
scala> var mutable = "I am mutable"
mutable: java.lang.String = I am mutable

scala> mutable = "Touch me, change me..."
mutable: java.lang.String = Touch me, change me...

scala> val immutable = "I am not mutable"
immutable: java.lang.String = I am not mutable
```

```
scala> immutable = "Can't touch this"
<console>:5: error: reassignment to val
        immutable = "Can't touch this"
                  ^
```

var로 선언된 값은 변경이 가능하다. val은 불변이다. 편의상 콘솔에서는 val로 선언한 변수라고 해도 값을 다른 값으로 재설정하는 것이 가능하다. 하지만 콘솔을 벗어나면 val로 선언한변수에 다른 값을 할당하는 것은 에러를 발생시킨다.

어떤 면에서 스칼라는 전통적인 명령형 프로그래밍 스타일을 지원하기 위해서 var로 지정되는 변수를 도입했는데, 스칼라를 배우는 동안에는 더 나은 동시성 지원을 위해서 var를 가급적 피하는 것이 최선이다. 바로 이와 같은 기본적인 설계 철학이 함수 프로그래밍을 객체지향프로그래밍으로부터 구별해주는 핵심적인 요소에 해당한다. 변경 가능한 상태는 동시성을 제한한다.

이제 함수 언어에서 내가 가장 좋아하는 분야인 컬렉션을 다루는 내용으로 넘어가보자.

5.3.2 컬렉션

함수 언어는 컬렉션과 관련해서 놀라울 정도로 유용한 기능을 지원하는 전통을 가지고 있다. 초창기 함수 언어의 하나인 리스프는 리스트를 다루는 여러 가지 아이디어를 중심으로 발전했다. 언어의 이름 자체가 리스프 처리LISt Processing을 뜻한다. 함수 언어는 데이터와 코드를 담는 복잡한 구조물을 만드는 것을 쉽게 지원한다. 스칼라에서 핵심적인 컬렉션은 리스트, 집합, 맵이다.

리스트

대부분의 함수 언어에서와 마찬가지로 가장 기본이 되는 자료구조는 리스트다. 스칼라의 리스트, 혹은 List 자료형은 동일한 비슷한 객체를 담는, 순서가 있고, 비순차적 접근random access이가능한 컬렉션이다. 다음과 같은 리스트를 콘솔에 입력해보라.

```
scala> List(1, 2, 3)
res4: List[Int] = List(1, 2, 3)
```

첫 번째 리턴 값인 List[Int] = List(1, 2, 3)을 주목하라. 이 값은 리스트 전체가 갖는 자료형에 대한 정보를 나타낼 뿐만 아니라 리스트 내부에 존재하는 값의 자료형도 보여준다. 문자열을 담는 리스트는 이런 모습을 가지고 있을 것이다.

```scala
scala> List("one", "two", "three")
res5: List[java.lang.String] = List(one, two, three)
```

여기에서 자바의 영향을 느꼈다면, 제대로 봤다. 자바는 리스트나 배열에 보관되는 데이터의 자료형을 지정할 수 있도록 해주는 제네릭이라는 기능을 가지고 있다. 리스트 안에 문자열과 숫자를 동시에 가지고 있으면 어떤 일이 일어나는지 확인해보자.

```scala
scala> List("one", "two", 3)
res6: List[Any] = List(one, two, 3)
```

이 경우에는 스칼라에서 모든 것을 아우르는 데이터 자료형인 Any를 갖게 된다. 리스트 안에 있는 항목에 접근하는 방식은 다음과 같다.

```scala
scala> List("one", "two", 3)(2)
res7: Any = 3

scala> List("one", "two", 3)(4)
java.util.NoSuchElementException: head of empty list
        at scala.Nil$.head(List.scala:1365)
        at scala.Nil$.head(List.scala:1362)
        at scala.List.apply(List.scala:800)
        at .<init>(<console>:5)
        at .<clinit>(<console>)
        at RequestResult$.<init>(<console>:3)
        at RequestResult$.<clinit>(<console>)
        at RequestResult$result(<console>)
        at sun.reflect.NativeMethodAccessorImpl.invoke0(Native Met...
```

즉 ( ) 연산자를 이용한다. 리스트에 있는 항목에 접근하는 것은 결국 함수를 호출하는 것과 같다. 따라서 [] 대신 ( )를 이용하는 것이다. 스칼라의 리스트는 루비나 자바와 마찬가지로 인덱스가 0에서부터 시작한다. 하지만 루비와 달리 일정한 범위 바깥의 인덱스를 사용하면 예외가 발생한다. 인덱스 값으로 음수를 사용할 수도 있다. 스칼라의 예전 버전은 그냥 첫 번째 항목을 리턴했다.

```
scala> List("one", "two", 3)(-1)
res9: Any = one

scala> List("one", "two", 3)(-2)
res10: Any = one

scala> List("one", "two", 3)(-3)
res11: Any = one
```

이러한 동작이 매우 큰 인덱스 값을 사용했을 때 발생하는 NoSuchElement 예외와 일관성을 갖지 않으므로, 2.8.0 버전에서는 이를 수정해서 java.lang.IndexOutOfBoundsException이 발생하도록 했다.

끝으로, 스칼라에서 Nil은 텅 빈 리스트를 의미한다.

```
scala> Nil
res33: Nil.type = List()
```

뒤에서 코드 블록을 설명할 때는 이렇게 비어 있는 리스트를 기본적인 빌딩 블록으로 사용할 것이다. 하지만 여기에서는 일단 넘어가자. 우선 다른 종류의 컬렉션부터 살펴보아야 한다.

집합

집합은 리스트지만 명시적인 순서를 갖지 않는다. Set 키워드를 이용해서 집합을 만들 수 있다.

```
scala> val animals = Set("lions", "tigers", "bears")
animals: scala.collection.immutable.Set[java.lang.String] =
    Set(lions, tigers, bears)
```

이 집합에 항목을 추가하거나 빼는 것은 쉽다.

```
scala> animals + "armadillos"
res25: scala.collection.immutable.Set[java.lang.String] =
    Set(lions, tigers, bears, armadillos)

scala> animals - "tigers"
res26: scala.collection.immutable.Set[java.lang.String] = Set(lions, bears)
scala> animals + Set("armadillos", "raccoons")
<console>:6: error: type mismatch;
 Found    : scala.collection.immutable.Set[java.lang.String]
 required: java.lang.String
```

```
    animals + Set("armadillos", "raccoons")
                ^
```

집합에서 일어나는 연산이 자료구조를 변경하지 않는다는 점을 기억하기 바란다. 각각의 집합 연산은 기존의 구조를 변경하는 것이 아니라 새로운 집합을 만들어낸다. 기본적으로 집합은 불변이다. 보는 바와 같이 하나의 항목을 더하거나 빼는 것은 쉽지만, 루비에서처럼 서로 다른 집합을 결합하기 위해서 + 혹은 - 연산을 사용할 수는 없다. 스칼라에서는 합집합을 만들려면 ++, 차집합을 만들려면 --를 사용한다.

```
scala> animals ++ Set("armadillos", "raccoons")
res28: scala.collection.immutable.Set[java.lang.String] =
    Set(bears, tigers, armadillos, raccoons, lions)

scala> animals -- Set("lions", "bears")
res29: scala.collection.immutable.Set[java.lang.String] = Set(tigers)
```

교집합(두 집합에 모두 포함된 항목의 집합)을 만들려면 ** 연산을 이용한다.[3]

```
scala> animals ** Set("armadillos", "raccoons", "lions", "tigers")
res1: scala.collection.immutable.Set[java.lang.String] = Set(lions, tigers)
```

List와 달리 Set는 항목 사이에 순서가 없다. 이것은 곧 집합과 리스트의 동일성을 확인하는 방법이 다름을 의미한다.

```
scala> Set(1, 2, 3) == Set(3, 2, 1)
res36: Boolean = true

scala> List(1, 2, 3) == List(3, 2, 1)
res37: Boolean = false
```

집합을 다루는 내용은 이 정도면 충분하다. 다음은 맵이다.

맵

맵은 루비에서 Hash처럼 키-값 짝으로 이루어진다. 문법적 내용은 이미 익숙할 것이다.

----

3 **는 더 이상 사용되지 않으므로 스칼라 2.8.0부터는 &를 이용하라.

```
scala> val ordinals = Map(0 -> "zero", 1 -> "one", 2 -> "two")
ordinals: scala.collection.immutable.Map[Int,java.lang.String] =
  Map(0 -> zero, 1 -> one, 2 -> two)

scala> ordinals(2)
res41: java.lang.String = two
```

스칼라의 List 혹은 Set와 마찬가지로 맵은 Map이라는 키워드를 이용해서 만든다. 맵에 포함된 항목은 -> 연산을 이용해서 분리한다. 스칼라 맵을 만들 때 도움이 되는 문법적 설탕을 이용하는 것이다. 해시맵의 또 다른 형태를 이용하고 키와 값의 자료형도 지정해보자.

```
scala> import scala.collection.mutable.HashMap
import scala.collection.mutable.HashMap

scala> val map = new HashMap[Int, String]
map: scala.collection.mutable.HashMap[Int,String] = Map()

scala> map += 4 -> "four"

scala> map += 8 -> "eight"

scala> map
res2: scala.collection.mutable.HashMap[Int,String] =
  Map(4 -> four, 8 -> eight)
```

먼저 변경 가능한 HashMap을 위한 스칼라 라이브러리를 포함시켰다. 이것은 곧 해시맵 안에 있는 값이 달라질 수 있음을 뜻한다. 다음으로 map이라는 불변 변수를 선언했다. 이것은 맵을 향하는 참조 자체의 값은 변할 수 없다는 사실을 의미한다. 키-값 짝의 자료형도 지정하고 있음에 주목하기 바란다. 끝으로 약간의 키-값 짝 데이터를 더하고 결과를 리턴한다.

다음은 만약 잘못된 자료형을 지정하면 일어나는 일이다.

```
scala> map += "zero" -> 0
<console>:7: error: overloaded method value += with alternatives (Int)map.MapTo
<and> ((Int, String))Unit cannot be applied to ((java.lang.String, Int))
       map += "zero" -> 0
           ^
```

예상했던 대로 타이핑과 관련된 에러가 발생한다. 자료형과 관련된 제약은 가능하면 컴파일 시간에 적용되지만, 실행 시간에 적용되기도 한다. 이제 컬렉션과 관련된 기본적인 내용을 보았으므로 더 정교한 내용을 살펴보자.

Any와 Nothing

익명 함수를 살펴보기 전에 스칼라가 가지고 있는 클래스 계층구조에 대해서 짚고 넘어가자. 스칼라를 자바와 함께 사용하는 경우에는 자바의 클래스 계층구조에 대해서 더 많이 신경을 쓰게 될 것이다. 그렇지만 스칼라의 자료형에 대해서도 약간 알 필요가 있다. Any는 스칼라의 클래스 계층구조에서 가장 상위에 존재하는 뿌리 클래스다. 조금 헷갈리는 내용이기는 하지만, 스칼라의 자료형은 모두 Any를 상속한다는 점을 기억하라.

마찬가지로 Nothing은 모든 자료형의 하위 자료형이다. 이를 통해 함수는, 예컨대 컬렉션에서 Nothing을 리턴하는 식으로 주어진 함수를 위한 리턴 값에 순응할 수 있다. 이러한 내용이 [그림 6]에 담겨 있다. 모든 것은 Any를 상속하고 Nothing은 모든 것을 상속한다.

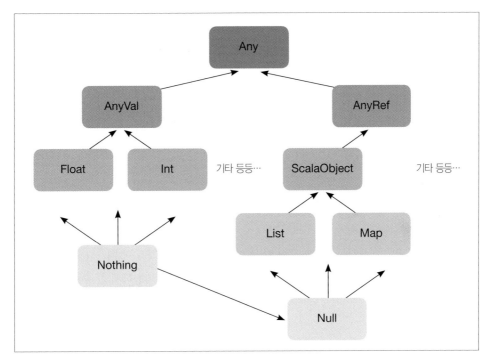

그림 6 Any와 Nothing

nil 개념을 다룰 때는 몇 가지 다른 뉘앙스가 존재한다. Null은 Trait이고, null은 Null 자료형의 인스턴스로 자바의 null과 비슷하다. 즉, 텅 빈 값이라는 뜻이다. 속이 빈 컬렉션은 Nil 이다. 이와 반대로 Nothing은 모든 것의 하위자료형에 해당하는 트레이트다. Nothing은 인스 턴스가 없기 때문에 그에 대한 참조를 Null처럼 제거^{derefence}할 수 없다. 예를 들어 Exception 을 발생시키는 메서드는 리턴 자료형이 아무 값도 존재하지 않음을 의미하는 Nothing이다.

이와 같은 규칙을 잘 기억하면 도움이 될 것이다. 이제 고계함수를 이용해서 컬렉션을 더욱 심 도 있게 사용할 준비가 되었다.

5.3.3 컬렉션과 함수

우리는 강력한 함수 패러다임 기초를 사용하는 언어를 막 배우고 있으므로, 지금까지 우리가 사용해온 개념 몇 가지를 정식화하고 싶다. 그런 개념 중 첫 번째는 고계함수다.

스칼라 컬렉션은 루비와 Io에서와 마찬가지로 고계함수를 사용하면 훨씬 흥미로워진다. 루비 가 each를 사용하고 Io가 foreach를 사용한 것처럼, 스칼라는 foreach 속으로 함수를 전달하 는 것을 허용한다. 지금까지 우리가 사용해온 기능의 저변에 깔려 있는 개념이 사실 고계함수 였던 것이다. 일상적인 언어로 표현하자면 고계함수란 다른 함수를 생산하거나 소비하는 함수 를 의미한다. 더 엄밀하게 말하면 고계함수는 다른 함수를 입력 매개변수로 받아들이거나 다른 함수를 리턴하는 함수다. 다른 함수를 사용하는 함수를 활용하는 것은 함수 프로그래밍 언어 패밀리에서 결정적으로 중요한 의미를 가지며, 다른 종류의 언어를 사용할 때조차 건설적인 영 향을 미친다.

스칼라는 고계함수를 강력하게 지원한다. 부분적으로 적용된 함수나 커링과 같은 고급 기술에 대해서 살펴볼 시간은 없지만, 종종 코드 블록이라고 불리는 간단한 함수를 컬렉션에 매개변수 로 전달하는 방식에 대해서는 알아볼 것이다. 함수를 취해서 다른 변수나 매개변수에 할당하는 것도 가능하다. 함수를 함수에 집어넣을 수도 있고 함수가 함수를 리턴하게 할 수도 있다. 컬렉 션에 정의된 몇몇 흥미로운 메서드에 전달되는 입력 매개변수로서의 익명 함수에 초점을 맞춰 서 설명할 것이다.

foreach

첫 번째로 살펴볼 함수는 스칼라에서 순차 방문을 대표하는 foreach다. 컬렉션에서 정

의된 foreach는 Io에서처럼 코드 블록을 인수로 받아들인다. 스칼라에서는 코드 블록을
variableName => yourCode와 같은 식으로 나타낸다.

```scala
scala> val list = List("frodo", "samwise", "pippin")
list: List[java.lang.String] = List(frodo, samwise, pippin)

scala> list.foreach(hobbit => println(hobbit))
frodo
samwise
pippin
```

hobbit => println(hobbit)은 이름이 없는 함수를 의미하는 익명 함수anonymous function다. 이
표현은 => 왼쪽에 인수를 나타내고 코드의 본문은 오른쪽에 나타낸다. foreach는 이 익명 함수
를 받아들인 다음, 컬렉션 안에 있는 각각의 항목을 해당 익명 함수에 매개변수로 전달한다. 상
상할 수 있겠지만, 이와 동일한 기법을 집합과 맵에 대해서도 사용할 수 있다. 그 경우 항목 사
이의 순서는 보장되지 않는다.

```scala
val hobbits = Set("frodo", "samwise", "pippin")
hobbits: scala.collection.immutable.Set[java.lang.String] =
  Set(frodo, samwise, pippin)

scala> hobbits.foreach(hobbit => println(hobbit))
frodo
samwise
pippin

scala> val hobbits = Map( "frodo" -> "hobbit",
  "samwise" -> "hobbit", "pippin" -> "hobbit")
hobbits: scala.collection.immutable.Map[java.lang.String,java.lang.String] =
  Map(frodo -> hobbit, samwise -> hobbit, pippin -> hobbit)

scala> hobbits.foreach(hobbit => println(hobbit))
(frodo,hobbit)
(samwise,hobbit)
(pippin,hobbit)
```

물론 맵은 개별 항목이 아니라 튜플을 리턴할 것이다. 기억하겠지만 튜플의 양끝은 다음과 같
은 방식으로 접근할 수 있다.

```
scala> hobbits.foreach(hobbit => println(hobbit._1))
frodo
samwise
pippin

scala> hobbits.foreach(hobbit => println(hobbit._2))
hobbit
hobbit
hobbit
```

이런 익명 함수를 잘 이용하면 단순히 순차 방문을 하는 것 이상의 일을 할 수 있다. 몇 가지 기초적인 내용을 살펴본 다음 스칼라가 익명 함수와 컬렉션을 결합해서 수행하는 흥미로운 일들에 대해서 설명하겠다.

더 많은 리스트 메서드

List에 정의되어 있는 메서드를 몇 개 더 설명하도록 하자. 이러한 기초적인 메서드들은 리스트를 일일이 순차 방문하거나 재귀를 이용해서 방문할 때 필요한 기능을 제공한다. 우선 리스트가 비어 있는지 여부를 검사하거나 크기를 확인하는 메서드들이다.

```
scala> list
res23: List[java.lang.String] = List(frodo, samwise, pippin)

scala> list.isEmpty
res24: Boolean = false

scala> Nil.isEmpty
res25: Boolean = true

scala> list.length
res27: Int = 3

scala> list.size
res28: Int = 3
```

length와 size를 이용해서 리스트의 크기를 확인할 수 있음에 주목하기 바란다. 또한 Nil을 구현한 객체는 비어 있는 리스트라는 사실도 기억하라. 프롤로그처럼 재귀를 통해서 리스트의 머리와 꼬리에 접근할 수 있으면 유용할 것이다.

```
scala> list.head
res34: java.lang.String = frodo

scala> list.tail
res35: List[java.lang.String] = List(samwise, pippin)

scala> list.last
res36: java.lang.String = pippin

scala> list.init
res37: List[java.lang.String] = List(frodo, samwise)
```

주목할 만한 내용이 있다. 머리에서부터 재귀를 시작하려면 head와 tail을 이용하고, 꼬리부터 재귀를 시작하려면 last와 init을 이용할 수 있다. 재귀에 대해서는 뒤에서 좀 더 알아볼 것이다. 편의를 위한 몇 가지 메서드를 살펴보면서 기초적인 내용을 정리하도록 하자.

```
scala> list.reverse
res29: List[java.lang.String] = List(pippin, samwise, frodo)

scala> list.drop(1)
res30: List[java.lang.String] = List(samwise, pippin)

scala> list
res31: List[java.lang.String] = List(frodo, samwise, pippin)

scala> list.drop(2)
res32: List[java.lang.String] = List(pippin)
```

이러한 메서드들은 우리가 예상한 방식대로 동작한다. reverse는 주어진 리스트의 순서를 거꾸로 바꿔서 리턴하고, drop(n)은 리스트에서 처음 n개의 요소가 제거된 리스트를 리턴한다. 이때 원래 리스트 자체는 변경되지 않는다.

count, map, filter 및 기타 메서드

스칼라는 루비처럼 리스트의 내용을 변경하기 위한 함수를 여럿 포함하고 있다. 주어진 조건에 부합하는 방식으로 리스트를 필터링하고, 원하는 방식대로 리스트를 정렬하고, 개별적인 요소를 입력하여 새로운 리스트를 만들 수도 있고, 합산된 값을 만들어낼 수도 있다.

```
scala> val words = List("peg", "al", "bud", "kelly")
words: List[java.lang.String] = List(peg, al, bud, kelly)

scala> words.count(word => word.size > 2)
res43: Int = 3

scala> words.filter(word => word.size > 2)
res44: List[java.lang.String] = List(peg, bud, kelly)

scala> words.map(word => word.size)
res45: List[Int] = List(3, 2, 3, 5)

scala> words.forall(word => word.size > 1)
res46: Boolean = true
scala> words.exists(word => word.size > 4)
res47: Boolean = true

scala> words.exists(word => word.size > 5)
res48: Boolean = false
```

먼저 리스트를 만든다. 그다음에 크기가 2보다 큰 단어의 수를 센다. count는 word => word.size > 2라는 코드 블록을 호출해서 각각의 요소에 대해서 word.size > 2라는 표현을 검사한다. count 메서드는 이 표현이 true를 리턴하는 경우의 수를 헤아린다.

마찬가지로 words.filter(word => word.size > 2)는 루비의 select처럼 크기가 2보다 큰 단어들을 포함하는 새로운 리스트를 리턴한다. 이와 똑같은 패턴을 이용해서 map은 리스트 안에 있는 모든 단어들을 단어의 크기에 대응시키는 리스트를 만들어낸다. exists는 집합에 포함된 요소 중에서 주어진 코드 블록에 대해 true를 리턴하는 요소가 하나라도 있으면 true를 리턴한다.

경우에 따라서는 코드 블록을 일반화해서 무언가 더욱 강력한 기능을 만들 수도 있다. 예를 들어 전통적인 방식으로 정렬하는 방법이 필요할 수도 있다.

```
scala> words.sort((s, t) => s.charAt(0).toLowerCase < t.charAt(0).toLowerCase)
res49: List[java.lang.String] = List(al, bud, kelly, peg)
```

이 코드 블록은 s와 t라는 두 개의 매개변수를 받아들인다. 두 인수를 sort 메서드[4]를 이용해

----

4 2.8.0 버전에서 sort는 사용되지 않는다. 대신 sortWith를 사용하라.

서 원하는 방식대로 비교할 수 있다. 앞의 코드에서 우리는 문자를 모두 소문자로 바꾼 다음[5] 서로 비교했다. 이렇게 하면 대문자, 소문자 구별에 구애받지 않는 검색을 할 수 있다. 이와 비슷하게, 같은 메서드를 이용해서 단어의 크기에 따라서 리스트를 정렬하는 코드도 작성할 수 있다.

```scala
scala> words.sort((s, t) => s.size < t.size)
res50: List[java.lang.String] = List(al, bud, peg, kelly)
```

이와 같이 코드 블록을 이용하면 우리가 원하는 어떤 방식으로도 정렬을 수행할 수 있다. 이제 더 복잡한 예인 foldLeft에 대해서 살펴보자.

foldLeft

스칼라에서 foldLeft 메서드는 루비에서 inject 메서드와 비슷하다. 초기 값과 코드 블록을 제공하면, foldLeft는 배열의 각 요소와 함께 또 하나의 다른 값을 코드 블록에게 전달한다. 두 번째 값은 (첫 번째 호출을 위한) 초기 값이거나 (두 번째 호출부터 해당하는) 코드 블록으로부터 계산되어 리턴되는 값이다. 이 메서드에는 두 개의 버전이 있다. 첫 번째 버전인 /: 연산자는 initialValue /: codeBlock과 같은 방식으로 사용한다. 다음은 실제로 동작하는 코드의 예다.

```scala
scala> val list = List(1, 2, 3)
list: List[Int] = List(1, 2, 3)

scala> val sum = (0 /: list) {(sum, i) => sum + i}
sum: Int = 6
```

이와 같은 내용은 루비를 공부할 때 자세히 다뤘지만, 다시 살펴보는 것도 좋을 것 같다. 동작이 수행되는 과정은 다음과 같다.

- 하나의 값과 코드 블록을 이용해서 연산을 실행한다. 코드 블록은 sum과 i라는 두 개의 인수를 받아들인다.
- 처음에는 /:가 초기 값인 0과 리스트의 첫 번째 요소인 1을 읽어서 코드 블록에 전한다. 이때 sum은 0이고, i는 1이다. 0+1의 결과는 물론 1이다.
- 그다음에는 /:가 코드 블록이 연산을 수행한 결과인 1을 받아들이고 그것을 sum에 집어넣는다. 따라서 sum은 1이고 i는 리스트의 다음 요소인 2에 해당한다. 코드 블록이 실행된 결과는 3이다.

---

5 2.8.0 버전에서 toLowerCase는 사용되지 않는다. 대신 toLower를 사용하라.

- 끝으로 /:가 코드 블록이 연산을 수행한 결과인 3을 받아들여서 그것을 sum에 집어넣는다. 따라서 sum은 3이고 i는 리스트의 다음 요소인 3에 해당한다. sum+i는 6이다.

foldLeft의 또 다른 버전이 갖는 문법 구조는 이상하게 보일 것이다. 그것은 커링^{currying}이라는 개념을 사용한다. 함수 언어는 여러 개의 매개변수를 받아들이는 함수를 저마다의 매개변수를 받아들이는 여러 개의 작은 함수로 변형시키는 기법을 사용하는데, 이것이 커링이다. 커링에 대해서는 8장에서 하스켈을 공부할 때 더 자세히 살펴볼 것이다. 여기에서는 배후에서 동작하는 것들이 하나의 함수가 아니라 여러 개의 함수가 결합되어 있는 것이라는 정도만 이해하면 충분하다. 작동 방식과 문법은 다르지만 연산을 수행한 결과는 동일하다.

```scala
scala> val list = List(1, 2, 3)
list: List[Int] = List(1, 2, 3)

scala> list.foldLeft(0)((sum, value) => sum + value)
res54: Int = 6
```

list.foldLeft(0)((sum, value) => sum + value)에서 함수가 두 개의 매개변수 리스트를 가지고 있음에 주목하라. 바로 이것이 방금 이야기한 커링의 개념이다. 지금부터 이러한 메서드가 동작하는 모습을 계속 보게 될 것이다.

5.3.4 2일 차에 배운 내용

1일 차에는 이미 알고 있는 객체지향 기능을 살펴보느라 더 힘이 들었다. 2일 차에는 스칼라가 탄생한 이유인 함수 프로그래밍을 살펴보았다.

기본적인 함수부터 시작했다. 스칼라는 함수의 정의와 관련해서 유연한 문법을 가지고 있다. 컴파일러는 대부분 리턴 자료형을 유추할 수 있고, 함수의 본문은 한 줄로 작성된 코드 블록의 형태를 가질 수 있으며, 매개변수 리스트는 변할 수 있다.

그다음에는 다양한 컬렉션을 살펴보았다. 스칼라는 리스트, 맵, 집합이라는 세 가지 구조를 지원한다. 집합은 객체들의 컬렉션이다. 리스트는 순서를 갖는 컬렉션이다. 끝으로 맵은 키-값 짝을 저장한다. 루비와 마찬가지로 코드 블록과 컬렉션이 다양한 방식으로 결합되어 강력한 기능을 만들어낸다. 우리는 함수 프로그래밍 패러다임의 맛을 보여주는 컬렉션 API를 살펴보았다.

리스트에 대해서는 리스프에서처럼 리스트를 첫 번째 요소와 나머지로 구분하는 메서드를 사용할 수 있다. 그리고 따로 설명할 필요가 없는 count나 isEmpty 등의 메서드도 사용했다. 하지만 가장 강력한 메서드는 함수 블록을 취한 모습이었다.

우리는 리스트에 담긴 다양한 요소를 선택적으로 리턴하기 위해서 foreach와 filter를 사용했다. 리스트를 순차적으로 방문하면서 누적 총합처럼 어떤 값을 더하기 위해서 foldLeft를 사용하는 방법도 배웠다.

함수 프로그래밍의 대부분은 자바 스타일의 순차 방문 대신 고수준 구조물을 이용해서 컬렉션을 조작하는 방법으로 이루어진다. 이러한 기술은 3일 차에서 동시성 코딩, XML, 그리고 실전적인 예를 살펴볼 때 더 많이 사용하게 될 것이다. 준비하고 있기 바란다.

5.3.5 2일 차 자율 학습

이제 스칼라에 대해 많은 내용을 알게 되었으므로 그 안에 담긴 함수적인 측면이 눈에 보이기 시작할 것이다. 함수를 다룰 때는 언제나 컬렉션이 훌륭한 출발점을 제공한다. 다음 연습문제들은 함수만이 아니라 컬렉션을 사용하는 방법을 익히는 데 도움이 될 것이다.

다음을 찾아보라.

- 스칼라 파일을 사용하는 방법에 대한 논의
- 코드 블록과 클로저가 다른 이유

다음을 수행하라.

- foldLeft를 이용해서 문자열 리스트의 전체 크기를 계산하라.
- 욕설 Shoot과 Darn(지면상 가짜 욕설을 넣었다)을 욕이 아닌 Pucky와 Beans로 대체하는 메서드를 가진 Censor라는 트레이트를 작성하라. 이러한 욕설을 대체 단어에 대응시키기 위해서 맵을 이용하라.
- 욕설과 대체어를 파일에서 읽어 들여 위 문제를 처리하라.

5.4 3일: 털 다듬기

〈가위손〉에서 스토리가 절정으로 치닫기 직전에, 에드워드는 자신의 가위를 이용해 일상적인 예술을 수행하는 법을 터득한다. 나무를 손질해서 공룡을 만들고, 비달 사순 같은 기술을 발휘해서 환상적인 머리를 만들어내고, 요리를 손질하기까지 한다. 스칼라를 이용하다 보면 가끔 곤혹스러운 순간이 있기는 하지만, 스칼라가 손에 제대로 맞는다는 느낌이 들 때는 그것이 할 수 있는 일의 경계가 무한히 확장된다. XML이나 동시성처럼 어려운 작업이 거의 평범한 일처럼 느껴질 정도다. 살펴보자.

5.4.1 XML

현대 프로그래밍 문제는 종종 XML을 포함한다. 스칼라는 XML의 지위를 격상해 아예 언어 내부의 구조물로 포함하는 전략을 취했다. 그래서 XML을 마치 문자열처럼 쉽게 표현할 수 있다.

```
scala> val movies =
     | <movies>
     |    <movie genre="action">Pirates of the Caribbean</movie>
     |    <movie genre="fairytale">Edward Scissorhands</movie>
     | </movies>
movies: scala.xml.Elem =
<movies>
          <movie genre="action">Pirates of the Caribbean</movie>
          <movie genre="fairytale">Edward Scissorhands</movie>
       </movies>
```

movies라는 변수를 XML로 정의한 다음, 내부에 있는 요소들에 직접 접근할 수 있다.

예를 들어 내부의 텍스트만 추려서 보고 싶으면 단순히 이렇게 입력하면 된다.

```
scala> movies.text
res1: String =

         Pirates of the Caribbean
         Edward Scissorhands
```

그러면 XML 내부의 텍스트만 출력된다. 하지만 이렇게 XML 블록 전체를 다루는 데 국한되지 않는다. 이보다 더 선택적인 작업이 가능하다. 스칼라는 XML을 검색하기 위한 언어인 XPath와 비슷한 수준의 질의 언어를 구축할 수 있다.

하지만 // 키워드가 스칼라에서는 주석을 달 때 사용되므로 스칼라는 \와 \\를 이용한다. 가장 상위 노드를 찾으려면 다음과 같이 백슬래시 하나를 이용한다.

```
scala> val movieNodes = movies \ "movie"
movieNodes: scala.xml.NodeSeq =
  <movie genre="action">Pirates of the Caribbean</movie>
  <movie genre="fairytale">Edward Scissorhands</movie>
```

이 검색을 통해서 우리는 XML의 movie 요소를 찾았다. 인덱스를 이용해 개별 노드를 검색할 수도 있다.

```
scala> movieNodes(0)
res3: scala.xml.Node = <movie genre="action">Pirates of the Caribbean</movie>
```

인덱스 0에 위치한 노드, 즉 Pirates of the Caribbean을 찾았다. @ 기호를 이용해서 개별 XML 노드의 속성을 찾아볼 수도 있다. 예를 들어서 첫 번째 요소의 genre 속성을 찾고자 한다면 이렇게 검색한다.

```
scala> movieNodes(0) \ "@genre"
res4: scala.xml.NodeSeq = action
```

이 예는 실제로 할 수 있는 일의 맛보기 수준이다. 하지만 대충 감은 올 것이다. 프롤로그 스타일의 패턴 매칭을 혼합하면 더욱 멋진 일이 일어난다. 다음에는 간단한 문자열을 이용하는 패턴 매칭에 대해서 살펴볼 것이다.

5.4.2 패턴 매칭

패턴 매칭은 데이터의 일부분을 이용해서 코드를 조건적으로 실행하는 것이다. 스칼라는 XML을 해석하거나 스레드 사이에서 메시지를 전달하는 등의 경우에 패턴 매칭을 자주 사용한다.

다음은 패턴 매칭의 가장 간단한 모습을 보여준다.

```
scala/chores.scala
def doChore(chore: String): String = chore match {
    case "clean dishes" => "scrub, dry"
    case "cook dinner" => "chop, sizzle"
    case _ => "whine, complain"
}
println(doChore("clean dishes"))
println(doChore("mow lawn"))
```

우리는 "clean dishes"와 "cook dinner"라는 두 개의 할 일^{chore}을 정의했다. 각각의 할 일 옆에 코드 블록이 있다. 이 경우에는 코드 블록이 단순히 문자열을 리턴한다. 마지막에 정의한 할 일은 와일드카드인 _이다. 스칼라는 할 일에 해당하는 코드 블록을 실행하고, 매치하는 일이 없는 경우에는 "whine, complain"을 리턴한다. 다음과 같은 식이다.

```
>> scala chores.scala
scrub, dry
whine, complain
```

가드

패턴 매칭은 약간의 장식물도 가지고 있다. 프롤로그에서는 패턴 매칭이 종종 연관된 조건을 가지고 있었다. 스칼라를 이용해 팩토리얼을 계산하는 코드를 작성한다면, 각각의 match 구문에 대해서 조건을 설정해준다.

```
scala/factorial.scala
def factorial(n: Int): Int = n match {
    case 0 => 1
    case x if x > 0 => factorial(n - 1) * n
}
println(factorial(3))
println(factorial(0))
```

첫 번째 패턴은 0을 매치한다. 두 번째 패턴은 x > 0이라는 가드를 가지고 있으므로 0보다 큰 x에 대해서 매치한다. 이런 방법을 이용해서 매치에 다양한 조건을 설정할 수 있다. 패턴 매칭은 정규 표현식과 자료형에 대해서도 동작한다. 뒤에서 동시성을 공부할 때 빈 클래스들을 정의하고 패턴 매칭을 이용하는 예를 보게 될 것이다.

정규 표현식

스칼라는 정규 표현식을 내부적으로 지원한다. 문자열이 가지고 있는 .r 메서드는 어떤 문자열도 정규 표현식으로 해석할 수 있다. 다음은 문자열 앞에 있는 대문자 F 혹은 소문자 f를 매치하는 정규 표현식의 예다.

```
scala> val reg = """^(F¦f)\w*""".r
reg: scala.util.matching.Regex = ^(F¦f)\w*

scala> println(reg.findFirstIn("Fantastic"))
Some(Fantastic)

scala> println(reg.findFirstIn("not Fantastic"))
None
```

단순한 문자열에서 시작해보자. 문자열을 세 개의 따옴표로 이루어진 """"""를 이용해 둘러쌈으로써 내부에 여러 개의 문자열이 포함되거나 도중에 평가되는 것을 방지한다. .r 메서드는 문자열을 정규식으로 전환한다. 그다음 findFirstIn 메서드를 이용해 원하는 패턴의 첫 번째 출현을 찾는다.

```
scala> val reg = "the".r
reg: scala.util.matching.Regex = the

scala> reg.findAllIn("the way the scissors trim the hair and the shrubs")
res9: scala.util.matching.Regex.MatchIterator = non-empty iterator
```

이 예에서 우리는 정규 표현식을 만들고 findAllIn 메서드를 이용해서 "the way the scissors trim the hair and the shrubs"라는 문자열 안에서 the라는 단어가 출현하는 모든 경우를 찾았다. 원한다면 foreach를 이용해서 결과 리스트를 순차적으로 방문할 수도 있다. 그게 전부다. 이렇게 정규 표현식을 마치 문자열을 이용하는 것처럼 간편하게 사용할 수 있다.

XML과 매칭

스칼라에서 XML 문법을 패턴 매칭과 결합하는 것은 흥미롭다. XML 파일을 살펴보면서 다양한 XML 요소에 따라서 조건적으로 코드를 실행하는 것이 가능하다. 예를 들어 다음과 같은 영화 XML 파일을 생각해보자.

```
scala/movies.scala
val movies = <movies>
    <movie>The Incredibles</movie>
    <movie>WALL E</movie>
    <short>Jack Jack Attack</short>
    <short>Geri's Game</short>
</movies>

(movies \ "_").foreach { movie =>
    movie match {
        case <movie>{movieName}</movie> => println(movieName)
        case <short>{shortName}</short> => println(shortName + " (short)")
    }
}
```

예제는 트리에 있는 모든 노드를 찾아낸다. 그다음 패턴 매칭을 이용해서 short와 movie를 매치한다. 스칼라가 이렇게 XML 문법, 패턴 매칭, 그리고 XQuery를 닮은 언어를 이용해 흔히 수행하는 작업을 편리하게 만든 것이 나는 마음에 든다. 결과를 얻는 데 거의 아무런 노력이 필요하지 않다.

이것이 패턴 매칭의 기본적인 모습이다. 더 실전적인 내용은 동시성을 공부하면서 살펴볼 것이다.

5.4.3 동시성

스칼라의 가장 중요한 의미의 하나는 그것이 동시성을 다루는 방식에 있다. 주요한 구조물은 액터actor와 메시지 전달이다. 액터는 스레드 풀과 큐를 가지고 있다. 어떤 액터에 (! 연산자를 이용해서) 메시지를 전달하면, 해당 액터의 큐에 객체가 저장된다. 액터는 큐에서 메시지를 읽어서 필요한 동작을 수행한다. 액터는 종종 패턴 매칭을 이용해서 메시지를 감지하고 적절한 동작을 수행한다. 다음 예제를 살펴보자.

```
scala/kids.scala
import scala.actors._
import scala.actors.Actor._

case object Poke
case object Feed

class Kid() extends Actor {
  def act() {
    loop {
      react {
        case Poke => {
          println("Ow...")
          println("Quit it...")
        }
        case Feed => {
          println("Gurgle...")
          println("Burp...")
        }
      }
    }
  }
}

val bart = new Kid().start
val lisa = new Kid().start
println("Ready to poke and feed...")
bart ! Poke
lisa ! Poke
bart ! Feed
lisa ! Feed
```

이 프로그램에서 우리는 별다른 내용이 없는 Poke와 Feed라는 두 개의 싱글턴 객체를 만들었다. 이들은 아무 일도 수행하지 않고 메시지로 기능할 뿐이다. 이 프로그램의 핵심은 Kid 클래스에 담겨 있다. Kid는 액터다. 스레드 풀에서 동작하면서 큐를 통해 메시지를 전달받는다는 뜻이다. 큐에서 읽은 메시지를 하나씩 처리하고 다음 메시지로 넘어간다. 우리는 간단한 loop를 시작했다. 그 안에 react 구조물이 있다. react는 액터의 메시지를 전달받는다. 패턴 매칭은 적절한 메시지를 선별적으로 받아들이도록 한다. 즉 이 경우 메시지는 언제나 Poke 이니면 Feed다.

코드의 나머지 부분은 두 Kid 인스턴스를 만들고 그들에게 Poke 혹은 Feed 메시지를 전달함으로써 내용을 변경한다. 실행 결과는 다음과 같을 것이다.

```
batate$ scala code/scala/kids.scala
Ready to poke and feed...
Ow...
Quit it...
Ow...
Quit it...
Gurgle...
Burp...
Gurgle...
Burp...

batate$ scala code/scala/kids.scala
Ready to poke and feed...
Ow...
Quit it...
Gurgle...
Burp...
Ow...
Quit it...
Gurgle...
Burp...
```

나는 이 코드가 실제로 동시에 실행되는 것을 확인하기 위해서 여러 번 실행해보았다. 순서 가 다르다는 점에 주목하기 바란다. 액터를 사용할 때는 타임아웃에 반응하게 할 수도 있다 (reactWithin). 주어진 시간 내에 메시지가 전달되지 않으면 타임아웃이 발생하도록 만드는 것이다. 추가적으로 receive(스레드를 멈춘다) 혹은 receiveWithin(주어진 타임아웃 동안 에만 스레드를 멈춘다)을 이용할 수도 있다.

실전 동시성

위 예제 같은 심슨 시뮬레이션을 원하는 사람들은 많지 않을 테니, 뭔가 더 튼튼한 것을 만들어 보자. sizer라는 이 애플리케이션에서 우리는 웹 페이지의 크기를 계산한다. 우리는 몇 개의 페이지를 방문한 다음 그것들의 크기를 계산할 것이다. 기다리는 시간이 많으므로 이런 작업을 여러 개의 액터를 이용해서 동시에 수행하고자 한다. 프로그램 전체의 모습을 살펴보고, 개별 적인 내용은 하나씩 살펴보겠다.

scala/sizer.scala

```scala
import scala.io._
import scala.actors._
import Actor._

object PageLoader {
  def getPageSize(url : String) = Source.fromURL(url).mkString.length
}

val urls = List("http://www.amazon.com/",
                "http://www.twitter.com/",
                "http://www.google.com/",
                "http://www.cnn.com/" )

def timeMethod(method: () => Unit) = {
  val start = System.nanoTime
  method()
  val end = System.nanoTime
  println("Method took " + (end - start)/1000000000.0 + " seconds.")
}

def getPageSizeSequentially() = {
  for(url <- urls) {
    println("Size for " + url + ": " + PageLoader.getPageSize(url))
  }
}

def getPageSizeConcurrently() = {
  val caller = self

  for(url <- urls) {
    actor { caller ! (url, PageLoader.getPageSize(url)) }
  }
  for(i <- 1 to urls.size) {
    receive {
      case (url, size) =>
        println("Size for " + url + ": " + size)
    }
  }
}

println("Sequential run:")
timeMethod { getPageSizeSequentially }
```

```
println("Concurrent run")
timeMethod { getPageSizeConcurrently }
```

맨 위에서부터 시작하자. 동시성과 HTTP 질의와 관련된 작업을 수행하기 위해서 필요한 actors와 io 라이브러리를 불러오는 코드가 있다. 다음으로 우리는 URL로 주어진 페이지의 크기를 계산한다.

```
object PageLoader {
  def getPageSize(url : String) = Source.fromURL(url).mkString.length
}
```

그리고 몇 개의 URL을 이용해서 val을 만든다. 다음에는 각각의 웹 질의에 걸리는 시간을 재기 위한 메서드를 만든다.

```
def timeMethod(method: () => Unit) = {
  val start = System.nanoTime
  method()
  val end = System.nanoTime
  println("Method took " + (end - start)/1000000000.0 + " seconds.")
}
```

그리고 두 개의 서로 다른 메서드를 이용해 웹 질의를 전송한다. 처음에는 forEach 루프를 이용해 각 질의를 순차적으로 보낸다.

```
def getPageSizeSequentially() = {
  for(url <- urls) {
    println("Size for " + url + ": " + PageLoader.getPageSize(url))
  }
}
```

작업을 비동기적인 방식으로 처리하는 메서드는 다음과 같다.

```
def getPageSizeConcurrently() = {
  val caller = self

  for(url <- urls) {
    actor { caller ! (url, PageLoader.getPageSize(url)) }
  }
```

```
for(i <- 1 to urls.size) {
    receive {
        case (url, size) =>
            println("Size for " + url + ": " + size)
    }
  }
}
```

알다시피 우리는 이 액터에서 고정된 메시지 집합을 수신할 것이다. forEach 루프 안에서는 4개의 비동기적인 질의를 전송한다. 이 과정은 거의 순간적으로 일어난다. 다음에 우리는 receive를 이용해서 단순히 4개의 메시지를 수신한다. 이 메서드가 실질적인 작업이 일어나는 장소에 해당한다. 이제 테스트를 수행하기만 하면 된다.

```
println("Sequential run:")
timeMethod { getPageSizeSequentially }

println("Concurrent run")
timeMethod { getPageSizeConcurrently }
```

결과는 다음과 같다.

```
>> scala sizer.scala
Sequential run:
Size for http://www.amazon.com/: 81002
Size for http://www.twitter.com/: 43640
Size for http://www.google.com/: 8076
Size for http://www.cnn.com/: 100739
Method took 6.707612 seconds.
Concurrent run
Size for http://www.google.com/: 8076
Size for http://www.cnn.com/: 100739
Size for http://www.amazon.com/: 84600
Size for http://www.twitter.com/: 44158
Method took 3.969936 seconds.
```

예상대로 동시성을 활용한 루프가 더 빠르다. 이것은 스칼라가 가지고 있는 흥미로운 기능을 개괄적으로 살펴본 것이다. 이제 복습을 해보자.

5.4.4 3일 차에 배운 내용

3일 차에 배운 내용은 양은 많지 않지만 대단히 압축적이었다. 두어 개의 동시성 프로그램을 작성했고, XML 처리 과정을 직접 이용했으며, 액터를 이용한 분산 메시지 전송, 패턴 매칭, 정규 표현식 등을 공부했다.

이 장 전체에 걸쳐서 우리는 서로 기초를 제공하는 네 가지 기본 구조물을 학습했다. 첫째 스칼라에서 XML이 직접적으로 사용될 수 있음을 배웠다. 우리는 XQuery와 닮은 문법을 이용해서 개별적인 요소나 속성을 질의할 수 있었다.

그다음 스칼라가 구현하는 패턴 매칭에 대해 공부했다. 언뜻 보기에는 단순한 case 구문처럼 보였지만 가드, 자료형, 정규 표현식 등을 알아나감에 따라 그것이 가진 힘이 명백해졌다.

다음으로 동시성을 공부했다. 우리는 액터 개념을 이용했다. 액터는 동시성을 위해서 만들어진 객체다. 액터는 react와 receive 메서드를 둘러싼 loop 구문으로 사용하곤 한다. 이러한 루프 안에서 큐에 저장된 메시지를 읽어 들이고 필요한 작업을 수행하는 일이 일어난다.

끝으로 우리는 내부적 패턴 매칭을 살펴보았다. 우리는 클래스를 메시지로 활용했다. 이런 메시지는 작고, 가볍고, 단단하고, 필요한 작업을 수행하기에 편리하다. 메시지 안에 매개변수를 저장할 필요가 있으면, sizer 애플리케이션에서 URL을 처리할 때 그랬던 것처럼 클래스 정의 내부에 속성을 집어넣기만 하면 된다.

이 책에 담긴 다른 모든 언어와 마찬가지로, 스칼라는 이 책에서 본 것보다 훨씬 많은 내용을 담고 있다. 자바 클래스와 상호작용하는 방식은 여기에서 보았던 것보다 심오하다. 커링과 같은 어려운 개념은 그야말로 겉만 핥고 지나갔을 뿐이다. 스스로 더 많은 내용을 공부하고 싶다면 이 책에서의 학습을 통해 좋은 기초를 갖게 되었다고 생각하고 더 정진하라.

5.4.5 3일 차 자율 학습

스칼라가 가진 고급 기능에 대해서 살펴보았다. 이제 스칼라를 이용해서 스스로 페이스를 조절하며 공부할 수 있을 것이다. 앞에서처럼 여기서 풀 연습문제도 상당히 수준이 높다.

다음을 찾아보라.

- sizer 프로그램에서 만약 우리가 방문하고자 하는 링크에 대해서 새로운 액터를 하나씩 만들지 않는다면 어

떤 일이 일어나게 될까? 애플리케이션의 성능에 어떤 일이 일어나는가?

다음을 수행하라.

- sizer 애플리케이션을 이용해서 어느 페이지에 포함된 링크의 수를 세는 메시지를 추가하라.
- 보너스 문제: sizer가 주어진 페이지에 담긴 링크를 따라가도록 만들라. 그리고 방문한 페이지도 로드하라. 예를 들어 "google.com"에 대한 sizer는 구글 페이지의 크기와 그것이 가리키는 다른 모든 페이지의 크기를 계산해야 한다.

5.5 스칼라를 마무리하며

스칼라는 두 개의 프로그래밍 패러다임을 지원하기 때문에 앞에서 보았던 다른 언어들보다 더 철저하게 살펴보았다. 객체지향 기능으로 스칼라는 자바의 대안으로 굳건히 자리매김했다. 루비나 Io와 달리 스칼라는 정적 타이핑 전략을 사용한다. 문법적으로 보았을 때 스칼라는 자바로부터 중괄호, 생성자 등 많은 것을 가져왔다.

스칼라는 또한 함수 개념과 불변 변수 등을 강력하게 지원한다. 스칼라는 동시성과 XML에 강하게 초점을 맞추고 있기 때문에 현재 자바로 개발되어 있는 다양한 엔터프라이즈 애플리케이션을 개발하는 데 적합하다.

스칼라의 함수 패러다임 능력은 이 책에서 소개한 수준을 훨씬 뛰어넘는다. 커링, 완전한 클로저, 다중 매개변수 리스트, 혹은 예외 처리와 같은 구조물은 다루지 않았다. 하지만 이러한 기능들은 스칼라에게 강력함과 유연함을 제공하는 가치 있는 개념들이다.

스칼라가 가지고 있는 핵심적인 장점과 단점에 대해서 생각해보자.

5.5.1 핵심 강점

스칼라의 장점은 대부분 자바 환경과 잘 통합된다는 사실과 잘 설계된 기능을 중심으로 존재한다. 특히 액터, 패턴 매칭, XML의 통합은 매우 중요하며 훌륭하게 설계되어 있다. 장점을 녹록으로 살펴보자.

동시성

스칼라가 동시성을 다루는 방식은 동시성 프로그래밍에서 이루어지고 있는 주요한 발전을 반영한다. 액터 모델과 스레드 풀은 환영할 만한 발전이며, 변경 가능한 상태를 배제한 상태에서 애플리케이션을 만들 수 있도록 한 부분은 엄청난 발전이다.

Io에서도 보았고 이제 스칼라에서도 본 액터 패러다임은 개발자가 이해하기 쉽고 학술 커뮤니티에 의해 철저하게 탐구된 분야다. 자바와 루비는 모두 이 분야와 관련해서 개선된 기능을 부분적으로 사용하고 있다.

동시성 모델은 전체 스토리의 일부일 뿐이다. 객체들이 상태를 공유하는 경우에는 최선을 다해서 불변하는 값을 이용하도록 노력해야 한다. Io와 스칼라는 변경 가능한 상태를 허용하지만 불변성을 지원하는 라이브러리와 키워드를 제공함으로써 이 부분과 관련해서 성공을 거두었다. 불변성은 동시성과 관련해서 코드의 설계를 향상시키고자 할 때 사용할 수 있는 가장 중요한 기법이다.

끝으로 스칼라에서 관찰되는 메시지 전달 문법은 다음 장 얼랭에서 보게 될 내용과 흡사하다. 이러한 기능은 자바의 스레드 라이브러리와 비교하면 상당한 수준의 개선이다.

낡은 자바의 진화

스칼라는 이미 존재하는 강력한 사용자 기반에서 출발한다. 바로 자바 커뮤니티다. 스칼라 애플리케이션은 자바 라이브러리를 직접 사용할 수 있고, 필요하면 프록시 객체 코드를 생성함으로써 그렇게 할 수도 있다. 스칼라와 자바의 호환성interoperability은 탁월하다. 자료형을 유추하는 기능은 자바의 낡은 타이핑 시스템과 비교하면 절실하게 요구되었던 개선이다. 새로운 프로그래밍 커뮤니티를 형성하는 최선의 방법은 이미 존재하는 커뮤니티를 그대로 수용하는 것이다. 스칼라는 더 간결한 자바라는 의미 있는 아이디어를 실천하는 데 성공을 거두었다.

스칼라는 자바 커뮤니티에 새로운 기능을 제공하기도 한다. 코드 블록은 언어가 지원하는 기능의 일부이며, 핵심적인 컬렉션 라이브러리에서 잘 활용된다. 스칼라는 또한 트레이트라는 형태로 믹스인 기능을 지원하기도 한다. 패턴 매칭도 상당한 수준의 개선이다. 이러한 기능과 다른 기능을 활용하면 자바 개발자는 수준 높은 함수 패러다임을 공부하지 않으면서도 수준 높은 프로그래밍 언어를 손에 넣을 수 있다.

함수 구조물을 활용하면 실질적으로 향상된 애플리케이션을 만들 수 있다. 스칼라 애플리케이션은 보통 자바 애플리케이션에 비해 코드 분량이 일부분 정도에 불과하다. 이것은 대단히 중요하다. 좋은 프로그래밍 언어는 더 복잡한 아이디어를 최소한의 오버헤드를 야기하면서 적은 분량의 코드로 표현할 수 있어야 한다. 스칼라는 바로 이러한 부분을 성취했다.

DSL

스칼라가 가진 유연한 문법과 연산자 오버로딩은 루비 스타일의 도메인 언어를 개발하는 데 적합하다. 루비에서와 마찬가지로 스칼라의 연산자는 메서드와 다르지 않으며, 따라서 대개의 경우 그들을 오버라이드할 수 있다는 사실을 기억하라. 또한 선택적으로 사용할 수 있는 빈칸, 마침표, 세미콜론 등의 기호는 문법 자체가 다양한 형태를 가질 수 있도록 허용한다. 강력한 믹스인 기능을 이러한 문법과 같이 사용하면 DSL 개발자가 찾는 도구가 완성된다.

XML

스칼라는 내부적으로 통합된 XML 기능을 지원한다. 패턴 매칭은 여러 가지 형태의 XML 구조를 쉽게 해석할 수 있도록 한다. 복잡한 XML을 읽어 들일 수 있도록 해주는 XPath 문법의 지원은 단순하고 읽기 쉬운 코드를 가능하게 한다. 이러한 개선은 특히 XML을 많이 사용하는 자바 커뮤니티에 중요하고 환영할 만하다.

다리 놓기

새로운 프로그래밍 패러다임이 등장할 때마다 그들은 일종의 다리를 필요로 한다. 스칼라는 이러한 다리의 기능을 수행하기에 매우 적합하다. 함수 프로그래밍 모델은 동시성을 잘 지원하기 때문에 중요한 의미를 갖는다. 특히 요즘에는 프로세서가 점점 더 동시성을 추구하는 방향으로 진화하고 있다. 스칼라는 개발자가 함수 패러다임에 점진적으로 다가서는 것을 쉽게 만들어준다.

5.5.2 약점

나는 스칼라가 구현한 아이디어를 개념적으로는 좋아하는데, 실제 문법이라는 측면에서는 어렵고 학술적이라고 생각한다. 문법이라는 것이 취향에 좌우되는 측면이 많기는 하지만, 스칼라가 다른 언어에 비해서, 특히 나이 많은 개발자들의 눈에는, 어려운 부분이 많다는 점은 사실이다. 또한 스칼라가 다리를 놓는 사명에 충실하기 위해서 타협한 부분 때문에 본질적인 가치가 희생되는 지점도 존재한다. 내 눈에는 세 가지 정도의 약점이 눈에 띄는데, 모두 큰 약점이다.

정적 타이핑

정적 타이핑은 함수 프로그래밍 언어에서는 자연스럽지만, 객체지향용 자바 스타일 정적 타이핑 시스템은 문제가 있다. 경우에 따라 컴파일러가 요구하는 내용을 만족시키기 위해 개발자에게 짐을 씌워야 하는 경우가 있다. 정적 타이핑을 사용하면 그러한 짐의 무게가 생각보다 무거울 때가 있다. 이것이 코드, 문법, 프로그램 설계에 미치는 영향은 크다. 나는 스칼라를 공부하면서 정적 타이핑 때문에 언어의 문법과 프로그램 설계를 놓고 사투를 벌여야 할 때가 종종 있었다. 트레이트는 이러한 짐의 무게를 조금 덜어주었지만 개발자를 위한 유연성과 컴파일 시간에 요구되는 검사 사이에는 확실히 어떤 트레이드오프가 존재한다는 사실을 깨달았다.

이 책의 뒤에서 하스켈을 공부하면서 순수한 함수 언어가 갖는 강력한 정적 타이핑 시스템이 어떤 모습을 갖는지 보게 될 것이다. 두 프로그래밍 패러다임을 지원해야 한다는 사명감이 없는 타이핑 시스템은 훨씬 자연스럽고 생산적이게 되어, 다형성을 더 훌륭하게 지원하고 개발자에게는 더 적은 규율을 요구한다.

문법

나는 스칼라의 문법이 다소 학술적이고 어렵게 보인다고 느낀다. 문법이라는 것이 주관적인 측면이 있기 때문에 이러한 말을 책에서 하는 것을 망설였는데, 그렇다고 해도 어떤 문법은 정말 이해하기 어렵다. 스칼라는 때때로 생성자와 같은 자바의 전통을 고수한다. Person.new가 아니라 new Person이라고 적는 식이다. 인수 자료형과 같은 다른 경우에는 새로운 규칙을 사용한다. 자바에서는 setName(String name)이라고 쓰지만 스칼라에서는 setName(name: String)이라고 적는 식이다. 메서드가 리턴하는 자료형은 자바에서처럼 메서드의 앞에 오는 것이 아니라 메서드 선언의 맨 뒤로 밀려났다. 이와 같은 사소한 변경들 때문에 나는 코드 자체의 내용이 아니라 사소한 문법들에 대해 생각해야만 했다. 이런 차이들 때문에 스칼라와 자바 사이를 오가는 일은 필요 이상으로 노력이 필요하다.

변경 가능성

다리 역할을 하는 언어를 만들 때는 일종의 타협을 생각해야 한다. 스칼라가 수행한 중요한 타협의 하나는 변경 가능성을 허용하는 것이었다. var라는 이름의 키워드를 이용해서 스칼라는 판도라의 상자를 열었다. 변경 가능한 상태는 동시성과 관련해서 여러 가지 종류의 버그를 낳기 때문이다. 하지만 언덕 위 저택에서 살던 특별한 아이를 집으로 데려오려면 그 정도의 타협은 불가피할 수도 있다.

5.5.3 마치며

전체적으로 내가 경험한 스칼라에 대한 생각은 혼합된 감정이다. 정적 타이핑 시스템이 나를 실망시켰다. 그와 동시에 내 안에 살고 있는 자바 개발자는 개선된 동시성 모델, 자료형 유추, XML 관련 기능을 보면서 기뻐했다. 스칼라는 이러한 기능과 관련해서 상당한 수준의 진보를 성취했다.

만약 자바 프로그램 혹은 개발자에게 심각한 수준으로 투자를 한 상태라면 생산성을 향상시키기 위해서 스칼라를 사용할 만하다. 높은 수준의 동시성과 확장성을 요구하는 애플리케이션을 만들 때도 스칼라를 고려할 것이다. 상업적으로 보았을 때 프랑켄슈타인 같은 이 언어는 최대의 프로그래밍 커뮤니티를 그대로 포괄하면서 다리 역할을 충실하게 수행하고 있어 성공할 가능성이 매우 높다.

CHAPTER 6

얼랭

앤더슨, 저 소리가 들리나? 피할 수 없는 죽음의 소리가.　　　　　　　　– 스미스 요원

얼랭만큼 신비로운 언어는 드물다. 얼랭은 어려운 일을 쉽게 만들고, 동시에 쉬운 일을 어렵게 만든다. BEAM이라고 불리는 얼랭의 가상 머신은 여러 기업체에 배포되어 안정적으로 사용되고 있다. BEAM과 어깨를 나란히 할 수 있는 것은 오직 자바 가상 머신뿐이다. 얼랭은 효율적이다. 어떤 면에서는 믿기 어려울 정도로 효율적이라고 말할 수 있는데, 언어의 문법 자체는 예컨대 루비와 같은 우아함과 간결함은 결여되어 있다. 〈매트릭스〉에 등장하는 스미스 요원을 생각하면 적당하다.[1]

〈매트릭스〉는 1999년에 출시된 SF 고전이다. 우리가 살고 있는 세계를 가상의 세계, 즉 컴퓨터가 만들고 유지하는 하나의 환상으로 묘사한다. 스미스 요원은 매트릭스 안에서 실행되는 인공지능 프로그램으로서 어떤 형태의 모습도 가질 수 있고 모든 장소에서 동시에 나타나기 위해 물리적 법칙도 바꿀 수 있는 존재다. 그를 피할 수 있는 방법은 없다.

---

1 〈매트릭스〉, DVD, 앤디 워쇼스키, 라나 워쇼스키 감독, 1999 (버뱅크, CA: 워너 홈 비디오, 2007).

6.1 얼랭에 대하여

얼랭이라는 이름은 다소 이상하게 들리지만 에릭슨 언어^{Ericssion Language}의 약어인 동시에 덴마크 수학자의 이름이기도 하다. 애그너 크라루프 얼랭^{Agner Krarup Erlang}은 전신 네트워크 분석의 배후에 존재하는 수학과 관련해서 이름이 알려진 사람이다.

1986년에 조 암스트롱이 에릭슨에서 얼랭의 첫 버전을 개발한 이후, 지난 반세기 동안 지속적인 개선을 이루어왔다. 1990년대와 2000년대를 거쳐 지금까지도 꾸준히 관심을 모으고 있다. 클라우드 컴퓨팅과 관련해서 인기를 끌고 있는 데이터베이스 카우치디비와 심플디비를 구현하는 데 사용된 언어이기도 하다. 얼랭은 페이스북의 채팅 프로그램을 개발하는 데도 사용되었다. 얼랭은 다른 언어가 쉽게 지원하지 못하는 기능을 보유하고 있으며 지금도 성장하는 중이다. 바로 동시성과 안정성이다.

6.1.1 동시성을 위해 만들어지다

기본적으로 얼랭은 실시간에 가깝고, 고장 방지 기능을 갖추고, 그와 동시에 분산되어 있는 전신 애플리케이션을 만들기 위해 에릭슨이 수년간 진행한 연구의 산물이다. 당시 전신 시스템은 유지보수를 명목으로 다운될 수 없었으며, 소프트웨어 개발 과정은 터무니없을 정도로 비싼 비용을 요구했다. 에릭슨은 1980년대에 프로그래밍 언어를 연구하면서 이와 같은 요구사항을 충족할 수 있는 언어가 존재하지 않는다는 결론을 내렸다. 이러한 요구사항은 궁극적으로 완전히 새로운 기능을 갖춘 언어의 탄생을 초래했다.

얼랭은 안정성과 관련된 기능 상당수가 내장되어 있는 함수 언어다. 얼랭은 말이 되지 않을 정도로 안정적인 시스템을 구축할 수 있다. 전화 스위치는 유지보수를 위해서 다운시킬 수 있는 시스템이 아니다. 이러한 요구사항을 위해 얼랭은 전체 시스템을 다운시키지 않으면서 모듈을 대체할 수 있는 방법을 지원한다. 얼랭으로 만들어진 애플리케이션 중에는 유지보수를 위해 다운되지 않은 채 몇 년 동안 실행되고 있는 것도 많다. 그렇지만 얼랭이 가진 핵심적인 기능은 바로 동시성이다.

동시성 전문가들은 최선의 방법이 무엇인지에 대해서 항상 의견을 같이하지는 않는다. 그런 논쟁점 중의 하나는 스레드와 프로세스 중에서 어느 것이 동시성을 위해서 더 나은가 하는 점이다. 여러 개의 스레드가 모여서 하나의 프로세스를 만든다. 프로세스는 자기만의 자원을 갖는다. 스레드는 자기만의 실행 경로를 가지고 있지만 필요한 자원은 동일한 프로세스에 포함되어 있는 다른 스레드들과 공유한다. 일반적으로 스레드는 프로세스보다 가볍지만, 구체적인 구현 방법은 다양하다.

스레드 사용하지 않기

자바나 C 같은 많은 언어가 동시성을 위해서 스레드를 선택했다. 스레드는 더 적은 자원을 소비하므로, 이론적으로는 스레드를 사용하면 더 좋은 성능을 낳을 수 있다. 그렇지만 스레드가 가진 단점 중 하나는 스레드가 자원을 공유한다는 사실이 다루기 어려운 복잡성, 버그가 많은 코드, 그리고 병목현상의 가능성을 가진 잠금장치의 사용을 초래할 수 있다는 점이다. 자원을 공유하는 두 개의 애플리케이션 사이에서 통제를 관리하려면 스레딩 시스템은 세마포어나 운영체제 수준의 잠금장치를 요구한다. 얼랭은 이와 다른 방법을 채택했다. 프로세스를 최대한 가볍게 만드는 전략이 그것이다.

가벼운 프로세스

공유되는 자원과 병목현상이라는 늪을 건너려고 애쓰는 대신 얼랭은 가벼운 프로세스라는 철학을 선택했다. 얼랭의 창시자는 많은 프로세스로 이루어진 애플리케이션 내부에서 프로세스를 만들고, 관리하고, 서로 통신하게 만드는 과정을 단순하게 만들기 위해서 공을 들였다. 분산 메시지 전달은 언어 수준에서 지원하는 기본적인 구조물인 잠금장치에 대한 요구를 제거했고, 동시성 자체를 향상시켰다.

암스트롱은 Io와 마찬가지로 동시성을 위해서 액터를 사용했다. 따라서 메시지 전달은 핵심적인 개념이다. 스칼라에서 사용하는 메시지 전달 문법이 얼랭의 메시지 전달 문법과 매우 닮았다는 사실을 발견하게 될 것이다. 스칼라에서 액터는 스레드 풀에 의해 사용되는 객체를 의미한다. 얼랭에서 액터는 가벼운 프로세스다. 액터는 큐에 들어오는 메시지를 읽고 패턴 매칭을 사용해서 그것을 처리하는 방법을 결정한다.

안정성

얼랭은 에러를 검사하기 위한 전통적인 방법을 가지고 있지만, 얼랭 코드를 보면 일반적으로 생각하는 것에 비해 에러를 검출하기 위한 코드를 훨씬 더 적게 가지고 있음을 깨닫게 된다. 얼랭은 '크래시하도록 내버려두라let it crash'는 철학을 가지고 있다. 얼랭은 프로세스의 죽음을 모니터하는 방법을 쉽게 만들어놓았기 때문에 프로세스들을 없애고 새로 시작하는 작업이 단순하다.

코드를 핫스왑hot-swapp하는 것도 가능하다. 실행 중인 코드를 중지하지 않고 애플리케이션의 일부를 새로운 코드로 바꾸는 것이 가능하다는 뜻이다. 이러한 능력은 비슷한 분산 애플리케이션과 비교했을 때 훨씬 쉬운 유지보수가 가능함을 의미한다. 얼랭은 '크래시하도록 내버려두라'는 에러 전략을 핫스왑 및 가벼운 프로세스와 결합시킴으로써 유지보수와 관련해서 최소한의 오버헤드만 발생하도록 만들었다. 얼랭 애플리케이션들이 수 년 동안 단 한 번도 다운되지 않고 실행될 수 있는 이유가 여기에 있다.

이와 같이 얼랭의 동시성 기능은 엄청나게 매력적이다. 메시지 전달, 프로세스 생성, 프로세스 모니터링 같은 기본적인 기능이 모두 포함되어 있다. 프로세스는 기본적으로 매우 가볍기 때문에 제한된 자원의 용량을 걱정할 필요가 거의 없다. 언어 자체가 부수효과나 변경 가능성을 제거하는 방향으로 만들어졌고, 프로세스를 모니터하는 것도 대단히 쉽다. 이런 기능이 한자리에 모인 결과는 엄청나다.

6.1.2 조 암스트롱 박사와의 인터뷰

이 책을 쓰는 동안 나는 개인적으로 존경하는 사람들을 만날 수 있는 기회가 있었다. 적어도 이메일로 말이다. 얼랭을 만들었고 『프로그래밍 얼랭』(인사이드, 2008)을 쓴 조 암스트롱 박사는 정말 만나고 싶었던 사람 중 한 명이다. 마침내 얼랭을 처음으로 구현한 사람과 대화를 나눌 기회가 왔다. 그는 스웨덴 스톡홀름에서 살고 있었다.

브루스: 얼랭을 개발한 이유는 무엇입니까?

암스트롱 박사: 우연이라고 말할 수 있죠. 처음부터 새로운 언어를 개발하려고 마음먹었던 것은 아닙니다. 당시 우리는 전화 교환기를 통제하는 소프트웨어를 개발할 좋은 방법을 찾고 있었습니다. 처음에는 프롤로그를 사용하려고 했죠. 프롤로그는 환상적인 언어였지만 우리가 필요한 모든 것을 갖추고 있지는 않았어요. 프롤로그를 가지고 여러 가지 시도를 해보았습니다. 그러면서 "프롤로그가 동작하는 방식을 이렇게 바꾸면 어떻게 될까?"라는 질문을 계속 던지게 되었죠. 그래서 프롤로그에 병렬처리 기능을 추가하는 프롤로그 메타 인터프리

터를 작성했습니다. 그리고 에러를 다루는 메커니즘도 추가했죠. 그러다 보니 프롤로그에게 더해진 변화들이 그 자체로 새로운 이름을 얻게 되었습니다. 얼랭이라는 이름이죠. 얼랭은 이렇게 탄생하게 되었습니다. 그 이후 더 많은 사람이 프로젝트에 참여했고, 얼랭은 더 성장하게 되었고, 우리는 얼랭을 컴파일하는 새로운 방법을 추가했고, 더 많은 사람이 참여하고, 계속 그렇게 진행되었습니다.

브루스: 얼랭에서 가장 마음에 드는 부분은 무엇입니까?

암스트롱 박사: 에러 처리 기능과 코드를 동적으로 업그레이드할 수 있는 기능, 그리고 비트 수준의 패턴 매칭입니다. 에러 처리 기능은 얼랭에서 가장 덜 이해되는 부분이기도 한데요, 얼랭이 다른 언어와 가장 구별되는 부분이기도 합니다. '방어하지 않는undefensive' 프로그래밍 그리고 얼랭의 기본적인 철학인 '크래시하도록 내버려두라' 개념은 전통적인 프로그래밍 방법론과 정반대입니다. 하지만 그런 철학이 정말 간단하고 아름다운 프로그램을 가능하게 만듭니다.

브루스: 얼랭을 처음부터 다시 만들 수 있다면 고치고 싶은 부분은 무엇입니까? (혹은 얼랭이 가지고 있는 가장 큰 단점은 어떤 부분인지요.)

암스트롱 박사:어려운 질문이네요. 대답이 그때그때 달라질 것 같습니다. 언어에 이동성mobility을 추가해서 계산 과정을 네트워크를 통해 전송하는 기능이 있으면 좋을 것 같네요. 라이브러리 코드를 이용해서 이렇게 하는 것이 가능하긴 한데, 언어 자체에서는 지원이 되지 않거든요. 지금 생각하기로는 얼랭의 최초 뿌리로 되돌아가서 프롤로그 비슷한 술어 논리predicate logic를 언어에 더하는 것이 좋을 것 같습니다. 술어 논리와 메시지 전달을 결합하는 기능 같은 거 말이에요.

그다음에는 해시맵, 고계 모듈 등 작지만 바람직한 변화를 도입하는 것이 좋을 것 같고요.

아예 처음부터 다시 작성하게 된다면 분량이 커다란 코드를 담고 있는 프로젝트를 어떻게 운영하는지, 코드의 버전을 어떻게 관리하는지, 필요한 내용을 어떻게 찾는지, 코드가 어떻게 진화해나가는지 등과 같이 코드 관리를 통합하는 부분에 대해 많은 노력을 기울일 것 같습니다. 코드의 분량이 많아지면, 프로그래머의 일은 최초의 코드를 작성하는 일에서 이미 존재하는 코드를 찾아서 수정하는 일로 바뀌게 됩니다. 따라서 필요한 내용을 찾아서 관리하는 작업은 지속적으로 중요한 의미를 획득하게 됩니다. 예를 들어서 깃Git이나 머큐리얼, 타이핑 시스템 등을 언어 자체에 포함시켜서 코드가 어떤 경로로 진화했는지를 쉽게 이해할 수 있도록 만들면 좋지 않을까 생각합니다.

브루스: 얼랭이 실제로 사용된 현장 중에서 가장 뜻밖이었던 장소는 어디입니까?

> **암스트롱 박사:** 글쎄요. 이런 일이 일어나리라는 사실을 알고 있었기 때문에 놀라지는 않았
> 습니다. 우분투 버전을 카믹 코알라로 업그레이드했을 때 잘 감추어진 얼랭 코드가 백그라
> 운드에서 동작하고 있는 것을 발견한 적이 있습니다. 제 컴퓨터에서 실행되고 있는 카우치
> 디비를 지원하기 위한 코드였죠. 이렇게 눈에 띄지 않은 채 얼랭 코드를 실행하고 있는 컴퓨
> 터가 천만 대에 이릅니다.

이 장에서 우리는 얼랭의 기초를 다룰 것이다. 그다음 얼랭이 가진 함수 언어의 측면을 살펴볼
것이다. 끝으로 우리는 동시성, 그리고 안정성과 관련된 멋진 기능을 잠시 살펴볼 것이다. 그렇
다. 안정성 기능조차 멋질 수 있다는 말은 사실이다.

6.2 1일: 사람 모습을 하기

스미스 요원은 매트릭스라고 알려진 가상세계를 교란시키는 다른 프로그램을 죽이는 컴퓨터
프로그램 혹은 시뮬레이션된 사람이다. 그가 위험한 이유의 하나는 그가 사람 행세를 할 수 있
다는 점이다. 이 절에서 우리는 범용 애플리케이션을 만들기 위한 얼랭의 능력을 살펴볼 것이
다. 나는 최선을 다해 얼랭이 '평범해' 보이도록 할 것이다. 그렇게 하는 것이 쉬운 일은 아니다.

순수한 객체지향 프로그래머의 입장에서 책을 읽고 있다면 약간 어렵게 느껴질 수도 있다. 하
지만 저항하지는 말라. 루비에서 이미 코드 블록을 보았고, Io에서 액터를 보았고, 프롤로그에
서 패턴 매칭을 보았으며, 스칼라에서 분산 메시지 전달을 보았다. 이들은 모두 얼랭에서 기초
를 제공하는 기능이다. 이 장은 또 하나의 중요한 개념을 설명하는 데서 출발한다. 얼랭은 이
책에서 만나는 언어 중에서 최초의 함수 언어다(스칼라는 함수와 객체지향을 섞어놓은 언어
다). 즉 다음을 뜻한다.

- 프로그램이 전적으로 함수로 구성되며, 객체는 어디에도 없다.
- 이러한 함수들은 대개 입력이 같으면 언제나 동일한 내용을 리턴한다.
- 이러한 함수들은 대개 부수효과가 없다. 즉, 프로그램의 상태를 변경하지 않는다.
- 변수에 값을 오직 한 차례만 할당할 수 있다.

첫 번째 규칙만으로도 견디기 쉽지 않은데, 나머지 세 개의 규칙이 더해지면 적어도 잠시 동안

정신을 차리지 못할 것이다. 코드를 이런 식으로 작성하면 동시성과 관련된 기능이 전과 완전히 달라진다는 점을 기억해두기 바란다. 코드에서 변경 가능한 상태를 제거하면 동시성과 관련된 코드의 내용이 극적으로 단순해진다.

이러한 규칙을 주의 깊게 읽었다면 두 번째와 세 번째 규칙에 '대개'라는 표현이 들어가 있음을 눈치챘을 것이다. 얼랭은 순수 함수 언어가 아니다. 약간의 예외를 포함한다. 이 책에서는 하스켈만이 유일한 순수 함수 언어다. 하지만 얼랭을 통해 순수한 스타일의 함수 프로그래밍의 진수를 맛볼 수 있을 것이고, 일반적으로 이러한 규칙에서 벗어나지 않는 코드를 작성하게 될 것이다.

6.2.1 시작하기

나는 얼랭 버전 R13B02를 사용했다. 하지만 이 장은 기본적인 내용을 다루고 있으므로 어떤 버전을 사용해도 상관없을 것이다. 콘솔에 erl라고 입력하면(윈도우에서는 werl) 얼랭의 셸을 볼 수 있다.

```
batate$ erl
Erlang (BEAM) emulator version 5.4.13 [source]

Eshell V5.4.13 (abort with ^G)
1>
```

앞에서와 마찬가지로 우리는 일단 셸 위에서 많은 시간을 보내게 될 것이다. 얼랭은 자바처럼 컴파일되는 언어다. c(파일명). 이렇게 하면 컴파일할 수 있다(끝에 있는 마침표는 반드시 찍어야 한다). Ctrl+C를 입력하면 콘솔 혹은 루프에서 빠져나올 수 있다.

6.2.2 주석, 변수, 표현

기본적인 문법을 몇 개 살펴보자. 콘솔을 열어서 이렇게 입력해보라.

```
1> % 이것은 주석이다
```

간단하다. 주석은 % 기호로 시작하고 같은 줄에서 % 뒤 모든 내용을 주석으로 처리한다. 얼랭은 주석을 빈칸 하나라고 해석한다.

```
1> 2 + 2.
4
2> 2 + 2.0.
4.0
3> "string".
"string"
```

각 명령어는 마침표로 끝난다. 그리고 문자열, 정수, 실수 같은 기본적인 자료형이 존재한다. 이제 리스트를 보자.

```
4> [1, 2, 3].
[1,2,3]
```

프롤로그 패밀리 언어들과 마찬가지로 리스트는 대괄호로 표현된다. 다음은 약간 뜻밖의 결과를 초래하는 코드다.

```
4> [72, 97, 32, 72, 97, 32, 72, 97].
"Ha Ha Ha"
```

결국 문자열은 사실 리스트다. 스미스 요원이 비웃고 있는 것처럼 들린다. 2 + 2.0라는 명령은 얼랭이 기본적인 형 변환을 수행한다는 사실을 알려준다. 잘못된 자료형을 이용해서 명령이 에러를 보고하도록 만들어보자.

```
5> 4 + "string".
** exception error: bad argument in an arithmetic expression
  in operator +/2
     called as 4 + "string"
```

스칼라와 달리 문자열과 정수 사이에 형 변환은 일어나지 않는다. 이제 변수에 값을 할당해보자.

```
6> variable = 4.
** exception error: no match of right hand side value 4
```

아하. 얼랭이 제대로 처리하지 못하는 일이 있음을 목격하게 되었다. 성격이 못된 이 언어는 때로 생각이 너무 지나치다. 이 에러 메시지는 얼랭의 패턴 매칭으로부터 발생하는 에러다. variable이 원자이기 때문에 에러가 발생했다. 변수는 반드시 대문자로 시작해야 한다.

```
7> Var = 1.
1
8> Var = 2.

=ERROR REPORT==== 8-Jan-2010::11:47:46 ===
Error in process <0.39.0> with exit value: {{badmatch,2},[{erl_eval,expr,3}]}

** exited: {{badmatch,2},[{erl_eval,expr,3}]} **
8> Var.
1
```

보는 바와 같이 변수는 항상 대문자로 시작하고, 한번 할당된 값은 변경할 수 없다. 값은 한 번만 할당될 수 있다. 바로 이 개념이 함수 프로그래밍을 처음 시작하는 사람에게 쉽게 받아들이기 어려운 개념이다. 조금 더 복잡한 내용과 함께 기본적인 자료형에 대해서 알아보자.

6.2.3 원자, 리스트, 튜플

함수 언어에서는 기호symbol가 다른 언어에서보다 중요하다. 기호는 가상 기초적인 데이터 요소이며 프로그래머가 원하는 어떤 내용이라도 나타낼 수 있다. 이 책에 등장하는 모든 언어가 저마다의 기호 체계를 가지고 있음을 확인했다. 얼랭에서는 기호가 원자atom라는 이름으로 불리고 항상 소문자로 시작한다. 기호는 무언가를 나타내기 위해서 사용할 수 있는 더 이상 쪼개질 수 없는 값을 의미한다. 기호를 이용하는 방식은 이렇다.

```
9> red.
red
10> Pill = blue.
blue
11> Pill.
blue
```

red와 blue는 원자다. 실제 세계의 사물을 표현하기 위해서 사용할 수 있는 임의의 이름이다. 우선 red라는 간단한 원자를 리턴했다. 다음으로 우리는 blue라는 이름의 원지를 Pill이라는 변수에 할당했다. 뒤에 등장하는 더 정교한 자료구조에서 사용하게 되면 원자가 갖는 흥미로운 측면이 눈에 더 잘 뜨이게 된다. 여기에서는 리스트를 통해서 기초적인 이해만 하고 넘어가도록 하자. 리스트는 대괄호를 이용해서 정의한다.

```
13> [1, 2, 3].
[1,2,3]
14> [1, 2, "three"].
[1,2,"three"]
15> List = [1, 2, 3].
[1,2,3]
```

리스트 문법은 익숙하다. 리스트는 서로 다른 타입을 포함할 수 있으며 크기에 제한이 없다. 리스트는 다른 값과 마찬가지로 변수에 할당할 수 있다. 튜플은 리스트와 비슷하지만 길이가 정해져 있다.

```
18> {one, two, three}.
{one,two,three}
19> Origin = [0, 0].
{0,0}
```

이상한 점은 없다. 프롤로그로부터 받은 영향의 흔적이 눈에 뜨이는 정도다. 나중에 패턴 매칭에 대해서 알아볼 때 튜플을 매치하는 경우에는 크기가 중요하다는 사실을 보게 될 것이다. 크기가 3인 튜플을 크기가 2인 튜플에 매치할 수는 없다. 하지만 리스트를 매치할 때는 프롤로그에서와 마찬가지로 크기가 다를 수 있다.

루비에서는 어떤 이름과 값을 짝으로 묶을 때 해시맵을 사용한다. 얼랭에서는 맵이나 해시 기능을 위해서 종종 튜플이 사용된다.

```
20> {name, "Spaceman Spiff"}.
{name,"Spaceman Spiff"}
21> {comic_strip, {name, "Calvin and Hobbes"}, {character, "Spaceman Spiff"}}.
{comic_strip, {name,"Calvin and Hobbes"},
        {character,"Spaceman Spiff")}
```

만화책 『캘빈과 홉스Calvin and Hobbes』를 설명하기 위해 해시를 사용해봤다. 해시 키에 원자를 사용하고 값은 문자열로 나타낸다. 만화의 리스트를 튜플로 나타내는 식으로, 리스트와 튜플을 함께 섞어서 사용할 수도 있다. 그렇다면 리스트나 튜플이 담고 있는 개별적인 요소엔 어떻게 접근하는가? 프롤로그를 기억하고 있다면 생각이 올바른 방향으로 전개될 것이다. 바로 패턴 매칭을 사용하는 것이다.

6.2.4 패턴 매칭

앞에서 프롤로그를 읽었으면 이미 패턴 매칭에 대해서는 훌륭한 기초가 마련되어 있는 셈이다. 한 가지 중요한 차이점만 이야기해두고 싶다. 프롤로그에서는 하나의 규칙을 정의할 때 데이터 베이스에 존재하는 모든 값에 대한 매치를 염두에 두고 있으며, 프롤로그 자체가 모든 가능한 조합에 대한 검색을 수행한다. 얼랭이 동작하는 방식은 스칼라에 더 가깝다. 매치는 단 하나의 값에 대해 발생한다. 튜플에서 값을 읽어 들이기 위해서 패턴 매칭을 사용해보자. 다음과 같이 사람을 위한 정보가 있다고 해보자.

```
24> Person = {person, {name, "Agent Smith"}, {profession, "Killing programs"}}.
          {person,{name,"Agent Smith"},
                {profession,"Killing programs"}}
```

이름을 Name에, 직업을 Profession에 할당하고 싶다고 해보자. 그러한 매칭은 다음과 같은 모습일 것이다.

```
25> {person, {name, Name}, {profession, Profession}} = Person.
{person,{name,"Agent Smith"},
       {profession,"Killing programs"}}
26> Name.
"Agent Smith"
27> Profession.
"Killing programs"
```

얼랭은 자료구조 안에 있는 변수를 튜플에 있는 값에 매치할 것이다. 원자는 그대로 자기 자신에게 매치되므로, 할 일은 Name이라는 변수를 "Agent Smith"라는 값에 매치하고 Profession을 "Killing programs"에 매치하는 것뿐이다. 이러한 기능은 프롤로그에서와 거의 비슷한 방식으로 동작하며, 앞으로 조건에 따라 판단을 내리는 코드를 작성할 때 계속 사용하게 되는 기본적인 구조물이다.

루비 혹은 자바 스타일의 해시에 이미 익숙한 사람이라면, person이라는 초기 원자를 필요로 하는 부분이 이상하게 보일지도 모른다. 얼랭에서는 종종 여러 개의 매칭 명령문과 여러 종류의 튜플을 사용한다. 자료구조를 이와 같은 방식으로 설계하면 다른 내용을 건드리지 않으면서 사람에 대한 정보를 담고 있는 튜플만 빠르게 매치힐 수 있다.

리스트 패턴 매칭은 프롤로그와 거의 비슷하다.

```
28> [Head | Tail] = [1, 2, 3].
[1,2,3]
29> Head.
1
30> Tail.
[2,3]
```

누워서 떡 먹기다. 리스트의 헤드 부분에서 변수를 이용해서 값을 바인딩할 수도 있다.

```
32> [One, Two|Rest] = [1, 2, 3].
[1,2,3]
33> One.
1
34> Two.
2
35> Rest.
[3]
```

리스트에 충분히 많은 요소가 담겨 있지 않으면, 패턴 매칭이 실패한다.

```
36> [X|Rest] = [].
** exception error: no match of right hand side value []
```

이제 앞에서 보았던 에러 메시지가 차츰 이해가 되기 시작할 것이다. 변수의 이름을 대문자로
시작해야 한다는 사실을 잠시 잊었다고 생각해보자. 그러면 다음과 같은 에러를 만나게 될 것
이다.

```
31> one = 1.
** exception error: no match of right hand side value 1
```

앞에서 보았던 것처럼 = 명령문은 단순히 값을 할당하는 문장이 아니다. 그것은 사실 패턴 매
칭이다. 위의 명령문은 얼랭에게 1이라는 정수를 one이라는 원자에게 매치하라고 말한 것이다.
하지만 그런 패턴 매칭은 일어날 수 없다.

비트 매칭

때로는 비트 수준의 데이터에 접근해야 할 때가 있다. 많은 데이터를 좁은 공간에 집어넣거나
JPEG, MPEG처럼 미리 정의되어 있는 포맷을 다룰 때는 비트 하나하나의 위치가 특별한 의
미를 갖는다. 얼랭은 여러 조각의 데이터를 하나의 바이트 안에 집어넣는 일을 쉽게 만들어준

다. 이런 작업을 수행하려면 싸기^{pack}와 풀기^{unpack}라는 두 개의 연산이 필요하다. 얼랭에서 비트맵은 다른 종류의 컬렉션과 동일한 방식으로 동작한다. 자료구조를 싸는 연산을 수행하려면 다음과 같이 얼랭에게 각 항목이 몇 개의 비트로 이루어지는지만 말해주면 된다.

```
1> W = 1.
1
2> X = 2.
2
3> Y = 3.
3
4> Z = 4.
4
5> All = <<W:3, X:3, Y:5, Z:5>>.
<<"(d">>
```

이 생성자에서 《《와 》》는 이진수 패턴을 정의한다. 이 경우에는 W라는 변수가 3비트, X라는 변수가 3비트, Y라는 변수가 5비트, Z라는 변수가 5비트를 차지한다고 정의하고 있다. 이렇게 정의를 내렸으면, 푸는 연산도 필요하다. 문법이 어떤 모습을 하고 있을지 쉽게 상상할 수 있을 것이다.

```
6> <<A:3, B:3, C:5, D:5>> = All.
<<"(d">>
7> A.
1
8> D.
4
```

튜플이나 리스트와 마찬가지로 똑같은 문법을 통해 패턴 매칭이 알아서 작업을 수행하도록 했다. 이런 비트 수준의 연산자를 활용하면 얼랭은 저수준의 작업을 놀라울 정도의 성능으로 수행할 수 있다.

이 장에 등장하는 개념들을 이미 앞에서 본 적이 있기 때문에 상당히 많은 내용을 빠른 속도로 다루고 있다. 믿기 어렵겠지만 우리는 이미 얼랭의 1일 차 내용을 벌써 다 짚은 셈이다. 하지만 아직 가장 중요한 개념인 함수에 대해서 말하지 않았다.

6.2.5 함수

스칼라와 달리 얼랭은 동적 타이핑을 사용한다. 데이터 요소에 특정한 자료형을 정하거나 할당하는 일에 신경을 쓰지 않아도 좋다는 뜻이다. 루비와 마찬가지로 얼랭의 타이핑은 동적이다. 얼랭은 자료형 정보를 따옴표나 소수점 같은 문법적인 단서에 의거해서 실행 시간에 바인딩한다. 이 시점에서 콘솔을 새로 시작하는 것이 좋을 것이다. 그리고 몇 가지 용어에 대해 살펴보자. 앞으로 함수를 .erl이라는 확장자를 가진 파일에 저장할 것이다. 이 파일은 모듈을 위한 코드를 저장하고, 컴파일하면 .beam이라는 확장자를 갖는 파일을 출력한다. 이 파일은 BEAM이라는 이름을 가진 가상 머신 위에서 실행된다.

이제 기본적인 함수를 몇 개 만들어볼 시간이 되었다.

다음과 같은 내용을 담은 파일을 만들어보라.

```
erlang/basic.erl
-module(basic).
-export([mirror/1]).

mirror(Anything) -> Anything.
```

첫째 줄은 모듈의 이름을 정하고 있다. 두 번째 줄은 모듈 바깥에서 사용하고자 하는 함수를 정의한다. 그 함수는 mirror라는 이름을 가지고 있고, /1은 그 함수가 인수를 한 개 받아들인다는 사실을 의미한다. 끝으로 함수 자체의 정의가 뒤를 따른다. 바로 이 지점에서 프롤로그 스타일 규칙이 영향을 미치고 있음을 확인할 수 있을 것이다. 이러한 함수 정의는 함수의 이름을 정하고 어떤 인수가 주어지는지도 정한다. ->라는 기호가 있는데 그것은 단순히 첫 번째 인수를 리턴하는 함수를 정의하고 있다.

이렇게 함수가 정의되었으니 이제 파일을 저장하고, 그 디렉터리에서 콘솔을 새롭게 시작해보자. 그러면 다음과 같이 컴파일할 수 있다.

```
4> c(basic).
{ok,basic}
```

이렇게 basic.erl을 컴파일한 것이다. 같은 디렉터리 안에서 basic.bean 파일을 찾을 수 있을 것이다. 그 파일을 다음과 같이 실행할 수 있다.

```
5> mirror(smiling_mug).
** exception error: undefined shell command mirror/1
6> basic:mirror(smiling_mug).
smiling_mug
6> basic:mirror(1).
1
```

함수 이름만으로는 충분하지 않음에 주목하기 바란다. 콜론 앞에 모듈 이름을 함께 포함해야 한다. 함수와 관련된 내용은 이렇게 간단하다.

한 가지 주목할 부분이 있다. Anything을 두 개의 서로 다른 자료형에 바인딩할 수 있었다. 얼랭은 동적 타이핑을 사용하기 때문이다. 이러한 유연성은 내게 상쾌하게 다가온다. 스칼라의 강한 타이핑 시스템을 다루다가 얼랭을 다루는 느낌은 시베리아 혹은 최소한 피오리아에서 주말을 보내다 다시 따뜻한 집으로 돌아온 느낌이다.

약간 더 복잡한 함수를 살펴보자. 이번 함수는 패턴 매칭의 대상이 여러 개다.

erlang/matching_function.erl
```
-module(matching_function).
-export([number/1]).

number(one)   -> 1;
number(two)   -> 2;
number(three) -> 3.
```

이 코드는 다음과 같이 실행할 수 있다.

```
8> c(matching_function).
{ok,matching_function}
9> matching_function:number(one).
1
10> matching_function:number(two).
2
11> matching_function:number(three).
3
12> matching_function:number(four).
** exception error: no function clause matching matching_function:number(four)
```

매치될 가능성을 여러 개 담고 있는 함수는 처음 소개하는 것이다. 각각의 가능한 매치가 함수 이름, 매치되는 인수, 그리고 -> 기호 뒤에 실행되는 코드를 담고 있다. 이 경우에는 얼랭이 정수 값을 리턴한다. 코드를 보면 마지막 명령문만 마침표로 끝냈고 나머지는 모두 세미콜론으로 끝냈다.

Io, 스칼라, 프롤로그에서와 마찬가지로 재귀가 커다란 역할을 수행한다. 얼랭은 프롤로그처럼 꼬리 재귀 최적화를 수행한다. 다음은 재귀를 이해하기 위해 대표적으로 사용되는 예제인 팩토리얼을 구하는 함수다.

```erlang
erlang/yet_again.erl
-module(yet_again).
-export([another_factorial/1]).
-export([another_fib/1]).

another_factorial(0) -> 1;
another_factorial(N) -> N * another_factorial(N-1).

another_fib(0) -> 1;
another_fib(1) -> 1;
another_fib(N) -> another_fib(N-1) + another_fib(N-2).
```

흔히 보는 팩토리얼 함수와 다르지 않으며, 다른 언어에서 사용하는 재귀를 그대로 사용하고 있다. 팩토리얼을 다루었으니 피보나치 수열에 대해서도 짚고 넘어가면 좋을 것 같다.

예제의 함수를 실행해보자.

```
18> c(yet_again).
{ok,yet_again}
19> yet_again:another_factorial(3).
6
20> yet_again:another_factorial(20).
2432902008176640000
21> yet_again:another_factorial(200).
78865786736479050355236321393218506229513597768717326329474253324435
94499634033429203042840119846239041772121389196388302576427902426371
05061926624952829931113462857270763317237396988943922445621451664240254
03329186413122742829485327752424240757390324032125740557956866022603
1904170324062351700858796178922222789623703897374720000000000000000000
000000000000000000000000000000000000000000
22> yet_again:another_factorial(2000).
```

```
3316275092450633241175393380576324038281117208105780394571935437060380
7790560082240027323085973259225540235294122583410925808481741529379613
1386633526343688905634058556163940605117252571870647856393544045405243
9574670376741087229704346841583437524315808775336451274879954368592474
... 중략 ...
0000000000000000000000000000000000000000000000000000000000000000000000
```

훌륭하다. 다른 언어에서 보던 것과는 확실히 다른 결과다. 이제 우리는 스미스 요원과 얼랭을 비교하는 것이 어떤 의미인지 이해하기 시작했다. 이 코드를 실제로 실행해보지 않았다면, 내 말을 믿기 바란다. 이것은 눈 깜빡할 사이에 출력된 결과다. 정수의 한계가 어느 정도인지 모르겠지만, 이 정도 성능이라면 충분하다고 말할 수밖에 없다.

이 정도면 훌륭한 출발점이 되었다. 몇 개의 간단한 함수를 만들고 실행도 시켜보았다. 이제 오늘 공부한 내용을 정리할 시간이다.

6.2.6 1일 차에 배운 내용

얼랭은 함수 언어다. 강하고 동적인 타이핑을 사용한다. 문법과 관련해서 많은 내용이 있는 것은 아니지만 대체로 문법의 모습은 일반적인 객체지향 언어의 모습과 조금도 닮지 않았다.

얼랭은 프롤로그와 마찬가지로 객체라는 개념을 갖지 않는다. 실제로 얼랭은 프롤로그와 밀접한 관련성을 가지고 있다. 패턴 매칭 구조와 여러 개의 진입점entry point을 가진 함수[2]라는 내용은 이미 어느 정도 익숙하게 보일 것이고, 대부분의 문제를 재귀라는 방법을 통해서 해결하게 될 것이다. 함수 언어는 변경 가능한 상태 혹은 심지어 부수효과라는 개념을 갖지 않는다. 프로그램이 상태를 갖는 것은 바람직하지 않게 여겨지기 때문이다. 그 대신 부수효과를 갖는 것과 비슷한 작업을 수행하기 위한 몇 개의 트릭을 배우게 될 것이다. 또한 동전의 다른 면도 확인하게 될 것이다. 프로그램에서 상태와 부수효과를 제거하는 것은 동시성을 다룰 때에 극적인 효과를 낳는다.

첫째 날 우리는 콘솔과 컴파일러를 모두 사용했다. 우리가 다룬 내용은 대개 기초적인 내용에 속했다. 간단한 표현을 몇 개 만들어보았고, 간단한 함수도 만들었다. 얼랭은 프롤로그처럼 함수가 여러 개의 진입점을 갖는다. 기초적인 패턴 매칭도 살펴보았다.

---

2 역자주_ 여러 진입점이 있다는 말은 해당 프로세스를 시작하는 함수 혹은 함수를 호출하는 방식이 여러 개 존재한다는 뜻이다.

기본적인 수준의 튜플과 리스트도 살펴보았다. 튜플은 루비의 해시와 비슷한 기능을 가지고 있으며 자료구조 일반의 기초를 형성한다. 리스트와 튜플을 이용해 패턴 매칭이 작동하는 방식도 공부했다. 이러한 기초는 조만간 튜플에 동작을 연계하거나 프로세스 사이에서 메시지를 주고받는 기능을 구현할 때 도움을 줄 것이다.

2일 차에는 기본적인 함수 개념을 소개할 것이다. 동시성 세계에서 동작하는 코드를 작성하는 방법을 배우게 되겠지만, 2일 차에 거기까지 나아가지는 않을 것이다. 지금까지 배운 내용을 복습하는 시간을 갖기 바란다.

6.2.7 1일 차 자율 학습

얼랭의 온라인 커뮤니티는 빠르게 성장하고 있다. 샌프란시스코에서 열리는 콘퍼런스가 많은 관심을 불러 모으고 있다. Io 혹은 C와 달리 구글로 검색하기가 수월하므로 원하는 내용을 쉽게 찾아볼 수도 있다.

다음을 찾아보라.

- 얼랭 언어의 공식 웹사이트
- 얼랭 함수 라이브러리 공식 문서
- 얼랭 OTP 라이브러리 문서

다음을 수행하라.

- 문자열에서 어느 단어가 나타나는 횟수를 리턴하는 재귀 함수를 작성하라.
- 10까지 세기 위해 재귀를 사용하는 함수를 작성하라.
- 패턴 매칭을 이용해 입력이 {error, Messsage}인지 success인지에 따라서 화면에 "success" 혹은 "error: messasge"를 출력하는 함수를 작성하라.

6.3 2일: 형태 바꾸기

이제부터 스미스 요원의 힘을 목격하게 될 것이다. 〈매트릭스〉의 스미스 요원은 초인적인 능력을 가지고 있다. 날아오는 총알을 피하고 콘크리트를 뚫는 주먹을 휘두른다. 함수 언어는 객체지향 언어보다 추상 수준이 더 높다. 이해하기는 더 어렵지만 적은 코드로 더 많은 내용을 표현할 수 있다.

스미스 요원은 다른 사람으로 변할 수도 있다. 그것은 함수 언어가 가진 중요한 기능의 하나다. 리스트에 함수를 적용해서 리스트를 자기가 원하는 모습으로 변경시키는 방법을 배우게 될 것이다. 쇼핑 리스트를 가격을 담은 리스트로 바꾸고 싶은가? URL을 담고 있는 리스트를 URL의 내용과 URL을 함께 담은 튜플의 리스트로 바꾸는 것은 어떤가? 이런 종류의 문제들은 함수 언어가 간단하게 해결할 수 있는 문제에 해당한다.

6.3.1 제어 구조물

얼랭이 가지고 있는 약간의 세속적인 측면, 즉 제어 구조부터 살펴보자. 제어와 관련된 내용이 스칼라에 비해서 훨씬 적다는 느낌이 들 것이다. 얼랭에서 동시성을 다루는 애플리케이션을 작성할 때는 전달된 메시지의 종류에 따라 다른 방식으로 처리되기 때문에 프로그램이 case 구문을 포함하는 경우가 많다. 하지만 if 구문은 별로 사용되지 않는다.

case

case부터 보자. 우리는 대부분의 경우 패턴 매칭을 함수 호출이라는 맥락에서 생각한다. 그런 면에서 case와 같은 제어 구조를 프로그램의 어디에서나 사용할 수 있는 패턴 매칭이라고 생각하면 좋을 것이다. 예를 들어 Animal이라는 변수가 있다고 해보자. 이 변수의 값에 따라서 서로 다른 코드를 실행하는 경우가 있을 수 있다.

```
1> Animal = "dog".
2> case Animal of
2>     "dog" -> underdog;
2>     "cat" -> thundercat
2> end.
underdog
```

이 예에서는 주어진 문자열이 첫 번째 클로즈와 매치되므로 underdog라는 원자를 리턴한다. 프롤로그에와 마찬가지로 아무거나 매치하고자 할 때는 다음과 같이 밑줄(_)을 이용하면 된다 (Animal의 값은 여전히 "dog"이다).

```
3> case Animal of
3>     "elephant" -> dumbo;
3>     _ -> something_else
3> end.
something_else
```

주어진 값은 "elephant"가 아니므로 밑줄과 매치되는 마지막 클로즈가 실행된다. 얼랭에서 밑줄은 다른 종류의 매치에서도 사용된다. 여기에서 작은 문법적 문제를 하나 짚고 넘어가고 싶다. case 구문에서 마지막 클로즈를 제외한 나머지 클로즈들이 세미콜론으로 끝나고 있음을 확인하기 바란다. 이러한 문법 때문에 만약 마지막 클로즈를 중간으로 옮기는 등 클로즈들의 순서를 바꿀 때는 반드시 클로즈의 끝이 세미콜론으로 끝나는지 여부를 확인해야 한다. 그냥 case 구문의 마지막 클로즈도 세미콜론으로 끝날 수 있도록 했다면 이런 불편함은 없었을 것이다. 물론 이러한 문법은 논리적 기반을 가지고 있다. 세미콜론은 어디까지나 case 구문 내부에 존재하는 클로즈들을 구별하기 위한 목적으로 사용되고 있는 것이다. 하지만 이 문법 구조가 번거로운 것도 사실이다. 스미스 요원은 모래를 발로 차서 내 어린 조카에게 묻게 한 다음, 사과하기는커녕 웃음을 터뜨렸다. 그가 만약 '이달의 요원' 상을 받고 싶다면 이런 식의 대인관계를 바로잡아야 할 것이다. 다음은 if 구문을 보자.

if

case 구문은 패턴 매칭을 사용하는 반면, if 구문은 가드를 사용한다. 얼랭에서 가드는 어떤 매치가 성공하기 위해 반드시 충족되어야 하는 조건을 의미한다. 나중에 뒤에서 패턴 매칭과 사용되는 가드에 대해서 살펴볼 것이다. 여기에서는 if 구문에서 사용되는 기본적인 가드에 대해서 살펴본다. if 구문을 작성하려면 우선 if라는 키워드를 쓰고, 가드 -> 표현과 같이 작성한다. 다음 예를 보자.

```
if
  ProgramsTerminated > 0 ->
    success;
  ProgramsTerminated < 0 ->
    error
end.
```

매치하는 내용이 없으면 어떻게 되는가?

```
8> X = 0.
0
9> if
9>   X > 0 -> positive;
9>   X < 0 -> negative
9> end.
** exception error: no true branch found when evaluating an if expression
```

루비나 Io에서와 달리 적어도 하나의 항목은 반드시 매치되어야 한다. if로 표시되는 표현 자체가 하나의 함수이기 때문이다. 그리고 각각의 항목은 반드시 하나의 값을 리턴해야 한다. 명시되지 않은 조건 전체를 받아들이는 else라는 항목이 필요하면 마지막 가드를 true라고 적으면 된다.

```
9> if
9>   X > 0 -> positive;
9>   X < 0 -> negative;
9>   true -> zero
9> end.
```

제어 구조와 관련해서는 이것이 전부다. 프로그램을 작성할 때 필요한 기능은 대부분 고계함수와 패턴 매칭을 통해서 충족되므로, 제어 구조와 관련된 내용은 이 정도로 끝내고 이제 함수 프로그래밍에 대해서 본격적으로 알아보도록 하자. 우선 고계함수에 대해서 알아보고 그것을 이용해서 리스트를 처리할 것이다. 그다음 함수를 이용해서 해결할 수 있는 더 복잡한 문제들을 보게 될 것이다.

6.3.2 익명 함수

고계함수는 다른 함수를 리턴하거나 인수로 받는 함수다. 루비는 고계함수를 위해서 코드 블록을 사용했다. 이때 리스트를 순차적으로 방문하기 위해서 코드 블록을 전달하는 방식에 특별히 관심을 기울였다. 얼랭에서는 임의의 함수를 변수에 할당하고 그 변수를 다른 어떤 자료형과 마찬가지로 아무 곳에나 전달할 수 있다.

앞에서 이와 비슷한 개념을 이미 본 적이 있지만, 얼랭과 관련된 기초를 다시 한 번 살펴보고 그다음에 더 높은 수준의 추상을 구축해나갈 것이다. 모든 것은 익명 함수에서 시작한다. 어떤 함수를 변수에 할당하는 방식은 다음과 같다.

```
16> Negate = fun(I) -> -I end.
#Fun<erl_eval.6.13229925>
17> Negate(1).
-1
18> Negate(-1).
1
```

16번 줄에서는 fun이라는 새로운 키워드를 사용하고 있다. 그것은 익명 함수를 정의하는 키워드다. 이 경우에는 함수가 1이라는 하나의 인수를 받아들이고, -1이라는 값을 리턴한다. 이 익명 함수를 Negate라는 변수에 할당했다. 정확히 해두자면, Negate는 함수가 리턴하는 값 자체가 아니다. 그것은 함수 그 자체를 의미한다.

여기에는 두 개의 중요한 개념이 존재한다. 우선 우리는 함수를 변수에 할당했다. 이러한 개념은 함수를 다른 데이터와 마찬가지로 자유롭게 전달할 수 있음을 뜻한다. 두 번째로 우리는 단순히 인수 리스트를 지정해줌으로써 변수의 이면에 있는 함수를 호출했다. 이때 우리는 함수가 리턴하는 값의 자료형에 대해서 신경 쓸 필요가 없기 때문에, 예를 들어 스칼라의 경우 그럴 수 있는 것처럼 잘못된 용법 때문에 문제가 발생하거나 하는 일이 없다. 하지만 단점은 이러한 함수 호출이 실패할 수도 있다는 점이다. 얼랭이 이러한 단점을 완화하기 위해서 사용하는 기법은 뒤에서 살펴볼 것이다.

방금 배운 내용을 사용해보자. 루비에서 처음 만났던 each, map, inject 개념을 구현하는 데 익명 함수를 사용할 것이다.

6.3.3 리스트와 고계함수

지금까지 본 바와 같이 리스트와 튜플은 함수 프로그래밍에서 핵심적인 내용에 해당한다. 처음으로 등장한 함수 언어가 리스트를 사용하는 언어였다는 사실은 우연이 아니며, 그 이후로 모든 것은 그러한 내용을 바탕으로 발전해왔다. 이 절에서는 리스트에 고계함수를 적용하기 시작할 것이다.

함수를 리스트에 적용하기

개념 자체는 이제 상당히 분명하게 느껴질 것이다. 리스트를 관리하는 데 함수를 사용해보자. ForEach와 같은 것은 리스트를 순차적으로 방문한다. filter나 map 같은 다른 것들은 필터링이 적용되거나 다른 함수 위로 매핑되는 리스트를 리턴할 것이다. foldl이나 foldr과 같은 것들은 루비의 inject 혹은 스칼라의 foldLeft처럼 리스트를 순차적으로 방문하면서 최종적으로 하나의 값을 계산할 것이다. 콘솔을 새로 열고, 한두 개의 리스트를 정의하고, 작업을 시작해보자.

우선 간단한 순차 방문을 살펴보자. lists:foreach라는 함수는 하나의 함수와 하나의 리스트를 인수로 받아들인다. 인수로 주어지는 함수는 익명 함수일 수도 있다.

```
1> Numbers = [1, 2, 3, 4].
[1,2,3,4]
2> lists:foreach(fun(Number) -> io:format("~p~n", [Number]) end, Numbers).
1
2
3
4
ok
```

2번 줄에서 사용된 문법은 약간 복잡하므로 자세하게 살펴볼 것이다. 우선 lists:foreach라는 함수를 호출하는 데에서부터 시작한다. 첫 번째 인수는 익명 함수인 fun(Number) -> io:format("~p~n", [Number]) end이다. 그 함수는 하나의 인수를 받아들이고 io:format 함수[3]를 이용해서 화면에 출력한다. 끝으로 foreach에 대한 두 번째 인수는 1번 줄에서 만든 리스트인 Numbers다. 함수를 별도의 줄에서 정의하면 이 내용을 단순화할 수 있다.

```
3> Print = fun(X) -> io:format("~p~n", [X]) end.
```

이제 Print는 io:format 함수에 바인딩되었다. 그러면 이 코드는 다음과 같이 더 단순하게 만들 수 있다.

```
8> lists:foreach(Print, Numbers).
1
2
3
4
ok
```

이 정도가 순차 방문과 관련된 기본적 내용이다. 이제 매핑을 이용하는 함수를 보자. map 함수는 루비의 collect처럼 리스트에 담긴 값을 하나씩 함수에 적용시키고 돌려받은 결과를 이용

---

3 ~p는 인수를 보기 좋게 출력하고, ~n은 줄 바꿈을 의미하며, [Number]는 화면에 나타내기 위한 인수의 리스트를 의미한다.

해서 새로운 리스트를 생성한다. lists:map 함수는 lists:foreach와 마찬가지로 하나의 함수와 하나의 리스트를 받아들인다. 앞에서 보았던 숫자를 담은 리스트 안에 담긴 값을 1만큼씩 증가시키는 매핑을 수행하는 map 함수를 만들어보자.

```
10> lists:map(fun(X) -> X + 1 end, Numbers).
[2,3,4,5]
```

쉽다. 여기에서는 익명 함수가 fun(X) -> X +1 end에 해당한다. 이 함수는 주어진 값을 1만큼 증가시킨다. lists:map은 이 함수가 리턴하는 값을 모아서 새로운 리스트를 생성한다.

매핑을 정의하는 것은 매우 간단하다.

```
map(F, [H|T]) -> [F(H) | map(F, T)];
map(F, [])    -> [].
```

이것도 쉽다. F를 리스트 위에 매핑하는 것은 F(head)를 map(F, tail)에 더한 것과 같다. 뒤에서 리스트 컴프리헨션을 다룰 때 이보다 더 간결한 정의를 보게 될 것이다.

계속해서 우리는 리스트를 불리언 값을 이용해서 필터링할 수도 있다. 이러한 함수를 Small이라는 변수에 할당해보자.

```
11> Small = fun(X) -> X < 3 end.
#Fun<erl_eval.6.13229925>
12> Small(4).
false
13> Small(1).
true
```

이제 이 함수를 이용해서 리스트를 필터링하는 데 사용할 수 있다. lists:filter 함수는 Small을 만족시키는, 즉 3보다 작거나 같은 값만 담는 새로운 리스트를 생성한다.

```
14> lists:filter(Small, Numbers).
[1,2]
```

얼랭이 이런 식의 코딩을 매우 쉽게 만들어주고 있다는 사실을 알 수 있다. 또한 우리는 Small 함수를 all 혹은 any와 함께 이용해서 원하는 검사를 수행할 수도 있다. lists:all은 리스트에 있는 모든 요소가 주어진 필터를 만족시키면 true를 리턴한다.

```
15> lists:all(Small, [0, 1, 2]).
true
16> lists:all(Small, [0, 1, 2, 3]).
false
```

반면 lists:any는 적어도 하나의 요소가 주어진 필터를 만족시키면 true를 리턴한다.

```
17> lists:any(Small, [0, 1, 2, 3]).
true
18> lists:any(Small, [3, 4, 5]).
false
```

빈 리스트의 경우에는 이런 결과가 나온다.

```
19> lists:any(Small, []).
false
20> lists:all(Small, []).
true
```

예상대로 all은 true를 리턴하고(리스트에 아무 항목이 없어도 어쨌든 리스트에 담긴 모든 값이 주어진 필터를 만족시킴을 의미), any는 false를 리턴한다(빈 리스트 안에는 주어진 필터를 만족시키는 요소가 하나도 없음을 의미).

또한 리스트 앞부분에 있는 값 중에서 필터를 만족시키는 값만 추려서 새로운 리스트를 만들거나 혹은 필터를 만족시키지 않는 값을 버릴 수도 있다.

```
22> lists:takewhile(Small, Numbers).
[1,2]
23> lists:dropwhile(Small, Numbers).
[3,4]
24> lists:takewhile(Small, [1, 2, 1, 4, 1]).
[1,2,1]
25> lists:dropwhile(Small, [1, 2, 1, 4, 1]).
[4,1]
```

이러한 검사는 전달된 메시지의 헤더를 처리하거나 버리는 기능을 수행할 때 유용하다. 이제 마지막으로 foldl과 foldr을 보자.

foldl

이 개념은 앞에서 이미 나온 적이 있다. 무한한 능력을 가진 네오처럼 이런 개념을 이미 습득하고 있다면 예제 코드만 훑어보며 하늘을 날아도 좋다. 하지만 어떤 사람들은 foldl 개념을 이해하는 데 시간이 걸리기도 한다. 그런 사람들을 위해서 몇 가지 다른 방식으로 설명해보겠다.

이 개념이 어떤 함수가 리스트에 담긴 요소들을 순차적으로 방문하면서 적용되어 리턴되는 값들을 하나로 통합할 때 사용된다는 점을 기억하기 바란다. 인수 중에서 하나는 그런 값을 축적하는 역할을 담당하고, 다른 하나는 순차 방문을 할 때마다 전달되는 새로운 값을 의미한다. lists:foldl은 하나의 함수, 초기 값, 리스트를 인수로 전달받는다.

```
28> Numbers.
[1,2,3,4]
29> lists:foldl(fun(X, Sum) -> X + Sum end, 0, Numbers).
10
```

코드를 좀 더 이해하기 쉽게 만들기 위해서 익명 함수를 분해해서 좋은 이름을 가진 변수에 할당함으로써 우리의 의도를 분명하게 만들자.

```
32> Adder = fun(ListItem, SumSoFar) -> ListItem + SumSoFar end.
#Fun<erl_eval.12.113037538>
33> InitialSum = 0.
0
34> lists:foldl(Adder, InitialSum, Numbers).
10
```

훨씬 낫다. 결국 계속 값을 더해서 총합을 구하고 있는 것이다. 우리는 SumSoFar라는 값과 Numbers로부터 꺼낸 값을 Adder라는 이름의 함수에 전달한다. 그런 전달이 한 번 일어날 때마다 총합은 점점 커진다. lists:foldl 함수는 현재까지의 총합을 기억했다가 다시 Adder에게 전달한다. 궁극적으로 이러한 과정 전체는 맨 마지막으로 계산된 총합을 리턴한다.

지금까지 본 과정은 이미 존재하는 리스트 위에서 발생했다. 리스트를 한 번에 한 요소씩 동적으로 생성하는 방법은 이야기하지 않았다. 이제 리스트를 구축하는 방식에 대해서 살펴보도록 하자.

6.3.4 리스트와 관련된 고급 개념

리스트와 관련해서 지금까지 본 개념은 다른 언어에서 보았던 개념과 별로 다르지 않다. 그렇지만 조금 더 복잡한 내용도 존재한다. 지금까지 우리는 리스트를 구축하는 방법에 대해서는 설명하지 않았고, 매우 기본적인 개념 정도만 코드 블록을 설명할 때 보았을 뿐이다.

리스트 생성

언뜻 보기에는 변경 가능한 상태를 도입하지 않고서는 리스트를 생성하는 것이 어려운 것처럼 생각된다. 루비나 Io라면 리스트에 계속 새로운 요소를 더할 것이다. 하지만 다른 방법도 존재한다. 원래 리스트에 새로운 항목이 더해진 새로운 리스트를 리턴하는 방법이 그것이다. 대부분의 경우 우리는 새로운 항목을 리스트의 헤드 부분에 추가한다. 그렇게 하기 위해서 [H|T]라는 구조물을 이용할 것인데 이번에는 오른쪽에서 발생하는 매칭에서 사용할 것이다. 다음 프로그램은 리스트에 담긴 값을 모두 두 배로 만들기 위해 이와 같은 리스트 생성 방법을 활용하고 있다.

erlang/double.erl
```
-module(double).
-export([double_all/1]).

double_all([]) -> [];
double_all([First|Rest]) -> [First + First|double_all(Rest)].
```

이 모듈은 double_all이라는 함수를 만들어낸다. 이 함수는 내부에 두 개의 클로즈를 가지고 있다. 첫째는 double_all 함수가 빈 리스트에 대해서 그대로 빈 리스트를 리턴한다는 내용이다. 이 규칙은 재귀를 멈추게 하는 기능을 수행한다.

두 번째 규칙은 [H|T] 구조물을 활용한다. 하지만 매칭을 위한 술어만이 아니라 함수의 정의까지 내리고 있다. 왼쪽 부분에서 매칭이 일어날 때 [First|Rest]와 같은 방식으로 패턴 매칭을 사용하는 것은 앞에서 보았다. 이러한 매칭은 리스트를 첫 번째 요소와 나머지 내용으로 구분하는데 사용된다.

이러한 매칭을 오른쪽에서 활용하면 리스트를 분해하는 것이 아니라 생성하는 결과를 낳는다. 이 경우에 [First + First|double_all(Rest)]는 First+First를 첫 번째 요소로 하고 리스트의 나머지 부분은 double_all(Rest)가 리턴하는 내용으로 이루어진다는 뜻이다.

지금까지 해왔던 것처럼 이 프로그램을 컴파일하고 실행해보자.

```
8> c(double).
{ok,double}
9> double:double_all([1, 2, 3]).
[2,4,6]
```

콘솔에서 |를 이용하는 리스트 생성 방법을 다시 살펴보도록 하자.

```
14> [1| [2, 3]].
[1,2,3]
15> [[2, 3] | 1].
[[2,3]|1]
16> [[] | [2, 3]].
[[],2,3]
17> [1 | []].
[1]
```

놀랄 만한 내용은 없다. 두 번째 인수는 반드시 리스트여야 한다. 왼쪽에 어떤 값이 있든지 상관없이 그것은 새로운 리스트의 첫 번째 요소로 더해질 것이다.

이제 '리스트 컴프리헨션'이라는 얼랭의 더욱 고급 기능에 대해서 살펴보자. 이 개념은 지금까지 우리가 살펴본 개념들을 하나로 묶은 것이다.

리스트 컴프리헨션

거의 모든 함수 언어에서 가장 중요한 개념은 바로 map이다. 이것을 이용함으로써 영화 〈매트릭스〉에서 적들이 복제되는 것처럼 리스트를 변경할 수 있다. 이 기능이 너무나 중요하기 때문에 얼랭은 그것을 더 간결하고, 여러 개의 전환을 한꺼번에 수행할 수 있도록 해주는 기능을 포함시켰다.

새로운 콘솔을 열어서 예제를 입력해보자. 먼저 이전 방식의 매핑을 수행한다.

```
1> Fibs = [1, 1, 2, 3, 5].
[1,1,2,3,5]
2> Double = fun(X) -> X * 2 end.
#Fun<erl_eval.6.13229925>
3> lists:map(Double, Fibs).
[2,2,4,6,10]
```

Fibs라는 숫자를 담은 리스트와 입력된 값을 두 배로 만드는 Double이라는 익명 함수가 있다.

우리는 lists:map을 호출해서 Fibs에 담긴 요소들을 모두 두 배로 만든 값을 담는 새로운 리스트를 만들었다. 이것만으로도 훌륭한 기능이지만 얼랭은 이러한 연산이 너무나 자주 일어난다는 사실에 주목하고 똑같은 동작을 더 간결한 문법으로 표현할 수 있도록 만들었다. 그러한 기능이 '리스트 컴프리헨션'이다. 다음은 우리가 앞에서 보았던 코드와 동일한 작업을 수행하는 코드다.

```
4> [Double(X) || X <- Fibs].
[2,2,4,6,10]
```

이것을 평범한 말로 풀이하면 이렇게 말하고 있는 셈이다. Fibs라는 이름의 리스트에서 취한 X라는 값에 대해서 각각 Double을 계산하라. 원한다면 중간 과정을 더 생략할 수도 있다.

```
5> [X * 2 || X <- [1, 1, 2, 3, 5]].
[2,2,4,6,10]
```

개념은 전과 동일하다. [1, 1, 2, 3, 5]라는 리스트에서 취한 X에 대해 각각 X * 2를 계산한다. 이러한 기능은 단순한 문법적 설탕 이상의 의미를 갖는다. 조금 더 복잡한 리스트 컴프리헨션을 사용해보자. 우선 map의 더 간결한 표현부터 살펴본다.

```
map(F, L) -> [ F(X) || X <- L].
```

다시 평범한 말로 풀이하면, 리스트 L에 대해 어떤 함수 F를 매핑한다는 것은 L에 담긴 요소인 X에 대해 각각 F(X)를 계산한 결과를 담는 리스트를 만드는 것이다. 이제 제품, 수량, 가격을 담은 카탈로그에 대해 리스트 컴프리헨션을 사용해보자.

```
7> Cart = [{pencil, 4, 0.25}, {pen, 1, 1.20}, {paper, 2, 0.20}].
[{pencil,4,0.25},{pen,1,1.2},{paper,2,0.2}]
```

여기서 1달러에 대해 8센트의 세금이 붙는다고 해보자. 리스트 컴프리헨션을 이용하면 카트에 담긴 물건의 총합을 이렇게 간단하게 계산할 수 있다.

```
8> WithTax = [{Product, Quantity, Price, Price * Quantity * 0.08} ||
8>    {Product, Quantity, Price} <- Cart].
[{pencil,4,0.25,0.08},{pen,1,1.2,0.096},{paper,2,0.2,0.032}]
```

앞에서 보았던 얼랭의 개념은 여전히 모두 유효하다. 패턴 매칭도 그대로 사용되고 있는 중이다! 평범한 말로 풀이하면, 우리는 Cart라는 이름의 리스트에서 취한 Product, Price,

Quantity, 그리고 세금(Price * Quantity * 0.08)을 담은 튜플로 이루어진 리스트를 리턴하고 있는 것이다. 내가 보기에 이 코드는 너무나 아름답다. 이러한 문법은 내가 리스트의 내용을, 문자 그대로 필요할 때마다 수정하는 것을 가능하게 만들어준다.

다른 예로 내가 하나의 카탈로그를 가지고 있는데, 그 안에 담긴 상품 목록을 우수고객에게 50% 할인된 가격으로 제시하고 싶다고 해보자. 그러한 카탈로그는 다음과 같은 모습을 가지고 있을 것이다. 나는 수량은 무시한 채 카탈로그를 카트에서 꺼낼 것이다.

```
10> Cat = [{Product, Price} || {Product, _, Price * <- Cart].
[{pencil,0.25},{pen,1.2},{paper,0.2}]
```

평범한 말로 풀이해보자. Cart 리스트에서 취한, Product과 Price를 담고 있는 튜플을 리턴하라(두 번째 내용은 무시)는 이야기이다. 이제 원하는 할인율을 적용할 수 있다.

```
11> DiscountedCat = [{Product, Price / 2} || {Product, Price} <- Cat].
[{pencil,0.125},{pen,0.6},{paper,0.1}]
```

간결하고, 읽기 쉽고, 강력하다. 아주 아름다운 추상이다.

사실을 말하자면 리스트 컴프리헨션이 가지고 있는 기능의 일부만 보여준 것이다. 전체적인 모습은 더욱 강력한 기능을 제공할 수 있다.

- 리스트 컴프리헨션은 [표현 || 클로즈1, 클로즈2, … , 클로즈N] 형태를 갖는다.
- 리스트 컴프리헨션은 임의의 수의 클로즈를 포함할 수 있다.
- 클로즈는 생성자generator나 필터를 가질 수 있다.
- 필터는 불리언 표현이나 불리언을 리턴하는 함수일 수 있다.
- 매칭 <- 리스트의 형태를 갖는 생성자는 왼쪽에 있는 패턴을 오른쪽에 있는 리스트의 요소에 매치한다.

생각보다 어려운 내용이 아니다. 생성자는 더하고, 필터는 제거한다. 이러한 문법은 프롤로그의 영향을 많이 받았다. 생성자는 가능한 값이 무엇인지 결정하고, 필터는 지정된 조건에 따라서 리스트의 내용을 걸러낸다. 다음은 간단한 예다.

```
[X || X <- [1, 2, 3, 4], X < 4, X > 1].
[2,3]
```

평범한 말로 풀이하면, X가 [1,2,3,4]라는 리스트의 요소이고, X가 4보다 작지만 1보다 크다면 X를 리턴하라는 말이다. 생성자를 여러 개 가질 수도 있다.

```
23> [{X, Y} || X <- [1, 2, 3, 4], X < 3, Y <- [5, 6]].
[{1,5},{1,6},{2,5},{2,6}]
24>
```

이것은 [1, 2, 3, 4]에서 취한 X 중에서 3보다 작은 것을 [5, 6]에서 취한 Y 값과 결합한 튜플 {X, Y}를 리턴한다. 두 개의 X 값과 두 개의 Y 값을 이용해서 얼랭이 카티전 곱^{Cartesian product}을 계산한다.

그게 전부다. 지금까지 얼랭을 이용해서 순차적^{sequential} 프로그래밍을 하는 방법을 살펴보았다. 배운 내용을 정리해서 연습문제에 적용해보도록 하자.

6.3.5 2일 차에 배운 내용

얼랭의 표현이나 라이브러리에 대해 깊숙한 내용을 다루지는 않았지만, 이제 함수 프로그램을 작성하기에 충분한 지식을 쌓게 되었다. 처음에는 귀찮지만 꼭 알아야 하는 제어 구조에 대해서 살펴보았고, 다음에는 빠르게 진도를 나갔다.

다음으로 고계함수에 대해서 살펴보았다. 고계함수를 이용해서 리스트를 순차적으로 방문하고, 필터링하고, 리스트의 내용을 수정했다. 스칼라에서 보았던 내용처럼, 리스트의 내용을 합쳐서 결과를 계산하기 위해서 foldl을 사용하는 방법을 살펴보았다.

마지막으로 더 고급 개념에 대해서도 알아보았다. 리스트를 첫 번째 요소와 나머지로 분해하기 위해 패턴 매칭의 왼쪽에서 [H|T]라는 문법을 사용했다. 리스트를 만들기 위해 이러한 문법을 매칭의 오른쪽에서 사용하거나 그 자체로 사용했다. 그다음으로 생성자와 필터를 이용해서 리스트를 간단하게 변환할 수 있도록 해주는 우아하고 강력한 추상인 리스트 컴프리헨션을 보았다.

이런 추상을 다루는 문법은 여러 개념이 혼합된 결과물이다. 얼랭의 동적 타이핑 전략 덕분에 이렇게 높은 수준의 추상을 아주 적은 코드만으로도 표현하는 것이 가능하다. 하지만 다소 거친 부분도 있다. 특히 case나 if 구문 내에서 여러 클로즈가 세미콜론으로 끝나도록 한 부분이 그렇다.

다음 절에서는 모든 소란의 중심에 대해 살펴볼 것이다. 즉 동시성을 다루어볼 것이다.

6.3.6 2일 차 자율 학습

다음을 수행하라.

- [{erlang, "a functional language"}, {ruby, "an OO language"}]처럼 키워드와 값으로 이루어진 튜플을 담은 리스트를 생각해보라. 이러한 리스트와 하나의 키워드를 인수로 받아들인 다음 해당 키워드와 묶여 있는 값을 리턴하는 함수를 작성하라.
- [{item, quantity, price}, ...] 같은 내용을 담고 있는 쇼핑 리스트가 있다고 하자. total_price가 quantity에 price를 곱한 값을 의미한다고 할 때, items 리스트를 [{item, total_price}, ...]의 형태로 생성하는 리스트 컴프리헨션 코드를 작성하라.
- 보너스 문제: 틱택토 보드를 리스트나 혹은 9개의 요소를 갖는 튜플로 받아들이는 프로그램을 작성하라. 승자가 결정되면 승자(x 또는 o)를 리턴하고, 무승부면 cat을 리턴하고, 게임이 계속 진행될 수 있지만 아직 승자가 결정되지 않은 상태라면 no_winner를 리턴하라.

6.4 3일: 빨간 약

이미 들어본 적이 있을 것이다. 매트릭스 안에서 파란 약을 먹으면 행복한 착각 속에서 계속 살아갈 수 있다. 하지만 빨간 약을 선택하면 현실에 눈을 뜨게 된다. 때로는 진실을 보는 것이 고통스러운 법이다.

파란 약을 비난하는 사람들이 거리에 차고 넘친다. 동시성은 어려운 주제다. 그래서 우리는 종종 실수를 저지른다. 우리는 변경 가능한 상태를 사용하기 때문에 프로그램을 동시에 실행하면 충돌이 일어난다. 함수와 메서드는 부수효과가 있기 때문에 그것들로부터 나오는 결과가 정확하다는 사실을 증명하거나 예측할 수 없다. 우리는 아무것도 공유하지 않는 프로세스를 사용하는 대신 더 나은 성능을 위해서 상태를 공유하는 스레드를 사용한다. 따라서 일정한 코드를 다른 스레드로부터 보호하기 위해서 추가적인 작업을 수행해야 한다.

결과는 혼돈이다. 동시성은 그것이 본질적으로 어렵기 때문이 아니라 우리가 잘못된 프로그래밍 모델을 선택해왔기 때문에 어려운 것이다!

이 장의 앞부분에서 나는 얼랭이 때로 쉬운 것을 어렵게 만든다고 말했다. 부수효과나 변경 가능한 상태가 없는 상태에서 프로그래밍을 해야 하기 때문에 지금까지 생각해온 접근방식을 완전히 새롭게 바꿀 필요가 있다. 상당수의 사람이 낯설게 느낄 만한 프롤로그에 기반을 둔 문법을 견뎌내야 할 것이다. 하지만 그에 따른 보상도 따른다. 이제 동시성과 현실을 함께 가져다주는 빨간 약을 마치 사탕처럼 달콤하게 느끼게 될 것이다. 어떻게 그럴수 있는지 살펴보자.

6.4.1 기본적인 동시성 원시 값

동시성과 관련한 세 가지 기본적인 동작은 (!를 이용해서) 메시지 전송하기, (spawn을 이용해서) 프로세스 생성하기, 그리고 (receive를 이용해서) 메시지 전달받기다. 여기에서는 메시지를 주고받기 위해서 이러한 세 가지 동작을 어떻게 사용하는지 살펴보고 기초적인 클라이언트-서버 구조에서 그런 연산이 활용되는 방법을 살펴볼 것이다.

기본적인 receive 루프

번역 프로세스를 예로 들어보자. 해당 프로세스에 스페인어로 된 문자열을 보내면 그것은 영어로 번역된 내용을 대답할 것이다. 일반적으로 흔히 사용하는 방법은 루프 속에서 메시지를 보내고 받는 과정을 반복하는 프로세스를 하나 생성하는 것이다.

기본적인 receive 루프의 모습은 다음과 같다.

```
erlang/translate.erl
-module(translate).
-export([loop/0]).

loop() ->
    receive
        "casa" ->
            io:format("house~n"),
            loop();

        "blanca" ->
            io:format("white~n"),
            loop();

        _ ->
            io:format("I don't understand.~n"),
            loop()
    end.
```

조각으로 나누어 살펴보자. 처음 두 줄은 translate라는 이름의 모듈을 정의하고 외부 코드를 위해 loop라는 함수의 이름을 정의하고 있다. 다음 코드의 블록은 loop() 함수의 실제 내용을 작성하는 부분이다.

```
loop() ->
    ...
end.
```

함수 내부에서 loop( )에 대한 호출이 아무런 리턴 없이 세 번 일어나고 있음에 유의하기 바란다. 이것은 괜찮다. 얼랭은 꼬리 최적화를 수행하기 때문에 receive 클로즈 내에서 실행되는 맨 마지막 코드의 내용이 loop( )에 해당하는 한 오버헤드는 매우 제한적이다. 기본적으로 우리는 내용이 비어 있고 영원히 반복되는 함수를 정의한 셈이다. 이제 receive의 내용으로 넘어가자.

```
receive ->
    ...
```

이 함수는 다른 프로세스로부터 메시지를 전달받는다. receive는 얼랭이 case나 함수 정의에서 사용하는 다른 패턴 매칭과 동일한 방식으로 동작한다. 따라서 receive의 본문은 여러 개의 매칭 구조물로 이루어진다. 각각의 매칭 내용을 살펴보자.

```
"casa" ->
    io:format("house~n"),
    loop();
```

이것은 하나의 매칭 클로즈다. 문법의 구조는 case 구문과 거의 비슷하다. 전달된 메시지가 "casa"라는 문자열과 매치하면 얼랭은 화살표 다음에 위치한 코드를 실행한다. 줄을 바꿀 때는 쉼표를 찍어주어야 하고, 클로즈 전체의 내용은 세미콜론으로 끝낸다. 이 코드는 "house"라는 단어를 출력하고 loop를 다시 호출한다(loop가 마지막 코드이므로 이런 재귀가 스택에 주는 오버헤드가 거의 없다는 사실을 기억하라). 다른 매칭 클로즈의 모습도 거의 동일하다.

이제 receive 루프를 담은 모듈을 손에 넣었으므로 실제로 사용을 해볼 차례가 되었다.

프로세스 생성하기

우선 앞의 모듈을 컴파일하자.

```
1> c(translate).
ok,translate
```

프로세스를 만들려면 하나의 함수를 받아들이는 spawn이라는 함수를 사용한다. 전달된 함수가 새로운 가벼운 프로세스 안에서 실행된다. spawn은 프로세스 ID(PID)를 리턴한다. 여기에서는 translate 모듈에 담긴 함수를 전달할 것이다.

```
2> Pid = spawn(fun translate:loop/0).
<0.38.0>
```

얼랭이 <0.38.0>이라는 프로세스 ID를 전달하고 있음을 볼 수 있다. 프로세스 ID는 꺾인 괄호 안에 표시된다. 이 책에서는 이렇게 기초적인 프로세스 생성 과정만 짚고 넘어가지만, 실제로는 더 많은 내용을 알아야 한다. 프로세스는 이름을 정할 수 있기 때문에, 예를 들어 다른 프로세스들이 프로세스 ID 대신 이름으로 공통 서비스를 찾을 수 있다. spawn의 다른 버전을 사용하여 코드를 동적으로 변경하거나 핫스왑할 수도 있다. 원격 프로세스를 생성하려면 spawn(Node, function)이라고 사용해야 할 것이다. 이러한 주제는 이 책이 다루는 내용의 범위를 넘어선다.

여기에서 우리는 코드 블록을 이용해서 모듈을 정의했고, 그것을 가벼운 프로세스로 만들어서 실행했다. 이제 마지막으로 할 일은 그것에 메시지를 전달하는 일이다. 바로 그것이 얼랭이 수행하는 기초적인 작업의 세 번째에 해당한다.

메시지 전송하기

스칼라에서 보았던 것처럼 얼랭에서도 ! 연산자를 이용해서 분산 메시지를 전송한다. 즉 Pid ! message와 같은 문법을 사용하면 된다. Pid는 프로세스를 식별할 수 있는 값이고, message는 원시 값, 리스트, 튜플을 포함해 어떤 값이라도 될 수 있다. 몇 개의 메시지를 전송해보자.

```
3> Pid ! "casa".
"house"
"casa"
4> Pid ! "blanca".
"white"
"blanca"
5> Pid ! "loco".
"I don't understand."
"loco"
```

각 줄마다 메시지를 하나씩 보내는 예다. receive 클로즈 안에 포함되어 있는 io:format은 메시지를 화면에 출력하고, 콘솔은 우리가 보낸 메시지 자체에 해당하는 표현의 값을 화면에 출력한다.

이름을 가지고 있는 자원에 분산 메시지를 보내는 경우는 node@server ! message라는 형태의 문법을 따를 것이다. 원격 서버를 설치하는 것은 이 책의 범위를 넘어선다. 하지만 조금만 공부하면 분산 서버를 사용하는 방법을 쉽게 익힐 수 있을 것이다.

이 예는 기초적인 연산과 그러한 연산을 결합해서 간단한 비동기 서비스를 구축하는 방법을 보여준다. 리턴되는 값이 없다는 사실을 눈치챘을 지도 모르겠다. 다음 절에서 우리는 메시지를 동기적으로 전송하는 방법에 대해서도 살펴볼 것이다.

6.4.2 동기적 메시지

전화 채팅과 같은 어떤 동시성 시스템은 비동기적으로 동작한다. 발신자는 일단 메시지를 보내면 응답을 기다리지 않고 계속 진행한다. 웹 같은 시스템은 동기적이다. 우리는 웹 페이지에 요청을 보내고 웹 서버는 우리가 기다리는 동안 페이지의 내용을 전송한다. 앞에서 보았던 번역 시스템을 단순히 화면에 번역된 내용을 출력하는 것에서 사용자에게 번역된 문자열을 보내주는 서비스로 바꾸어보자.

우리의 메시지 모델을 비동기적인 것에서 동기적인 것으로 바꾸려면 세 가지 변경이 필요하다.

- 메시지 서비스의 receive 클로즈 각각은 번역을 요청하는 프로세스의 ID와 번역할 단어를 담고 있는 튜플을 매치해야 한다. 이렇게 ID를 추가하는 것은 응답을 전송할 수 있도록 해준다.
- 각 receive 클로즈는 화면에 결과를 출력하는 대신 질의를 전송한 프로세스에 응답을 보내야 한다.
- 그냥 ! 연산을 이용하는 것이 아니라 질의를 전송하고 응답을 기다리는 간단한 함수를 작성할 것이다.

배경지식은 알았으니 실제 구현 내용을 하나씩 살펴보도록 하자.

동기적으로 수신하기

첫 번째로 해야 하는 일은 receive 클로즈가 추가적인 인수를 받아들이도록 변경하는 것이다. 이것은 우리가 튜플을 사용해야 함을 뜻한다. 패턴 매칭은 이러한 작업을 쉽게 만들어준다. 각

receive 클로즈는 이런 모습이다.

```
receive
    {Pid, "casa"} ->
            Pid ! "house",
            loop();
            ...
```

우리는 임의의 요소(여기에서는 항상 프로세스 ID여야 한다)와 "casa"라는 단어를 매치하고 있다. 그다음 "house"라는 단어를 응답으로 전송하고 다시 loop의 맨 위로 올라간다.

패턴 매칭에 유의하라. 질의를 발신한 프로세스의 ID를 첫 번째 요소로 저장하는 튜플을 사용하는 방식이 receive 클로즈에서 흔히 사용하는 기법이다. 튜플을 사용하는 것을 빼면 전과 다른 부분이, 결과를 화면에 출력하지 않고 다시 전송하는 정도에 불과하다. 그게 약간 복잡한 일이긴 하지만.

동기적으로 발신하기

이러한 변경의 또 다른 측면은 메시지를 발신하고 나서 곧바로 응답을 기다리기 시작해야 한다는 점이다. Receiver라는 프로세스 ID가 있다고 했을 때 동기적인 방식으로 메시지를 전송하려면 다음과 같이 한다.

```
Receiver ! "message_to_translate",
    receive
        Message -> do_something_with(Message)
    end
```

메시지를 매우 자주 보낼 것이므로, 서버에 전달되는 질의 내용을 캡슐화해서 서비스의 코드를 간결하게 만들 것이다. 이러한 원격 프로시저 호출은 다음과 같은 모습을 갖는다.

```
translate(To, Word) ->
    To ! {self(), Word},
    receive
        Translation -> Translation
    end.
```

지금까지 본 내용을 종합하면 그리 복잡하지 않은 동시성 프로그램을 얻게 된다.

erlang/translate_service.erl
```erlang
-module(translate_service).
-export([loop/0, translate/2]).

loop() ->
    receive
        {From, "casa"} ->
            From ! "house",
            loop();

        {From, "blanca"} ->
            From ! "white",
            loop();

        {From, _} ->
            From ! "I don't understand.",
            loop()
    end.

translate(To, Word) ->
    To ! {self(), Word},
    receive
        Translation -> Translation
    end.
```

이러한 코드를 사용하는 모델은 다음과 같다.

```erlang
1> c(translate_service).
{ok,translate_service}
2> Translator = spawn(fun translate_service:loop/0).
<0.38.0>
3> translate_service:translate(Translator, "blanca").
"white"
4> translate_service:translate(Translator, "casa").
"house"
```

우리는 코드를 컴파일하고, 루프를 생성하고, 도우미 함수를 이용해서 동기적으로 서비스 호출을 수행해보았다. 보는 바와 같이 Translator 프로세스는 이제 주어진 단어를 번역한 내용을 응답으로 되돌려준다. 동기적인 메시지 서비스를 만든 셈이다.

이제 receive 루프의 기본적인 구조를 살펴볼 준비가 되었다. 각 프로세스는 저마다 우편함을 갖는다. receive 구조물은 단순히 큐에 쌓여 있는 메시지 하나를 선택하고, 패턴 매칭을 통해서 실행할 함수를 고른다. 다른 프로세스와의 통신은 메시지를 주고받으면서 진행한다. 암스트롱 박사가 얼랭이야말로 진정한 의미에서의 객체지향 언어라고 말한 것은 결코 과장이 아니었다! 얼랭은 우리에게 메시지 전송 기능과 행위를 캡슐화하는 기능을 제공한다. 변경 가능한 상태와 상속 같은 기능은 사라졌다. 원한다면 상속이나 그보다 더한 기능조차 고계함수를 이용해서 시뮬레이션하는 것이 가능하기는 하다.

6.4.3 안정성을 위해서 프로세스 연결하기

이번에 우리는 더 나은 안정성을 위해서 프로세스를 서로 연결하는 방식에 대해서 살펴볼 것이다. 얼랭에서는 두 개의 프로세스를 서로 연결할 수 있다. 만약 어떤 프로세스가 죽으면, 완전히 죽어서 사라지기 전에 자신과 연결되어 있는 프로세스에게 자신의 죽음을 알릴 수 있다. 그 메시지를 전달받은 프로세스는 적절한 동작을 취할 수 있다.

연결된 프로세스를 생성하기

연결된 프로세스가 어떻게 동작하는지 살펴보기 위해서, 먼저 죽는 프로세스를 하나 만들어보자. 예를 들어 러시안 룰렛 게임을 하나 만들었다. 이 게임에는 총알이 여섯 발 들어갈 수 있는 권총이 하나 있다. 어느 약실chamber에 들어 있는 총알을 쏘려면 권총 프로세스에 1에서 6까지의 수 하나를 전송하면 된다. 만약 그 약실이 총알이 들어 있는 약실이라면 프로세스는 죽게 된다. 다음이 코드의 내용이다.

erlang/roulette.erl
```
-module(roulette).
-export([loop/0]).

% send a number, 1-6
loop() ->
    receive
        3 -> io:format("bang.~n"), exit({roulette,die,at,erlang:time()});
        _ -> io:format("click~n"), loop()
    end.
```

구현 내용은 무척 간단하다. 메시지 루프가 하나 있다. 총알이 들어 있는 약실 번호인 3이 전송되면 io:format("bang.~n"), exit({roulette,die,at,erlang:time()};을 실행해서 프로세스를 중단한다. 다른 수가 전송되면 메시지를 출력하고 다시 루프의 위로 올라간다.

아주 간단한 클라이언트–서버 프로그램이다. [그림 7]에서 보는 것처럼 여기에서 클라이언트
는 콘솔이고 서버는 룰렛 프로세스다.

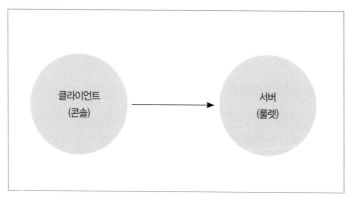

그림 7 간단한 클라이언트–서버 설계

실행되는 모습은 다음과 같다.

```
1> c(roulette).
{ok,roulette}
2> Gun = spawn(fun roulette:loop/0).
<0.38.0>
3> Gun ! 1.
"click"
1
4> Gun ! 3.
"bang"
3
5> Gun ! 4.
4
6> Gun ! 1.
1
```

문제는 3이 전송된 이후에는 프로세스가 죽기 때문에 전송되는 메시지가 아무런 일도 하지 않
는다는 데 있다. 사실 우리는 프로세스가 살아 있는지 여부를 확인할 수 있다.

```
7> erlang:is_process_alive(Gun).
false
```

프로세스는 확실히 죽었다. 관으로 옮겨야 한다. 하지만 더 나은 방법이 있다. 프로세스가 죽었는지 여부를 알려주는 모니터를 만들어보자. 모니터라기보다는 검시관coroner에 더 가깝다. 우리가 관심이 있는 부분은 오직 죽음 여부일 뿐이다.

그러한 코드의 모습은 다음과 같다.

```erlang
erlang/coroner.erl
-module(coroner).
-export([loop/0]).

loop() ->
    process_flag(trap_exit, true),
    receive
        {monitor, Process}->
            link(Process),
            io:format("Monitoring process.~n"),
            loop();

        {'EXIT', From, Reason}->
            io:format("The shooter ~p died with reason ~p.", [From, Reason]),
                    io:format("Start another one.~n"),
            loop()
        end.
```

평소처럼 receive 루프를 만들었다. 그리고 나른 일을 수행하기에 앞서 우선적으로 프로세스 자체를 죽음을 감지하는 프로세스로 등록한다. 이러한 등록이 생략되면 EXIT 메시지가 전송되지 않는다.

그다음에는 receive를 작성한다. 이 receive는 두 종류의 튜플을 처리한다. monitor라는 원자로 시작하는 튜플과 'EXIT'라는 문자열로 시작하는 튜플이 그들이다. 각각에 대해서 자세히 살펴보자.

```erlang
        {monitor, Process}->
            link(Process),
            io:format("Monitoring process.~n"),
            loop();
```

이 코드는 이 검시관 프로세스를 Process라는 PID를 가진 다른 프로세스에게 연결한다. spawn_link를 이용하면 이미 존재하는 링크를 가지고 새로운 프로세스를 생성할 수도 있다. 이제 모니터되는 프로세스가 중단되면 그것은 이 coroner라는 프로세스에게 메시지를 선송힐 것이다. 이러한 메시지를 처리하는 코드를 보자.

```
{'EXIT', From, Reason}->
        io:format("The shooter ~p died with reason ~p.", [From, Reason]),
                io:format("Start another one.~n"),
        loop()
    end.
```

이것이 바로 죽음을 알리는 메시지와 매치되는 코드의 내용이다. 매치되는 메시지는 'EXIT'라는 문자열, 죽게 될 프로세스의 PID를 의미하는 From, 그리고 이유를 담고 있는 튜플이다. 이 코드를 실행한 모습은 다음과 같다.

```
1> c(roulette).
{ok,roulette}
2> c(coroner).
{ok,coroner}
3> Revolver=spawn(fun roulette:loop/0).
<0.43.0>
4> Coroner=spawn(fun coroner:loop/0).
<0.45.0>
5> Coroner ! {monitor, Revolver}.
Monitoring process.
{monitor,<0.43.0>}
6> Revolver ! 1.
click
1
7> Revolver ! 3.
bang.
3
The shooter <0.43.0> died with reason
{roulette,die,at,{8,48,1}}. Start another one.
```

이제 단순한 클라이언트–서버 프로그램에 비해 더 정교한 코드를 갖게 되었다. [그림 8]에서 보는 것처럼 모니터링을 수행하는 프로세스를 추가했기 때문이다. 따라서 이제 서버가 동작을 멈추면 그런 사실을 알 수 있게 되었다.

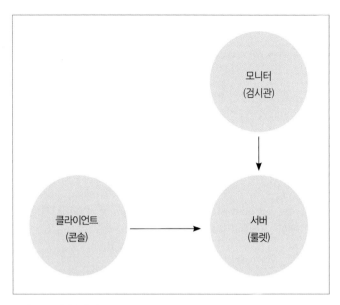

그림 8 모니터링 추가

검시관에서 의사로

할 수 있는 일이 더 남아 있다. 권총 프로세스를 등록하면 게임을 실행하는 사람들은 더 이상 권총 프로세스의 PID를 알지 않아도 된다. 그렇다면 우리는 권총 프로세스를 만드는 작업을 검시관 프로세스 내부에서 실행할 수 있다. 검시관 프로세스는 권총 프로세스가 죽을 때마다 그것을 새롭게 생성할 수 있다. 이런 방법을 사용하면 에러를 보고하기 위해 많은 분량의 코드를 작성하지 않으면서 시스템 전체를 안정적으로 만들 수 있다. 그렇다면 검시관 프로세스는 더 이상 단순히 검시를 수행하는 프로세스가 아니다. 죽은 프로세스를 부활시키는 의사다. 다음은 새로운 의사 프로세스의 코드 내용이다.

erlang/doctor.erl

```
-module(doctor).
-export([loop/0]).

loop() ->
    process_flag(trap_exit, true),
    receive
        new ->
            io:format("Creating and monitoring process.~n"),
            register(revolver, spawn_link(fun roulette:loop/0)),
            loop();
        {'EXIT', From, Reason} ->
            io:format("The shooter ~p died with reason ~p.", [From, Reason]),
                    io:format(" Restarting. ~n"),
            self() ! new,
            loop()
    end.
```

receive 블록은 이제 두 종류의 메시지를 매치한다. new라는 메시지와 앞에서 보았던 EXIT 튜플이다. 앞서 검시관 프로세스에서 보았던 것과 내용이 조금 다르다. 다음은 new 블록에 담겨있는 가장 핵심적인 코드의 내용이다.

```
            register(revolver, spawn_link(fun roulette:loop/0)),
```

내부에서 외부로 향하는 순서로 코드의 내용을 살펴보면 우선 spawn_link를 이용해서 프로세스를 하나 만들고 있다. 이 함수는 만들어진 프로세스를 자동으로 연결하기 때문에 doctor는 roulette 프로세스가 죽을 때마다 메시지를 전달받게 된다. 그다음에는 함수가 리턴하는 PID를 revolver라는 이름의 원자와 결합시키는 방식으로 등록을 수행한다. 이제 사용자는 revolver ! message 라는 방식으로 이 프로세스에 메시지를 전송할 수 있다. 이제 PID 자체는 필요가 없다. 그리고 EXIT 매칭 블록의 내용도 전보다 현명해졌다. 다음은 새로운 코드의 내용이다.

```
            self() ! new,
```

새로운 권총 프로세스를 만들고 등록하면서 메시지를 스스로에게 보내는 코드다. 게임을 실행하는 과정도 전보다 단순해졌다.

```
2> c(doctor).
{ok,doctor}
3> Doc = spawn(fun doctor:loop/0).
<0.43.0>
4> revolver ! 1.
** exception error: bad argument
     in operator  !/2
        called as revolver ! 1
```

예상대로, 프로세스가 아직 생성되지 않았으므로 에러가 발생했다. 이제 프로세스를 하나 만들고 등록해보자.

```
5> Doc ! new.
Creating and monitoring process.
new
6> revolver ! 1.
click
1
7> revolver ! 3.
bang.
3
The shooter <0.47.0> died with reason {roulette,die,at,{8,53,40}}.
    Restarting.
Creating and monitoring process.
8> revolver ! 4.
click
4
```

우리는 이제 revolver를 생성하는 단계를 Doc에게 이동시켰다. 권총의 PID를 사용하는 대신 revolver 원자에 메시지를 전송함으로써 권총 프로세스와 상호작용한다. 8번 줄을 보면 권총 프로세스가 한 번 죽은 다음에도 새로운 revolver가 만들어져 등록됐음을 확인할 수 있다. 전체적인 그림은 doctor가 coroner에 비해 더 많은 역할을 수행한다는 점을 제외하면 [그림 8]과 다르지 않다.

우리는 지금 표면적인 내용만 살펴보고 있지만, 얼랭이 어떻게 훨씬 튼튼한 동시성 시스템을 만들어내는지 어느 정도 이해할 수 있게 되었다고 생각한다. 이 과정 전체에서 에러를 다루기 위한 코드는 별로 없었다. 어떤 프로세스가 크래시하면, 그저 새로운 것을 만들면 된다. 서로를 감시하는 모니터를 만드는 것도 상대적으로 간단하다. 실제로 얼랭 라이브러리는 에러가 발생하면 프로세스를 다시 시작하거나 계속 동작을 수행하도록 만들기 위한 모니터링 서비스를 구축하는 데 도움이 되는 도구를 다수 포함하고 있다.

6.4.4 3일 차에 배운 내용

3일 차에는 얼랭을 이용해서 할 수 있는 일들이 무엇인지에 대해서 자세하게 살펴보았다. 우선 동시성과 관련한 세 가지 동작 발신^{send}, 수신^{receive}, 생성^{spawn}을 짚어보았다. 이러한 기초적인 메시지 전달 기능이 어떻게 동작하는지 알아보기 위해서 비동기적인 버전의 번역 시스템을 만들었다. 그다음 발신과 수신의 내용을 캡슐화하는 간단한 도우미 함수를 만들어서 메시지 송수신과 관련한 원격 프로시저 호출을 시뮬레이션해보았다.

다음에는 어느 프로세스가 동작을 멈추었을 때 다른 프로세스가 그와 관련한 메시지를 전달받을 수 있도록 만들기 위해서 프로세스를 서로 연결하는 방법에 대해서 알아보았다. 시스템 전체의 안정성을 높이기 위해서 프로세스가 서로를 모니터하게 하는 방법도 보았다. 우리가 만든 시스템이 에러를 완전히 방지하는 수준은 아니었지만, 실제로 에러 방지 시스템을 구축하는 데 필요한 내용을 어느 정도 파악할 수 있었다. 얼랭의 분산 통신은 프로세스 상호 통신과 완전히 같은 방식으로 수행된다. 서로 다른 컴퓨터 위에서 동작하는 프로세스를 서로 연결해서 어느 하나가 문제가 발생해서 동작을 멈추면 다른 프로세스가 필요한 동작을 수행하도록 하는 것이 가능했다.

지금까지 배운 내용을 실제로 활용해보자.

6.4.5 3일 차 자율 학습

여기에 있는 연습문제는 상대적으로 쉽지만 끝에 조금 어려운 보너스 문제를 덧붙여놓았다.

오픈 전신 플랫폼^{Open Telecom Platform}(OTP)은 분산 동시성 서비스를 구축하고자 할 때 필요로 할 만한 강력한 기능을 모아놓은 패키지다.

다음을 찾아보라.

- 프로세스가 죽으면 다시 시작하는 OTP 서비스
- 간단한 OTP 서버를 구축하기 위한 문서

다음을 수행하라.

- translate_service를 모니터하다가 그것이 동작을 멈추면 다시 실행하라.
- Doctor 프로세스가 죽으면 스스로 다시 시작하도록 만들라.
- Doctor 모니터를 위한 모니터를 만들라. 어느 하나가 죽으면 다시 시작하도록 하라.

다음 보너스 문제를 해결하려면 약간 연구를 수행할 필요가 있을 것이다.

- 메시지를 파일에 저장하는 기초적인 OTP 서버를 만들라.
- translate_service가 네트워크를 통해 동작하도록 만들라.

6.5 얼랭을 마무리하며

이 장을 시작하는 부분에서 나는 얼랭이 어려운 것을 쉽게 만들고 쉬운 것을 어렵게 만든다고 말했다. 프롤로그 스타일의 문법은 C 스타일의 언어에 익숙한 다수의 프로그래머에게 낯설게 느껴질 것이다. 함수 프로그래밍 패러다임은 그 자체로 하나의 도전이다.

하지만 현대 하드웨어 시스템 설계가 점점 동시성이 중요해지는 방식으로 진행되고 있기 때문에 얼랭이 가지고 있는 핵심적인 장점은 대단히 중요한 의미가 있다. 그러한 장점의 일부는 철학적인 영역이다. 가벼운 프로세스라는 개념은 자바의 스레드와 프로세스 모델과 대비된다. '크래시하도록 내버려두라' 철학은 코드의 내용을 극적으로 단순화하지만 다른 언어에서는 존재하지 않을 수도 있는 가상 머신 수준에서의 일정한 지원을 전제로 한다. 얼랭의 장단점에 대해서 살펴보자.

6.5.1 핵심 강점

얼랭은 모든 면에서 동시성과 에러 방지에 대한 언어라고 볼 수 있다. 프로세서를 설계하는 사람들이 점점 분산된 코어를 추구함에 따라서 프로그래밍의 기술도 진화할 필요가 있다. 얼랭의 강점은 오늘날 프로그래머들이 당면한 가장 중요한 영역에 놓여 있다.

동적이면서 안정적

얼랭은 무엇보다도 안정성을 위해서 만들어진 언어다. 핵심 라이브러리는 잘 테스트되었고, 얼랭 애플리케이션은 세상에 존재하는 모든 소프트웨어 중에서 가장 안정적인 것이라고 볼 수 있다. 더욱 인상적인 점은 얼랭을 만든 사람이 얼랭을 대단히 생산적인 언어로 만들어준 동적 타이핑 전략을 포기하지 않으면서 이와 같은 강력한 안정성을 성취했다는 사실이다. 얼랭은 코드의 안전망을 구축하는 일을 컴파일러에게 맡기는 대신 동시적으로 실행되는 프로세스들이 서로를 모니터하게 하는 방식으로 쉽게 해결했다. 서로 모니터링을 수행하는 방식을 통해서 운영체제에 의존하지 않으면서 안정적인 시스템을 구축하는 얼랭의 방식은 대단히 인상적이다.

얼랭 안에서 발견하게 되는 몇 가지 내용이 대단히 독창적이고 설득력이 있음을 알게 될 것이다. 자바 언어와 가상 머신은 얼랭의 성능과 안정성에 비교할 만한 올바른 내용을 담아내지 못했다. BEAM 위에 구축된 라이브러리는 지금까지 살펴본 철학을 반영하고 있으며, 따라서 안정적이고 분산된 시스템을 구축하는 일이 상대적으로 수월하다.

가볍고, 아무것도 공유하지 않는 프로세스들

얼랭이 빛을 발하는 또 다른 영역은 바로 배후에서 동작하는 프로세스 모델이다. 얼랭의 프로세스는 가볍기 때문에 얼랭 프로그래머들은 프로세스를 마음껏 활용한다. 얼랭은 값을 변경할 수 없다는 철학을 중심으로 구축되어 있어서 프로그래머들은 본질적으로 서로 충돌할 가능성이 거의 없는 코드를 작성하게 된다. 메시지를 전달하는 패러다임과 그것을 둘러싼 기능들은 객체지향 기법을 사용할 때 쉽게 볼 수 없었던 수준으로 애플리케이션을 철저하게 분리하는 코드를 작성할 수 있도록 만든다.

엔터프라이즈용 라이브러리 OTP

얼랭은 이용성과 안정성을 강조하는 전신 회사의 요구사항을 중심으로 개발되었기 때문에 20년간 축적된 얼랭의 라이브러리들이 바로 이와 같은 스타일의 개발을 지원하고 있다. 가장 핵심적인 라이브러리는 오픈 전신 플랫폼(OTP)이다. 이 라이브러리를 이용하면 모니터링이 되고, 언제나 동작하는 프로세스로 이루어지고, 데이터베이스에 연결되고, 분산된 시스템을 구축할 수 있다. OTP는 웹서버는 물론 전신 애플리케이션과 바인딩을 수행하기 위한 도구들을 다수 포함하고 있다.

이 라이브러리의 장점 중 하나는 고장 방지, 확장성, 트랜잭션 통합, 핫스왑 같은 기능을 내장하고 있다는 점이다. 그러한 기능을 스스로 구현하기 위해서 고민할 필요가 없다. 이러한 기능을 활용하는 서버 프로세스를 만드는 일에 집중하기만 하면 된다.

크래시하도록 내버려두라

병렬 프로세스 그리고 부수효과가 없는 시스템을 다룰 때는 '크래시하도록 내버려두라'는 철학이 의미가 있다. 언제나 새롭게 생성해서 시작할 수 있으므로 개별적인 프로세스가 크래시하는 일에 별도로 신경을 기울이지 않아도 좋은 것이다. 함수 프로그래밍 모델은 이와 같은 얼랭의 분산 전략을 더욱 강력한 것으로 만들어준다.

6.5.2 약점

이 책에 담긴 다른 언어들과 마찬가지로 얼랭은 탄생한 이후 오랜 시간이 흘렀다. 문제의 본질은 전과 달라졌다. 그렇기 때문에 스미스 요원의 활약이 언제나 성공적으로 끝나는 것은 아니다.

얼랭이 가진 근본적인 문제는 언어의 수용 과정 자체가 틈새시장 언어라는 개념을 중심으로 이루어져 왔다는 점이다. 얼랭의 문법은 대다수 프로그래머에게 매우 낯설게 보인다. 또한 함수 프로그래밍 패러다임은 그 자체로 폭넓은 수용을 어렵게 할 정도로 낯선 장애물 역할을 한다. 얼랭의 가장 훌륭한 기능들이 자바 가상 머신이 아니라 BEAM 위에서 구현되어 있다는 사실도 장애가 된다. 하나씩 깊게 살펴보자.

문법

영화에 대한 감상과 마찬가지로 문법이라는 것은 주관적인 문제디. 그런 면을 세외하고 이야기하자면, 얼랭은 아주 객관적인 관점에서 보았을 때조차 문제를 안고 있다. 두 가지 정도를 이야기할 수 있다.

흥미롭게도 얼랭이 가진 핵심적인 강점은 물론 약점까지도 프롤로그의 영향을 받고 있다. 대부분의 프로그래머에게 프롤로그의 문법 구조는 이상하고 낯설다. 그러한 낯섦을 덜기 위한 문법적 설탕이 덮어야 하는 영역은 너무나 크다.

이 장에서 나는 if와 case 구문이 가지고 있는 문제를 지적했다. (명령문을 구분하는 문자를 사용하라는) 문법적 규칙 자체는 논리적이지만, 실용성이 떨어진다. case, if, receive 블록 등의 순서를 문장부호에 신경 쓰지 않고 자유롭게 바꿀 수가 없기 때문이다. 이러한 제한은 불필요하다. 다른 이상한 부분도 있다. 숫자의 배열을 조건에 따라 문자열로 나타내는 기능이 그러한 예다. 이러한 작은 부분들을 손질하면 얼랭이 확산되는 데 커다란 역할을 하게 될 것이다.

통합

프롤로그와 마찬가지로 JVM 위에서 동작하지 않는다는 사실은 양날의 검이다. 최근에 JVM에 기초를 둔 가상 머신인 Erjang이 눈길을 끌고 있지만 아직 JVM을 대체할 만한 수준에 이르지는 못했다. 물론 JVM 자체는 얼랭의 요구에 부합하지 않는 스레드 및 프로세스 모델처럼 해결해야 할 문제를 안고 있다. 하지만 JVM 위에서 동작한다는 것은 엄청난 분량의 자바 라이브러리를 사용한다든지, 이미 배포되어 있는 수십만 대의 서버를 활용할 수 있다는 장점도 갖는다.

6.5.3 마치며

프로그래밍 언어의 성공 여부는 다소 우연에 달려 있다. 얼랭은 시장이라는 측면에서는 심각한 장애를 안고 있으며, 자바 프로그래머들을 리스프 스타일의 프로그래밍 패러다임과 프롤로그 스타일의 문법으로 끌어들여야 한다는 어려움을 안고 있다. 얼랭은 적절한 시기에 적절한 방법으로 적절한 문제를 해결하고 있기 때문에 많은 주목을 받고 있는 것처럼 보인다. 앤더슨과 스미스 요원 사이에서 벌어지고 있는 혈투에서, 나는 스미스 요원이 이길 확률이 정확히 절반이라고 본다.

CHAPTER 7

클로저

한다, 하지 않는다가 있을 뿐이다. 해본다는 건 없다.   −요다

클로저는 JVM 위에서 동작하는 리스프 언어다. 혼란스럽고 강력한 리스프는 최초로 개발된 언어임과 동시에 가장 최근에 사용되는 언어이기도 하다. 수십 개의 리스프 변종이 리스프를 메인스트림 언어로 만들려고 시도했다가 실패했다. 그런 언어들의 문법과 프로그래밍 모델은 일반적인 개발자들이 받아들이기에는 너무나 낯설었다. 그렇지만 리스프는 뭔가 배울 만한 내용을 담고 있기 때문에 새로운 변종이 끊이지 않고 나타나고 있다. 리스프 언어를 이용해서 학생들을 가르치던 최고의 대학 중 일부는 아직도 같은 일을 계속하고 있다.

많은 면에서 클로저는 사려 깊은 쿵푸 마스터, 언덕 위의 오라클, 혹은 신비로운 제다이 훈련교관이다. 요다를 생각해보라. 〈스타워즈 에피소드 5: 제국의 역습〉에서 요다는 별로 중요하지 않은 귀여운 캐릭터로 등장했다.[1] 그의 의사소통 방식은 리스프의 (나중에 이해할 수 있을 거야) 같은 접두사 표현prefix notation처럼 종종 도치적이고 이해하기도 어렵다. 뭔가 변화를 불러일으키기에는 괄호와 기호만으로 이루어진 리스프의 문법적 규칙처럼 너무나 부족해 보인다. 그렇지만 요다가 뭔가 엄청난 능력을 가지고 있다는 사실은 얼마 지나지 않아서 명백해진다. 리스프와 마찬가지로 그는 나이가 많고, 시간과 정밀한 노력을 통해서 얻은 지혜가 풍부한 존재다(앞의 인용문처럼). 리스프의 매크로와 고계 구조물처럼 그는 다른 사람들이 익힐 수 없는 내면적인

---

1 〈스타워즈 에피소드 5: 제국의 역습〉, DVD, 조지 루카스 감독, 1980 (비벌리힐스, CA: 20세기 폭스, 2004).

힘을 가지고 있다. 여러 면에서 보았을 때 그런 모든 능력을 처음으로 가졌던 언어가 리스프다. 너무 깊은 내용을 다루기 전에 우선 리스프에 대해서 조금 살펴보고, 클로저의 어떤 면이 그렇게 멋진 것인지 알아보도록 하자.

7.1 클로저에 대하여

모든 것을 내려놓고 본질만 보았을 때, 클로저는 그저 하나의 리스프 변종이다. 리스프와 동일한 언어적 한계, 혹은 강점을 공유한다. 그래서 클로저를 이해하는 것은 리스프를 이해하는 데에서 출발한다.

7.1.1 모든 것은 리스프로부터

포트란을 제외하면 리스프는 상업적으로 사용되는 언어 중에서 가장 오래된 언어다. 함수 언어인데 순수 함수 언어는 아니다. 리스프라는 이름은 리스트 처리LISt Processing에서 따온 말이다. 그이유는 곧 알게 될 것이다. 리스프는 몇 가지 흥미로운 특징을 가지고 있다.

- 리스프는 리스트를 위한 언어다. 함수 호출은 리스트의 첫 번째 인수를 함수로, 나머지를 인수로 사용한다.
- 리스프는 코드를 표현하기 위해 고유한 자료구조를 사용한다. 리스프를 사용하는 사람들은 이것을 '코드로서의 데이터data as code'라고 부른다.

이 두 가지 아이디어를 결합하면, 메타프로그래밍에 적합한 언어를 얻게 된다. 우리의 코드를 클래스 안에 포함되어 있는 특정한 이름을 가진 메서드로 만들 수 있다. 그러한 객체들을 트리로 만들 수도 있고, 이러한 방식으로 기본적인 객체 모델을 손에 넣을 수도 있다. 데이터와 동작을 담는 슬롯을 이용해서 프로토타입에 기초한 방식으로 코드를 조직할 수도 있다. 순수 함수 구현도 가능하다. 이러한 유연성을 통해서 리스프는 우리가 원하는 어떤 프로그래밍 패러다임으로도 변형할 수 있다.

『해커와 화가』(한빛미디어, 2014)에서 폴 그레이엄은 리스프와 그것이 가진 강력한 프로그래밍 모델을 사용하는 작은 개발팀이 훨씬 커다란 회사를 상대로 승리를 거두는 과정을 묘사했다. 그들은 리스프 프로그래밍에 엄청난 이점이 있다고 확신했다. 사실 이들은 리스프나 다른 고수준 언어를 구하는 채용공고에 더 큰 관심을 기울였다.

리스프의 변종 중 유명한 것으로 커먼 리스프와 스킴이 존재한다. 스킴과 클로저는 lisp-1이라는 변종 패밀리로부터 탄생한 언어고, 커먼 리스프는 lisp-2로부터 발생했다. 이러한 변종 패밀리 사이에 존재하는 핵심적인 차이점은 이름공간namespace이 동작하는 방식과 관련되어 있다. 커먼 리스프는 함수와 변수를 위해 서로 구분된 이름공간을 사용하고, 스킴은 둘 모두에 동일한 이름공간을 사용한다. 리스프와 관련된 내용을 잠시 살펴보았으니 이제 자바와 관련된 부분을 살펴보자.

7.1.2 JVM 위에서

모든 리스프 변종은 그 핵심 수요층을 위해서 수정된 것이다. 클로저의 경우 가장 중요한 특징이 바로 JVM이다. 우리는 스칼라처럼 상업적으로 커다란 성공을 거둔 플랫폼을 대상으로 동작한다는 것이 엄청난 차이를 불러일으킨다는 점을 확인했다. 소프트웨어를 배포하는 팀에 클로저 서버를 배포하는 방식을 설득할 필요가 없다. 언어 자체는 비교적 새로운 언어지만 원하는 작업을 수행하기 위해서 방대한 분량의 자바 라이브러리를 마음껏 사용할 수 있다.

이 장에서 우리는 코드를 동작시키는 방식, 라이브러리를 사용하는 방식, 그리고 우리가 생산하는 코드의 결과물을 통해 JVM의 존재를 목격할 것이다. 하지만 JVM으로부터의 해방도 목격하게 될 것이다. 클로저는 함수형이므로 코드에 고급 개념을 적용할 수 있다. 클로저는 동적 타이핑을 사용하므로 코드의 모습이 더 간결하고, 읽기 편하고, 작성하기도 즐겁다. 거기에 클로저는 리스프가 가진 표현력마저 가지고 있다.

클로저와 자바는 서로를 절실하게 필요로 한다. 리스프는 자바 가상 머신이 제공하는 시장성을 필요로 하고, 자바 커뮤니티는 언어라는 측면에서 심각한 수준의 업그레이드와 새로운 흥미의 주입을 필요로 하고 있다.

7.1.3 동시성 세계에 맞춰 업데이트되다

클로저의 마지막 특징은 라이브러리 집합에 있다. 클로저는 부수효과가 없는 함수를 강조하는 함수 언어다. 하지만 변경 가능한 상태를 사용해야만 한다면, 거기에 도움을 주는 개념도 여럿 지원한다. 트랜잭션 메모리는 메모리 공간에 안전한 방식으로 동시 접근하는 것을 가능하게 만들어주는 데이터베이스의 트랜잭션과 비슷하다. 에이전트는 변경 가능한 자원을 캡슐화된 방식으로 접근하는 것을 가능하게 만들어준다. 이러한 개념의 일부를 3일 차에 살펴보게 될 것이다.

더 이상 기다리기 어려운가? 이제 클로저에 대해서 살펴보자.

7.2 1일: 루크 훈련시키기

〈스타워즈〉에서 수련생 루크는 제다이가 되기 위한 고급 훈련을 받기 위해서 요다를 찾는다. 그는 문하생으로 훈련을 시작한다. 루크와 마찬가지로 이 책을 읽는 사람들은 모두 이미 함수 언어에 대해서 어느 정도 훈련을 받았다. 루비에서 클로저를 이용했고 스칼라와 얼랭에서 고계 함수를 이용했다. 이 장에서는 이러한 개념을 클로저에 적용하는 방법을 배우게 될 것이다.

클로저 사이트를 방문해보자.[2] 사용하는 플랫폼 및 개발 환경에 클로저를 설치하는 방법은 이 클로저 사이트의 지침을 참고하라. 나는 클로저 1.2 프리릴리즈 버전을 사용했다. 대부분의 운영체제에 자바가 설치되어 있겠지만 혹시 없다면 자바 플랫폼부터 설치해야 할 수도 있다. 나는 클로저 프로젝트를 관리하고 자바를 구성하기 위해서 라이닝겐leiningen 도구[3]를 사용했다. 이 도구는 프로젝트를 빌드하도록 도움을 주고, 자바의 클래스 경로 같은 자질구레한 내용으로부터 나를 분리시켜준다. 이러한 도구와 언어가 설치되었으면, 새로운 프로젝트를 생성할 준비가 되었다.

```
batate$ lein new seven-languages
Created new project in: seven-languages
batate$ cd seven-languages/
seven-languages batate$
```

그다음에는 lein repl을 입력해 클로저 콘솔을 연다.

---

2 http://dev.clojure.org/display/doc/Getting+Started
3 http://github.com/technomancy/leiningen

```
seven-languages batate$ lein repl
Copying 2 files to /Users/batate/lein/seven-languages/lib
user=>
```

이제 시작이다. 보이지 않는 배후에서 라이닝겐은 필요한 라이브러리를 설치하고, 약간의 클로저 자바 아카이브(jar)와 옵션을 함께 호출한다. 이러한 도구가 설치된 방식이나 환경에 따라 repl을 시작하는 방법이 조금 다를 수도 있다. 여기에서부터는 그냥 repl을 시작하라고만 이야기할 것이다.

이러한 설치 과정이 성공적으로 끝나면, 원시적인 콘솔을 마주하게 된다. 내가 코드를 실행해보라고 말하면 이 repl을 이용하거나, 혹은 클로저를 지원하는 IDE나 편집기를 이용하면 된다.

약간의 코드를 입력해보자.

```
user=> (println "Give me some Clojure!")
Give me some Clojure!
nil
```

콘솔이 제대로 동작하고 있다. 클로저에서는 모든 함수를 괄호 안에 집어넣는다. 첫 번째 요소는 함수 이름이고, 나머지는 전부 함수에게 전달되는 인수다. 이들을 중첩할 수도 있다. 약간의 수학 문제를 풀면서 개념을 익혀보자.

7.2.1 기본적인 함수 호출하기

```
user=> (- 1)
-1
user=> (+ 1 1)
2
user=> (* 10 10)
100
```

이것은 간단한 산수에 불과하다. 나누기는 약간 흥미롭다.

```
user=> (/ 1 3)
1/3
user=> (/ 2 4)
1/2
user=> (/ 2.0 4)
0.5
user=> (class (/ 1 3))
clojure.lang.Ratio
```

클로저는 ratio라는 기본적인 자료형을 가지고 있다. 이것은 정밀도가 상실되는 것을 피하기 위해서 계산 자체를 지연하는 멋진 기능이다. 원한다면 부동소수점을 이용해서 계산을 수행할 수도 있다. 이런 방식을 통해 나머지를 쉽게 계산할 수 있다.

```
user=> (mod 5 4)
1
```

나머지 연산을 수행하는 간략한 방법이다. 이러한 표기법은 전위 표기법prefix notation이라고 불린다. 지금까지 보았던 언어들은 모두 4+1-2처럼 연산자가 피연산자 사이에 오는 중위 표기법infix notation을 사용했다. 많은 사람이 이미 익숙한 중위 표기법을 선호한다. 우리는 수학 공식을 이런 방식으로 표기하는 데 익숙하다. 하지만 약간 시간이 지나고 나면 전위 표기법의 흐름에 익숙해지게 될 것이다. 수학은 이런 식으로 표시하는 게 조금 이상하겠지만, 이것은 효과적이다. 전위 표기법을 괄호와 함께 사용할 때의 장점도 있다. 다음과 같은 표현을 생각해보자.

```
user=> (/ (/ 12 2) (/ 6 2))
2
```

모호한 지점이 전혀 없다. 클로저는 이 명령문을 괄호가 지정하는 순서대로 계산할 것이다. 다음과 같은 표현도 생각해보자.

```
user=> (+ 2 2 2 2)
8
```

원한다면 계산 과정에 또 다른 인수를 더하는 것은 쉽다. 뺄셈이나 나눗셈을 할 때조차 이와 같은 스타일을 사용할 수 있다.

```
user=> (- 8 1 2)
5
user=> (/ 8 2 2)
2
```

전통적인 (중위) 표기법에서는 (8-1)-2 그리고 (8/2)/2라고 표시를 할 것이다. 혹은 한 번에 두 개의 피연산자만 사용하는 방법이 클로저에서 어떻게 표현되는지 보고 싶다면 그것은 (- (- 8 1) 2) 그리고 (/ (/ 8 2) 2)라고 표시할 수 있다. 이렇게 단순한 연산자 평가를 통해서 놀라울 정도로 강력한 결과를 낳을 수도 있다.

```
user=> (< 1 2 3)
true
user=> (< 1 3 2 4)
false
```

훌륭하다. 이렇게 연산자 하나와 임의 개수의 인수를 이용해서 리스트의 내용이 정렬되어 있는지 여부를 판별할 수 있다.

이 같은 전위 표기법 그리고 여러 개의 인수를 갖는 리스트와 관련된 사소한 문법 일부를 제외하면 클로저의 문법은 대단히 단순하다. 이제 타이핑 시스템을 살펴보면서 강한 타이핑과 형변환에 대해 살펴보자.

```
user=> (+ 3.0 5)
8.0
user=> (+ 3 5.0)
8.0
```

클로저는 우리를 위해서 필요한 장소에서 자료형을 바꿔준다. 일반적으로 클로저는 강한 동적 타이핑을 지원한다. 이제 조금 더 자세히 초점을 맞춰서 클로저의 기본적인 빌딩 블록인 폼^{form}에 대해서 알아보자.

폼은 일종의 문법이라고 생각할 수 있다. 클로저는 코드를 파싱할 때 우선 프로그램을 폼이라는 여러 개의 조각으로 분해한다. 그다음에 컴파일을 수행한다. 리스프에서는 코드와 데이터가 동일한 것이기 때문에 여기서도 그들을 구분하지 않을 것이다. 불리언, 문자, 문자열, 집합, 맵, 벡터는 이 장에서 계속 만나게 되는 폼의 예들이다.

7.2.2 문자열과 문자

문자열에 대해서는 이미 보았지만 조금 더 자세하게 살펴볼 여지가 남아 있다. 문자열은 큰따옴표로 둘러싸고, 루비와 마찬가지로 C 스타일의 탈출문자^{escaping character}를 사용한다.

```
user=> (println "master yoda\nluke skywalker\ndarth vader")
master yoda
luke skywalker
darth vader
nil
```

특별한 내용은 없다. 참고로 이야기하자면, 지금까지 우리는 println을 호출할 때 인수를 하나만 전달했는데 이 함수는 빈 줄을 출력하거나 주어진 여러 개의 인수를 하나로 묶어서 출력할수 있기 때문에 다양한 개수의 인수를 전달할 수 있다.

클로저에서는 str 함수를 이용하면 주어진 대상을 문자열로 변환할 수 있다.

```
user=> (str 1)
"1"
```

만약 주어진 대상이 자바 클래스면 str은 그 대상이 가지고 있는 toString 함수를 호출한다. str 함수는 다음과 같이 한 개 이상의 인수를 받아들일 수도 있다.

```
user=> (str "yoda, " "luke,  " "darth")
"yoda, luke,  darth"
```

따라서 클로저 개발자들은 문자열을 결합하기 위해서 str 함수를 사용한다. 문자열이 아닌 것도 결합할 수 있다.

```
user=> (str "one: " 1 " two: " 2)
"one: 1 two: 2"
```

서로 다른 자료형을 결합시키는 것이다. 따옴표를 쓰지 않고 문자를 나타내려면 앞에 \ 문자를 써주면 된다.

```
user=> \a
\a
```

이러한 표현도 str 함수로 결합시킬 수 있다.

```
user=> (str \f \o \r \c \e)
"force"
```

몇 가지 비교를 해보자.

```
user=> (= "a" \a)
false
```

개별 문자와 길이가 1인 문자열은 동일한 것이 아니다.

```
user=> (= (str \a) "a")
true
```

하지만 문자를 문자열로 바꾸는 것은 쉽다. 문자열에 대한 것은 이 정도면 충분하다. 이제 불리언 표현에 대해서 살펴보자.

7.2.3 불리언과 표현

클로저는 강한 동적 타이핑을 사용한다. 동적 타이핑에서는 자료형이 실행 시간에 평가된다는 사실을 기억하라. 이러한 타이핑 시스템이 동작하는 방식은 이미 본 적이 있다. 하지만 이 부분에 대해서 약간 더 논의를 해보자. 불리언 값은 어떤 표현이 평가된 결과다.

```
user=> (= 1 2)
false
user=> (< 1 2)
true
```

이 책에서 소개하는 다른 언어들과 마찬가지로 true는 그 자체로 하나의 기호다. 하지만 또한 다른 것이기도 하다. 클로저의 타이핑 시스템은 기저에 놓인 자바의 타이핑 시스템과 통합되어 있다. class 함수를 이용해서 기저에 놓인 클래스를 확인할 수 있다. 다음은 불리언 값에 대한 클래스다.

```
user=> (class true)
java.lang.Boolean
user=> (class (= 1 1))
java.lang.Boolean
```

이런 식으로 JVM의 내용이 노출되고 있다. 이와 같은 타이핑 전략은 더 많은 내용을 알아갈수록 점점 편리하게 느껴질 것이다. 불리언 표현은 나양한 방식으로 나타낼 수 있다. 다음은 간단한 if 구문이다.

```
user=> (if true (println "True it is."))
True it is.
nil
user=> (if (> 1 2) (println "True it is."))
nil
```

Io에서와 비슷하게 우리는 실행할 코드를 if에게 두 번째 인수로 전달했다. 리스프는 편리하게도 코드 자체를 일종의 데이터로 간주할 수 있게 허용한다. 코드를 줄을 바꿔서 표현하면 전체적으로 더 보기 좋은 코드를 작성할 수 있다.

```
user=> (if (< 1 2)
    (println "False it is not."))
False it is not.
nil
```

세 번째 인수로 else를 전달할 수도 있다.

```
user=> (if false (println "true") (println "false"))
false
nil
```

이제 불리언 값을 이용해서 할 수 있는 다른 일들을 알아보자. 우선 클로저에서 nil은 어떻게 나타낼까?

```
user=> (first ())
nil
```

아하. 간단하다. nil이라는 기호로 나타내는 것이다.

```
user=> (if 0 (println "true"))
true
nil
user=> (if nil (println "true"))
nil
user=> (if "" (println "true"))
true
nil
```

0과 ""은 참이지만 nil은 아니다. 다른 불리언 표현은 필요할 때 설명하겠다. 이제 조금 더 복잡한 자료구조에 대해서 살펴보자.

7.2.4 리스트, 맵, 집합, 벡터

다른 함수 언어에서와 마찬가지로 리스트와 튜플 같은 자료구조가 핵심적인 기능을 담당한다. 클로저에서 가장 중요한 세 가지 구조를 꼽으면 리스트, 맵, 벡터다. 먼저 앞에서도 가장 많은 시간을 할애해서 알아본 컬렉션인 리스트에 대해서 알아보자.

리스트

리스트는 순서가 있는 요소들을 저장하는 컬렉션이다. 이러한 요소엔 제한이 없지만, 전형적인 클로저 프로그램 코드에는 리스트를 사용하고 데이터에는 벡터를 사용한다. 하지만 혼동을 피하기 위해서, 데이터를 담은 리스트도 살펴볼 것이다. 리스트는 함수처럼 평가되기 때문에 다음과 같이 적는 것은 허용되지 않는다.

```
user=> (1 2 3)
java.lang.ClassCastException: java.lang.Integer
    cannot be cast to clojure.lang.IFn (NO_SOURCE_FILE:0)
```

만약 1, 2, 3이라는 요소를 담는 리스트를 정의할 필요가 있으면, 다음과 같은 방법 중에서 하나를 선택해야 한다.

```
user=> (list 1 2 3)
(1 2 3)
user=> '(1 2 3)
(1 2 3)
```

일단 정의한 다음에는 일반적인 방식에 따라서 리스트를 사용할 수 있다. 두 번째 방법을 인용하기(quoting)이라고 부른다. 그리고 리스트의 네 가지 중요한 연산자는 first(헤드 역할), rest(헤드를 제외한 리스트), last(마지막 요소), 그리고 cons(헤드와 테일이 주어졌을 때 이들을 결합해서 새로운 리스트를 만든다)가 있다.

```
user=> (first '(:r2d2 :c3po))
:r2d2
user=> (last '(:r2d2 :c3po))
:c3po
user=> (rest '(:r2d2 :c3po))
(:c3po)
user=> (cons :battle-droid '(:r2d2 :c3po))
(:battle-droid :r2d2 :c3po)
```

물론 이러한 함수들을 고계함수와 결합해서 사용할 수도 있다. 하지만 뒤에서 시퀀스를 공부할 때까지 그 방법을 알아보는 것은 유보하도록 하겠다. 이제 리스트의 가까운 사촌인 벡터를 살펴보자.

벡터

벡터는 리스트와 마찬가지로 요소들을 순서를 고려해서 담는 컬렉션이다. 벡터는 비순차적 접근에 최적화되어 있다. 벡터는 다음과 같이 대괄호를 이용해서 표시한다.

```
user=> [:hutt :wookie :ewok]
[:hutt :wookie :ewok]
```

코드를 담을 때는 리스트를 이용하고 데이터를 담을 때는 벡터를 이용하라. 다음과 같은 방식으로 다양한 요소를 구할 수 있다.

```
user=> (first [:hutt :wookie :ewok])
:hutt
user=> (nth [:hutt :wookie :ewok] 2)
:ewok
user=> (nth [:hutt :wookie :ewok] 0)
:hutt
user=> (last [:hutt :wookie :ewok])
:ewok
user=> ([:hutt :wookie :ewok] 2)
:ewok
```

벡터도 역시 인덱스를 인수로 받아들이는 함수라는 점을 기억하라. 두 개의 벡터는 이렇게 결합할 수 있다.

```
user=> (concat [:darth-vader] [:darth-maul])
(:darth-vader :darth-maul)
```

repl이 벡터가 아니라 리스트를 출력했다는 사실을 알게 되었을 것이다. 컬렉션을 리턴하는 클로저의 함수들은 대부분 시퀀스라는 클로저의 추상적 구조물을 사용한다. 시퀀스에 대해서는 2일 차 때 공부할 것이다. 여기에서는 일단 클로저가 시퀀스를 리턴하고, repl에서는 그것을 리스트로 출력한다는 사실만 기억하고 넘어가자.

클로저는 물론 벡터의 헤드와 테일을 구하는 함수를 지원한다.

```
user=> (first [:hutt :wookie :ewok])
:hutt
user=> (rest [:hutt :wookie :ewok])
(:wookie :ewok)
```

뒤에서 패턴 매칭을 공부하며 이러한 기능을 사용하게 될 것이다. 리스트와 벡터는 모두 순서를 고려한다. 이제 순서를 고려하지 않는 컬렉션인 집합과 맵을 보자.

집합

집합은 순서가 없는 요소들을 저장하는 컬렉션이다. 컬렉션이 내부적으로 어떤 순서를 가지고 있기는 하지만, 실제 순서는 구현된 방식에 따라서 달라지므로 사용할 수 없다. 집합은 #{}로 표시한다.

```
user=> #{:x-wing :y-wing :tie-fighter}
#{:x-wing :y-wing :tie-fighter}
```

이러한 집합을 spacecraft라는 변수에 할당하고 사용할 수 있다.

```
user=> (def spacecraft #{:x-wing :y-wing :tie-fighter})
#'user/spacecraft
user=> spacecraft
#{:x-wing :y-wing :tie-fighter}
user=> (count spacecraft)
3
user=> (sort spacecraft)
(:tie-fighter :x-wing :y-wing)
```

항목을 임의의 순서로 받아들인 다음 일정한 순서에 따라서 정렬된 상태로 리턴하는 집합도 있다.

```
user=> (sorted-set 2 3 1)
#{1 2 3}
```

다음과 같이 두 개의 집합을 결합할 수도 있다.

```
user=> (clojure.set/union #{:skywalker} #{:vader})
#{:skywalker :vader}
```

집합 사이에 존재하는 차이를 계산할 수도 있다.

```
(clojure.set/difference #{1 2 3} #{2})
```

더 나아가기 전에 한 가지 편리한 트릭을 소개하겠다. 집합도 하나의 함수다. #{:jar-jar, :chewbacca}라는 집합은 하나의 요소에 해당하지만 동시에 함수이기도 하다. 집합은 다음과 같은 방법으로 요소가 집합에 속해 있는지 여부를 판별한다.

```
user=> (#{:jar-jar :chewbacca} :chewbacca)
:chewbacca
user=> (#{:jar-jar :chewbacca} :luke)
nil
```

이렇게 집합을 함수로 사용하면, 만약 첫 번째 인수가 집합에 속한 경우 그 첫 번째 인수를 리턴한다. 이 정도 내용이면 집합과 관련된 기본적인 내용은 공부한 셈이다. 이제 맵을 보자.

맵

알다시피 맵은 키-값 짝이다. 클로저에서는 맵을 중괄호를 이용해서 표시한다.

```
user=> {:chewie :wookie :lea :human}
{:chewie :wookie, :lea :human}
```

앞 코드는 키-값 짝으로 이루어진 맵의 예인데, 읽는 것이 별로 쉽지 않다. 키나 값이 홀수 개인지 여부를 한 눈에 알 수 없기 때문에 에러가 발생하기 쉽다.

```
user=> {:jabba :hut :han}
java.lang.ArrayIndexOutOfBoundsException: 3
```

클로저는 빈칸 대신 쉼표를 사용하도록 허용함으로써 이러한 문제를 해결했다.

```
user=> {:darth-vader "obi wan", :luke "yoda"}
{:darth-vader "obi wan", :luke "yoda"}
```

앞에 콜론(:)이 붙어 있으면 루비의 심벌, 프롤로그와 얼랭의 원자처럼 키워드다. 클로저는 이러한 방식을 통해 무엇에게 이름을 붙이는 방법을 두 가지 가지고 있다. 바로 '키워드'와 '심벌'이다. 심벌은 무언가 다른 것을 가리키는 데 사용하고, 키워드는 자기 자신을 가리키는 데 사용한다. true와 map은 심벌이다. 얼랭에서 atom을 사용하는 것처럼 map에서 속성 같은 도메인 개체에게 이름을 정해줄 때는 키워드를 사용한다.

mentors라는 이름의 맵을 정의해보자.

```
user=> (def mentors {:darth-vader "obi wan", :luke "yoda"})
#'user/mentors
user=> mentors
{:darth-vader "obi wan", :luke "yoda"}
```

이제 키를 첫 번째 값으로 전달하면 값을 구할 수 있다.

```
 user=> (mentors :luke)
"yoda"
```

맵도 역시 함수다. 키워드도 함수다.

```
user=> (:luke mentors)
"yoda"
```

여기에서 함수인 :luke는 맵 안에서 자기 자신을 검색한다. 이상하긴 하지만 유용하다. 루비에서와 마찬가지로 키나 값으로 사용할 수 있는 자료형에는 제한이 없다. merge를 사용하면 두 개의 맵을 합칠 수도 있다.

```
user=> (merge {:y-wing 2, :x-wing 4} {:tie-fighter 2})
 :tie-fighter 2, :y-wing 2, :x-wing 4
```

두 개의 맵에 모두 해시가 존재하면 결합을 위해서 사용할 연산자를 지정해 줄 수도 있다.

```
user=> (merge-with + {:y-wing 2, :x-wing 4} {:tie-fighter 2 :x-wing 3})
{:tie-fighter 2, :y-wing 2, :x-wing 7}
```

이 경우에는 x-wing 키와 매핑되어 있는 4와 3이라는 값을 + 연산자로 결합한다. 매핑이 존재하면 새로운 키-값 짝을 이용해서 새로운 매핑을 만들 수도 있다.

```
user=>(assoc {:one 1} :two 2)
{:two 2, :one 1}
```

항목을 임의의 순서로 받아들인 다음 일정한 순서로 정렬해서 출력하는 정렬된 맵을 만드는 것도 가능하다.

```
user=> (sorted-map 1 :one, 3 :three, 2 :two)
{1 :one, 2 :two, 3 :three}
```

우리는 조금씩 자료구조를 추가해나가고 있다. 이제 데이터만이 아니라 행위가 추가된 폼인 함수에 대해서 살펴볼 준비가 되었다.

7.2.5 함수 정의하기

리스프의 모든 변종 안에서 함수는 한가운데에 위치한다. 함수를 정의하려면 defn을 이용한다.

```
user=> (defn force-it [] (str "Use the force," "Luke."))
#'user/force-it
```

가장 단순한 형태는 (defn [params] body)다. 우리는 아무 매개변수가 없는 force-it이라는 함수를 정의했다. 이 함수는 단순히 두 개의 문자열을 하나로 결합한다. 이 함수를 다음과 같이 호출해보라.

```
user=> (force-it)
"Use the force,Luke."
```

원한다면 함수를 설명하기 위한 추가적인 문자열을 더할 수도 있다.

```
user=> (defn force-it
            "The first function a young Jedi needs"
            []
            (str "Use the force," "Luke"))
```

그다음에는 doc을 이용해서 문서를 생성할 수 있다.

```
user=> (doc force-it)
-------------------------
user/force-it
([])
  The first function a young Jedi needs
nil
```

미개변수를 하나 더해보자.

```
user=> (defn force-it
            "The first function a young Jedi needs"
            [jedi]
            (str "Use the force," jedi))
```

```
#'user/force-it
user=> (force-it "Luke")
"Use the force,Luke"
```

함수가 문서화 줄을 포함하고 있기만 하면 doc 기능을 이용해서 문서를 만드는 것이 가능하다.

```
user=> (doc str)
-------------------------
clojure.core/str
([] [x] [x & ys])
  With no args, returns the empty string. With one arg x, returns
  x.toString(). (str nil) returns the empty string. With more than
  one arg, returns the concatenation of the str values of the args.
nil
```

기본적인 함수의 정의를 살펴보았으므로, 이제 인수의 리스트에 대해서 살펴보자.

7.2.6 바인딩

지금까지 보았던 다른 언어들과 마찬가지로, 입력되어 들어오는 인수를 기반으로 매개변수를 할당하는 작업을 바인딩이라고 부른다. 클로저가 가진 장점의 하나는 인수로 전달되는 값의 임의의 부분을 매개변수로 인식할 수 있다는 점이다. 예를 들어서 다음과 같이 점들의 좌표로 이루어진 벡터를 표현하는 줄이 있다고 해보자.

```
user=> (def line [[0 0] [10 20]])
#'user/line
user=> line
[[0 0] [10 20]]
```

다음과 같은 방법으로 줄의 끝에 접근하는 함수를 작성할 수 있다.

```
user=> (defn line-end [ln] (last  ln))
#'user/line-end
user=> (line-end line)
[10 20]
```

하지만 우리에게 필요한 것은 줄 전체가 아니다. 매개변수를 줄이 담고 있는 두 번째 요소에 결합시킬 수 있으면 좋을 것이다. 클로저에서는 그렇게 하는 것이 쉽다.

```
(defn line-end [[_ second]] second)
#'user/line-end
user=> (line-end line)
[10 20]
```

이러한 개념을 '분해^{destructuring}'라고 한다. 자료구조를 조각으로 분해해서 중요한 부분만 취하는 것이다. 이러한 바인딩 과정을 더 자세하게 보자. 우선 [[_ second]]가 있다. 바깥에 있는 괄호는 매개변수 벡터를 의미한다. 안쪽에 있는 괄호는 우리가 리스트 혹은 벡터의 개별적인 요소를 바인딩할 것이라는 사실을 말하고 있다. _과 second는 개별 매개변수에 해당한다. 바인딩 과정에서 우리가 관심이 없는 부분을 _에 바인딩하는 것은 흔히 사용되는 기법이다. 평범한 말로 풀어 이야기하면 우리는 "이 함수의 매개변수는 첫 번째 인수의 첫 번째 요소인 _과 첫 번째 인수의 두 번째 요소인 second"라고 말하고 있는 것이다.

이러한 바인딩을 중첩할 수도 있다. 틱택토 보드가 있다고 하고, 한가운데 있는 칸의 값을 리턴하고자 한다고 생각하자. 우리는 보드를 세 개의 값을 갖는 세 개의 행으로 나타낼 것이다.

```
user=> (def board [[:x :o :x] [:o :x :o] [:o :x :o]])
#'user/board
```

이제 두 번째 행의 두 번째 요소를 선택해보자.

```
user=> (defn center [[_ [_ c _] _]] c)
#'user/center
```

아름답다. 앞에서 본 것과 동일한 개념을 중첩해놓았다. 조금 더 자세히 들여다보자. 여기에서 바인딩에 해당하는 부분은 [[_ [_ c _] _]]이다. 우선 매개변수 하나를 입력 인수인 [_ [_ c _] _]에 바인딩했다. 이 매개변수는 우리가 틱택토 보드에서 첫째 줄과 셋째 줄에 해당하는 첫 번째와 세 번째 요소를 무시할 거라고 말하고 있다. 우리는 [_ c _]에 해당하는 두 번째 줄에 대해서만 관심이 있다. 그리고 또 다른 리스트에서 가운데 있는 값을 취하려고 한다.

```
user=> (center board)
:x
```

이 함수를 몇 가지 방식으로 단순하게 만들 수 있다. 우선 목표로 삼고 있는 인수 다음에 오는 와일드카드는 생략해도 상관없다.

```
(defn center [[_ [_ c]]] c)
```

다음으로, 분해는 인수 리스트 안에서 일어나거나 아니면 let 구문을 통해서 일어날 수 있다. 리스프 언어 패밀리에서는 변수를 값에 바인딩하기 위해서 let을 사용하게 될 것이다. 우리는 center 함수를 이용하는 클라이언트 코드로부터 분해 과정을 감추기 위해서 let을 이용할 수 있다.

```
(defn center [board]
  (let [[_ [_ c]] board] c))
```

let은 두 개의 인수를 취한다. 첫 번째 인수는 바인딩을 수행하고자 하는 심벌([[_ [_c]]])과 값(board)을 담고 있는 벡터다. 그다음에 오는 인수는 바인딩한 값을 사용할 어떤 표현이다 (이 예제에서는 그냥 c를 리턴했다). 두 형태는 똑같은 결과를 낳는다. 중요한 것은 분해가 어디에서 일어나기를 원하는가에 달려 있다. let을 이용하는 간단한 예를 두 개 정도 보겠지만, 원한다면 let을 인수 리스트 안에서도 사용할 수 있다는 사실을 기억해두기 바란다.

맵은 다음과 같이 분해할 수 있다.

```
user=> (def person {:name "Jabba" :profession "Gangster"})
#'user/person
user=> (let [{name :name} person] (str "The person's name is " name))
"The person's name is Jabba"
```

맵과 벡터를 결합할 수도 있다.

```
user=> (def villains [{:name "Godzilla" :size "big"} {:name "Ebola" :size
"small"}])
#'user/villains
user=> (let [[_ {name :name}] villains] (str "Name of the second villain: " name))
"Name of the second villain: Ebola"
```

우리는 첫 번째 인수를 건너뛰고 두 번째 맵의 이름을 취하는 방식으로 벡터를 바인딩했다. 여기에서 리스프와 프롤로그의 영향을 확인할 수 있으며, 더 넓은 의미에서는 얼랭의 영향도 느껴진다. 분해는 패턴 매칭의 간단한 형태다.

7.2.7 익명 함수

리스프에서 함수는 데이터다. 코드는 데이터와 구별되지 않기 때문에 고계함수는 처음부터 언어의 일부로 구현되어 있다. 익명 함수는 말 그대로 이름이 없는 함수를 만드는 것을 가능하게 한다. 이 책에 포함된 언어는 모두 이러한 근본적인 기능을 지원하고 있다. 클로저에서는 고계 함수를 정의할 때 fn 함수를 이용한다. 보통은 이름을 생략하기 때문에 (fn [매개변수*] 본문) 같은 형태를 갖게 된다. 예를 보자.

고계함수에 단어의 리스트를 인수로 전달해서 단어의 수를 세는 코드를 작성해보자. 예컨대 사람의 이름을 담고 있는 리스트를 전달한다고 생각하자.

```
user=> (def people ["Lea", "Han Solo"])
#'user/people
```

한 단어의 길이는 이렇게 계산할 수 있다.

```
user=> (count "Lea")
3
```

각 이름의 길이를 담는 리스트를 생성할 수도 있다.

```
user=> (map count people)
(3 8)
```

이러한 개념은 이미 본 적이 있다. 이 맥락에서는 map이 고계함수에 해당한다. 클로저에서는 함수가 데이터를 담는 리스트와 다를 것이 없는 리스트에 해당하기 때문에 고계함수라는 개념을 이해하는 것이 쉽다. 이름의 길이에 2를 곱한 값을 저장하는 리스트를 만드는 것은 앞에서 본 빌딩 블록을 그대로 이용해서 수행할 수 있다.

```
user=> (defn twice-count [w] (* 2 (count w)))
#'user/twice-count
user=> (twice-count "Lando")
10
user=> (map twice-count people)
(6 16)
```

이런 함수는 워낙 간단하므로 익명 함수로 작성하는 것이 어울린다.

```
user=> (map (fn [w] (* 2 (count w))) people)
(6 16)
```

더 간단한 형태를 이용하는 것도 가능하다.

```
user=> (map #(* 2 (count %)) people)
(6 16)
```

이러한 짧은 형태의 표현에서는 #이 익명 함수를 정의하고, %는 시퀀스에 저장되어 있는 각 항목을 바인딩하는 데 사용된다. 여기에서 #은 '리더 매크로'라고 부른다.

익명 함수는 당장 이름을 필요로 하지 않는 함수를 만들도록 해주는 편리한 기능을 제공한다. 다른 언어에서도 비슷한 기능이 존재했다. 다음은 컬렉션에 정의되어 있는 고계함수를 이용하는 함수들이다. 이러한 함수들을 위해서 우리는 v라고 이름을 붙인 벡터를 사용할 것이다.

```
user=> (def v [3 1 2])
#'user/v
```

익명 함수를 사용하는 다음 예에서 이 벡터를 계속 사용할 것이다.

apply

apply는 함수를 인수 리스트에 적용한다. (apply f'(x y))는 (f x y)와 동일한 방식으로 동작한다.

```
user=> (apply + v)
6
user=> (apply max v)
3
```

filter

filter 함수는 루비에서 보았던 find_all과 비슷한 동작을 수행한다. 이 함수는 검사[test]를 수행하는 함수를 받아들인 다음, 그 검사를 성공적으로 통과한 요소들을 담은 시퀀스를 리턴한다. 예를 들어 홀수나 3보다 작은 요소만 담은 시퀀스를 구하고자 한다면 다음과 같이 작성할 수 있다.

```
user=> (filter odd? v)
(3 1)
user=> (filter #(< % 3) v)
(1 2)
```

클로저의 시퀀스를 공부하면서 우리는 익명 함수에 대한 더 자세한 내용을 살펴보게 될 것이다. 여기에서는 이 정도로 해두고 클로저의 창시자인 리치 히키[Rich Hickey]가 하는 말에 귀를 기울여보자.

7.2.8 클로저의 창시자 리치 히키와의 인터뷰

리치 히키는 이 책의 독자들을 위해서 몇 가지 질문에 대답을 해주었다. 그는 어째서 클로저라는 리스프의 특정한 변종이 다른 리스프 언어보다 널리 받아들여졌는지에 대해 특별한 관심을 가지고 있었다. 그런 면에서 이 인터뷰는 앞에서 보았던 인터뷰보다 조금 길다. 그의 대답이 대단히 흥미롭다고 느낄 수 있기를 바란다.

브루스: 클로저를 만든 이유가 무엇입니까?

리치 히키: 저는 JVM과 CLR[4] 위에서 동작하는 전적으로 함수적이고, 확장 가능하고, 동적이며, 튼튼한 동시성 지원 기능을 갖춘 언어를 희망하는 개발자 중 한 명이었습니다. 하지만 그런 언어를 발견할 수 없었죠.

브루스: 클로저에서 가장 마음에 드는 부분은 무엇입니까?

리치 히키: 자료구조 내부의 추상을 강조하는 부분, 그리고 라이브러리와 단순함이 마음에 듭니다. 추상과 단순함은 서로 다른 개념이지만 밀접하게 연관되어 있습니다.

브루스: 처음부터 다시 만들 수 있다면 어떤 부분을 고치고 싶은지요?

리치 히키: 숫자와 관련해서 조금 다른 방법을 연구하겠습니다. JVM 위에서 박스화되는 숫자[5]는 확실히 문제가 있습니다. 사실 이와 관련해서 연구를 진행하고 있는 중입니다.

브루스: 클로저를 이용해서 해결된 문제 중 가장 흥미로운 것으로 무엇이 있습니까?

리치 히키: 플라이트캐스터(비행기 시간 지연을 실시간으로 예측하는 서비스)[6]가 클로저가 가지고 있는 여러 가지 측면을 흥미롭게 활용했다고 생각합니다. 머신러닝 및 통계 추론용

---

4 역자주_ 마이크로소프트의 Common Language Runtime을 의미하며 .NET 플랫폼을 위한 가상머신이다.

5 역자주_ JVM은 필요한 경우에 int나 double 같은 원시 자료형을 Integer나 Double 같은 객체 안에 집어넣는다. 이런 과정을 박스화라고 부른다.

6 http://www.infoq.com/articles/flightcaster–clojure–rails

DSL을 만들기 위한 매크로의 문법 추상에서부터, 하둡이나 캐스케이딩 같은 인프라를 활용하기 위해 자바 기능을 사용하는 것에 이르기까지 말이죠.

브루스: 하지만 리스프의 다른 변종들이 대부분 실패한 것에 비해서 클로저가 이렇게 광범하게 성공을 거둘 수 있었던 이유는 무엇입니까?

리치 히키: 중요한 질문입니다! (스킴이나 커먼 리스프 같은) 리스프의 주요 변종들이 그들의 임무를 수행하는 데 실패했다는 의견에 대해서는 동의하지 않습니다. 스킴의 경우는 컴퓨터 계산과 관련해서 가장 본질적인 기능만 포착하기 위한 매우 조그만 언어를 만들려는 시도였습니다. 커먼 리스프는 연구를 위한 목적으로 개발된 다양한 리스프 변종들 사이에서 일정한 표준을 정립하려는 시도였습니다. 그들은 물론 실전 프로그래밍 현장에서 사용되는 범용 언어로서 자리를 잡는 데는 실패했습니다. 그렇지만 그들의 목적은 거기에 있지 않았습니다.

반면 클로저의 경우는 처음부터 실전에서 사용되는 범용 프로그래밍 언어로 의도된 채 만들어졌기 때문에 기존의 리스프 언어가 가지고 있던 목적에 새로운 의도가 추가된 것이었습니다. 클로저는 개발팀이 공통으로 사용하기에 적합하고, 다른 언어와 친화적이며, 기존의 리스프가 가지고 있던 문제도 일부 해결했습니다.

브루스: 클로저가 팀이 사용하기에 좋다는 것은 어떤 의미입니까?

리치 히키: 일부 리스프 언어는 개인 프로그래머가 사용하기에 최고로 적합하게 만들어졌다는 인식이 존재합니다. 하지만 클로저는 개발이라는 것이 사실은 팀워크를 필요로 한다는 점을 전제로 합니다. 예를 들어 클로저는 사용자가 정의하는 리더 매크로를 지원하지 않습니다. 그런 것을 허용하면 서로 호환되지 않는 매크로 변종이 범람하는 것을 막을 수 없기 때문입니다.

브루스: 클로저를 이미 존재하는 가상 머신 위해서 실행하기로 결정한 이유는 무엇입니까?

리치 히키: 다른 언어에 의해 작성된 거대하고 값진 코드베이스의 존재는 오늘날 우리에게 주어진 현실입니다. 오래전 리스프가 개발되던 시기에는 없던 현상이죠. 그런 의미에서 특히 JVM과 CLR에서 동작하는 다른 언어의 코드를 호출하거나 다른 언어로부터 클로저를 호출하는 기능은 필수적입니다.

호스트 OS라는 개념을 거의 없애다시피 하는 표준 폴리글랏 플랫폼이라는 아이디어는 리스프가 처음 개발되던 당시에는 존재하지 않았습니다. 소프트웨어 업계는 오늘날 과거와 비교할 수 없는 수준으로 성장했고, 여러 가지 암묵적 표준이 존재하게 되었습니다. 기술적인 면에서 보았을 때 정교한 가비지 컬렉션이나 핫스팟^{HotSpot} 같은 동적 컴파일러를 활용하게 해주는 소프트웨어 계층의 존재는 도움이 됩니다. 따라서 클로저는 언어 자체가 플랫폼이라고 주장하기보다는 어떤 플랫폼 위에서 동작하는 언어라는 측면을 더 강조합니다.

브루스: 이해가 됩니다. 어떤 면에서 클로저가 과거의 리스프에 비해 더 접근하기 용이한 것일까요?

리치 히키: 여러 가지 이유가 있습니다. 예를 들어 우리는 괄호가 낳는 '문제'를 해결하고자 했습니다. 리스프 개발자들은 데이터로서의 코드라는 개념이 갖는 가치를 잘 인식하고 있습니다. 그렇지만 수많은 괄호 앞에서 질식할 것 같은 기분을 느끼는 수많은 다른 개발자들을 무시하는 것은 좋은 전략이 아닙니다. 예를 들어서 foo(bar, baz)에서 (foo bar baz)로 이동하는 것은 별로 어렵지 않습니다. 하지만 저는 과거 리스프가 괄호를 사용하는 방식을 철저하게 분석하고 그것을 더 낫게 만들 수 있는 방법이 없는지 고민을 기울였습니다. 그리고 그런 방법은 존재했습니다. 과거 리스프는 모든 것에 괄호를 사용했습니다. 클로저는 그렇게 하지 않습니다. 과거의 리스프는 너무나 많은 괄호를 사용했지만 클로저는 반대의 입장을 취했습니다. 요소들을 그룹으로 묶기 위해 사용하는 괄호를 최대한 피하려고 노력했습니다. 그런 노력은 매크로를 작성하는 사람들의 작업은 더 어렵게 만들었지만, 클로저 개발자들의 작업은 더 수월하게 만들었습니다.

훨씬 적은 분량의 괄호와 괄호를 오버로딩하는 것이 거의 불가능했기 때문에 클로저는 한눈에 훑어보기에 쉽고, 시각적으로 해석이 가능한, 그리고 과거의 리스프보다 이해하기 더 쉬운 코드를 낳게 되었습니다. 어떤 의미에서 ((AType)athing).amethod()처럼 코드의 시작이 두 겹의 괄호로 시작되는 코드는 클로저보다 자바에서 더 흔한 일이 되었습니다.

7.2.9 1일 차에 배운 내용

클로저는 JVM 위에서 동작하는 함수 언어다. 이 리스프 언어의 변종은 스칼라나 얼랭과 마찬가지로 함수 언어이지만 순수 함수 언어는 아니다. 제한된 수준이긴 하지만 부수효과를 허용하기 때문이다. 다른 리스프 변종 언어와 달리 클로저는 맵에 중괄호를 이용하고 벡터에 대괄호를 이용하는 것처럼 약간의 문법적 내용을 추가했다. 빈칸 대신 쉼표를 쓸 수도 있고, 장소에 따라서는 괄호를 아예 생략할 수도 있다.

우리는 클로저를 사용하는 기본적인 형태를 학습했다. 이러한 기본적인 내용은 불리언, 문자, 숫자, 키워드, 문자열 등을 포함한다. 다양한 컬렉션도 살펴보았다. 리스트와 벡터는 순서를 갖는 컨테이너인데, 벡터는 비순차적 접근에 최적화되어 있고 리스트는 순차적 방문에 최적화되어 있다. 순서를 갖지 않는 컬렉션인 집합과 키-값 짝으로 이루어진 맵도 살펴보았다.

우리는 이름, 인수 리스트, 그리고 문서화용 문자열(옵션)을 포함한 함수의 본문으로써 함수를 정의했다. 그다음에는 바인딩을 통해 분해를 수행함으로써 입력되는 인수에서 원하는 부분을 변수에 바인딩하기도 했다. 이러한 기능은 프롤로그 혹은 얼랭의 영향을 받은 부분이다. 끝으로 익명 함수를 정의하고 맵 함수를 통해서 리스트를 순차적으로 방문할 때 그러한 함수를 사용했다.

2일 차에는 클로저가 거의 모든 함수 언어에서 기본적인 빌딩 블록에 해당하는 재귀를 사용하는 방법에 대해 알아볼 것이다. 시퀀스와 게으른 평가^{lazy evaluation}, 그리고 컬렉션 위에서 강력한 추상을 만들도록 해주는 클로저 모델의 초석에 대해서 공부할 것이다.

이제 지금까지 배운 내용을 실전 연습문제를 통해 확인해볼 시간이다.

7.2.10 1일 차 자율 학습

클로저는 새로운 언어지만 놀라울 정도로 활발하게 성장하고 있는 커뮤니티가 있다. 이 책을 쓰면서 확인한 언어 커뮤니티 중에서 최고라고 꼽을 수 있을 정도다.

다음을 찾아보라.

- 클로저의 시퀀스를 사용하는 예제
- 클로저 함수의 공식적인 정의
- 자신의 개발 환경에서 repl을 빠르게 실행하는 스크립트

다음을 수행하라.

- 문자열 st의 길이가 n보다 크면 true를 리턴하는 (big st n)이라는 함수를 구현하라.
- 컬렉션 col의 자료형에 따라 :list, :map, :vector를 리턴하는 (collection-type col)이라는 함수를 구현하라.

7.3 2일: 요다와 포스

제다이 마스터인 요다는 견습생들이 살아 있는 모든 생명체를 하나로 통합시키는 포스를 이해하고 사용할 수 있도록 만들기 위해 훈련을 시킨다. 이 절에서 우리는 클로저의 가장 근본적인 개념에 대해 살펴볼 것이다. 클로저의 모든 컬렉션을 통합하고 자바 컬렉션과 연결해주는 추상인 시퀀스가 그것이다. 시퀀스에 포함된 요소들을 꼭 필요한 경우에 한해 계산하는 게으른 평가(저스트-인-타임 전략)에 대해서도 알아본다. 마지막으로 모든 리스프 언어들의 절대적 포스에 해당하는 기능인 매크로를 공부할 것이다.

7.3.1 loop와 recur를 사용하는 재귀

이 책에 담긴 다른 언어를 공부하면서 본 것처럼 함수 언어는 순차적 방문보다 재귀를 주로 사용한다. 다음은 벡터의 크기를 측정하는 재귀적 프로그램이다.

```
(defn size [v]
    (if (empty? v)
            0
            (inc (size (rest v)))))
(size [1 2 3])
```

이해하는 것이 별로 어렵지 않다. 빈 리스트의 크기는 0이다. 그 밖의 리스트 크기는 테일의 크기에 1을 더한 값이다. 책의 앞부분에서 이와 비슷한 방법을 사용하는 코드를 본 바가 있다.

재귀를 사용하면 스택의 크기가 계속 증가하기 때문에, 재귀 알고리즘은 메모리가 완전히 소진될 때까지 계속해서 메모리를 사용할 거라는 점도 배웠다. 함수 언어는 꼬리 재귀라는 방법을 통해서 이러한 문제를 해결한다. 클로저는 JVM 자체의 한계 때문에 꼬리 재귀를 통한 최적화를 자동으로 수행하지 않는다. 꼬리 재귀를 사용하려면 loop와 recur를 이용해서 명시적인 최적화를 수행해야 한다. 루프를 let 명령문이라고 생각하라.

```
(loop [x x-initial-value, y y-initial-value] (do-something-with x y))
```

이러한 벡터가 주어졌을 때 loop는 짝수 위치에 있는 변수들을 홀수 위치에 있는 값들에 바인딩한다. 사실 recur를 지정해주지 않으면 loop는 let과 동일한 방식으로 동작한다.

```
user=> (loop [x 1] x)
1
```

recur 함수는 새로운 값을 전달하면서 loop를 다시 호출한다.

size 함수가 recur를 사용하도록 리팩토링해보자.

```
(defn size [v]
    (loop [l v, c 0]
    (if (empty? l)
            c
            (recur (rest l) (inc c)))))
```

이 새로운 버전의 size에서 우리는 꼬리 재귀 최적화를 수행하는 loop와 recur를 사용할 것이다. 어떤 값을 실제로 리턴하는 것이 아니므로, 계산된 값은 누산기^{accumulator}에 할당한다. 이 경우 c는 카운트 값을 저장할 것이다.

이 버전은 꼬리 재귀를 사용하는 방식으로 동작하지만 코드가 보기 지저분하다. JVM이라는 것은 때에 따라서는 양날의 검이다. 자바 커뮤니티의 활기를 원한다면 그것이 가진 문제도 같이 받아들여야 한다. 코드를 이렇게 작성하는 것이 거추장스럽긴 하지만 이 함수가 기본적인 컬렉션 API에 포함되어 있기 때문에 굳이 recur를 사용해야 할 필요는 없다. 또한 클로저는 재귀를 대신해서 사용할 수 있는, 다음 장에서 살펴볼 게으른 시퀀스와 같은 탁월한 기능을 제공한다.

2일 차에서 다루어야 하는 부담스러운 내용을 살펴보았으니 이제 좀 더 즐거운 내용을 공부할 수 있게 되었다. 시퀀스는 우리를 클로저를 특별하게 만들어주는 기능으로 안내할 것이다.

7.3.2 시퀀스

클로저 생태계에서 시퀀스는 다양한 컨테이너의 주위를, 구현되는 내용으로부터 독립된 방식으로 추상화해주는 기능이다. 시퀀스는 클로저의 컬렉션(집합, 맵, 벡터 등), 문자열, 그리고 심지어 파일시스템 구조(스트림, 디렉토리 등)를 감싼다. 자바 컬렉션, 배열, 문자열 같은 자바 컨테이너를 위한 공통의 추상도 제공한다. 일반적으로 보았을 때 어떤 것이 first, rest, cons라는 함수를 지원하면 그것을 시퀀스를 이용해서 추상화할 수 있다.

앞에서 벡터를 다룰 때, 클로저는 콘솔에 다음과 같이 리스트를 보여주었다.

```
user=> [1 2 3]
[1 2 3]
user=> (rest [1 2 3])
(2 3)
```

우리가 벡터에서 출발했음에 주목하기 바란다. 결과는 리스트가 아니다. repl은 사실 시퀀스를 보여주고 있다. 그것은 우리가 모든 컬렉션을 공통적인 추상으로 다룰 수 있음을 의미한다. 공통적인 시퀀스 라이브러리를 보도록 하자. 그 안에 담긴 내용은 이 책에서 다루기에는 너무나 방대하다. 하지만 그 안에 담겨 있는 내용을 개략적으로 맛볼 수 있도록 설명해보겠다. 시퀀스를 변경하고, 검사하고, 생성하는 함수를 설명하겠지만 매우 개괄적으로 다룰 수밖에 없다.

검사

시퀀스를 검사할 때는 predicate라는 함수를 사용하게 된다. 이러한 함수는 검사를 수행하는 검사 함수와 시퀀스를 받아들인 다음 불리언 값을 리턴한다. every? 함수는 주어진 함수가 시퀀스에 담긴 모든 요소에 대해 참일 때 true를 리턴한다.

```
user=> (every? number? [1 2 3 :four])
false
```

이 경우는 마지막 요소가 숫자가 아니다. some은 시퀀스에 담긴 요소 중에서 어느 하나만 참이면[7] 참을 리턴한다.

```
(some nil? [1 2 nil])
true
```

이 경우에는 마지막 요소가 nil이다. not-every?와 not-any?는 정반대의 동작을 수행한다.

```
user=> (not-every? odd? [1 3 5])
false
user=> (not-any? number? [:one :two :three])
true
```

이러한 함수는 우리가 기대하는 동작을 정확하게 수행한다. 이제 시퀀스의 내용을 변경하는 함수를 살펴보자.

---

7 더 정확히 말하자면 some은 nil 혹은 false가 아닌 첫 번째 값을 리턴한다. 예를 들어 (some first [[] [1]])은 1을 리턴한다.

시퀀스 변경하기

시퀀스 라이브러리는 시퀀스를 다양한 방식으로 변경하는 함수를 여럿 담고 있다. filter는 이미 보았다. 길이가 4보다 큰 단어만 추려내려면 다음과 같이 하면 된다.

```
user=> (def words ["luke" "chewie" "han" "lando"])
#'user/words
user=> (filter (fn [word] (> (count word) 4)) words)
("chewie" "lando")
```

컬렉션에 담긴 요소 모두에 대해 주어진 함수를 적용한 다음 그 결과를 리턴하는 map은 앞에서 이미 보았다. 수를 담고 있는 벡터의 요소들 모두 제곱하는 시퀀스를 만드는 방법은 다음과 같다.

```
user=> (map (fn [x] (* x x)) [1 1 2 3 5])
(1 1 4 9 25)
```

리스트 컴프리헨션은 얼랭과 스칼라에서 보았던 것처럼 맵과 필터를 결합한다. 즉 모든 리스트 결합의 조합에 대해 필터를 적용하는 방식으로 다수의 리스트와 필터를 결합한다. 우선 간단한 경우를 하나 보자. 우리는 colors와 toys라는 두 개의 리스트를 가지고 있다.

```
user=> (def colors ["red" "blue"])
#'user/colors
user=> (def toys ["block" "car"])
#'user/toys
```

맵이 동작하는 것과 비슷한 방법으로 리스트 컴프리헨션을 이용해서 모든 색상에 함수를 적용할 수 있다.

```
user=> (for [x colors] (str "I like " x))
("I like red" "I like blue")
```

[x colors]는 x를 colors 리스트에 담긴 요소들에 바인딩한다. (str "I like" x)는 colors에 있는 모든 x에 적용되는 임의의 함수다. 하나 이상의 리스트를 바인딩하면 상황이 더욱 재미있어진다.

```
user=> (for [x colors, y toys] (str "I like " x " " y "s"))
("I like red blocks" "I like red cars"
  "I like blue blocks" "I like blue cars")
```

컴프리헨션은 이제 두 개의 리스트에 담긴 요소들을 조합할 수 있는 모든 경우를 만들어낸다. 바인딩에 있는 :when 키워드를 이용해서 필터를 적용할 수도 있다.

```
user=> (defn small-word? [w] (< (count w) 4))
#'user/small-word?
user=> (for [x colors, y toys, :when (small-word? y)]
           (str "I like " x " " y "s"))
("I like red cars" "I like blue cars")
```

우리는 small-world?라는 이름의 필터를 작성했다. 4개의 문자보다 적은 문자를 담고 있는 단어는 작은 것이라고 간주한다. 우리는 :when(small-world? y)를 이용해 y에 small-world? 라는 필터를 적용했다. x가 colors의 요소이고 y가 toys의 요소이며, y의 크기가 4보다 작다고 했을 때 이에 해당하는 모든 가능한 (x, y)의 조합을 얻게 되었다. 코드가 압축적이지만 의미를 잘 전달하고 있다. 바로 그것이 우리가 원하는 바다. 계속해보자.

얼랭, 스칼라, 루비에서 foldl, foldleft, inject를 보았다. 리스프에서 그에 해당하는 함수는 reduce다. 총합이나 팩토리얼을 재빨리 계산하려면 reduce를 이용하면 된다.

```
user=> (reduce + [1 2 3 4])
10
user=> (reduce * [1 2 3 4 5])
120
```

리스트를 정렬할 수도 있다.

```
user=> (sort [3 1 2 4])
(1 2 3 4)
```

함수의 결과를 이용해서 정렬을 수행할 수도 있다.

```
user=> (defn abs [x] (if (< x 0) (- x) x))
#'user/abs
user=> (sort-by abs [-1 -4 3 2])
(-1 2 3 -4)
```

절댓값을 계산하기 위해 abs라는 함수를 정의하고 정렬 과정에서 사용했다. 이것은 클로저에서 만나게 되는 가장 중요한 시퀀스 변환sequence transformation의 일례다. 이제 시퀀스를 생성하는 함수에 대해서 알아보자. 그렇게 하기 위해서는 조금 게을러질 필요가 있다.

7.3.3 게으른 평가

수학에서 수의 무한한 시퀀스[8]를 표현하는 것은 어렵지 않다. 함수 언어에서는 그런 수학의 표현력을 잘 활용할 수 있지만, 그렇다고 해서 무한한 시퀀스를 실제로 계산해서 생성할 수는 없다. 이러한 문제에 대한 해법이 바로 게으른 평가다. 이 방법을 사용해서 클로저의 시퀀스는 값들이 실제로 소비되는 경우에 한해서 계산을 수행한다. 사실 대부분의 시퀀스가 이렇게 게으른 속성을 가지고 있다. 유한한 시퀀스를 생성하는 모습을 살펴보고 나서 게으른 시퀀스로 넘어가도록 하자.

범위를 이용한 유한한 시퀀스

루비와 달리 클로저는 범위를 함수의 형태로 지원한다. 범위는 시퀀스를 생성한다.

```
user=> (range 1 10)
(1 2 3 4 5 6 7 8 9)
```

상한이 포함되지 않음에 주목하라. 이 시퀀스는 10을 포함하지 않는다. 수의 증가분은 마음대로 정할 수 있다.

```
user=> (range 1 10 3)
(1 4 7)
```

증가분이 없는 경우에는 하한도 생략할 수 있다.

```
user=> (range 10)
(0 1 2 3 4 5 6 7 8 9)
```

기본 하한은 0이다. 범위를 이용해서 만들어진 시퀀스는 유한하다. 상한이 존재하지 않는 시퀀스를 만들고 싶다면 어떻게 해야 할까? 그것이 바로 무한한 시퀀스에 해당한다. 방법을 알아보자.

무한한 시퀀스와 take

가장 기본적인 무한 시퀀스부터 시작해보자. 이것은 1이 한 번에 하나씩 무한히 반복되는 시퀀스다. 그것은 (repeat 1)이라고 적을 수 있다. repl에서 이것을 실행해보면 프로세스 자체를 멈출 때까지 1이 무한 반복될 것이다. 그렇기 때문에 우리는 이러한 무한 시퀀스 내에서 유한

---

8 역자주_ 수학에서는 sequence를 수열(數列)이라고 부른다. 즉 무한한 시퀀스는 무한수열, 유한한 시퀀스는 유한수열에 해당한다.

한 크기의 부분집합을 취하는 방법이 필요하다. 그러한 기능을 담당하는 함수가 바로 take다.

```
user=> (take 3 (repeat "Use the Force, Luke"))
("Use the Force, Luke" "Use the Force, Luke" "Use the Force, Luke")
```

여기에서 우리는 "Use the Force, Luke"라는 문장이 무한히 반복되는 시퀀스를 만든 다음, 그 안에서 처음 3개를 취했다. cycle을 이용해서 리스트 안에 있는 요소를 반복하는 것도 가능하다.

```
user=> (take 5 (cycle [:lather :rinse :repeat]))
(:lather :rinse :repeat :lather :rinse)
```

우리는 [:lather :rinse :repeat]라는 벡터로 만든 사이클에서 처음 5개의 요소를 취했다. 어렵지 않다. 처음 몇 개의 요소를 제거하는 것도 가능하다.

```
user=> (take 5 (drop 2 (cycle [:lather :rinse :repeat])))
(:repeat :lather :rinse :repeat :lather)
```

안쪽에서 바깥쪽 순서로 살펴보면 여기에서도 우리는 우선 사이클을 하나 만들고, 처음 두 개를 버리고, 그 이후에 나오는 처음 다섯 개를 취했다. 하지만 꼭 이런 식으로 따져야 하는 것은 아니다. 왼쪽으로 오른쪽으로 향하는 좌우 연산자(->>)를 이용하면 결과 값에 각 함수를 연이어 적용할 수 있다.

```
user=> (->> [:lather :rinse :repeat] (cycle) (drop 2) (take 5))
(:repeat :lather :rinse :repeat :lather)
```

벡터를 만들고, 사이클을 이용해 시퀀스를 만들고, 2개를 버리고, 5개를 취했다. 어떤 경우에는 이렇게 좌우 연산자를 이용하는 것이 코드를 읽기에 편리하다. 단어 사이에 어떤 구별자 separator를 넣고 싶으면 어떻게 할까? 그 경우에는 interpose를 사용한다.

```
user=> (take 5 (interpose :and (cycle [:lather :rinse :repeat])))
(:lather :and :rinse :and :repeat)
```

:and라는 키워드를 무한히 반복되는 시퀀스에 담긴 요소 사이에 집어넣었다. 이를 루비의 join을 더 일반화한 함수라고 생각해도 좋다. 시퀀스에서 취한 값을 시퀀스 사이에 다시 삽입하는 기능은 어떨까? 그것은 interleave가 담당할 수 있다.

```
user=> (take 20 (interleave (cycle (range 2)) (cycle (range 3))))
(0 0 1 1 0 2 1 0 0 1 1 2 0 0 1 1 0 2 1 0)
```

(cycle (range 2))과 (cycle (range 3))라는 두 개의 무한 시퀀스를 서로 겹쳐서 삽입하고 있다. 그다음에 처음 20개를 취한다. 결과를 읽어보면 짝수 인덱스에 있는 값은 (0 1 0 1 0 1 0 1 0 1)이고 홀수 인덱스의 값은 (0 1 2 0 1 2 0 1 2 0)이다. 아름답다.

iterate 함수는 시퀀스를 생성하는 또 다른 방법을 제공한다. 다음 예를 살펴보라.

```
user=> (take 5 (iterate inc 1))
(1 2 3 4 5)
user=> (take 5 (iterate dec 0))
(0 -1 -2 -3 -4)
```

iterate는 함수를 취해서 시작하는 값으로 삼는다. 그다음에는 시작 값에 함수를 적용하고, 결과를 새로운 시작 값을 취하면서 동작을 되풀이한다. 이 예에서는 inc와 dec라는 함수를 사용했다.

다음은 피보나치 수열에서 연속된 값을 계산하는 예다. 이 수열에서 한 값은 앞선 두 값의 합이라는 사실을 기억하라. [a b]라는 짝이 있다고 했을 때 다음 값은 [b, a+b]라고 계산할 수 있다. 어떤 값이 주어졌을 때 다음 짝을 만들어내는 익명 함수를 다음과 같이 만들 수 있다.

```
user=> (defn fib-pair [[a b]] [b (+ a b)])
#'user/fib-pair
user=> (fib-pair [3 5])
[5 8]
```

그다음에는 무한 시퀀스를 생성하기 위해서 순차적 방문을 사용한다. 이것을 아직 실행하지는 말기 바란다.

```
(iterate fib-pair [1 1])
```

이러한 모든 짝으로부터 첫 번째 요소를 취하기 위해서 map을 사용한다.

```
(map
first
(iterate fib-pair [1 1]))
```

이것이 바로 무한 시퀀스다. 이제 처음 5개의 값을 취한다.

```
user=> (take 5
(map
first
(iterate fib-pair [1 1])))
(1 1 2 3 5)
```

혹은 인덱스 500에 있는 값을 취할 수도 있다.[9]

```
(nth (map first (iterate fib-pair [1 1])) 500)
(225... 중략 ...626)
```

이런 코드를 실행하는 성능은 탁월하다. 게으른 시퀀스를 이용하면 피보나치 수열처럼 재귀적으로 정의되는 문제를 잘 표현할 수 있다. 팩토리얼은 또 다른 좋은 예다.

```
user=> (defn factorial [n] (apply * (take n (iterate inc 1))))
#'user/factorial
user=> (factorial 5)
120
```

무한 시퀀스인 (iterate inc 1)에서 n개의 요소를 꺼낸다. 그다음 apply*를 이용해서 그들을 곱한다. 이러한 해법은 너무나 간단하다. 이제 게으른 시퀀스를 어느 정도 보았으므로 defrecord와 protocol이라는 클로저 함수를 살펴볼 차례다.

7.3.4 defrecord와 protocol

지금까지 우리는 자바와의 통합을 개괄적인 수준에서만 살펴보았다. JVM의 속살이 클로저 언어 안으로 파고들어오는 모습은 아직 제대로 보지 않았다. 모든 자잘한 내용을 떼어놓고 보면 JVM은 결국 자료형과 인터페이스만 남는다(자바 프로그래머가 아니라면 자료형을 자바 클래스라고 생각하고 인터페이스는 구현된 내용이 없는 클래스라고 생각하면 된다). 클로저를 자바에 제대로 통합하기 위해 클로저의 원래 버전은 내부에 상당 분량의 자바 코드를 포함하고 있었다.

클로저의 성장에 속도가 붙고 효과적인 JVM 언어라는 사실이 증명됨에 따라 클로저를 클로저 자신을 이용해서 개발하려는 노력이 탄력을 받게 되었다. 그런 맥락에서 클로저 개발자들은 구

----

9 역자주_ 최근 버전에서는 정수 오버플로가 발생한다. [1 1] 부분을 [1N 1N]이라고 고쳐야 한다.

체적인 구현이 아니라 추상을 대상으로 하는 프로그래밍 기법을 사용함으로써 플랫폼 자체를 빠르게 확장할 방법이 필요하게 되었다. 그러한 결과로 탄생한 것이 자료형을 위한 defrecord 와 자료형 주변에 있는 함수를 묶어주는 역할을 수행하는 defprotocol이다. 클로저의 입장에서 보면 객체지향의 가장 좋은 모습은 자료형과 (인터페이스 같은) 프로토콜이고, 최악의 모습은 구체적인 구현 내용을 상속하는 것이다. 클로저의 defrecord와 defprotocol은 객체지향의 좋은 측면을 남기고 나쁜 측면은 제거한 것이라고 생각해도 좋다.

이 책을 쓰는 시점에서 봤을 때 이러한 기능은 클로저 안에서 중요한 위치를 점하고 있다. 하지만 진화는 현재진행형이다. 이러한 가능을 실제로 구현하는 방법에 대해서는 렐러번스[10]의 공동창업자이자 『프로그래밍 클로저』(인사이트, 2010)의 저자인 스튜어트 할로웨이의 설명에 의존할 것이다. 잠시 JVM 위에서 동작하는 또 다른 함수 언어인 스칼라를 다시 생각해보자. 스칼라로 작성했던 컴퍼스 프로그램을 여기에서 클로저로 다시 작성할 것이다. 시작해보자.

우선 프로토콜을 정의한다. 클로저의 protocol은 하나의 계약contract이다. 이 프로토콜의 자료형은 일정한 함수, 필드, 인수의 집합을 지원한다. 다음은 Compass를 설명하기 위한 protocol의 예다.

clojure/compass.clj
```
(defprotocol Compass
  (direction [c])
  (left [c])
  (right [c]))
```

이 프로토콜은 Compass라는 이름의 추상을 정의하고 Compass가 지원해야 하는 함수들, 즉 direction, left, right를 일정한 수의 인수와 함께 정의하고 있다. 이제 defrecord를 이용해서 이 프로토콜을 마음껏 구현할 수 있다. 그다음에는 네 개의 방향이 필요하다.

```
(def directions [:north :east :south :west])
```

방향 전환을 다룰 함수도 필요하다. 여기에서 기본적인 방향은 0, 1, 2, 3이라는 정수로, 각각 :north, :east, :south, :west를 나타낸다. 기준 값에 1을 더할 때마다 컴퍼스는 오른쪽으로 90도 움직인다. 우리는 :west에서 :north로 방향을 전환하기 위해서 base/4의 나머지를 취할 것이다(더 정확하게는 기준 값 / 방향의 개수).

----

10 http://www.thinkrelevance.com

```
(defn turn
  [base amount]
  (rem (+ base amount) (count directions)))
```

이 방향 전환은 우리 예상대로 동작한다. 이 컴퍼스 파일을 읽어 들인 다음[11] trun 함수를 사용해보자.

```
user=> (turn 1 1)
2
user=> (turn 3 1)
0
user=> (turn 2 3)
1
```

이 결과는 :east에서 한 번 방향을 틀어서 :south가 되고, :west에서 방향을 틀어서 :north가 되고, :south에서 방향을 세 번 틀어서 :east가 되는 과정을 보여준다.

이제 프로토콜을 정의해보자. defrecord를 이용한다. 여러 줄을 단계별로 입력할 것이다. 우선 우리가 프로토콜을 구현하고 있음을 알리기 위해서 defrecord를 입력한다.

```
(defrecord SimpleCompass [bearing]
  Compass
```

이렇게 SimpleCompass라는 새로운 레코드의 정의를 시작했다. 그것은 bearing이라는 하나의 필드를 가지고 있다. 이제 우리는 direction 함수에서 시작해서 Compass 프로토콜을 구현할 것이다.

```
  (direction [_] (directions bearing))
```

direction 함수는 directions의 요소를 bearing이라는 인덱스에서부터 찾는다. 예를 들어 (direction 3)은 :west를 리턴한다. 각 인수 리스트는 (루비의 self나 자바의 this 같은) 인스턴스에 대한 참조를 가지고 있지만 우리는 그러한 참조를 이용하지 않을 것이다. 따라서 인수 리스트에 _를 더했다. 다음은 왼쪽과 오른쪽이다.

```
  (left [_] (SimpleCompass. (turn bearing 3)))
  (right [_] (SimpleCompass. (turn bearing 1)))
```

---

11 역자주_ 앞에서 seven-languages라는 이름으로 프로젝트를 만들었으므로, 해당 경로 아래 src/seven-languages에 compass.clj를 넣고, 해당 경로 repl에서 (require 'seven_languges.compass)와 같이 입력한다.

클로저에서는 불변 값만 사용한다는 점을 기억하라. 그것은 곧 방향을 전환하는 것이 이미 존재하는 컴퍼스의 내용을 변경하는 것이 아니라 새로운 값을 담고 있는 컴퍼스를 만들어내는 것을 의미한다. left와 right은 모두 앞에서 본 적이 없는 문법을 사용하고 있다. (SomeType. arg)라는 문법은 SomeType의 생성자를 호출하고, arg를 첫 번째 매개변수에 바인딩한다. repl에 (String. "new string")을 입력해서 새로운 문자열인 "new string"이 리턴되는 것을 확인해봄으로써 이 문법이 동작하는 방식을 이해할 수 있다.

left와 right 함수는 보다시피 어렵지 않다. 각각은 앞에서 정의한 turn 함수를 이용해서 적절한 bearing 값을 담는 새로운 컴퍼스를 리턴한다. right 함수는 오른쪽으로 90도 회전을 한 번 수행하고, left는 오른쪽으로 90도 회전을 세 번 수행한다. 지금까지 작업을 통해서 우리는 Compass 프로토콜을 구현하는 SimpleCompass 자료형을 얻게 되었다. 우리는 문자열 표현을 리턴하는 함수가 필요한데, toString은 java.lang.Object에 정의되어 있는 메서드다. 그것을 우리의 자료형에 더하는 것은 어렵지 않다.

```
Object
(toString [this] (str "[" (direction this) "]"))
)
```

이렇게 toString 메서드를 이용해서 SimpleCompass [:north] 형식의 문자열을 리턴하는 Object 프로토콜의 일부를 구현했다.

이제 자료형이 완성되었다. 새로운 컴퍼스를 생성해보라.

```
user=> (def c (SimpleCompass. 0))
#'user/c
```

방향 전환을 수행하면 새로운 컴퍼스가 리턴된다.

```
user=> (left c) ; 새로운 컴퍼스를 리턴한다.
#:SimpleCompass{:bearing 3}
user=> c ; 기존 컴퍼스는 그대로다.
#:SimpleCompass{:bearing 0}
```

이 과정에서 원래 컴퍼스의 내용은 변하지 않음을 확인하라. JVM 자료형을 정의하고 있기 때문에 모든 필드를 자바 필드처럼 접근할 수 있다. 그렇지만 자료형에 포함된 필드를 클로저의 매핑 키워드를 통해서 접근할 수도 있다.

```
user=> (:bearing c)
0
```

이러한 자료형은 맵처럼 동작하기 때문에, 새로운 자료형을 맵처럼 만들고 전체적인 설계가 안정되어감에 따라서 조금씩 원하는 자료형으로 고쳐나갈 수도 있다. 맵처럼 만든 자료형을 테스트 코드에서 스텁^{stub}이나 모의객체^{mock}로 대체할 수도 있다. 그 밖에 다른 장점도 있다.

- 자료형은 클로저의 다른 동시성 구조물과 잘 어울려 동작한다. 3일 차 때 우리는 마치 관계형 데이터베이스에서와 비슷하게 트랜잭션 무결성을 유지하는 방식으로, 클로저의 객체에 대한 변경 가능한 참조를 만들게 될 것이다.
- 앞에서 protocol을 구현했는데 반드시 이 책에서 보여준 방식에 국한될 필요는 없다. 우리는 여기에서 JVM 자료형을 만들고 있으므로, 자료형은 자바 클래스 그리고 인터페이스와 함께 동작을 수행할 수도 있다.

defrecord와 protocol을 통해서 클로저는 자바를 사용하지 않으면서 JVM과 완전히 호환되는 코드를 작성하는 기능을 제공한다. 이렇게 작성된 코드는 자바의 클래스와 인터페이스를 포함하여 JVM에서 동작하는 다른 자료형과 완전히 호환된다. 자바 자료형을 만들기 위해서 상속을 할 수도 있고 인터페이스를 구현할 수도 있다. 자바 클래스가 클로저 자료형을 상속해서 만들어질 수도 있다. 물론 자바와의 호환 기능이 이 정도로 끝나는 것이 아니지만 이러한 호환성은 매우 중요한 의미를 가지고 있다. 이제 자바의 외연을 확장하는 방법까지 알아보았으므로, 매크로를 이용해서 클로저 자신을 확장하는 방법을 공부해보자.

7.3.5 매크로

이 절에서 우리는 앞에서 보았던 Io 장의 내용을 참고할 것이다. 앞에서 우리는 루비의 unless를 구현했다. 그 형태는 (unless test form1)과 같았다. 이 함수는 만약 test가 false면 form1을 실행한다. 매개변수가 다음과 같이 실행되기 때문에 함수를 아무렇게나 설계할 수 없다.

```
user=> ; 고장 난 unless
user=> (defn unless [test body] (if (not test) body))
#'user/unless
user=> (unless true (println "Danger, danger Will Robinson"))
Danger, danger Will Robinson
nil
```

이 문제는 Io에서 이미 논의했다. 대개의 언어는 우선 매개변수의 내용을 실행한 다음, 그 결과를 스택 위에 올려놓는다. 이 예에서 우리는 주어진 조건이 false인 경우에 한해 코드 블록을 평가하고 싶다. Io에서는 언어 자체가 unless 메시지의 실행을 연기함으로써 이 문제를 해결한다.

리스프에서는 매크로를 사용한다. 우리가 (unless test body)라고 타이핑을 하면 리스프가 그것을 (if (not test) body)라고 해석하기를 원하는 것이다. 이 지점에서 매크로가 우리에게 도움을 준다.

클로저 프로그램은 두 단계로 실행된다. 매크로 확장은 언어에 포함된 모든 매크로를 해석해서 확장된 형태로 만든다. macroexpand라는 명령어를 사용하면 구체적으로 어떤 일이 벌어지는지 확인할 수 있다. 앞에서 우리는 reader macros를 통해서 매크로의 예를 보았다. 세미콜론(;)은 주석이고, 작은따옴표(')는 인용이고, 숫자 기호(#)는 익명 함수를 의미한다. 코드가 너무 일찍 실행되는 것을 막기 위해서 우리가 확장하고 싶은 표현 앞에 인용을 표시한다.

```
user=> (macroexpand ''something-we-do-not-want-interpreted)
(quote something-we-do-not-want-interpreted)
user=> (macroexpand '#(count %))
(fn* [p1__97] (count p1__97))
```

이것이 매크로다. 일반적으로 매크로 확장은 코드를 리스트처럼 다룰 수 있도록 허용한다. 어떤 함수가 곧바로 실행되는 것을 원치 않는다면 인용 기호를 붙인다. 클로저는 그렇게 처리된 인수를 원래 내용으로 대체할 것이다. 이런 방법을 사용하면 unless 함수는 다음과 같은 모습을 갖는다.

```
user=> (defmacro unless [test body]
         (list 'if (list 'not test) body))
#'user/unless
```

클로저가 test와 body를 실행하지 않은 상태에서 대체한다는 사실을 기억하라. 하지만 여기에서 우리는 if와 not 앞에 인용 기호를 붙여야만 한다. 그리고 그들을 리스트 안에 집어넣어야 한다. 우리는 리스트 안에 코드를 클로저가 실행할 형태 그대로 집어넣고 있는 것이다. 이 코드에 대해서 macroexpand를 사용할 수도 있다.

```
user=> (macroexpand '(unless condition body))
(if (not condition) body)
```

이제 이 코드를 실행할 수 있다.

```
user=> (unless true (println "No more danger, Will."))
nil
user=> (unless false (println "Now, THIS is The FORCE."))
Now, THIS is The FORCE.
nil
```

우리가 여기에서 한 일은 언어의 기본적인 정의를 바꾼 것이다. 언어의 설계자가 언어에 특정 키워드를 집어넣지 않아도 우리 스스로 원하는 제어 구조를 만들어서 넣을 수 있다. 매크로 확장 기능은 아마 리스프 언어가 가지고 있는 기능 중에서 가장 강력한 것이라고 볼 수 있을 것이다. 이런 기능을 보유한 언어는 별로 없다. 이런 기능의 비밀 조리법은 데이터의 표현을 단순히 문자열이 아니라 코드로 취급하는 기능에 있다. 코드 자체가 고계 자료구조 안에 존재하고 있는 것이다.

2일 차 학습 내용을 이 정도에서 정리하자. 많은 내용을 공부했다. 이제 배운 것을 사용해볼 순서다.

7.3.6 2일 차에 배운 내용

빡빡한 내용으로 채워진 하루였다. 여러 가지 트릭을 담은 가방 안에 엄청나게 많은 새로운 추상을 담았다. 복습을 해보자.

우선 재귀를 학습했다. JVM이 꼬리 재귀 최적화를 지원하지 않기 때문에 우리는 loop와 recur를 사용했다. 이러한 루핑 구조물은 문법이 다소 복잡하긴 하지만, 보통 재귀를 이용해서 작성하는 알고리즘을 구현할 때 사용할 수 있다.

시퀀스도 사용했다. 클로저는 시퀀스를 이용해서 컬렉션에 대한 접근을 캡슐화한다. 라이브러리를 이용해서 컬렉션을 다루는 데 사용되는 공통의 전략을 적용해볼 수 있었다. 여러 함수를 이용해서 시퀀스를 변경하고, 변환하고, 검색했다. 고계함수는 시퀀스를 담은 라이브러리에 강력한 기능과 단순성을 부여해주었다.

게으른 시퀀스를 이용해서 우리는 시퀀스 위에 또 하나의 강력한 층을 얹힐 수 있었다. 게으른 열은 알고리즘을 단순하게 만든다. 또한 지연된 실행을 가능하게 해주고, 그리하여 성능과 느슨한 결속이라는 장점을 얻도록 해준다.

다음으로 우리는 자료형을 구현하는 데 시간을 할애했다. defrecor와 protocols를 이용해서 우리는 JVM에서 정식 시민으로 받아들여지는 다양한 자료형을 구현할 수 있었다.

끝으로 매크로를 이용해서 언어에 기능을 추가했다. 클로저가 코드를 구현하거나 해석하기 전에 매크로 확장이라는 단계가 존재함도 확인했다. 그리고 매크로 확장 내에서 if 함수를 이용함으로써 unless를 구현해보았다.

소화해야 하는 내용이 정말 많다. 지금까지 배운 내용을 사용해 보는 시간을 갖도록 하라.

7.3.7 2일 차 자율 학습

2일 차는 클로저 언어가 가지고 있는 가장 정교하고 강력한 측면으로 가득 찼다. 이러한 기능을 탐색하고 이해하도록 하라.

다음을 찾아보라.

- 클로저 언어에서 흔히 사용되는 매크로가 구현된 사례
- 자신의 게으른 시퀀스를 정의하는 예
- defrecord와 protocol 기능의 현재 상태(이러한 기능은 이 책을 쓰고 있는 시점에서 막 개발되고 있는 단계였다)

다음을 수행하라.

- 매크로를 사용하는 else 조건과 함께 unless을 구현하라.
- 프로토콜을 구현하는 자료형을 defrecord를 이용해서 작성하라.

7.4 3일: 악마의 눈

〈스타워즈〉에서 요다는 누구보다 먼저 다스 베이더에게서 악의 기운을 눈치챈다. 클로저를 통해, 리치 히키는 객체지향 기법으로 작성되는 동시성 시스템의 개발을 오염시키는 문제점을 규명했다. 우리는 변경 가능한 상태가 객체지향 프로그램의 심장에 숨어 있는 좋지 않은 악마라고 여러 차례 반복해서 이야기했다. 이러한 변경 가능한 상태를 다루기 위한 다양한 방법을 여

러 개 살펴보았다. Io와 스칼라는 프로그래머가 변경 가능한 상태를 이용하지 않으면서 주어진 문제를 해결할 수 있도록 해주는 액터 기반의 모델을 사용한다. 얼랭은 매우 가벼운 프로세스와 함께 제공되는 액터, 그리고 효율적인 모니터링과 커뮤니케이션을 가능하게 해주는 가상 머신을 사용함으로써 전례가 없는 안정성을 제공한다. 클로저가 동시성을 위해서 사용하는 방법은 다르다. 클로저는 소프트웨어 트랜잭션 모델software transactional memory (STM)을 사용한다. 이 절에서 우리는 STM에 대해서 알아보고 멀티스레딩 애플리케이션에서 상태를 공유하는 데 사용하는 몇 가지 도구를 살펴볼 것이다.

7.4.1 참조와 트랜잭션 메모리

데이터베이스는 데이터 무결성을 보장하기 위해서 트랜잭션을 사용한다. 현대 데이터베이스는 최소한 두 가지 종류의 동시성 제어 기능을 사용한다. 잠금장치는 두 개의 서로 경쟁하는 트랜잭션이 똑같은 행을 동시에 접근하는 상황을 방지해준다. 버저닝versioning (버전 매기기)는 여러 개의 버전을 이용해서 각 트랜잭션이 자기만의 사적인 데이터를 갖는 것을 허용한다. 어느 트랜잭션이 다른 트랜잭션을 방해한다면, 데이터베이스는 단순히 그 트랜잭션을 리턴한다.

자바 같은 언어는 하나 이상의 트랜잭션이 데이터를 훼손할 가능성을 봉쇄하기 위해서 잠금장치를 사용한다. 이러한 방식이 사용하기에 몹시 어렵다는 사실은 이미 앞에서 보았던 바와 같다.

클로저 같은 언어는 소프트웨어 트랜잭션 모델(STM)을 이용한다. 이 전략은 데이터의 일관성과 무결성을 관리하기 위해서 여러 개의 버전을 사용한다. 클로저에서 어떤 참조 값의 내용을 변경하고자 할 때는 스칼라, 루비, Io와 달리 일정한 트랜잭션의 범위 안에서 동작을 수행해야 한다. 실제 동작하는 모습을 보자.

참조

클로저에서는 ref (참조reference의 축약어)가 데이터 조각을 둘러싸는 데 사용된다. 이렇게 싸인 데이터에 접근할 때는 반드시 특정한 규칙을 따라야 한다. 이 경우 그 규칙은 STM을 지원하는 규칙이다. 트랜잭션 바깥에서는 참조의 내용을 변경할 수 없다. 이러한 기능이 실제로 동작하는 모습을 보기 위해서 참조를 만들어보자.

```
user=> (ref "Attack of the Clones")
#<Ref@ffdadcd: "Attack of the Clones">
```

별로 흥미로운 내용은 없다. 참조에 값을 할당하는 것은 이렇게 하면 된다.

```
user=> (def movie (ref "Star Wars"))
#'user/movie
```

이렇게 하면 다시 참조를 돌려받을 수 있다.

```
user=> movie
#<Ref@579d75ee: "Star Wars">
```

하지만 우리가 정말로 원하는 것은 참조 안에 포함되어 있는 값이다. deref를 사용하라.

```
user=> (deref movie)
"Star Wars"
```

혹은 deref의 짧은 표현을 사용할 수도 있다.

```
user=> @movie
"Star Wars"
```

이게 더 낫다. 이제 참조 내부에 저장되어 있는 값에 쉽게 접근할 수 있다. 아직 참조 내부에 포함된 값을 변경하는 동작은 수행하지 않았다. 그것을 시도해보자. 클로저에서는 값을 변경하기 위해서 함수를 전송해야 한다. ref가 가리키는 값이 함수의 첫 번째 인수로 전달될 것이다.

```
user=> (alter movie str ": The Empire Strikes Back")
java.lang.IllegalStateException: No transaction running (NO_SOURCE_FILE:0)
```

에러 메시지가 지적하는 바와 같이 오직 트랜잭션 내부에서만 상태를 변경할 수 있다. dosync 함수를 이용해서 그렇게 할 수 있다. 참조의 내용을 수정하려면 일종의 변환 함수를 이용하는 방법이 더 낫다.

```
user=> (dosync (alter movie str ": The Empire Strikes Back"))
"Star Wars: The Empire Strikes Back"
```

ref-set을 이용해서 초기 값을 설정할 수도 있다.

```
user=> (dosync (ref-set movie "Star Wars: The Revenge of the Sith"))
"Star Wars: The Revenge of the Sith"
```

이제 참조의 내용이 달라지는 것을 확인할 수 있다.

```
user=> @movie
"Star Wars: The Revenge of the Sith"
```

이 결과는 우리가 기대한 바와 같다. 참조의 내용이 달라졌다. 변경 가능한 변수들을 이와 같은 방식을 통해서 수정하는 것이 귀찮은 것처럼 보일 수도 있다. 하지만 클로저는 나중에 발생할지도 모르는 엄청난 고통을 방지하기 위해서 약간의 귀찮음을 감수하는 것이다. 우리는 이와 같은 방식으로 작성된 프로그램이 나중에 경쟁 상태나 교착 상태 같은 문제에 구애받지 않고 언제나 정확하게 동작할 거라는 사실을 알 수 있다. 여기에서 우리가 작성하는 코드는 대부분 함수 패러다임을 사용하며, STM은 뒷부분에서 변경 가능한 변수를 사용해야 하는 문제를 다룰 때 사용할 것이다.

7.4.2 원자 사용하기

다른 활동과 연계되어 있지 않은 하나의 참조를 위한 스레드 안전성이 필요한 경우에는 원자를 사용할 수 있다. 원자에 저장되는 데이터는 트랜잭션 바깥에서 값을 변경하는 것을 허락한다. 참조와 마찬가지로 클로저의 atom은 상태를 캡슐화하기 위한 구조다. 실제로 사용해보자. 우선 원자를 하나 만들어보자.

```
user=> (atom "Split at your own risk.")
#<Atom@53f64158: "Split at your own risk.">
```

이제 원자를 바인딩한다.

```
user=> (def danger (atom "Split at your own risk."))
#'user/danger
user=> danger
#<Atom@3a56860b: "Split at your own risk.">
user=> @danger
"Split at your own risk."
```

danger를 reset!을 이용해서 새로운 값에 바인딩할 수 있다.

```
user=> (reset! danger "Split with impunity")
"Split with impunity"
user=> danger
#<Atom@455fc40c: "Split with impunity">
user=> @danger
"Split with impunity"
```

reset!은 원자 전체를 교체하지만, 원자의 값을 변경하는 함수를 이용하는 방법이 더 낫다. 커다란 벡터의 값을 변경하는 경우라면 다음과 같이 swap!을 이용해서 원자를 변경할 수 있다.

```
user=> (def top-sellers (atom []))
#'user/top-sellers
user=> (swap! top-sellers conj {:title "Seven Languages", :author "Tate"})
[{:title "Seven Languages in Seven Weeks", :author "Tate"}]
user=> (swap! top-sellers conj {:title "Programming Clojure" :author "Halloway"})
[{:title "Seven Languages in Seven Weeks", :author "Tate"}
 {:title "Programming Clojure", :author "Halloway"}]
```

참조의 경우와 마찬가지로 하나의 값을 생성한 다음에 swap!을 이용해서 값을 변경하는 것이다. 실질적인 예를 보자.

원자 캐시 만들기

지금까지 참조와 원자를 모두 살펴보았다. 하스켈을 공부할 때 이와 동일한 철학을 만나게 될 것이다. 이 철학은 상태를 어떤 패키지에 담고 나중에 함수를 이용해서 값을 변경하는 것을 의미한다. 참조는 트랜잭션을 필요로 하지만, 원자는 그렇지 않다. 간단한 원자 캐시를 만들어보자. 캐시는 원자를 이용해서 해결하기 좋다. 우리는 이름을 값에 대응시키기 위해서 해시를 이용할 것이다. 여기에서 살펴보는 예는 클로저 교육과 컨설팅을 제공하는 렐러번스의 스튜어트 할로웨이가 제공한 것이다.

캐시를 만들고 캐시에 요소를 추가하거나 제거할 때 사용할 함수를 정의해야 한다. 우선 캐시부터 만들어보자.

clojure/atomcache.clj
```
(defn create
  []
  (atom  {}))
```

간단한 원자를 이용해서 캐시를 만들었다. 우리는 이 클래스의 클라이언트가 원자에 값을 바인 딩하도록 만들 것이다. 다음에는 캐시 키를 얻어야 한다.

```
(defn get
  [cache key]
  (@cache key))
```

이 함수는 캐시와 키를 인수로 받아들인다. 캐시는 원자이므로 참조를 이용해서 키와 대응하는 항목을 찾아서 리턴한다. 마지막으로 어떤 항목을 캐시에 더해야 한다.

```
(defn put
  ([cache value-map]
    (swap! cache merge value-map))
  ([cache key value]
    (swap! cache assoc key value)))
```

우리는 put이라고 불리는 함수를 두 가지 다른 방식으로 정의했다. 첫 번째 버전은 맵에 존재 하는 모든 키-값 짝을 캐시에 더할 수 있도록 merge를 사용한다. 두 번째 버전은 하나의 키- 값 짝을 캐시에 더하는 assoc을 이용한다. 다음은 캐시를 사용하는 모습이다. 캐시에 항목을 하나 더하고, 그것을 리턴한다.

```
(def ac (create))
(put ac :quote "I'm your father, Luke.")
(println (str "Cached item: " (get ac :quote)))
```

출력된 결과다.

```
Cached item: I'm your father, Luke.
```

원자와 ref는 변경 가능한 상태를 동기적으로 다룰 때 간단하고 안전한 기능을 제공한다. 다음 절에서는 비동기적인 예를 두 개 살펴보게 될 것이다.

7.4.3 에이전트 이용하기

원자와 마찬가지로 에이전트는 데이터를 둘러싸는 추상이다. Io의 퓨처와 마찬가지로 에이전 트에 저장된 값에 접근하는 동작은 실제로 값이 존재하게 될 때까지 차단block된다. 에이전트를 사용하는 클라이언트는 함수를 이용해서 데이터를 비동기적으로 변경할 수 있는데, 값을 변경하는 실제 작업은 별도의 스레드 안에서 일어난다. 따라서 어느 특정 시점에 에이전트의 상태를 변경할 수 있는 함수는 오직 하나만 존재할 수 있다.

실제로 사용을 해보자. 주어진 값을 두 배로 만드는 twice라는 함수를 정의해보자.

```
user=> (defn twice [x] (* 2 x))
#'user/twice
```

다음으로 초기 값으로 1을 가지고 있는 tribbles라는 에이전트를 정의한다.

```
user=> (def tribbles (agent 1))
#'user/tribbles
```

이제 에이전트에게 값을 전달함으로써 tribbles의 상태를 변경할 수 있다.

```
user=> (send tribbles twice)
#<Agent@554d7745: 1>
```

이 함수는 별도의 스레드 위에서 동작한다. 이제 에이전트의 값을 확인해보자.

```
user=> @tribbles
2
```

참조, 에이전트, 원자로부터 값을 읽는 동작은 잠금장치를 이용하는 일이 없고, 차단되는 일도 없다. 읽는 동작은 빠르게 실행되어야 하고, 데이터 주변을 적절한 추상이 둘러싸고 있는 한 실제로 빠르게 만들 수 있다. 이러한 함수를 이용하면 이제 각 에이전트로부터 읽은 값이 어떻게 달라지는지 확인할 수 있다.

```
user=> (defn slow-twice [x]
          (do
             (Thread/sleep 5000)
             (* 2 x)))
#'user/slow-twice
user=> @tribbles
2
user=> (send tribbles slow-twice)
#<Agent@554d7745: 16>
user=> @tribbles
2
user=> ; 5초 뒤에 이것을 실행하라.
user=> @tribbles
4
```

문법 자체에 너무 신경 쓰지 않기 바란다. (Thread/sleep 5000)은 단순히 자바의 Thread에서 sleep 메서드를 호출하는 것이다. 이제 에이전트가 리턴하는 값에 집중하자. 우리는 실행하는 데 5초가 걸리는 느린 코드를 작성했다. 그 정도 시간이면 @tribbles의 값이 변하는 과정을 repl에서 눈으로 확인하기에 충분하다.

이제 tribbles의 값을 구해보자. tribbles의 값을 읽는 스레드 위에서는 가장 최근의 값을 보지 못할 수도 있다. 만약 그러한 스레드 위에서 가장 최근의 값을 보고 싶다면 (await tribbles) 혹은 (await-for timeout tribbles)라고 호출해야 한다. 여기에서 timeout은 밀리초를 사용하는 타임아웃 값이다. await와 await-for는 전달한 함수가 실행을 완료하는 순간까지 차단된다는 점을 기억하기 바란다. 에이전트의 값을 읽는 동작은 다른 스레드가 실제로 어떤 동작을 수행하는지에 대해서 아무런 설명을 제공하지 않는다. 단순한 읽기를 통해서 어떤 에이전트가 가지고 있는 최신의 값을 보기 원한다면, 잘못 생각하고 있는 것이다. 에이전트 기능을 구현하는 클로저의 내부는 최신 값이 아닐 수도 있지만 즉각적으로 리턴될 수 있는 스냅샷을 지원한다. 일반적인 데이터베이스가 빠르게 동작하는 동시성 제어를 위해서 버저닝을 이용하는 방법은 이와 완전히 동일하다.

7.4.4 퓨처

자바에서는 어떤 특정한 업무를 수행하기 위해서 스레드를 직접 실행한다. 클로저에서도 이와 같은 방식으로 스레드를 사용할 수 있지만, 이렇게 하는 것보다 좋은 방법이 있다. 캡슐화되어 있는 상태를 이용해서 복잡한 계산을 수행할 수 있는 스레드를 만들 필요가 있다고 생각해보자. 이런 경우 에이전트를 이용할 수도 있다. 혹은 값을 계산하는 과정을 일단 시작하고 싶은데, 그렇다고 계산 결과를 기다리고 싶지는 않다고 생각해보자. Io에서 했던 것처럼 퓨처를 이용할 수 있다. 살펴보자.

우선 퓨처를 만들어야 한다. 퓨처는 즉각적으로 어떤 참조를 리턴한다.

```
user=> (def finer-things (future (Thread/sleep 5000) "take time"))
#'user/finer-things
user=> @finer-things
"take time"
```

타이핑을 엄청나게 빨리 하는 사람은 때로 결과가 화면에 나타날 때까지 기다려야 한다. 퓨처는 하나 혹은 그 이상의 표현이 가지고 있는 본문을 취한 다음, 마지막 표현의 값을 리턴한다. 퓨처는 다른 스레드 안에서 실행된다. 퓨처가 담고 있는 값에 접근을 하면 값이 실제로 존재하게 될 때까지 차단된다.

따라서 퓨처라는 것은 계산 결과가 완성되기 전에 비동기적인 방식으로 리턴하는 것을 허용하는 동시성 구조물이다. 우리는 퓨처를 이용해서 오랜 시간이 걸리는 함수 여러 개를 병렬적으로 실행할 수 있다.

7.4.5 우리가 다루지 않은 것

클로저는 그 자체로 엄청나게 풍부한 내용을 담고 있는 리스프라고 말할 수 있다. 클로저는 10년 이상의 개발 과정을 겪어온 JVM에 기반하고 있다. 또한 새롭고 강력한 몇 가지 기능을 구현하고 있다. 이 책에서 클로저의 모든 것을 설명하는 것은 불가능하다. 우리가 깊게 다루지는 않았지만 꼭 알고 있어야 하는 내용을 정리해보았다.

메타데이터

때로는 자료형에 메타데이터를 결부시키는 것이 좋을 때가 있다. 클로저는 심벌과 컬렉션 모두에 대해서 메타데이터를 붙이거나 읽는 것을 허용한다. (with-meta value metadata)라고 쓰면 metadata에 연관된 값 value를 가지게 할 수 있다. 이런 관련성은 보통 맵을 이용해서 구현된다.

자바와의 통합

클로저는 자바와 탁월한 방식으로 통합된다. 우리는 자바와의 통합을 아주 간략하게 다루었고 JVM 위에서 동작할 수 있는 자료형도 하나 만들어보았다. 그렇지만 이미 존재하는 자바 라이브러리는 전혀 사용하지 않았다. 자바와 호환되는 형태에 대해서도 거의 다루지 않았다. 예를 들어서 (.toUpperCase "Fred")는 "Fred"라는 문자열 안에 존재하는 .toUpperCase라는 멤버 함수를 호출한다.

멀티메서드

객체지향 언어는 행위와 데이터를 조직하는 특정한 스타일을 제공한다. 클로저는 우리에게 멀티메서드를 이용해서 코드를 조직하는 방법을 제공한다. 여러 개의 함수로 이루어진 라이브러리를 특정한 자료형에 관련 지을 수 있는 것이다. 멀티메서드를 이용해서 자료형, 메타데이터, 인수, 그리고 심지어 속성을 기반으로 메서드 디스패치를 수행함으로써 다형성을 구현할 수도 있다. 이러한 개념은 매우 강력하고 유연하다. 예를 들어 자바 스타일의 상속, 프로토타입 상속, 혹은 무언가 완전히 다른 방법을 구현할 수 있다.

스레드 상태

클로저는 다양한 동시성 모델을 위해서 원자, 참조, 에이전트를 제공한다. 데이터를 스레드별로 하나씩 저장해야 할 때도 있다. 클로저에서는 vars를 이용하면 쉽게 그런 일을 수행할 수 있다. 예를 들어서 (binding [name "value"] ...)는 오직 현재 실행되고 있는 스레드용으로 name을 "value"에 바인딩한다.

7.4.6 3일 차에 배운 내용

오늘은 동시성 구조물에 대해서 학습했다. 학습을 하면서 몇 가지 매우 흥미로운 동시성 구조물을 만날 수 있었다.

참조는 여러 스레드 사이에서 일관성을 유지하면서 변경 가능한 상태를 구현할 수 있도록 해준다. STM, 즉 소프트웨어 트랜잭션 메모리도 사용했다. 예제를 보면서 모든 변경 가능한 상태를 dosync 함수를 사용해서 트랜잭션 안에서 ref에 저장했다.

다음으로 우리는 동시성과 관련해서 더 적은 기능을 지원하지만 사용하기는 더 간단한 가벼운 동시성 구조물인 원자를 사용했다. 원자의 내용을 트랜잭션 바깥에서 변경해보기도 했다.

끝으로 우리는 오랫동안 진행되는 계산을 위해 사용할 수 있는 풀을 구현하기 위해서 에이전트를 사용했다. 에이전트에 저장된 값은 임의의 함수를 이용해서 변경할 수 있기 때문에 에이전트는 Io 액터와 다른 존재다. 에이전트는 또한 임의의 시점에서 값이 달라질 수도 있는 특정 시간대의 스냅샷을 리턴하는 기능을 포함한다.

7.4.7 3일 차 자율 학습

2일 차 때 우리는 고급 프로그래밍 추상을 살펴보았다. 3일 차에는 클로저에서 사용되는 동시성 구조물을 공부했다. 여기에 있는 연습문제를 통해서 지금까지 배운 내용을 실습해볼 수 있을 것이다.

다음을 찾아보라.

- 큐가 비어 있을 때는 차단된 채 새로운 항목이 들어올 때를 기다리는 큐를 구현한 코드

다음을 수행하라.

- 참조를 이용해서 계좌를 담은 벡터를 메모리 위에 생성하라. 계좌의 잔액을 수정하기 위해 사용할 입금과 출금 함수를 정의하라.

다음으로, '잠자는 이발사' 문제의 개요를 설명하겠다. 이 문제는 에츠허르 데이크스트라[Edsger Dijkstra]가 1965년에 만들었다. 이 문제는 다음과 같은 특성으로 이루어진다.

- 이발소는 손님을 받아들인다.
- 손님은 10~30 ms 중 임의의 간격으로 찾아온다.
- 이발소의 대기실에는 세 개의 의자가 있다.
- 이발소는 이발을 하기 위한 의자가 1개, 이발사가 1명 있다.
- 이발 의자가 비어 있으면 손님이 와서 앉고, 이발사를 깨우고, 이발을 할 수 있다.
- 모든 의자에 손님이 앉아 있으면 새로 도착한 손님은 돌아가야 한다.
- 이발은 20 ms의 시간이 걸린다.
- 이발이 끝났으면 손님은 의자에서 일어나서 가게 밖으로 떠난다.

10초의 시간이 주어졌을 때 이발사가 몇 번의 이발을 수행할 수 있는지 알려주는 멀티스레딩 프로그램을 작성하라.

7.5 클로저를 마무리하며

클로저는 리스프가 가진 강력한 기능과 JVM이 가진 편리함을 결합한 언어다. 클로저는 JVM

으로부터 현존하는 커뮤니티, 널리 배포되어 있는 플랫폼, 코드 라이브러리를 취할 수 있다. 반면 리스프의 변종으로서, 리스프가 가진 장점과 한계를 그대로 떠안는다.

7.5.1 리스프의 역설

클로저는 아마 이 책에 담긴 언어 중에서 가장 강력하고 유연한 언어라고 볼 수 있을 것이다. 멀티메서드는 멀티 패러다임 코드를 가능하게 하고, 매크로는 언어 자체를 동적으로 정의할 수 있도록 해준다. 이 책에 담긴 언어 중에서 이 정도로 강력한 기능을 제공하는 것은 없다. 이러한 유연성은 믿기 어려울 정도로 강력한 기능을 제공하는 것으로 증명되었다. 『해커와 화가』에서 그레이엄은 리스프의 생산성을 적극 활용한 스타트업 회사를 다른 회사들이 따라오지 못한 일화를 소개했다. 신생 컨설팅 회사 중에는 이 같은 시각에서 클로저가 다른 언어들이 따라올 수 없는 생산성과 품질을 보증한다는 데 승부를 거는 곳도 있다.

리스프의 유연성은 약점도 안고 있다. 매크로는 전문가가 신중하게 사용하면 강력한 기능을 제공할 수 있지만, 신중함과 전문성이 결여된 사람이 사용했을 때는 돌이킬 수 없는 재앙을 초래하기도 한다. 적은 분량의 코드를 통해서 강력한 추상을 제공하도록 해주는 리스프의 특징은 다른 언어에 비해서 특히 가장 실력이 뛰어난 프로그래머를 요구하기도 한다.

클로저를 성공적으로 평가하려면 리스프 자체도 살펴보아야 하지만 자바 생태계가 가지고 있는 독특한 측면과 새로운 기능을 함께 살펴볼 필요가 있다. 이제 클로저가 가진 근본적인 강점들에 대해서 살펴보기로 하자.

7.5.2 핵심 강점

클로저는 자바 가상 머신 위에서 자바 이후의 자리를 노리고 있는 몇 개 되지 않는 언어 중 하나다. 클로저가 자바 이후의 자리를 노릴 수 있는 후보일 수 있는 데에는 많은 이유가 있다.

좋은 리스프

프로그래밍 언어의 전문가이며 파워블로거인 팀 브레이[Tim Bray]는 '클로저를 위한 11개의 테제'[12]

---

12 http://www.tbray.org/ongoing/When/200x/2009/12/01/Clojure-Theses

에서 클로저를 좋은 리스프라고 불렀다. 사실 그는 클로저를 '역사상 최고의 리스프'라고 불렀다. 나는 클로저가 아주 좋은 리스프라는 의견에 동의한다.

이 장에서 우리는 리치 히키와 대화를 나누면서 클로저를 좋은 리스프로 만들어주는 기능이 무엇인지 살펴본 바 있다.

- **대폭 줄어든 괄호:** 클로저는 벡터에 대괄호를 사용하고, 맵에 중괄호를 사용하고, 집합에 문자의 조합을 사용하는 등, 문법을 다소 수정함으로써 가독성을 향상시켰다.
- **생태계:** 리스프의 변종들은 대개 하나의 언어를 위한 지원 및 라이브러리라는 막힌 길을 밟아나갔다. 역설적이게도 새로운 변종 하나가 등장하면 그러한 문제가 해결되었다. 클로저는 JVM 위에서 동작을 수행함으로써 엄청난 양의 라이브러리를 사용하는 자바 프로그래머와 동일한 수준의 혜택을 누릴 수 있게 해주었다.
- **제한:** 읽기 매크로를 피하기 위해 클로저의 문법을 제한하는 방법을 채택함으로써 히키는 클로저의 기능을 실질적으로 제한했지만, 엉뚱한 변종이 등장해서 발전이 저해되는 상황도 피할 수 있었다.

어쩌면 리스프 그 자체를 하나의 프로그래밍 언어로 높게 평가할 수도 있다. 그런 면에서 본다면 클로저를 하나의 새로운 리스프라고 보아도 무방하다. 그런 측면에서 보면 클로저는 이미 성공을 거두었다.

동시성

동시성을 위한 클로저의 접근 방식은 우리가 동시성 시스템을 설계하는 방식 일반을 완전히 바꾸어놓을지도 모른다. STM은 너무나 새로운 개념이기 때문에 그것을 이용하는 프로그래머들에게 거추장스럽게 느껴지기도 하지만, 상태를 변경하는 동작이 적절하게 작성된 함수에 의해 수행되는지 여부를 자동으로 검출함으로써 프로그래머들이 동시성 문제로 고통받지 않아도 되게끔 만들었다. 올바른 트랜잭션 안에 들어와 있지 않으면, 상태를 변경할 수 없는 것이다.

자바와의 통합

클로저는 자바와 훌륭하게 통합된다. 문자열이나 숫자 등을 그대로 사용하고, 성능 향상을 위해서 타입 힌트를 제공하기도 한다. 하지만 클로저는 자바보다 JVM과의 통합이라는 측면에서 더 빛을 발한다. 클로저의 타입은 자바 애플리케이션에서 완전히 사용될 수 있다. 그렇지만 머지 않아 클로저가 JVM 내에서 클로저 자신을 이용해서 개발하는 모습을 더 많이 보게 될 것이다.

게으른 평가

클로저는 매우 강력한 게으른 평가 기능을 포함한다. 게으른 평가는 문제를 단순화해준다. 이 책에서는 게으른 평가가 우리가 문제를 해결할 때 접근하는 방식을 얼마나 획기적으로 바꾸어 놓을 수 있는가에 대해서 간만 조금 보았을 뿐이다. 게으른 시퀀스는 계산 결과가 실제로 필요할 때까지 계산을 지연하거나 계산이 실행되는 것을 원천적으로 막음으로써 계산과 관련된 오버헤드를 대폭 감소시켜준다. 끝으로 문제를 게으르게 해결하는 것은 어려운 문제를 해결할 때 동원할 수 있는 도구로 활용될 수 있다. 재귀, 순차적 방문, 값을 저장하는 컬렉션을 대신하기 위해서 게으른 시퀀스를 사용할 수 있다.

코드로서의 데이터

프로그램은 리스트로 이루어진다. 리스프와 마찬가지로 데이터를 코드로 표현할 수 있다. 루비를 사용한 경험은 내가 프로그램을 위한 프로그램을 작성하는 방법의 가치를 깨닫는 데 도움을 주었다. 바로 이것이야말로 모든 프로그래밍 언어가 가질 수 있는 최고의 능력이라고 생각한다. 함수 프로그램은 고계함수를 통해서 메타프로그래밍을 가능하게 만든다. 리스프는 이러한 생각을 더욱 발전시켜서 데이터를 코드로 평가한다.

7.5.3 약점

클로저는 명확하게 범용 언어로서의 목적을 갖고 만들어졌다. 이 언어가 JVM 위에서 대중적인 성공을 거둘지 여부는 아직 더 지켜볼 필요가 있다. 클로저는 경이로운 추상을 다수 포함하고 있는데, 어떤 의미에서는 너무 많이 포함하고 있다. 이러한 기능을 효과적이고 안전하게 사용하기 위해서는 프로그래머가 상당한 수준의 교육을 받거나 뛰어난 재능을 가지고 있어야 한다. 내가 걱정하는 내용을 정리해보았다.

전위 표기법

코드를 리스트의 형태로 표현하는 것은 리스프 언어가 가지고 있는 가장 강력한 기능의 하나인데, 거기에는 전위 표기법이라는 비용도 수반된다.[13] 전형적인 객체지향 언어는 이러한 표기법

---

13 클로저는 이러한 문제를 다소 완화시켜주는 좌우 매크로, 즉 ->>와 ->를 가지고 있다.

과 완전히 다른 문법 구조를 가지고 있다. 전위 표기법에 적응하는 것은 쉬운 일이 아니다. 좋은 기억력을 요구하고, 개발자가 코드를 속속들이 이해하고 있을 것을 요구한다. 클로저 코드를 읽으며 내가 너무나 많은 디테일을 이해해야 한다는 사실을 느낄 때가 있다. 그게 아니더라도 리스프의 문법 구조는 내 기억력의 한계를 테스트하곤 한다. 경험이 축적되면 이러한 어려움이 많이 완화된다는 이야기를 듣기는 했다. 나는 아직 그 수준에 도달하지 못했다.

가독성

데이터를 코드로 표현하는 데 따르는 비용의 하나는 압도당할 정도로 많은 괄호다. 코드의 모습을 사람을 위해 최적화하는 것과 컴퓨터를 위해 최적화하는 것은 별도의 문제다. 괄호의 숫자와 그들이 나타나는 장소는 여전히 문제를 안고 있다. 리스프 개발자들은 열린 괄호와 닫힌 괄호의 짝을 맞추기 위해서 그들이 사용하는 편집기에 크게 의존한다. 하지만 그러한 도구가 가독성 문제를 완전히 해결해줄 수는 없다. 리치히키가 리스프가 안고 있는 이 문제를 어느 정도 해결한 것에 대해서는 찬사를 보내지만, 클로저 역시 이러한 문제로부터 완전히 자유롭지는 못하다.

학습 과정의 어려움

클로저는 기능이 풍부한 언어이며, 따라서 학습 과정이 쉽지 않다. 리스프가 제대로 사용되도록 하기 위해서는 극도로 뛰어난 재능과 경험을 가진 팀이 필요하다. 게으른 시퀀스, 함수 프로그래밍, 매크로 확장, 트랜잭션 메모리, 그 밖의 다른 정교한 기능들은 완전히 익힐 때까지 많은 시간을 요구하는 강력한 개념들이다.

제한된 리스프

모든 타협에는 비용이 수반된다. JVM 위에서 동작하기로 결정했기 때문에 클로저는 꼬리 재귀 최적화를 제한적으로밖에 지원하지 못한다. 클로저 프로그래머들은 꽤 불편한 recur 문법을 사용해야 한다. x라는 시퀀스의 크기를 계산하는 (size x)를 loop/recur를 이용하는 재귀를 통해 구현해보라.

사용자가 정의하는 리더 매크로를 없앤 것도 상당한 비용을 수반한다. 없앤 이유는 분명하다. 리더 매크로는 잘못 사용되면 언어 자체를 산산조각 낼 수도 있다. 하지만 그에 따르는 비용도

분명하다. 메타프로그래밍 기능의 하나를 잃어버리는 것이다.

접근성

루비나 초창기 자바가 가진 가장 뛰어난 측면의 하나는 매우 접근하기 용이한 언어라는 점이다. 두 언어 모두 익히는 과정이 상대적으로 수월했다. 클로저는 개발자에게 엄청난 수준의 노력을 요구한다. 프로그래머의 두뇌를 압도할 정도로 많은 추상 도구와 개념이 포함되어 있다.

7.5.4 마치며

클로저가 가진 강점과 약점은 대부분 강력한 기능과 유연성과 관련되어 있다. 그렇다. 클로저를 익히려면 무척 열심히 공부하는 과정이 필요하다. 사실 자바 개발자라면 이미 많은 공부를 하고 있을 것이다. 단지 자바 애플리케이션 자체가 갖는 추상적인 내용에 대해 공부하고 있을 뿐이다. 느슨한 연결을 스프링이나 관점지향 프로그래밍을 통해서 추구하고 있을 것이다. 그러한 유연성이 제공하는 장점을 언어 자체로부터 얻지 못하기 때문이다. 많은 사람에게 이와 같은 트레이드오프는 크게 문제가 되지 않는다. 그렇지만 계속 늘어나고 있는 동시성과 복잡성에 대한 요구로 자바 플랫폼은 점점 덜 매력적이 될 거라는 사실을 말하고 싶다.

만약 극단적인 프로그래밍 모델을 원하고, 그것을 익히기 위해 많은 공부를 수행할 각오가 되어 있다면, 클로저는 훌륭한 선택이다. 체계적인 규율과 필요한 기초를 갖추고 있는 팀이 한 단계 더 성장할 수 있는 방법을 찾고 있다면 클로저가 적합한 언어다. 클로저를 이용하면 더 좋은 소프트웨어를 더 빠르게 만들 수 있다.

CHAPTER 8

하스켈

논리란 초원에서 짹짹거리는 작은 새의 재잘거림이다.　　　　　　　　　　　－ 스팍

하스켈은 많은 함수 프로그래밍 순혈주의자들에게 순수성과 자유를 상징하는 언어다. 풍부하고 강력하지만 거기에는 당연히 비용도 수반된다. 한 입만 베어 먹는 것이 허용되지 않는다. 하스켈은 우리가 함수 프로그래밍이라는 햄버거 하나를 통째로 먹도록 강요한다. 〈스타 트렉〉에 등장하는 스팍을 생각하라.[1] 위에 나온 그의 말은 전형적인, 논리와 진실을 포함하는 표현이다. 이 일관된 캐릭터로 스팍은 오랜 시간 사랑받았다. 스칼라, 얼랭, 클로저가 명령형 프로그래밍을 조금은 할 수 있도록 허락했던 반면, 하스켈은 그와 같은 배려가 조금도 없다. 이 순수한 함수 프로그래밍 언어는 I/O나 상태를 축적하는 계산을 수행할 때 색다른 도전을 수반할 것이다.

8.1 하스켈에 대하여

앞에서도 그랬던 것처럼 어떤 언어가 왜 일정한 종류의 타협을 받아들였는지 이해하려면 배후에 존재하는 역사에서 출발할 필요가 있다. 1980년대 초중반에 순수 함수 프로그래밍은 몇몇 언어의 형태로 모습을 드러냈다. 당시 새로운 연구에서 핵심적인 개념은 클로저에서 보았던 것

---

1 〈스타 트렉: 오리지널 시리즈〉, 41/42화 '나는 머드'/'트리블과의 트러블', DVD, 마크 다니엘스 감독, 1967 (버뱅크, CA: 20세기 CBS 파라마운트 인터내셔널 텔레비전, 2001).

과 같은 게으른 처리 방식, 그리고 순수 함수 프로그래밍이었다. 1987년에 함수 프로그래밍 언어와 컴퓨터 아키텍처 콘퍼런스가 개최되면서 순수 함수 언어를 위한 공개 표준을 정하기로 결정을 내렸다. 이 그룹을 통해서 하스켈은 1990년에 탄생했고, 1998년에 개정되었다. 하스켈 98이라는 현재의 표준은 하스켈 98의 개정판과 하스켈 프라임이라는 하스켈의 새로운 버전을 포함해 몇 차례 개정을 거쳤다. 이렇게 하스켈은 순수 함수 언어를 위해 당시 존재하던 최고의 함수 언어 아이디어를 차용하고, 특별히 게으른 처리에 대한 강조가 더해져 설계된 언어다.

하스켈은 강하고 정적인 타이핑 시스템을 사용한다. 타이핑 모델은 대부분 유추되는데, 하스켈의 타이핑 시스템은 모든 함수 언어를 통틀어서 가장 효과적인 타이핑 시스템이라고 일컬어진다. 하스켈 타이핑 시스템이 매우 간결한 설계를 통해 다형성을 지원하는 모습을 보게 될 것이다.

하스켈은 이미 이 책의 앞부분에서 보았던 다른 개념도 다수 포함하고 있다. 하스켈은 얼랭 스타일의 패턴 매칭과 가드를 지원한다. 클로저 스타일의 게으른 평가, 클로저와 얼랭이 지원하는 리스트 컴프리헨션의 모습도 보게 될 것이다.

순수 함수 언어로서, 하스켈은 부수효과를 갖지 않는다. 대신 함수는 나중에 실행될 수 있는 부수효과 자체를 리턴할 수 있다. 이러한 기능의 예는 '모나드'라는 개념을 이용해서 상태를 저장하는 방식과 함께 3일 차에서 보게 될 것이다.

처음 2일 동안에는 표현, 함수의 정의, 고계함수 등과 같은 전형적인 함수 프로그래밍 개념에 대해서 살펴보게 될 것이다. 그리고 우리로 하여금 새로운 개념에 눈뜨도록 만들어줄 하스켈의 타이핑 시스템도 알아본다. 3일 차는 조금 벅찰지도 모른다. 매개변수를 사용하는 타이핑 시스템과 완전히 이해하기까지 많은 노력이 필요한 모나드라는 개념을 공부하게 되기 때문이다. 시작해보자.

8.2 1일: 논리

스팍처럼 하스켈의 핵심 개념을 쉽게 이해할 수 있을 것이다. 우리는 함수를 정의하는 일에만 집중할 것이다. 함수는 동일한 입력 매개변수에 대해 언제나 동일한 출력을 내놓는다. 나는 GHC, 즉 글래스고 하스켈 컴파일러 버전 6.12.1을 사용했다. 이 컴파일러는 여러 플랫폼용이 존재하며 다른 구현을 찾아볼 수도 있을 것이다. 언제나 그런 것처럼 우선 콘솔을 여는 것에서부터 시작하자. ghci라고 입력해보라.

```
GHCi, version 6.12.1: http://www.haskell.org/ghc/  :? for help
Loading package ghc-prim ... linking ... done.
Loading package integer-gmp ... linking ... done.
Loading package base ... linking ... done.
Loading package ffi-1.0 ... linking ... done.
```

하스켈이 몇몇 패키지를 로드하는 모습을 볼 수 있다. 그럼 이제 명령어를 입력할 준비가 끝났다.

8.2.1 표현과 원시 자료형

하스켈의 타이핑 시스템은 조금 뒤에 이야기할 것이다. 여기에서는 원시 자료형에 대해서 알아본다. 다른 언어들과 마찬가지로 여기에서도 우리는 숫자와 간단한 표현에서부터 출발한다. 하지만 함수처럼 더 고급스러운 개념으로 곧 넘어가게 될 것이다.

숫자

이러한 과정이 이제 익숙하게 느껴질 것이다. 다음과 같은 몇 개의 표현을 입력해보라.

```
Prelude> 4
4
Prelude> 4 + 1
5
Prelude> 4 + 1.0
5.0
Prelude> 4 + 2.0 * 5
14.0
```

연산자의 우선순위는 일반적으로 기대하는 방식대로 동작한다.

```
Prelude> 4 * 5 + 1
21
Prelude> 4 * (5 + 1)
24
```

괄호를 이용해서 연산자를 그룹으로 묶을 수도 있다. 몇 가지 형태의 수를 보았다. 이제 문자로 이루어진 데이터도 살펴보자.

문자 데이터

문자열은 다음과 같이 큰따옴표를 이용해서 표기한다.

```
Prelude> "hello"
"hello"
Prelude> "hello" + " world"

<interactive>:1:0:
    No instance for (Num [Char])
      arising from a use of `+' at <interactive>:1:0-17
    Possible fix: add an instance declaration for (Num [Char])
    In the expression: "hello" + " world"
    In the definition of `it': it = "hello" + " world"
Prelude> "hello" ++ " world"
"hello world"
```

문자열의 결합은 +이 아니라 ++로 이루어진다는 점에 유의하자. 하나의 문자는 다음과 같이 표시한다.

```
Prelude> 'a'
'a'
Prelude> ['a', 'b']
"ab"
```

문자열이 문자의 리스트에 불과하다는 사실을 기억하라. 이제 몇몇 불리언 값을 살펴보자.

불리언

불리언은 이 책에서 보았던 중위 표기법을 사용하는 언어들의 불리언과 거의 동일한 방식으로 동작한다. 다음은 불리언 값을 리턴하는, 각각 같음과 다름을 표현하는 방식이다.

```
Prelude> (4 + 5) == 9
True
Prelude> (5 + 5) /= 10
False
```

다음은 if/then 명령문이다.

```
Prelude> if (5 == 5) then "true"

<interactive>:1:23: parse error (possibly incorrect indentation)
```

이 부분이 이 책에 담긴 다른 언어들과 달라지기 시작하는 부분이다. 하스켈에서는 들여쓰기 indentation가 의미를 지닌다. 이 코드에서 하스켈은 해당 줄의 들여쓰기가 잘못되었다고 추측한다. 들여쓰기의 구조에 대해서는 뒤에서 살펴보기로 하자. 들여쓰기 패턴을 제어하는 레이아웃에 대해서는 이야기하지 않을 것이다. 여기에서 보여주는 들여쓰기 방식을 그대로 따라 하면 별다른 문제는 없을 것이다. 이제 완전한 if/then/else 명령문을 보자.

```
Prelude> if (5 == 5) then "true" else "false"
"true"
```

하스켈에서는 if가 제어 구조가 아니라 그 자체로 함수다. 즉 다른 함수와 마찬가지로 어떤 값을 리턴한다. 몇 가지 true/false 값들을 보자.

```
Prelude> if 1 then "true" else "false"

<interactive>:1:3:
    No instance for (Num Bool)
      arising from the literal `1' at <interactive>:1:3
  ...
```

하스켈은 강한 타이핑을 사용한다. if는 엄격하게 불리언 자료형을 취한다. 다른 자료형 충돌 예를 강제해보자.

```
Prelude> "one" + 1

<interactive>:1:0:
    No instance for (Num [Char])
      arising from a use of `+' at <interactive>:1:0-8
    ...
```

이 에러 메시지는 하스켈 타이핑 시스템의 내부를 조금 드러낸다. 메시지는 "Num과 문자 리스트인 [Char]라는 두 개의 인수를 취하는 +라는 함수가 존재하지 않는다"라고 말하고 있다. 우리가 하스켈에게 구체적인 자료형을 말해주지 않았음에 유의하기 바란다. 이 언어는 단서를 이용해 자료형을 유추한다. 어느 시점에서라도 하스켈이 자료형 유추를 수행하는 방식을 살펴보는 것이 가능하다. :t를 붙여 명령을 실행하거나 :t 옵션을 활성화하면 된다.

```
Prelude> :set +t
Prelude> 5
5
it :: Integer
Prelude> 5.0
5.0
it :: Double
Prelude> "hello"
"hello"
it :: [Char]
Prelude> (5 == (2 + 3))
True
it :: Bool
```

이제 모든 표현에 대해서 각 표현이 어떤 자료형을 리턴하는지 확인할 수 있다. 하지만 :t를 숫자에 대해서 사용하는 것은 혼란스럽다는 점을 경고하고자 한다. 그것은 숫자와 콘솔 사이에서 일어나는 일련의 동작들 때문이다. :t를 함수로 이용해보자.

```
Prelude> :t 5
5 :: (Num t) => t
```

이것은 앞에서 보았던 it :: Integer라는 자료형과 같은 것이 아니다. 콘솔은 우리가 일부러 :set t라고 명령을 내리지 않는 한 숫자를 최대한 일반적인 방식으로 취급하려고 노력한다. 여기에서 우리는 구체적인 type 대신, 비슷한 자료형 일반을 묶어서 나타내는 class를 돌려받은 것이다. 이러한 클래스에 대해서는 뒤에서 다시 살펴보게 될 것이다.

8.2.2 함수

하스켈 프로그래밍 패러다임의 핵심은 함수에 있다. 하스켈은 강하고 정적인 타이핑 시스템을 사용하므로 각 함수에 두 가지 항목, 즉 자료형 선언(선택적)과 구현을 지정해야 한다. 이와 관련해서 다른 언어에서 보았던 내용을 빠르게 살펴볼 것이다. 단단히 준비하기 바란다.

기본적인 함수 정의하기

하스켈 함수는 일반적으로 두 가지 선언으로 이루어진다. 자료형 선언과 함수 선언이 그것이다.

처음에는 함수를 콘솔 안에서 정의할 것이다. 어떤 값을 실제적인 구현에 바인딩할 때는 let 함수를 이용할 것이다. 함수를 정의하기 전에 let을 사용해보라. 리스프와 마찬가지로 하스켈에서 let은 지역적인 범위^{local scope} 안에서 변수를 함수에 바인딩한다.

```
Prelude> let x = 10
Prelude> x
10
```

하스켈 모듈을 코딩할 때는 다음과 같이 함수를 선언한다.

```
double x = x * 2
```

그렇지만 콘솔에서는 지역적인 범위 안에서 함수를 할당하는 데 let을 사용한다. 따라서 우리도 let을 이용할 것이다. 다음은 간단한 더블 함수의 예다.

```
Prelude> let double x = x * 2
Prelude> double 2
4
```

이제 우리는 프로그램을 파일로 저장할 것이다. 따라서 여러 줄로 이루어진 정의를 내리는 것도 가능하다. GHC 사용 시 더블 함수를 정의하는 전체적인 모습은 다음과 같다.

haskell/double.hs
```
module Main where

    double x = x + x
```

Main이라는 '모듈'을 더했음에 주목하라. 하스켈에서 모듈은 서로 연관된 코드를 비슷한 범위에 담은 것이다. Main 모듈은 특별하다. 그것은 최상위에 위치한 모듈이다. 이제 double 함수에 초점을 맞추어보자. Main을 콘솔에서 읽어 들이고[2] 다음과 같이 사용한다.

```
Prelude> :load double.hs
[1 of 1] Compiling Main              ( double.hs, interpreted )
Ok, modules loaded: Main.
*Main> double 5
10
```

······························
2 역자주_ 콘솔에서 현재 경로를 알려면 :show paths라고 입력하고, 경로를 바꾸려면 :cd 명령을 이용한다.

아직 자료형을 강제하지 않았다. 그렇지만 하스켈은 너그럽게 스스로 자료형을 유추한다. 각 함수에 대해 암묵적으로 자료형 정의가 이루어지는 것이다. 다음은 명시적으로 자료형을 정의하는 예다.

haskell/double_with_type.hs
```
module Main where

    double :: Integer -> Integer
    double x = x + x
```

이 파일을 로드해서 앞에서 했던 것처럼 사용할 수 있다.

```
Prelude> :load double_with_type.hs
[1 of 1] Compiling Main                ( double_with_type.hs, interpreted )
Ok, modules loaded: Main.
*Main> double 5
10
```

이 새로운 함수와 관련된 자료형을 확인해보자.

```
*Main> :t double
double :: Integer -> Integer
```

이 정의는 double이라는 함수가 (첫 번째 Integer인) Integer를 인수로 받아들여서 Integer 를 결과로 리턴한다는 뜻이다.

이러한 자료형 정의는 제약이 있다. 다시 double.hs를 로드하여 자료형이 없는 double의 자료형 정의를 확인해보면 완전히 다른 내용이 나온다.

```
*Main> :t double
double :: (Num a) => a -> a
```

완전히 다르다! 이 경우 a는 자료형 변수다. 이 정의는 "double이라는 함수가 어떤 자료형인 a 를 하나의 인수로 받아들이고 그와 동일한 자료형 a의 값을 리턴한다"라는 뜻이다. 이렇게 개선된 정의를 이용하면 + 함수를 지원하는 임의의 자료형에 대해 이 함수를 사용할 수 있다. 이러한 정의가 갖는 힘을 활용해보자. 팩토리얼을 구현하는 더 흥미로운 내용을 살펴보자.

재귀

간단한 재귀에서 출발해보자. 다음은 콘솔 안에서 팩토리얼을 구현하는 한 줄짜리 재귀 코드다.

```
Prelude> let fact x = if x == 0 then 1 else fact (x - 1) * x
Prelude> fact 3
6
```

이것은 시작에 불과하다. 만약 x가 0이면 x의 팩토리얼은 1이고, 0이 아니면 (x - 1) * x다. 패턴 매칭을 이용하면 더 좋은 코드를 작성할 수 있다. 사실 이 문법은 얼랭의 패턴 매칭과 매우 흡사하다.

haskell/factorial.hs
```
module Main where
    factorial :: Integer -> Integer
    factorial 0 = 1
    factorial x = x * factorial (x - 1)
```

이 정의는 세 줄로 이루어져 있다. 첫 번째 줄은 인수의 자료형과 리턴되는 값의 자료형을 정의한다. 다음 두 줄은 입력되는 값에 따른 패턴 매칭 기능을 정의한다. 0의 factotial은 1이고, x의 factorial은 x = x * factorial (x - 1)이다. 이 정의는 수학적 정의와 완전히 동일하다. 이 경우 패턴 매칭의 순서는 중요하다. 하스켈은 처음에 매치되는 내용을 먼저 실행할 것이다. 만약 순서를 바꾸고 싶으면 가드를 사용할 필요가 있다. 하스켈에서 가드는 다음과 같이 어떤 인수가 가질 수 있는 값을 제한하는 조건을 의미한다.

haskell/fact_with_guard.hs
```
module Main where
    factorial :: Integer -> Integer
    factorial x
        | x > 1 = x * factorial (x - 1)
        | otherwise = 1
```

가드는 왼쪽에 값을 두고 적용할 함수는 오른쪽에 둔다. 가드의 조건이 만족되면 하스켈은 그에 상응하는 함수를 호출하다 가드는 종종 패턴 매칭 대신 사용되는데, 여기에서 우리는 재귀의 베이스 조건을 설정하기 위해서 사용하고 있다.

8.2.3 튜플과 리스트

다른 언어에서 본 것과 마찬가지로 하스켈은 재귀를 효과적으로 다루기 위해서 꼬리 재귀 최적화에 의존한다. 하스켈에서 피보나치 수열을 구현하는 여러 방식을 살펴보자. 우선 아주 간단한 경우부터 본다.

```haskell
haskell/fib.hs
module Main where
    fib :: Integer -> Integer
    fib 0 = 1
    fib 1 = 1
    fib x = fib (x - 1) + fib (x - 2)
```

무척 간단하다. fib 0 혹은 fib 1을 계산한 결과는 1이고, fib x는 fib (x - 1) * fib (x - 2)다. 하지만 이 해법은 충분하지 않다. 좀 더 효율적인 방법을 만들어보자.

튜플을 이용한 프로그래밍

더 효율적인 구현을 위해 튜플을 사용할 수 있다. 튜플은 항목의 개수가 고정되어 있는 컬렉션이다. 하스켈에서 튜플은 쉼표로 구분되어 괄호에 담긴 항목들이다. 이번 구현 내용은 연속된 피보나치 수를 담은 튜플을 만들고 재귀를 돕기 위해서 카운터를 사용한다. 다음은 기본적인 해법이다.

```haskell
fibTuple :: (Integer, Integer, Integer) -> (Integer, Integer, Integer)
fibTuple (x, y, 0) = (x, y, 0)
fibTuple (x, y, index) = fibTuple (y, x + y, index - 1)
```

fibTuple은 3차 튜플을 받아들이고 3차 튜플을 리턴한다. 조심할 필요가 있다. 세 개의 요소를 담은 튜플 한 개를 받아들이는 것은 세 개의 매개변수를 받아들이는 것과 같지 않다. 이 함수를 이용하기 위해서 우리는 0과 1이라는 두 개의 숫자를 이용한 재귀에서 시작할 것이다. 수를 세어나가는 카운터도 제공할 것이다. 카운터의 수가 줄어감에 따라서 첫 번째 두 수의 크기는 점차 커져간다. fibTuple (0,1,4)에 대한 연속된 호출은 다음과 같다.

```
fibTuple (0, 1, 4)
fibTuple (1, 1, 3)
fibTuple (1, 2, 2)
fibTuple (2, 3, 1)
fibTuple (3, 5, 0)
```

이 프로그램은 이렇게 실행할 수 있다.

```
Prelude> :load fib_tuple.hs
[1 of 1] Compiling Main              ( fib_tuple.hs, interpreted )
Ok, modules loaded: Main.
*Main> fibTuple(0, 1, 4)
(3, 5, 0)
```

답은 튜플의 첫 번째 자리에 있을 것이다. 답을 다음과 같이 취할 수 있다.

```
fibResult :: (Integer, Integer, Integer) -> Integer
fibResult (x, y, z) = x
```

첫 번째 위치에 있는 값을 취하기 위해서 패턴 매칭을 사용했을 뿐이다. 이러한 코드를 다음과 같이 더 간단하게 만들 수도 있다.

```
fib :: Integer -> Integer
fib x = fibResult (fibTuple (0, 1, x))
```

이 함수는 매우 빠르게 동작하는 피보나치 생성기를 만들기 위해 두 개의 도우미 함수를 사용한다. 프로그램 전체를 모아서 보면 다음과 같다.

haskell/fib_tuple.hs
```
module Main where
    fibTuple :: (Integer, Integer, Integer) -> (Integer, Integer, Integer)
    fibTuple (x, y, 0) = (x, y, 0)
    fibTuple (x, y, index) = fibTuple (y, x + y, index - 1)

    fibResult :: (Integer, Integer, Integer) -> Integer
    fibResult (x, y, z) = x

    fib :: Integer -> Integer
    fib x = fibResult (fibTuple (0, 1, x))
```

결과는 다음과 같다(순식간에 출력된다).

```
*Main> fib 100
354224848179261915075
*Main> fib 1000
43466557686937456435688527675040625802564660517371780402481729089536555417949051 8
904038794007925516929592259308032263478752096896232398733224711616429964409065331
879382989696499285160037044761377951668492288 75
```

이제 함수를 합성하는 다른 접근법을 살펴보자.

튜플과 합성 사용하기

때로는 어느 함수가 리턴한 결과를 다른 함수에 곧바로 보내는 식으로 함수를 서로 연결해야 할 때가 있다. 다음은 어느 리스트의 테일에서 첫 번째 값, 즉 테일(tail)의 헤드(head)를 매치함으로써 전체 리스트의 두 번째 항목을 계산하는 예다.

```
*Main> let second = head . tail
*Main> second [1, 2]
2
*Main> second [3, 4, 5]
4
```

이 함수는 그냥 콘솔 위에서 정의되었다. second = head . tail은 second lst = head (tail lst)와 동일한 표현이다. 어느 함수의 결과를 다른 함수에 곧바로 집어넣고 있다. 이러한 방법을 또다시 피보나치 수열에 사용해보자. 앞에서와 마찬가지로 하나의 짝을 계산하겠지만 이번에는 카운터가 없다.

```
fibNextPair :: (Integer, Integer) -> (Integer, Integer)
fibNextPair (x, y) = (y, x + y)
```

수열 내의 숫자 두 개가 주어지면, 언제나 다음 항목을 계산할 수 있다.

```
fibNthPair :: Integer -> (Integer, Integer)
fibNthPair 1 = (1, 1)
fibNthPair n = fibNextPair (fibNthPair (n - 1))
```

기본 경우는 n이 1일 때에 해당하는 (1, 1)이다. 여기부터 매우 간단하게 진행하면 된다. 수열에 포함되어 있는 바로 직전 값을 이용해서 다음 항목을 계산하는 것이다. 열에 담긴 어떤 짝이라도 구할 수 있다.

```
*Main> fibNthPair(8)
(21,34)
*Main> fibNthPair(9)
(34,55)
*Main> fibNthPair(10)
(55,89)
```

남은 일은 각 짝이 포함하는 첫 번째 항목을 매치해서 그들을 수열 내부에서 매치하는 것이다.
첫 번째 항목을 구하기 위해서 fst[3]라는 함수 합성을 이용하고 짝을 만드는 데 fibNthPair를
사용할 것이다.

haskell/fib_pair.hs
```haskell
module Main where
    fibNextPair :: (Integer, Integer) -> (Integer, Integer)
    fibNextPair (x, y) = (y, x + y)

    fibNthPair :: Integer -> (Integer, Integer)
    fibNthPair 1 = (1, 1)
    fibNthPair n = fibNextPair (fibNthPair (n - 1))

    fib :: Integer -> Integer
    fib = fst . fibNthPair
```

다른 방법으로 말해, 이것은 n번째 튜플의 첫 번째 항목을 취하는 것이다. 그게 전부다. 튜플에
대해 어느 정도 살펴보았으니 이제 리스트를 이용하는 문제를 몇 개 풀어보자.

리스트 방문하기

여러 개의 다른 언어에서 리스트를 보아왔다. 따라서 리스트 자체를 다시 자세하게 설명하지는
않겠지만, 어느 정도 기초적인 재귀 예제를 살펴보고, 그다음에는 아직 본 적이 없을 법한 함수
를 몇 개 다룰 것이다. 리스트를 헤드와 테일로 분해하는 것은 let 명령문이나 패턴 매칭처럼
어떤 종류의 바인딩에서도 사용할 수 있다.

----

3 역자주_fst는 (a, b) -> a라는 자료형을 갖는 함수다. 두 개의 인수를 받아들이며 언제나 첫 번째 인수를 리턴한다.

```
let (h:t) = [1, 2, 3, 4]
*Main> h
1
*Main> t
[2,3,4]
```

우리는 [1, 2, 3, 4]라는 리스트를 (h:t)에 바인딩했다. 이러한 구조물을 프롤로그, 얼랭, 스칼라 등에서 보았던 head|tail 구조물과 비슷한 거라고 생각하면 좋을 것이다. 이 도구를 사용해서 몇 개의 간단한 재귀를 정의할 수 있다. 다음은 리스트를 위한 size와 prod 함수의 예다.

haskell/lists.hs
```
module Main where
    size [] = 0
    size (h:t) = 1 + size t

    prod [] = 1
    prod (h:t) = h * prod t
```

이러한 함수들이 사용하는 자료형은 하스켈의 자료형 유추 기능에 맡겨두자. 의미는 명확하다. 어느 리스트의 크기는 꼬리의 크기에 1을 더한 값과 동일하다.

```
Prelude> :load lists.hs
[1 of 1] Compiling Main
    ( lists.hs, interpreted )
Ok, modules loaded: Main.
*Main> size "Fascinating."
12
```

zip은 리스트를 결합하기 위한 강력한 방법이다. 이 함수가 동작하는 모습은 다음과 같다.

```
*Main> zip ["kirk"] ["spock"]
[('kirk','spock')]
```

두 개의 항목을 담은 튜플을 만들었다. 다음과 같은 방식으로 리스트를 결합할 수 있다.

```
Prelude> zip ["kirk", "spock"] ["enterprise", "reliant"]
[("kirk","enterprise"),("spock","reliant")]
```

각각의 리스트에서 n번째 항목을 모아서 튜플에 담는다.[4]

지금까지 본 하스켈의 기능은 다른 언어에서 보았던 기능들과 놀라울 정도로 닮았다. 이제부터 우리는 더 고급스러운 기능을 살펴보게 될 것이다. 범위range나 리스트 컴프리헨션 같은 기능 말이다.

8.2.4 리스트 만들기

재귀를 이용해서 리스트를 처리하는 방법은 이미 몇 가지 살펴보았다. 이번 절에서는 새로운 리스트를 만들기 위한 몇 가지 선택지를 살펴보게 될 것이다. 특히 재귀, 범위, 리스트 컴프리헨션을 살펴보겠다.

재귀

리스트를 만들기 위한 가장 기초적인 빌딩 블록은 : 연산자다. 그것은 헤드와 테일을 결합해서 새로운 리스트를 만들어낸다. 우리가 재귀 함수를 호출할 때 패턴 매칭 안에서 이러한 연산자를 거꾸로 사용하는 것을 이미 본 바가 있다. 이번에는 : 연산자가 let 명령문의 왼쪽에 놓인다.

```
Prelude> let h:t = [1, 2, 3]
Prelude> h
1
Prelude> t
[2,3]
```

결국 :을 이용해서 분해만이 아니라 생성도 할 수 있는 것이다.

그러한 생성의 예다.

```
Prelude> 1:[2, 3]
[1,2,3]
```

리스트는 동종homogeneous이라는 사실을 기억하기 바란다. 정수를 담는 리스트에 다른 리스트를

------

4 역자주_리스트가 (1, 2)와 (a, b)라고 하자. 그러면 첫 번째 항목인 1과 a를 모아서 (1, a)를 만들고, 두 번째 항목인 2와 b를 모아서 (2, b)를 만든다는 식의 의미다.

담는 것은 불가능하다.

```
Prelude> [1]:[2, 3]
```

```
<interactive>:1:8:
    No instance for (Num [t])
      arising from the literal `3' at <interactive>:1:8
```

하지만 리스트를 담는 리스트, 혹은 심지어 빈 리스트에 리스트를 더하는 것은 가능하다.

```
Prelude> [1]:[[2], [3, 4]]
[[1],[2],[3,4]]
Prelude> [1]:[]
[[1]]
```

다음은 리스트를 생성하는 코드의 예다. 리스트에서 짝수만 골라서 리턴하는 함수를 만들고 싶다고 하자. 그런 함수를 만드는 한 가지 방법은 리스트 생성 기능을 활용하는 것이다.

haskell/all_even.hs
```
module Main where
allEven :: [Integer] -> [Integer]
allEven [] = []
allEven (h:t) = if even h then h:allEven t else allEven t
```

우리의 함수는 정수를 담은 리스트를 받아들여서 짝수만 담은 리스트를 리턴한다. 이 함수에 빈 리스트를 전달하면 빈 리스트가 리턴된다. 리스트가 비어 있지 않다고 했을 때, 헤드가 짝수면 그것을 allEven이 리턴하는 리스트에 더한다. 이때 그 리스트는 allEven에 테일을 적용했을 때 리턴되는 값이다. 만약 헤드가 홀수면 그냥 버리고 테일을 allEven에 전달한다. 어렵지 않다. 리스트를 생성하는 다른 방법도 살펴보자.

범위와 합성

하스켈은 루비, 스칼라와 마찬가지로 일급first-class 범위를 포함하며, 범위를 둘러싼 여러 가지 문법적 설탕도 지원한다. 하스켈은 범위의 양 끝을 지정하면 범위를 만들 수 있는 간단한 문법을 제공한다.

```
Prelude> [1..2]
[1,2]
Prelude> [1..4]
[1,2,3,4]
```

우리는 양 끝의 값을 정하고, 하스켈은 계산을 수행한다. 기본적인 증가 값은 1이다. 만약 하스켈이 기본 증가 값을 이용해서 끝점에 도달할 수 없으면 어떻게 하는가?

```
Prelude> [10..4]
[]
```

그런 경우에는 빈 리스트를 돌려받게 된다. 리스트 안에서 두 번째 항목을 지정함으로써 증가 값을 정할 수도 있다.

```
Prelude> [10, 8 .. 4]
[10,8,6,4]
```

소수점도 사용할 수 있다.

```
Prelude> [10, 9.5 .. 4]
[10.0,9.5,9.0,8.5,8.0,7.5,7.0,6.5,6.0,5.5,5.0,4.5,4.0]
```

범위는 시퀀스를 만들기 위한 문법적 설탕이다. 이러한 시퀀스는 구태여 끝이 정해질 필요가 없다. 클로저에서와 마찬가지로 하나의 시퀀스에서 부분적인 요소만 취하는 것도 가능하다.

```
Prelude> take 5 [ 1 ..]
[1,2,3,4,5]
Prelude> take 5 [0, 2 ..]
[0,2,4,6,8]
```

2일 차 때 게으른 시퀀스에 대해서 더 많이 이야기하게 될 것이다. 여기에서는 리스트를 자동적으로 생성하기 위한 또 다른 방법인, 리스트 컴프리헨션에 대해서 알아보도록 하자.

리스트 컴프리헨션

리스트 컴프리헨션은 얼랭을 공부할 때 본 적이 있다. 하스켈에서도 동작하는 방식은 동일하다. 왼쪽에 표현이 등장한다. 오른쪽에는 생성기와 필터가 등장한다. 얼랭에서 보았던 것과 똑같다. 몇 개의 예를 살펴보자. 리스트에 있는 항목을 모두 두 배로 만들기 위해서 다음과 같은 코드를 작성했다.

```
Prelude> [x * 2 | x <- [1, 2, 3]]
[2,4,6]
```

이것을 평범한 말로 풀어서 설명하면 "[1, 2, 3]이라는 리스트에서 x를 취한 다음 x * 2를 계산해서 한곳에 모으라" 정도가 된다.

얼랭에서와 마찬가지로 리스트 컴프리헨션 내부에서 패턴 매칭을 사용하는 것도 가능하다. 어떤 다각형을 나타내는 점^{point}을 모아놓은 리스트가 있을 때, 이들을 대각선 방향으로 뒤집고 싶다고 해보자. 다음과 같이 x와 y의 위치를 바꾸는 것만으로 그렇게 할 수 있다.

```
Prelude> [ (y, x) | (x, y) <- [(1, 2), (2, 3), (3, 1)]]
[(2,1),(3,2),(1,3)]
```

혹은 다각형을 수평 방향으로 뒤집을 수도 있다. 다음과 같이 x에서 4를 빼면 된다.

```
Prelude> [ (4 - x, y) | (x, y) <- [(1, 2), (2, 3), (3, 1)]]
[(3,2),(2,3),(1,1)]
```

결합도 계산할 수 있다. 커크, 스팍, 맥코이라는 승무원 중 임의의 두 사람을 뽑아서 조를 편성할 수도 있다.

```
Prelude> let crew = ["Kirk", "Spock", "McCoy"]
Prelude> [(a, b) | a <- crew, b <- crew]
[("Kirk","Kirk"),("Kirk","Spock"),("Kirk","McCoy"),
("Spock","Kirk"),("Spock","Spock"),("Spock","McCoy"),
("McCoy","Kirk"),("McCoy","Spock"),("McCoy","McCoy")]
```

이러한 합성은 거의 의도한 바대로 동작하지만, 중복이 포함되어 있다. 이 리스트 컴프리헨션에 필터를 적용하기 위해 다음과 같이 조건을 추가할 수도 있다.

```
Prelude> [(a, b) | a <- crew, b <- crew, a /= b]
[("Kirk","Spock"),("Kirk","McCoy"),("Spock","Kirk"),
("Spock","McCoy"),("McCoy","Kirk"),("McCoy","Spock")]
```

조금 낫다. 하지만 순서가 문제다. 다음과 같이 승무원들이 순서대로 정렬된 값을 취하고 나머지는 버릴 수도 있다.

```
Prelude> [(a, b) | a <- crew, b <- crew, a < b]
[("Kirk","Spock"),("Kirk","McCoy"),("McCoy","Spock")]
```

이렇게 짧고 간단한 리스트 컴프리헨션을 통해서 원하는 답을 구했다. 리스트 컴프리헨션은 리스트를 빠르게 생성하고 변형할 때 사용할 수 있는 훌륭한 도구다.

8.2.5 필립 와들러와의 인터뷰

하스켈의 핵심적인 내용을 살펴보았으므로 하스켈을 설계한 커미티의 일원이 무슨 말을 하는지 들어볼 시간이다. 에딘버그 대학의 이론 컴퓨터과학 교수인 필립 와들러^{Philip Wadler}는 하스켈만이 아니라 자바와 XQuery를 위해서도 활발한 작업을 수행하고 있는 사람이다. 이전에는 아바야 연구소, 벨 연구소, 글래스고, 샬메르스, 옥스퍼드, 카네기 멜론 대학교, 제록스 PARC, 스탠퍼드 등에서 근무 및 연구했다.

브루스: 당신의 팀이 하스켈을 개발한 이유는 무엇입니까?

필립 와들러: 1980년대 말 많은 사람이 저마다 함수 언어를 개발하고 구현하고 있었죠. 우리는 그렇게 따로따로 일하기보다는 함께 모여서 작업을 하면 더 낫지 않을까 생각했습니다. 원래 목적은 하스켈이 아니었습니다. 우리는 연구나 교육에 적합한 기초적인 언어를 만들려고 의도했는데, 결과적으로는 업계에서 사용하는 언어를 만들고 말았죠. 하스켈과 관련된 자세한 역사적 배경에 대해서는 '프로그래밍 언어의 역사 콘퍼런스'에 제출한 페이퍼에서 자세하게 다루었습니다. 웹에서 볼 수도 있어요.[5]

브루스: 하스켈에서 가장 마음에 드는 부분은 무엇입니까?

필립 와들러: 리스트 컴프리헨션을 이용해서 프로그래밍하는 것이 무척 즐겁습니다. 그런 기능이 예를 들어 파이썬 같은 언어 안에 자리 잡는 모습을 보면 흐뭇합니다.

자료형 클래스는 제네릭 프로그래밍을 위한 간단한 형태를 제공합니다. 자료형을 정의하고, derived라는 키워드를 더하기만 하면, 값들을 서로 비교할 수도 있고, 값을 문자열로 바꾸거나 혹은 문자열을 값으로 바꾸는 등의 일을 수행할 수 있습니다. 이것이 정말 편리한 기능이라고 생각하고, 다른 언어를 사용할 때 종종 그리워하는 기능이기도 합니다.

그리고 정말 좋은 프로그래밍 언어는 당장 주어진 문제를 해결하기 위해서 최적화되어 있는 언어를 품을 수 있도록 스스로를 확장하는 능력이 있어야 한다고 봅니다. 하스켈은 이런 방

---

5 http://www.haskell.org/haskellwiki/History_of_Haskell

식으로 다른 언어를 품는 데 특히 강점을 보입니다. 게으름, 람다 표현, 모나드와 화살표 표기, 자료형 클래스, 풍부한 타이핑 시스템, 템플릿 등을 이용해 하스켈을 다양한 방식으로 확장하는 것이 가능합니다.

브루스: 처음부터 다시 작성할 수 있다면 바꾸고 싶은 내용이 무엇이죠?

필립 와들러: 분산 기능이 너무나 중요해졌기 때문에 여러 대의 컴퓨터 위에서 동작하면서 서로 어떤 값을 주고받을 수 있도록 만드는 기능이 필요합니다. 값을 보낼 때는 그것이 나중에 평가되어서 값을 생성할 수 있는 (자유 변수의 값을 포함한) 프로그램 전체가 되기보다는 (적극적인 평가를 통해서 이미 실현된) 값 자체이기를 원할 것입니다. 따라서 분산 환경에서는 기본적으로 적극적인 평가를 사용하고, 필요한 경우에 원한다면 게으른 평가를 사용하도록 만드는 것이 나을 것입니다.

브루스: 하스켈을 이용해서 해결된 문제 중에서 가장 흥미로운 것은 무엇인지요?

필립 와들러: 사람들이 하스켈을 사용하는 방식을 보면서 깜짝 놀랄 때가 많습니다. 몇 년 전에 하스켈을 이용해서 구현한 자연언어 처리 방식을 보고 놀란 적도 있고, 그로부터 몇 년 뒤에 하스켈이 에이즈를 퇴치하기 위해서 단백질 접힘 연구에 사용되는 것을 보고 놀란 적도 있습니다. 얼마 전에 하스켈 커뮤니티 페이지를 살펴보았는데, 그 목록을 보면 하스켈이 무려 40여 분야의 업계에서 사용되고 있습니다. ABN Amro, 크레디트 스위스, 도이치은행, 스탠다드차타드 같은 금융 업계에서 많이 사용하고 있습니다. 페이스북은 PHP로 작성된 코드를 업데이트하기 위한 사내 도구를 만드는 데 하스켈을 사용하고 있습니다. 제가 가장 마음에 들었던 것 중 하나는 가비지 컬렉션을 위해 하스켈을 사용한 것이었습니다. 소프트웨어에서 말하는 가비지 컬렉션이 아니라 진짜, 그러니까 쓰레기를 수거하는 트럭에서 사용하는 엔진을 제어하기 위해서 하스켈이 사용됩니다!

8.2.6 1일 차에 배운 내용

하스켈은 함수 프로그래밍 언어다. 그 첫 번째 특징은 순수한 함수 언어라는 사실이다. 어떤 함수에 동일한 인수가 전달되면 언제나 동일한 결과가 생성된다. 부수효과는 어디에도 없다. 첫날에는 이미 다른 언어에서 보았던 것과 비슷한 기능들을 주로 살펴보았다.

기초적인 표현과 간단한 자료형을 보았다. 변경 가능한 변수에 할당하는 기능이 없기 때문에 간단한 수학 함수를 정의했고, 리스트를 다루기 위해서 재귀를 사용했다. 간단한 하스켈 표현을 공부하면서 그것들을 함수로 만들어보았다. 얼랭이나 스칼라에서 보았던 것과 비슷한 패턴 매칭과 가드에 대해서도 알아보았다. 얼랭에서 보았던 것과 비슷하게 기초적인 컬렉션으로 리스트와 튜플을 사용하기도 했다.

끝으로 리스트를 구축하는 과정을 통해 자연스럽게 리스트 컴프리헨션, 범위, 심지어 게으른 시퀀스까지 알아보았다. 이러한 이론 학습을 실전에 적용해보자.

8.2.7 1일 차 자율 학습

이 책에 포함되어 있는 함수 언어를 모두 학습해왔다면, 이제 함수 프로그램을 작성하는 것이 그렇게 어렵지 않을 것이다. 여기에서는 조금 어려운 문제를 다루어보겠다.

다음을 찾아보라.

- 하스켈 위키
- 자신이 사용하는 컴파일러를 지원하는 하스켈 온라인 그룹

다음을 수행하라.

- allEven을 작성하기 위한 서로 다른 방법을 몇 개나 찾을 수 있는가?
- 리스트를 받아들여서 똑같은 리스트가 순서만 거꾸로 된 채 리턴하는 함수를 작성하라
- 검정색, 흰색, 파란색, 노란색, 빨간색 중에서 두 개를 뽑아서 만들 수 있는 모든 가능한 조합을 담는 2차 튜플을 만드는 함수를 작성하라. 이때 (검정색, 파란색)과 (파란색, 검정색) 중 하나만 포함하도록 만들어야 함에 유의하라.
- 어릴 때 보았던 구구단 테이블을 만드는 리스트 컴프리헨션을 작성하라. 테이블은 3차 튜플을 담고 있는 리스트이어야 한다. 처음 두 개의 수는 1에서 12 사이에 있는 정수고 세 번째는 두 수를 곱한 결과다.
- 앞에서 보았던 지도 색칠하기 문제를 하스켈을 이용해 풀어보라.

8.3 2일: 스팍의 위대한 힘

어떤 등장인물은 오랜 시간이 지날 때까지 진정한 힘을 알지 못하는 경우가 있다. 스팍의 경우는 그가 가진 위대한 힘을 경험하는 데 그리 긴 시간이 걸리지 않는다. 그는 영민하고, 언제나 논리적이다. 그리고 예측 가능하다. 하스켈이 가진 위대한 힘도, 언제나 예측이 가능하고 논리

가 단순하다는 데 있다. 하스켈은 여타의 명령형 언어들과 비교하면 논리의 정확성을 증명하는 작업이 쉽다. 우리는 이와 같은 예측 가능성을 높여주는 실전적 개념에 대해서 살펴보게 될 것이다. 우선 고계함수를 살펴본다. 그리고 하스켈이 함수를 결합하는 방식에 대해서 알아볼 것이다. 그런 과정을 거쳐 부분함수^{partially applied function}와 커링에 도달하게 될 것이다. 끝으로 게으른 계산에 대해서 공부한다. 많은 내용을 다루게 되므로 바로 시작하자.

8.3.1 고계함수

이 책에 담긴 언어들은 대부분 고계함수를 사용하는 프로그래밍 기법을 포함하고 있다. 하스켈은 특히 이러한 개념에 의존한다. 우선 익명 함수를 짚어보고 리스트 안에 정의되어 있는 다양한 내장 함수를 이용해서 익명 함수를 활용해볼 것이다. 이러한 개념은 앞에서 이미 본 적이 있고 또 할 이야기가 많으므로 여기서는 다른 언어에 비해서 더 빠르게 설명할 것이다. 익명 함수부터 출발한다.

익명 함수

어느 정도 예상했겠지만, 하스켈에서 사용하는 익명 함수는 믿을 수 없을 정도로 단순한 문법을 사용한다. (\param1 .. paramn -> function_body)라는 형태가 그것이다. 다음과 같이 시도해보라.

```
Prelude> (\x -> x) "Logical."
"Logical."
Prelude> (\x -> x ++ " captain.") "Logical,"
"Logical, captain."
```

함수를 하나만 떼어놓고 보면 별로 하는 일이 없다. 하지만 그들을 서로 결합하면 엄청난 일들이 일어나기 시작한다.

map과 where

우선 첫 번째 인수를 그냥 리턴하는 익명 함수를 만들어보았다. 다음에는 문자열을 덧붙인다. 다른 언어에서와 마찬가지로 익명 함수는 리스트 라이브러리를 위해 중요한 기능을 담당한다. 하스켈은 맵도 가지고 있다.

```
map (\x -> x * x) [1, 2, 3]
```

맵 함수를 익명 함수와 리스트에 적용하고 있다. map은 리스트에 포함된 항목들에 대해 익명 함수를 적용하고 결과를 수집한다. 새로운 내용은 없지만 문법의 형태는 한 번에 소화하기 어려울 수도 있다. 이 내용을 하나의 함수로 묶어서 익명 함수를 다음과 같이 지역적으로 정의되는 함수로 바꾸어볼 수도 있다.

haskell/map.hs
```
module Main where
    squareAll list = map square list
        where square x = x * x
```

list라는 인수를 받아들이는 squareAll이라는 함수를 선언했다. 다음으로 우리는 square라는 함수를 list에 담긴 모든 항목에 적용하기 위해서 map을 이용했다. 그다음 where라는 새로운 기능을 이용해서 지역적으로 선언되는 square 함수를 만들었다. 이 장의 나머지 내용에서 where를 활용하는 예를 계속해서 만나게 될 것이다. 다음은 이 함수를 실행한 결과다.

```
*Main> :load map.hs
[1 of 1] Compiling Main              ( map.hs, interpreted )
Ok, modules loaded: Main.
*Main> squareAll [1, 2, 3]
[1,4,9]
```

다음과 같이 section이라는 함수의 부분을 이용해서 map을 사용할 수도 있다.

```
Prelude> map (+ 1) [1, 2, 3]
[2,3,4]
```

여기에서 (+ 1)은 사실 부분함수다. + 함수는 두 개의 인수를 받아들이는데, 여기에서는 하나만 전달했다. 그렇게 한 결과는 x라는 하나의 인수를 취해서 (x + 1)을 실행하는 함수다.

filter, foldl, foldr

다음으로 흔히 사용되는 함수는 다음과 같이 리스트에 담긴 항목들을 하나씩 검사하는 데 사용되는 filter다.

```
Prelude> odd 5
True
Prelude> filter odd [1, 2, 3, 4, 5]
[1,3,5]
```

폴드는 클로저와 스칼라에서와 마찬가지로 왼쪽 혹은 오른쪽으로 진행할 수 있다. 우리가 사용
할 함수는 foldl과 foldr의 변형이다.

```
Prelude> foldl (\x carryOver -> carryOver + x) 0 [1 .. 10]
55
```

초기에 전달된 0이라는 값을 취한 다음, 주어진 함수를 리스트에 존재하는 모든 항목에 대해
하나씩 적용한다. 이렇게 적용한 다음에 얻게 되는 결과를 carryOver라는 인수에 적용해서 다
음 계산으로 넘기고 항목에 담긴 항목들이 차례로 나머지 하나의 인수 자리를 차지한다. 연산
자를 이용해서 폴드를 수행할 때 편리하게 사용할 수 있는 형태도 있다.

```
Prelude> foldl1 (+) [1 .. 3]
6
```

여기에서는 +라는 함수를 두 개의 인수를 받아들여서 정수를 리턴하는 순수한 함수로 사용하
고 있다. 그렇게 한 결과는 다음과 같은 표현을 평가한 결과와 동일하다.

```
Prelude> 1 + 2 + 3
6
```

foldr1을 이용하면 오른쪽에서 왼쪽 방향으로 폴드를 수행하는 것도 가능하다.

예상할 수 있듯이 하스켈은 리스트 함수로 이루어진 라이브러리 내부에 다른 형태의 함수를 풍
부하게 담고 있다. 그리고 그러한 함수의 많은 부분이 고계함수를 이용한다. 여기에서 그런 함
수를 모두 다루진 않을테니 스스로 확인해보기를 바란다. 이제 하스켈이 여러 함수를 통합해서
작업을 수행하기 위해 그들을 결합하는 방식에 대해서 알아보겠다.

8.3.2 부분함수와 커링

앞에서 함수 합성과 부분함수에 대해서 간략하게 설명한 바 있다. 이러한 개념들은 하스켈 내
부에서 핵심적인 위치를 차지하고 있으므로 조금 시간을 들여서 설명할 필요가 있다.

하스켈에 있는 모든 함수는 오직 하나의 인수만 받아들인다. 이 말을 듣고 이러한 질문이 생길지도 모른다. "그 말이 사실이라면, 두 개의 수를 받아들이는 +와 같은 함수는 어떻게 작성하는가?"

하지만 그 말은 사실이다. 모든 함수는 한 개의 인수만 받아들인다. 자료형과 관련된 문법을 단순하게 만들기 위해서 prod라는 이름의 함수를 하나 만들어보자.

```
Prelude> let prod x y = x * y
Prelude> prod 3 4
12
```

함수를 하나 만들었고, 그것이 동작하는 방식을 이해하는 것은 어렵지 않다. 이제 이 함수와 관계된 자료형을 생각해보자.

```
Prelude> :t prod
prod :: (Num a) => a -> a -> a
```

Num a =>라는 부분은 "나는 다음과 같은 자료형 정의를 사용한다. a는 Num이라는 자료형이다"라는 뜻이다. 나머지 부분은 앞에서 본 적이 있다. 그때 나는 설명을 간단하게 만들기 위해서 약간 거짓말을 하고 넘어갔다. 이제 거짓을 바로잡을 시간이 되었다. 하스켈은 여러 개의 인수를 받아들이는 함수를 한 개의 인수만 받아들이는 여러 개의 함수로 분할하는 개념을 이용한다. 하스켈은 이러한 작업을 부분적 애플리케이션partial application을 이용해 수행한다.

```
Prelude> let double = prod 2
Prelude> let triple = prod 3
```

이러한 함수의 왼쪽 부분이 어떤 모습을 하고 있는지부터 살펴보자. 앞에서 우리는 prod를 두 개의 매개변수를 받아들이도록 정의했지만, 여기에서는 하나만 전달한다. 따라서 prod 2를 계산하는 것은 어렵지 않다. prod x y = x * y라는 원래 함수에서 x 대신 2를 사용하면 y = 2 * y라는 함수를 갖게 된다. 그리고 이 함수는 우리가 생각하는 수준에서 벗어나지 않는다.

```
Prelude> double 3
6
Prelude> triple 4
12
```

따라서 미스터리가 해결되었다. 하스켈이 prod 2 4를 계산할 때 그것은 사실 다음과 같이

(prod 2) 4라는 작업을 수행하는 것이다.

- 우선 prod 2를 적용하라. 그것은 (\y -> 2 * y)라는 함수를 리턴한다.
- 그다음 (\y -> 2 * y)를 적용하거나 2 * 4를 계산하라. 그럼 8을 얻는다.

이러한 과정을 커링이라고 부른다. 하스켈에서는 여러 개의 인수를 받아들이는 함수는 거의 모든 것이 커링 절차를 밟는다. 이러한 기능은 탁월한 유연성과 단순한 문법을 가능하게 해준다. 커링이 된 함수와 되지 않은 함수가 기능적으로는 아무런 차이를 보이지 않기 때문에 대부분의 경우에는 커링이 일어나는지 여부에 대해서 생각할 필요가 없다.

8.3.3 게으른 평가

클로저의 시퀀스 라이브러리처럼 하스켈도 게으른 평가 기법을 적극적으로 활용한다. 이를 이용하면 크기가 무한한 리스트를 리턴하는 함수를 만들 수 있다. 무한한 크기의 리스트를 만들기 위해 이러한 리스트 생성을 이용하는 경우는 많다. x에서 시작해서 y만큼 증가해나가는 무한한 범위를 구축하는 예를 보자.

haskell/my_range.hs
```
module Main where
    myRange start step = start:(myRange (start + step) step)
```

이 문법은 조금 낯설다. 하지만 제공되는 기능 자체는 아름답다. 출발점과 증가할 값의 크기를 받아들이는 myRange라는 이름의 함수를 만들고 있다. start를 헤드로 이용하고 (myRange (start +step) step)를 테일로 이용하는 리스트 합성을 사용한다. 다음은 myRange 1 1을 단계별로 평가한 결과다.

```
1:myRange (2 1)
1:2:myRange (3 1)
1:2:3:myRange (4 1)
```

이런 식으로 계속 진행된다.

이 재귀는 영원히 계속되기 때문에 이러한 재귀의 고리를 끊을 수 있는 함수를 같이 사용한다. 먼저 my_range.hs를 로드하고 다음과 같이 실행해보자.

```
*Main> take 10 (myRange 10 1)
[10,11,12,13,14,15,16,17,18,19]
*Main> take 5 (myRange 0 5)
[0,5,10,15,20]
```

어떤 재귀적인 함수는 리스트 생성을 이용하면 더 효율적이다. 다음은 합성과 게으른 평가를
사용하는 피보나치 수열의 예다.

haskell/lazy_fib.hs
```
module Main where
    lazyFib x y = x:(lazyFib y (x + y))

    fib = lazyFib 1 1

    fibNth x = head (drop (x - 1) (take (x) fib))
```

첫 번째 함수는 모든 수가 앞에 존재하는 두 수의 합이 되도록 하는 수열을 구축한다. 이것만으
로도 실질적으로 수열을 만든 셈이지만 API는 더 개선할 여지가 있다. 올바른 피보나치 수열은
두 개의 1로 시작되어야 한다. 따라서 fib은 lazyFib에게 첫 번째 두 수를 전달하고 있다. 끝
으로 drop과 take를 이용해서 사용자가 수열에서 수를 하나만 취할 수 있도록 해주는 도우미
함수를 만들었다. 다음은 이 함수가 동작하는 모습이다.

```
*Main> take 5 (lazyFib 0 1)
[1,1,2,3,5]
*Main> take 5 (fib)
[1,1,2,3,5]
*Main> take 5 (drop 20 (lazyFib 0 1))
[10946,17711,28657,46368,75025]
*Main> fibNth 3
2
*Main> fibNth 6
8
```

세 개의 함수는 모두 아름답고 간결하다. 우리는 크기가 무한한 시퀀스를 정의했고, 하스켈은
작업을 수행하는 데 꼭 필요한 부분만 계산한다. 이렇게 무한한 시퀀스를 여러 개 결합하기 시
작하면 정말로 재미있는 코드를 작성할 수 있다. 우선 두 개의 피보나치 수열을 1만큼의 오프
셋을 이용해서 서로 더해보자.

```
*Main> take 5 (zipWith (+) fib (drop 1 fib))
[2,3,5,8,13]
```

놀랍다. 또 다른 피보나치 수열을 얻게 되었다. 이러한 고계함수는 서로 잘 어울린다. 인덱스를 이용해서 무한한 리스트의 항목을 짝으로 만드는 zipWith라는 함수를 이용했다. 그리고 그 함수에 + 함수를 전달했다. 원한다면 범위가 가진 값을 두 배로 만들 수도 있다.

```
*Main> take 5 (map (*2) [1 ..])
[2,4,6,8,10]
```

우리는 맵을 이용해 무한한 범위인 [1 ..]에 부분함수인 * 2를 적용했다. 그렇게 한 다음에 1(2)에서부터 시작하는 무한한 범위를 이용한다.

함수 언어가 가진 좋은 점은 함수를 창조적인 방식으로 합성할 수 있다는 점이다. 예를 들어 부분함수와 게으른 평가를 손쉽게 함수 결합과 더불어 활용할 수 있다.

```
*Main> take 5 (map ((* 2) . (* 5)) fib)
[10,10,20,30,50]
```

이 코드는 대단히 압축적이다. 잘게 나누어서 설명해보자. 가장 깊은 안쪽에서 바깥으로 나가면서 살펴보겠다. 우선 (* 5)가 있다. 이것은 부분함수다. 이 함수에 어떤 값을 전달해도 거기에 5를 곱한 값이 리턴된다. 그 결과를 또 다른 부분함수인 (* 2)에 전달한다. 그렇게 합성된 함수를 map에 전달하고 무한한 크기를 가진 fib이라는 시퀀스의 각 항목에 적용한다. 그렇게 해서 얻은 무한한 결과를 take 5라는 함수에게 전달한다. 이러한 과정을 거쳐서 피보나치 수열의 첫 번째 다섯 항목에 5와 2를 곱한 결과를 담은 시퀀스를 생성한다.

이 문제를 해결하기 위해 함수를 합성하는 방식은 어렵지 않게 이해할 수 있을 것이다. 그저 하나의 함수를 다른 함수에 전달하기만 하면 된다. 하스켈에서 f . g x는 f(g x)를 줄여서 쓴 것이다. 함수를 만들 때, 함수를 역순으로 만들고 싶을 수도 있다. .(점) 연산자를 이용해서 그렇게 할 수 있다. 예를 들어 이미지를 거꾸로 만들려면 이미지 프로세서는 그림을 수직선 방향으로 한 번 뒤집고, 수평선 방향으로 한 번 더 뒤집으면 된다. 이 과정은 (flipHorizontally . flipVertically . invert) image라고 합성할 수 있다.

8.3.4 사이먼 페이턴-존스와의 인터뷰

잠깐 쉬어가는 의미에서 하스켈을 만든 커미티의 일원이었던 또 한 사람의 말을 들어보자. 사이먼 페이턴-존스^{Simon Peyton-Jones}는 유니버시티 칼리지 런던에서 7년 동안 강의를 했고, 글래스고 대학교에서 9년 동안 교수 생활을 했다. 1998년 케임브리지에 있는 마이크로소프트 연구소로 옮겨, 유니프로세서와 병렬 컴퓨터를 위한 함수 프로그래밍 언어를 구현하고 애플리케이션을 제작하는 일에 전념하고 있다. 그는 이 책에서 우리가 사용하는 컴파일러를 만든 수석 설계자였다.

브루스: 하스켈을 만든 과정에 대해서 이야기해주세요.

사이먼 페이턴-존스: 하스켈이 가진 매우 독특한 측면은 그것이 커미티가 만든 성공적인 언어라는 점입니다. 성공을 거둔 언어들을 생각해보면, 적어도 초기에는 대부분 한 사람 혹은 소수가 개발을 했습니다. 하스켈은 다릅니다. 국제적인 배경의 연구자 20명가량이 공동으로 개발을 했습니다. 우리는 일관성 있는 설계를 위해 언어 자체에 포함되어야 하는 핵심적인 원리에 대해 일정한 합의를 했습니다. 하스켈은 철저하게 원리에 입각한 언어입니다.

또한 하스켈은 처음 개발된 이후로 20년 정도가 지난 다음에야 비로소 실질적인 관심을 끌기 시작했습니다. 언어는 보통 등장한 지 처음 몇 년 안에 성공을 거둘지 아니면 (대부분의 경우) 실패할지가 결정됩니다. 그런데 하스켈은 어떻게 된 일일까요? 내 생각으로는 하스켈이 부수효과를 용납하지 않는 순수성을 고집했다는 점이 초창기에는 주류 언어로 자리 잡는 것을 방해한 측면이 있는 것 같습니다. 그렇지만 그러한 원리가 가진 장기적인 장점이 서서히 드러나기 시작했습니다. 어쨌든 하스켈이 주류 언어로 자리를 잡을지 여부와 상관없이 그것은 부수효과를 통제하기 위한 탁월한 메커니즘을 제공합니다.

브루스: 하스켈에서 가장 좋아하는 측면은 어떤 것입니까?

사이먼 페이턴-존스: 순수성을 제외했을 때 하스켈이 가진 가장 비범하고 흥미로운 기능은 타이핑 시스템과 관련된 것입니다. 정적 타이핑은 오늘날 프로그램의 동작을 검증하기 위해서 가장 광범하게 사용되는 테크닉입니다. 매일 수백만 명의 프로그래머가 (부분적인 스펙에 불과한) 자료형을 작성합니다. 그럴 때마다 컴파일러는 코드를 감사하고 감리일을 수행합니다. 자료형은 함수 프로그램에서 UML의 역할을 수행합니다. 프로그램에서 내밀하고 영속적인 일부를 담당하는 설계 언어라고 말할 수 있습니다.

하스켈은 자료형 클래스와 고급 자료형 변수 때문에 처음부터 비범할 정도로 풍부한 표현이 가능했습니다. 그 이후 하스켈은 나 역시 매우 즐기곤 했던 새로운 타이핑 시스템과 관련된 아이디어를 연구하는 사람들에게 많이 사용되었습니다. 멀티 매개변수 자료형 클래스, 고계 자료형, 일급 다형성, 암묵적 매개변수, GADT, 자료형 패밀리 등… 우리는 완전히 신이 납니다! 그리고 더 중요한 것은 우리가 하스켈 타이핑 시스템을 이용해서 정적으로 검사할 수 있는 속성의 범위를 여전히 확장 중이라는 점입니다.

브루스: 처음부터 다시 만들 수 있다면 고치고 싶은 부분이 어디입니까?

사이먼 페이턴-존스: 하스켈은 진정한 의미에서 범용 프로그래밍 언어입니다. 그렇지만 아직 '킬러앱'을 가지고 있지 못하다는 면에서, 범용이라는 사실은 장점이기도 하고 단점이기도 합니다. 사실 하스켈은 주어진 문제를 해결하기 위해서 특히 우아하고 비범한 해결책을 찾는 사람들이 꿈꾸는 매체로 사용되는 경우가 많이 있습니다. 예를 들어 코널 엘리엇 등이 만든 함수형 반응형 애니메이션[6]을 보세요. '시간에 따라 변하는 값'을 함수 프로그램에 의해 조작될 수 있는 단일 값으로 바라보게 함으로써 완전히 제 생각을 바꿔놨죠. 좀 더 세속적인(하지만 매우 유용한) 영역을 보자면, 파서를 둘러싼 많은 라이브러리와 보기 좋은 출력을 해주는 조합기가 있는데요, 그러한 코드들은 간단한 인터페이스 배후에 대단한 지적 명민함을 감추어놓고 있습니다. 또 다른 영역에 대해서 말하자면, 장-마크 에버Jean-Marc Eber는 금융 파생상품을 설명하는 데 조합기 라이브러리를 어떻게 설계할 수 있는지 보여줬는데, 제가 한 번도 생각해보지 못했던 것이었습니다.

이 모든 경우에 하스켈이라는 매체는 다른 주류 언어를 이용했을 때에는 좀처럼 얻기 어려운 새로운 차원의 표현력을 갖도록 허락해주었습니다.

이제 하스켈을 이용해서 제법 어려운 문제를 풀어볼 준비가 되었다. 하지만 우리는 아직 I/O, 상태, 에러 처리처럼 단순한 작업을 할 수 없다. 이런 문제는 우리를 더 고차원적인 이론으로 인도할 것이다. 바로 3일 차에 살펴볼 모나드 말이다.

8.3.5 2일 차에 배운 내용

2일 차에 우리는 고계함수에 대해 알아보았다. 이 책에 담긴 거의 모든 언어에서 보았던 것과 비슷한 종류의 라이브러리를 살펴보는 데부터 시작했다. map, 몇 가지 버전의 fold, 그리고

---

6 역자주_ http://conal.net/papers/icfp97/

zip과 zipWith 같은 추가적인 함수를 살펴보았다. 크기가 정해진 리스트를 살펴보고 나서 클로저에서 보았던 것과 비슷한 게으른 기법을 다뤄보았다.

더 수준 높은 함수를 다루면서 우리는 함수를 받아들이고 매개변수의 일부를 적용하는 방법도 공부했다. 이런 기법을 '부분함수'라고 불렀다. 이러한 부분함수를 이용해서 (f (x, y))처럼 여러 개의 인수를 받아들이는 함수를 (f(x)(y))처럼 한 개의 인수를 받아들이는 함수로 바꿔보기도 했다. 그리하여 하스켈에서는 모든 함수가 커링의 과정을 밟게 된다는 사실을 학습했다. 이것이 하스켈 함수의 자료형 시그너처를 설명해준다. 예를 들어 f x y = x + y라는 함수의 시그너처는 f :: (Num a) => a -> a -> a다.

어떤 함수가 리턴하는 내용을 다른 함수에 입력으로 전달하는 함수 합성에 대해서도 공부했다. 이런 방식을 통해서 함수를 한 줄로 연결할 수 있다.

끝으로 게으른 평가를 보았다. 요청이 들어올 때에 한해서 작업을 수행하는 방식으로 무한한 크기를 가진 리스트를 정의하는 함수를 보았다. 이런 방법을 사용해서 피보나치 수열을 만들었고, 새로운 시퀀스를 손쉽게 만들어내기 위해서 게으른 시퀀스를 합성하는 방식을 알아보았다.

8.3.6 2일 차 자율 학습

다음을 찾아보라.

- 리스트, 문자열, 튜플 위에서 사용할 수 있는 함수들
- 리스트를 정렬하는 방법

다음을 수행하라.

- 리스트를 받아들여 정렬된 리스트를 리턴하는 코드를 작성하라.
- 리스트와 두 개의 인수를 서로 비교하는 함수를 받아들여 정렬된 리스트를 리턴하는 코드를 작성하라.
- 문자열을 수로 변환하는 하스켈 함수를 작성하라. 문자열은 $2,345,678.99과 같은 형태를 가지고 있어야 하며, 첫머리가 0일 수도 있다.
- x라는 인수를 취한 다음, x에서 시작해서 1씩 증가하면서 3번째에 해당하는 수만 담는 게으른 시퀀스를 리턴하는 함수를 작성하라. 그다음에는 y에서 시작해서 5번째에 해당하는 수만 담는 시퀀스를 리턴하는 함수를 작성하라. x + y에서 시작해서 8번째에 해당하는 수만 담는 시퀀스를 리턴하기 위해서 두 시퀀스를 합성하는 함수를 작성하라.

- 주어진 수를 2로 나누는 부분함수와 임의의 문자열 끝에 \n를 덧붙이는 부분함수를 작성하라.

다음은 좀 더 도전적인 문제가 필요한 사람을 위한 문제다.

- 두 정수의 최대공약수를 구하는 함수를 작성하라.
- 소수만 담는 게으른 시퀀스를 생성하라.
- 여러 줄의 기다란 문자열을 적절한 단어 경계에서 나누어 개별 줄로 분리하라.
- 앞의 문제에 줄마다 줄번호를 붙이는 기능을 추가하라.
- 앞의 문제에서, 공백을 넣어 텍스트를 좌측, 우측, 양쪽 정렬하는 함수를 추가하라.

8.4 3일 차: 정신 융합

스타트렉에서 스팍은 다른 인물과 의식을 동화하는 특별한 능력인 정신 융합mind meld을 가지고 있다. 하스켈 신봉자들은 종종 하스켈 언어도 그러한 능력을 가지고 있다고 주장한다. 많은 사람에게 하스켈이 놀랍게 보이는 측면은 단연 타이핑 시스템이다. 오랫동안 하스켈을 사용해보고 난 뒤, 나는 그 이유를 알 수 있게 되었다. 하스켈 타이핑 시스템은 유연하고 풍부한 기능을 통해 내가 원하는 바를 대부분 유추할 수 있었다. 따라서 꼭 필요한 경우가 아니라면 아예 눈에 보이지도 않는다. 이러한 타이핑 시스템 덕분에, 함수를 만들 때, 특히 함수를 합성하는 추상적인 함수를 만들 때 형 안전성을 자동으로 검사할 수도 있다.

8.4.1 클래스와 자료형

하스켈의 타이핑 시스템은 하스켈이 가진 가장 강력한 기능 중 하나다. 하스켈은 자료형 유추를 지원하기 때문에 프로그래머들은 무거운 책임을 질 필요가 없다. 또한 미묘한 프로그래밍 에러를 검출해주는 강력한 능력도 가지고 있다. 동일한 자료형의 여러 다른 형태를 일관성 있는 방식으로 다룰 수 있게 해주는 다형성도 지원된다. 여기에서는 자료형의 몇 가지 예를 살펴보고 우리만의 자료형을 직접 만들어보겠다.

기본 자료형

기본 자료형과 관련해서 우리가 이미 알고 있는 내용을 잠시 복습해보자. 우선 콘솔에서 자료형 정보를 켜놓는 것부터 시작할 필요가 있다.

```
Prelude> :set +t
```

이제 각 명령문이 리턴할 때마다 자료형과 관련된 정보를 보게 될 것이다. 문자와 문자열을 몇 개 시도해보자.

```
Prelude> 'c'
'c'
it :: Char
Prelude> "abc"
"abc"
it :: [Char]
Prelude> ['a', 'b', 'c']
"abc"
it :: [Char]
```

언제나 마지막으로 입력한 값이 화면에 나타난다. 여기에서 ::는 '~의 자료형'이라고 읽으면 된다. 하스켈에서 문자는 원시 자료형이다. 문자열은 문자의 배열이다. 문자의 배열을 어떤 식으로 표현하는가는 상관이 없다. 즉 큰따옴표를 사용하든 하지 않든 하스켈에게는 동일하다.

```
Prelude> "abc" == ['a', 'b', 'c']
True
```

다음과 같은 원시 자료형이 몇 개 더 존재한다.

```
Prelude> True
True
it :: Bool
Prelude> False
False
it :: Bool
```

자료형에 대해서 더 깊이 공부를 해나갈 때 이러한 사실을 잘 알아두는 것은 도움이 된다. 이제 우리 자신의 자료형을 정의해보자.

사용자 정의 자료형

data 키워드를 이용해서 우리가 필요한 자료형을 정의할 수 있다. 가장 간단한 자료형 정의는 유한한 개수의 값을 담는 리스트를 정의하는 것이다. 예를 들어 불리언은 이렇게 정의할 수 있다.

```
data Boolean = True | False
```

이것은 Boolean이라는 자료형이 True 혹은 False라는 값 중에서 어느 하나를 나타낼 수 있음을 뜻한다. 똑같은 방식으로 우리가 사용할 자료형을 정의할 수 있다 두 개의 무늬와 다섯 개의 숫자만이 있는 단순한 카드 덱이 있다고 해보자.

haskell/cards.hs
```
module Main where
    data Suit = Spades | Hearts
    data Rank = Ten | Jack | Queen | King | Ace
```

이 예에서 Suit(무늬)와 Rank(숫자)는 자료형 생성자다. 직접 자료형을 정의하기 위해서 data라는 키워드를 사용했다. 모듈은 다음과 같이 로드하고 실행할 수 있을 것이다.

```
*Main> :load cards.hs
[1 of 1] Compiling Main            ( cards.hs, interpreted )
Ok, modules loaded: Main.
*Main> Hearts

<interactive>:1:0:
    No instance for (Show Suit)
      arising from a use of `print' at <interactive>:1:0-5
```

앗, 무슨 일이 생긴 것인가? 하스켈은 우리에게 콘솔이 이러한 값들을 보여주려고 했으나 어떻게 해야 하는지 모른다고 말하고 있다. 사용자 정의 자료형을 만들 때 show 함수를 이용하는 지름길이 존재한다. 그것은 이렇게 동작한다.

haskell/cards-with-show.hs
```
module Main where
    data Suit = Spades | Hearts deriving (Show)
    data Rank = Ten | Jack | Queen | King | Ace deriving (Show)
    type Card = (Rank, Suit)
    type Hand = [Card]
```

시스템에 몇 개의 가명alias 자료형을 추가했음에 주목하기 바란다. Card는 숫자와 무늬를 담는 튜플이고, Hand는 그러한 카드를 담는 리스트다. 이러한 자료형을 이용해서 새로운 함수를 만들 수 있다.

```
value :: Rank -> Integer
value Ten = 1
value Jack = 2
value Queen = 3
value King = 4
value Ace = 5

cardValue :: Card -> Integer
cardValue (rank, suit) = value rank
```

어떤 카드 게임을 하기 위해서 우리는 카드가 가진 숫자 값을 할당할 수 있어야 한다. 그렇게 하는 것은 쉽다. 무늬는 별 역할이 없다. Rank의 값을 계산하는 함수와 cardValue를 계산하는 또 다른 함수를 정의하면 된다. 다음은 이러한 함수가 동작하는 모습이다.

```
*Main> :load cards-with-show.hs
[1 of 1] Compiling Main              ( cards-with-show.hs, interpreted )
Ok, modules loaded: Main.
*Main> cardValue (Ten, Hearts)
1
```

사용자 정의 자료형을 이용하는 복잡한 튜플을 사용했다. 이러한 타이핑 시스템은 우리가 원하는 바를 명확하게 드러내기 때문에 코드에서 어떤 일이 일어나고 있는지 따라가는 것이 쉽다.

함수와 다형성

앞에서 몇 개의 함수 자료형을 본 바가 있다. 간단한 함수를 보자.

```
backwards [] = []
backwards (h:t) = backwards t ++ [h]
```

이 함수에 다음과 같은 자료형을 추가할 수 있다.

```
backwards :: Hand -> Hand
...
```

이렇게 하면 backwords 함수가 cards라는 리스트, 즉 어떤 특정한 자료형을 담는 리스트에 대해서만 동작하도록 제한하게 될 것이다. 우리가 진짜로 원하는 것은 다음과 같은 내용이다.

```
backwards :: [a] -> [a]
backwards [] = []
backwards (h:t) = backwards t ++ [h]
```

이제 이 함수는 다형성을 지원한다. [a]는 어떤 자료형을 담는 리스트라도 이용될 수 있음을 뜻한다. 어떤 자료형 a를 담는 리스트를 취한 다음 그와 동일한 자료형인 a를 담는 또 다른 리스트를 리턴하는 함수라는 뜻이다. [a] -> [a]라는 표현을 통해서 우리의 함수가 동작하는 방식에 대한 일정한 템플릿을 만들었다고 보아도 좋다. 우리는 컴파일러에게 만약 Integer를 담은 리스트를 받아들였다면 반드시 Integer를 담은 리스트를 리턴해야 한다고 말해준 셈이다. 하스켈은 이제 작업을 수행하기 위해 필요한 모든 정보를 얻게 되었다.

다형성 자료형을 만들어보자. 동일한 자료형의 포인트 세 개를 담는 3차 튜플을 만드는 코드다.

haskell/triplet.hs
```
module Main where
    data Triplet a = Trio a a a deriving (Show)
```

왼쪽에서 우리는 data Triplet a라고 적었다. 여기에서 a는 자료형 변수다. 따라서 이제 동일한 자료형을 가진 3개의 값을 담는 튜플은 어느 것이라도 Triplet a라는 자료형을 가지게 된다. 다음 코드를 보자.

```
*Main> :load triplet.hs
[1 of 1] Compiling Main            ( triplet.hs, interpreted )
Ok, modules loaded: Main.
*Main> :t Trio 'a' 'b' 'c'
Trio 'a' 'b' 'c' :: Triplet Char
```

나는 '데이터 생성자'인 Trio를 이용해서 3차 튜플을 만들었다. 데이터 생성자에 대해서는 뒤에서 다시 이야기할 것이다. 우리가 내린 자료형 선언에 따르면 결과는 Triplet a, 더 자세하게는 Triplet char라는 자료형을 갖게 되며, 이것은 Triplet a가 요구하는 내용을 모두 만족시키는 함수라고 볼 수 있다. 우리가 만든 템플릿은 자료형이 동일한 값을 세 개 가지고 있는 튜플이면 충족되는 것이었다.

재귀 자료형

재귀적인 자료형도 만들 수 있다. 예를 들어 트리를 생각해보자. 여러 방식이 가능하겠지만 우리가 사용하는 트리에서는 값이 잎leaf 노드에만 존재한다. 어떤 노드는 반드시 잎이거나 아니면 트리를 담는 리스트다. 이러한 트리를 다음과 같이 묘사할 수 있다.

```
haskell/tree.hs
module Main where
    data Tree a = Children [Tree a] | Leaf a deriving (Show)
```

따라서 Tree라는 하나의 자료형 생성자를 갖게 되었다. 그리고 Children과 Leaf라는 두 개의 데이터 생성자도 갖게 되었다. 이들을 모두 함께 사용해서 트리를 만들 수 있다.

```
Prelude> :load tree.hs
[1 of 1] Compiling Main            ( tree.hs, interpreted )
Ok, modules loaded: Main.
*Main> let leaf = Leaf 1
*Main> leaf
Leaf 1
```

우선 우리는 하나의 잎을 가진 트리를 만든다. 그 잎을 어떤 변수에 할당한다. Leaf라는 데이터 생성자가 하는 일은 구체적인 값과 자료형을 묶어놓는 것뿐이다. 각 부분을 다음과 같이 패턴 매칭을 이용해서 접근할 수 있다.

```
*Main> let (Leaf value) = leaf
*Main> value
1
```

이제 조금 더 복잡한 트리를 만들어보자.

```
*Main> Children[Leaf 1, Leaf 2]
Children [Leaf 1,Leaf 2]
*Main> let tree = Children[Leaf 1, Children [Leaf 2, Leaf 3]]
*Main> tree
Children [Leaf 1,Children [Leaf 2,Leaf 3]]
```

각자 잎에 해당하는 두 개의 자식으로 만들어진 트리를 만들었다. 다음에 우리는 잎과 오른쪽 트리인 자식을 갖는 트리를 만든다. 각 부분에 접근하기 위해서 패턴 매칭을 사용할 수 있다. 여기에서부터 조금 복잡해진다. 정의 자체가 재귀적이므로 let과 패턴 매칭을 통해서 원하는 만큼 한없이 깊이 들어갈 수 있다.

```
*Main> let (Children ch) = tree
*Main> ch
[Leaf 1,Children [Leaf 2,Leaf 3]]
*Main> let (fst:tail) = ch
*Main> fst
Leaf 1
```

우리는 이 타이핑 시스템을 설계한 사람의 의도를 명확하게 볼 수 있다. 그리고 우리가 작업을 수행하기 위해 필요한 조각을 하나씩 벗겨나갈 수 있다. 이러한 설계 전략은 당연히 오버헤드를 수반하지만, 더욱 정교하고 복잡한 추상을 알아나가다 보면 이러한 오버헤드가 때로는 필요한 일이라는 사실을 깨닫게 된다. 여기에서 타이핑 시스템은 우리가 함수를 각각의 특정한 자료형 생성자에 연결하는 것을 허용한다. 이제 트리의 깊이를 계산하는 함수를 살펴보자.

```
depth (Leaf _) = 1
depth (Children c) = 1 + maximum (map depth c)
```

이 함수의 첫 번째 패턴은 아주 단순하다. 노드가 잎이면 잎이 담고 있는 값과 상관없이 트리의 깊이는 1이다.

두 번째 패턴은 조금 더 복잡하다. 우리가 Children에 depth를 호출하면 maximum (map depth c)에 1을 더한 값을 얻게 된다. maximum이라는 함수는 배열 안에서 가장 큰 값을 찾아낸다. map depth c는 모든 자식 노드에 대해서 깊이를 계산한다. 이러한 예를 통해 우리가 자료구조의 정확한 조각을 매치하는 데 데이터 생성자를 어떻게 사용하는지 볼 수 있을 것이다.

클래스

지금까지 우리는 타이핑 시스템을 살펴보면서 그것이 일부 영역에서 어떻게 동작하는지 살펴보았다. 사용자 정의 자료형의 모습을 보았고, 자료형을 정의하도록 허락해주는 템플릿과 그것을 이용하는 함수를 정의하는 법 등을 알아보았다. 하스켈은 자료형과 관련해서 한 가지 더 중요한 개념을 가지고 있다. 그냥 중요한 것이 아니라 매우 중요하다. 그 개념은 바로 '클래스'라는 개념이다. 하지만 주의해야 한다. 여기에서 클래스는 객체지향에서 말하는 그 클래스가 아니다. 아무 데이터도 관련되지 않기 때문이다. 하스켈에서 클래스는 다형성과 오버로딩을 조심스럽게 제어하도록 허용해주는 기능이다.

예를 들어 두 개의 불리언 값은 서로 더할 수 없다. 하지만 두 개의 수는 서로 더할 수 있다. 하스켈은 이러한 용도에 클래스를 사용한다. 더 엄밀히 말해 하스켈에서 클래스는 어떤 연산자가 어떤 입력에 대해 동작할 수 있는지를 정의한다. 클로저의 protocol이라고 생각해도 좋을 것이다.

다음은 동작하는 방식이다. 클래스는 몇몇 함수 시그너처를 정의한다. 만약 어떤 자료형이 이러한 함수를 모두 지원한다면 그것은 해당 클래스의 인스턴스다. 예를 들어 하스켈 라이브러리에 Eq라는 클래스가 있다.

다음은 Eq의 모습이다.

```
class  Eq a  where
   (==), (/=) :: a -> a -> Bool

       -- Minimal complete definition:
   --      (==) or (/=)
x /= y        =  not (x == y)
x == y        =  not (x /= y)
```

따라서 어떤 자료형이 있을 때 만약 그것이 ==과 /=라는 시그너처를 모두 만족하면 Eq의 인스턴스라고 말할 수 있다. 실제 구현 내용을 포함시킬 수도 있다. 또한 만약 어떤 인스턴스가 이러한 함수 중에서 하나를 정의한다면, 다른 인스턴스는 그것을 그대로 사용할 수 있다.

클래스는 상속을 지원하고, 우리가 일반적으로 기대하는 방식대로 동작한다. 예를 들어 Num 클래스는 Fractional과 Real이라는 하위 클래스를 가지고 있다. [그림 9]는 하스켈 98에서 사용하는 주요 클래스들의 상관관계를 보여준다. 이러한 클래스의 인스턴스가 데이터 객체가 아니라 자료형이라는 점을 잊지 않기 바란다!

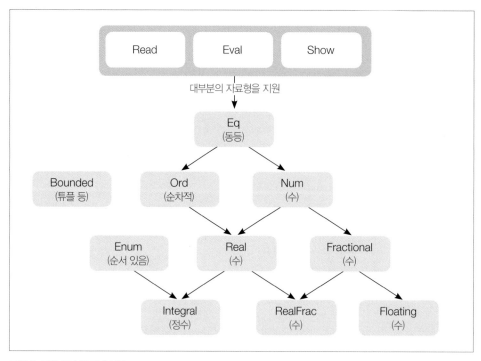

그림 9 주요 하스켈 클래스들

8.4.2 모나드

이 책을 쓰기로 마음먹은 순간부터 나는 모나드를 다루는 절을 써야 한다는 사실 때문에 진땀을 흘렸다. 하지만 이 개념을 어느 정도 공부한 다음에는 이것이 그렇게 어려운 개념은 아니라는 사실을 깨닫게 되었다. 여기에서 나는 우리가 왜 모나드를 필요로 하는지 직관적인 방식으로 설명해보겠다. 그다음 모나드가 어떤 방식을 통해서 만들어지는지 고수준에서 설명할 것이다. 끝으로 우리가 모나드를 쉽게 사용할 수 있도록 해주는 문법적 설탕을 몇 개 살펴보겠다.

내가 모나드를 이해하는 방식을 가다듬기 위해서 두 개 정도의 튜토리얼에 의존했다. '하스켈 위키'[7]에 몇몇 좋은 예제가 있고, 또 '모나드 이해하기'[8]는 실전적인 예제를 담고 있다. 모나드가 우리를 위해 해줄 수 있는 일이 무엇인지 제대로 이해하기 위해서는 여러 소스가 제공하는 정보를 다양하게 읽고 소화할 필요가 있을 것이다.

---

7 http://www.haskell.org/tutorial/monads.html
8 http://en.wikibooks.org/wiki/Haskell/Understanding_monads

술 취한 해적 문제

보물지도를 만드는 해적이 있다고 해보자. 그는 술에 취했기 때문에 이미 알려진 포인트와 방향을 선택해서 비틀거리기도stagger 하고 기어가기도crawl 하면서 보물을 향해 나아간다. 비틀거릴 땐 2걸음을 내딛고, 길 때는 1걸음을 내딛는다. 명령형 언어에서는 이러한 과정 v를 원래 지점으로부터의 거리를 담는 값이라고 했을 때 다음과 같이 작성하게 될 것이다.

```
def treasure_map(v)
    v = stagger(v)
    v = stagger(v)
    v = crawl(v)
    return( v )
end
```

우리는 treasure_map 안에서 호출할 수 있는, 특정 시점까지 여행한 거리의 상태를 순차적으로 변형하는 함수를 여러 개 가지고 있다. 여기서 문제는 변경 가능한 상태가 있다는 점이다. 이러한 문제를 다음과 같이 함수적인 방식으로 해결할 수 있다.

haskell/drunken-pirate.hs
```
module Main where

    stagger :: (Num t) => t -> t
    stagger d = d + 2
    crawl d = d + 1

    treasureMap d =
        crawl (
        stagger (
        stagger d))
```

이러한 함수 정의가 읽기 불편하다는 사실을 느낄 것이다. stagger, stagger, crawl이 아니라 거꾸로 crawl, stagger, stagger라고 읽어야 하며, 인수의 위치도 어색하다. 이렇게 하는 대신 우리는 함수를 연속적으로 묶을 수 있는 방법이 필요하다. 그렇게 하기 위해 let 표현을 사용해보자.

```
letTreasureMap (v, d) = let d1 = stagger d
                            d2 = stagger d1
                            d3 = crawl d2
                        in d3
```

하스켈은 let 표현을 연결하는 것을 허용하고 그러한 연결의 최종적인 결과는 in 구문을 통해서 나타내도록 한다. 이것도 처음 보았던 버전만큼이나 만족스럽지 않음을 알 수 있다. 입력과 출력이 동일하므로 이와 같은 종류의 함수를 합성하는 방법은 무언가 더 간단한 방식으로 표현되어야 한다. 우리는 stagger(crawl(x))라는 표현을 stagger(x)·crawl(x) 같은 식으로 표현하고 싶다(·는 함수 합성을 의미한다). 이러한 변환을 가능하게 해주는 것이 바로 모나드다.

간단하게 말해서 모나드는 특정한 속성을 만족시키는 방식으로 함수를 합성하도록 만들어주는 존재다. 하스켈에서는 모나드를 여러 가지 목적으로 사용한다. 우선 순수 함수 언어에서는 동일한 입력에 대해서 언제나 동일한 출력이 나와야 하는데, 예를 들어 I/O와 같은 작업이 필요한 경우에는 함수가 파일의 현재 상태에 따라서 다른 작업을 수행하기 원할 수 있기 때문에 I/O 작업을 수행하는 것이 어렵다. 그럴 때 모나드가 사용된다.

또한 앞에서 본 술 취한 해적 같은 코드는 상태가 그대로 보존되기 때문에 정상적으로 동작한다. 모나드는 프로그램의 상태를 시뮬레이션하는 것을 허용한다. 하스켈은 명령형 스타일로 작성된 프로그램을 흉내 내기 위해서 do 문법^{do syntax}이라는 특별한 문법을 포함하고 있다. 이러한 do 문법 역시 제대로 동작하기 위해 모나드에 의존한다.

끝으로 에러 조건을 확인하는 것과 같은 작업은 간단하지만, 리턴되는 값의 자료형이 함수의 실행이 성공적으로 끝났는지 여부에 따라서 달라지기 때문에 까다로운 측면이 있다. 하스켈은 이러한 목적을 위해서 Maybe 모나드를 제공한다. 더 자세하게 살펴보자.

모나드의 구성물

기본적인 수준에서 보았을 때 모나드는 세 가지 요소를 가지고 있다.

- 어떤 자료형 컨테이너에 기초한 자료형 생성자. 컨테이너는 간단한 변수, 리스트, 혹은 값을 저장할 수 있는 어떤 것이라도 될 수 있다. 우리는 이러한 컨테이너를 이용해서 함수를 저장할 것이다. 모나드가 구체적으로 어떤 작업을 수행하기 원하는가에 따라서 컨테이너의 선택도 달라질 것이다.
- 함수를 둘러싸서 컨테이너에 집어넣는 역할을 수행하는 return이라는 이름의 함수. 이 함수의 이름은 뒤에서 do 표기법을 살펴볼 때 잘 이해할 수 있게 될 것이다. return이 함수를 컨테이너에 담아서 모나드로 만든다는 사실만 기억하기 바란다.
- 함수를 끄집어내는 >>=라는 이름의 바인딩 함수. 함수를 서로 묶기 위해서 바인딩을 사용할 것이다.

그리고 모든 모나드는 세 가지 규칙을 만족시켜야 한다. 규칙을 간단하게 설명하겠다. 어떤 모나드 m, 어떤 함수 f, 어떤 값 x가 있을 때 다음과 같다.

- 자료형 생성자를 통해 값을 저장할 수 있는 어떤 자료형을 사용하는 모나드를 만들 수 있어야 한다.
- 값을 손실하지 않으면서 값을 보관하거나 꺼낼 수 있어야 한다. (즉 monad >>= return = monad)
- 바인딩 함수를 중첩하는 것은 그것들을 연속적으로 호출하는 것과 동일한 결과를 낳아야 한다.

  (즉 (m >>= f) >>= g = m >>= (\x -> f x >>= g))

이들 법칙을 자세하게 살펴보지는 않겠지만, 스스로 생각해보는 것이 어렵지는 않다. 모두 정보를 손실하지 않으면서 유용한 변환을 수행하는 것과 관련되어 있다. 자세한 이해를 원하는 사람을 위해 뒤에 풍부한 연습문제를 남겨놓도록 하겠다.

이론은 이것으로 충분하다. 이제 간단한 모나드를 만들어보자. 모나드 한 개를 처음부터 만들어보고, 다른 유용한 모나드를 몇 개 살펴보면서 이 장의 내용을 마무리하겠다.

모나드 처음부터 만들어보기

가장 먼저 필요한 것은 자료형 생성자이다. 우리의 모나드는 다음과 같이 함수 하나와 값 하나를 가질 것이다.

```
haskell/drunken-monad.hs
module Main where
    data Position t = Position t deriving (Show)

    stagger (Position d) = Position (d + 2)
    crawl (Position d) = Position (d + 1)

    rtn x = x
    x >>== f = f x
```

모나드의 세 가지 주요한 요소는 자료형 컨테이너, 리턴, 바인딩이다. 위의 모나드는 최대한 간단한 모습으로 작성되었다. 자료형 컨테이너는 data Position t = Position t와 같은 간단한 자료형 생성자다. 그것은 인이이 자료형 템플릿에 기초해서 긴딘힌 자료형을 징의한나. ㄱ 다음에 우리는 함수를 값으로 담아내는 return이 필요하다. 우리의 모나드는 너무나 간단하기 때문에 모나드 값 자체를 리턴하는 것으로 충분하다. 그러한 내용은 (rtn x = x)에 의해서 이미 적절하게 표현되어 있다. 끝으로 함수의 합성을 허락하는 바인딩 함수가 필요하다. 그것은 〉〉==라고 불리며 (x 〉〉== f = f x)에서 볼 수 있듯이 모나드가 가지고 있는 값에 관련된 함수를 적용하는 식으로 정의되어 있다. 여기에서 우리는 하스켈에 내재되어 있는 모나드와 충돌을 피하기 위해서 〉〉=과 return 대신 〉〉==과 rtn이라는 이름을 사용하고 있다.

stagger와 crawl 함수도 숫자 대신 우리가 정의한 모나드를 사용하도록 다시 작성했음에 주목하기 바란다. 우리가 작성한 모나드를 테스트해볼 수 있다. 우리가 함수를 중첩하는 대신, 합성을 이용하도록 변환하는 것을 가능하게 만들어주는 문법을 찾고 있었음을 기억하기 바란다. 다시 작성된 보물지도 코드는 이런 모습을 갖게 된다.

```
treasureMap pos = pos >>==
                  stagger >>==
                  stagger >>==
                  crawl >>==
                  rtn
```

이 코드는 우리가 예상한 방식으로 동작을 수행한다.

```
*Main> treasureMap (Position 0)
Position 5
```

모나드와 do 표기

새로 작성한 코드가 훨씬 간결하다. 하지만 이 코드를 더 향상시킬 문법적 설탕을 떠올리는 것이 어렵지 않다. 하스켈의 do 문법은 정확히 그런 일을 수행한다. do 문법은 I/O와 관련된 문제를 해결하고자 할 때 편리한 도움을 준다. 다음 코드에서 우리는 콘솔에서 한 줄을 읽어서 do 표기 문법과 함께 내용을 거꾸로 만들어서 출력을 한다.

haskell/io.hs
```
module Main where
    tryIo = do  putStr "Enter your name: "
                line <- getLine ;
                let {backwards = reverse line } ;
                return ("Hello. Your name backwards is " ++ backwards)
```

이 프로그램의 시작 부분이 함수 선언으로 이루어져 있음에 주목하라. 그다음 우리는 모나드 주변에 문법적 설탕을 뿌려주는 간단한 do 표기를 이용한다. 이러한 문법은 마치 프로그램이 상태를 보관하고 있고 명령형으로 작성된 것처럼 느끼게 해준다. 하지만 실제로 우리는 모나드를 사용하고 있다. 이와 관련된 문법적 규칙 몇 가지를 알아둘 필요가 있다.

할당은 <-를 이용한다. GHCI에서는 줄을 반드시 세미콜론을 이용해서 구분해주어야 하고 do 표현의 본문을 포함해야 하며, 그다음에 let 표현과 중괄호에 둘러싼 내용이 온다. 여러 줄이라면 코드를 각 줄에서 :{과 }:을 이용해 둘러싸야 한다. 이제 우리가 모나드에서 함수를 둘러싸는 기능을 왜 return이라고 불렀는지 이해가 될 것이다. 그러한 기능은 리턴되는 값을 깔끔한 형태에 담아서 do 문법이 흡수할 수 있는 형태로 제공한다. 이 코드는 마치 프로그램이 상태를 저장한 채 명령형 방식으로 동작하지만, 실제로는 상태와 관련된 관리를 수행하기 위해서 모나드를 이용하고 있다. I/O와 관련된 내용은 모두 do 블록 안에 있는 I/O 모나드 중에서 어느 하나 내부에 단단한 방식으로 저장되어 캡슐화되어야 한다.

다른 계산 방법들

모든 모나드는 자신과 관련된 계산 전략을 가지고 있다. 앞에서 보았던 술 취한 모나드 예에서 본 아이덴티티 모나드는 우리가 그 내부에 저장하는 값을 앵무새처럼 반복한다. 우리는 그러한 모나드를 이용해서 서로 중첩되는 구조를 가진 프로그램을 합성을 이용해서 일렬로 핀 구조로 바꾸었다. 다른 예를 살펴보자. 이상하게 생각될지도 모르지만 리스트도 하나의 모나드다. 리스트의 return과 바인딩(>>=)은 다음과 같이 정의된다.

```
instance Monad [] where
    m >>= f = concatMap f m
    return x = [x]
```

모나드가 모종의 컨테이너와 자료형 생성자, 함수를 저장하기 위한 return 함수, 저장된 내용을 다시 꺼낼 수 있게 해주는 바인딩 함수를 필요로 한다는 사실을 기억하기 바란다. 모나드는 하나의 클래스이고, []라고 써주면 인스턴스를 생성할 수 있으므로 자료형 생성자가 존재하는 셈이다. 그다음에는 결과를 return을 이용해서 저장하는 함수가 필요하다.

리스트의 경우에는 그 함수를 리스트 내부에서 저장한다. 함수를 꺼내기 위해서는 바인딩 함수가 map을 이용해서 리스트에 포함되어 있는 요소 각각에 함수를 적용하고, 결과를 하나로 이어붙여서 리턴한다. concat과 map이 순서대로 적용되는 경우가 상당히 많기 때문에 편의상 두 가지 기능을 동시에 수행하는 함수가 존재하기도 한다. 하지만 그냥 concat(map f m)라는 식으로 사용하는 것도 어렵지는 않다.

리스트 모나드가 실제로 동작하는 모습을 보여주기 위해서 do 표기 내부에 있는 다음 스크립트를 보자.

```
Main> let cartesian (xs,ys) = do x <- xs; y <- ys; return (x,y)
Main> cartesian ([1..2], [3..4])
[(1,3),(1,4),(2,3),(2,4)]
```

do 표기와 모나드를 이용해서 간단한 함수를 만들었다. xs라는 리스트에서 x를 취했고, xy라는 리스트에서 y를 취했다. 그다음에는 x와 y를 결합해서 리턴했다. 이런 방법을 사용해서 패스워드 풀기를 쉽게 만들어봤다.

```
haskell/password.hs
module Main where
    crack = do x <- ['a'..'c'] ; y <- ['a'..'c'] ; z <- ['a'..'c'] ;
               let { password = [x, y, z] } ;
               if attempt password
                   then return (password, True)
                   else return (password, False)

    attempt pw = if pw == "cab" then True else False
```

여기에서 우리는 모든 가능한 조합을 따져보기 위해서 리스트 모나드를 사용하고 있다. 이 맥락에서 x <- [1st]는 '[1st]에서 취한 각각의 x에 대해서'라는 뜻을 나타내고 있음에 유의하라. 우리는 하스켈이 복잡한 작업을 담당하도록 했다. 이제 우리가 할 일은 각각의 패스워드를 시도해보는 일뿐이다. 우리의 패스워드는 attempt 함수 안에 하드코딩했다. 이 문제를 해결하기 위해서는 리스트 컴프리헨션을 비롯하여 다양한 다른 계산 전략이 존재하는데, 아무튼 이 문제는 리스트 모나드 배후에 존재하는 계산 전략을 잘 보여준다.

Maybe 모나드

지금까지 우리는 아이덴티티 모나드와 리스트 모나드를 살펴보았다. 리스트 모나드를 보면서 모나드가 어떤 공통의 계산 전략을 지원한다는 사실도 알게 되었다. 여기에서는 Maybe 모나드를 공부할 것이다. 프로그래밍에서 흔히 만나는 문제를 해결하기 위해 이 모나드를 사용할 것이다. 어떤 함수는 실행 도중에 실패할 수도 있는데 Maybe 모나드를 그런 상황을 위해서 사용한다. 데이터베이스나 네트워크 통신을 떠올리겠지만, 그보다 훨씬 간단한 API조차 실패를 위한 대비가 필요하다. 어떤 문자열의 인덱스를 리턴하는 문자열 검색을 생각해보자. 문자열이 존재하면 리턴되는 자료형은 Integer일 것이다. 그렇지 않으면 Nothing이 리턴된다.

이러한 계산 과정을 서로 연결하는 것은 고달프다. 어떤 웹 페이지를 분석하는 함수가 있다고 하자. 우리는 해당 페이지의 본문에 해당하는 HTML, 특히 본문에서 처음 시작하는 단락을 원한다. 그런 경우 다음과 같은 시그너처를 갖는 함수를 정의할 수 있다.

```
paragraph XmlDoc -> XmlDoc
...
body XmlDoc -> XmlDoc
...
html XmlDoc -> XmlDoc
...
```

즉 다음과 같은 모습이 될 것이다.

```
paragraph body (html doc)
```

여기에서 문제는 paragraph, body, html 함수가 언제든지 실패할 수도 있다는 사실이다. 그런 경우 함수가 리턴하는 자료형이 아무것도 아닌 것, 즉 Nothing일 수도 있어야 한다. 하스켈은 Just라는 자료형을 포함하고 있다. 다음과 같이 Just x 라고 표시를 하면 그 안에 어떤 값이 담기거나 아니면 Nothing이 담기게 된다.

```
Prelude> Just "some string"
Just "some string"
Prelude> Just Nothing
Just Nothing
```

패턴 매칭을 이용해 Just의 옷을 벗길 수도 있다. 우리의 예로 돌아가서 살펴보면, documents에 paragraph, body, html을 적용하는 계산은 Just XmlDoc을 리턴한다. 그다음에 (얼랭의 case 구문과 비슷한) 하스켈의 case 명령문을 이용해서 다음과 같이 패턴 매칭을 수행한다.

```
case (html doc) of
  Nothing -> Nothing
  Just x -> case body x of
              Nothing -> Nothing
              Just y -> paragraph 2 y
```

우리가 원했던 코드가 paragraph 2 body (html doc)과 같은 코드였다는 점을 고려하면, 이 것은 아직 만족스럽지 않다. 이럴 때 필요한 것이 Maybe 모나드다. 이렇게 정의한다.

```
data Maybe a = Nothing | Just a

instance Monad Maybe where
    return          = Just
    Nothing  >>= f = Nothing
    (Just x) >>= f = f x
...
```

우리가 저장하는 자료형은 Maybe a라는 자료형 생성자다. 그 자료형은 Nothing 혹은 Just a 를 저장할 수 있다.

return은 쉽다. Just 안에서 결과를 저장하면 된다. 바인딩도 쉽다. Nothing의 경우에는 Nothing을 리턴하는 함수를 리턴하면 된다. Just x의 경우라면 x를 리턴하는 함수를 리턴하 면 된다. 두 경우 모두 return에 의해서 저장된다. 이제 이러한 연산자를 모두 하나로 쉽게 연 결할 수 있다.

```
Just someWebPage >>= html >>= body >>= paragraph >>= return
```

모든 요소를 부드럽게 연결했다. 우리가 합성하고자 하는 함수들을 통해 모나드가 알아서 필요 한 결정을 내리기 때문에 코드를 이렇게 작성하는 것이 가능하다.

8.4.3 3일 차에 배운 내용

이 장에서 우리는 세 가지 중요한 개념을 학습했다. 하스켈의 자료형, 클래스, 모나드다. 먼저 이미 존재하는 함수, 수, 불리언, 문자의 자료형을 살펴보았다. 그다음 사용자 정의 자료형을 공부했다. 기초적인 예로서 우리는 무늬와 숫자를 저장하는 간단한 카드 게임을 자료형을 이용 해 작성해봤다. 자료형 자체를 매개변수로 만드는 방법과 심지어 재귀적인 자료형 정의에 대해 서도 알아보았다.

그다음 우리는 모나드를 논의하면서 내용을 마무리했다. 하스켈은 순수 함수 언어이기 때문에 명령형 스타일의 코드를 작성하거나 프로그램이 실행되어나감에 따라서 축적되는 값 등을 구 현하기가 어렵다. 하스켈의 설계자들은 그러한 문제를 해결하기 위해서 모나드에 의존했다. 모나드는 함수를 둘러싸거나 연결하기 위한 몇 개의 함수를 포함하고 있는 자료형 생성자다. 다른 종류의 계산 전략을 구현하기 위해서 모나드를 서로 결합해서 사용할 수도 있다. 우리는 더욱 자연스러워 보이는 명령형 스타일 코드를 작성하고 여러 가능성을 처리하기 위해서 모나드를 사용했다.

8.4.4 3일 차 자율 학습

다음을 찾아보라.

- 모나드를 설명하는 자료
- 하스켈에 포함된 모나드의 목록

다음을 수행하라.

- Maybe 모나드를 사용하여 해시 테이블에서 값을 찾는 함수를 작성하라. 몇 단계에 걸쳐 해시가 다른 해시를 저장할 수 있게 작성하라. 몇 단계 들어가서 찾은 해시 키에 해당하는 요소를 가져오는 데 Maybe 모나드를 이용하라.
- 하스켈을 이용해 미로를 표현하라. Maze 자료형과 Node 자료형이 필요할 것이다. 주어진 좌표에 따라 하나의 노드를 리턴하는 함수도 필요하다. 그렇게 리턴된 노드는 다른 노드로 넘어갈 수 있는 출구의 리스트를 담고 있어야 한다.
- 미로를 해결하기 위해 리스트 모나드를 사용하라.
- 함수 언어가 아닌 다른 언어를 이용해서 모나드를 구현하라(루비를 위한 모나드를 다루는 일련의 글을 참고하라).[9]

8.5 하스켈을 마무리하며

이 책에 담긴 모든 언어 중에서 하스켈이 유일하게 커미티에 의해서 만들어진 언어다. 게으름이라는 맥락을 활용하는 순수한 함수 언어가 널리 퍼지면서 다양한 방식으로 진행되고 있던 연구를 통합시키고 표준을 설립하기 위한 커미티가 형성되었다. 그렇게 1990년에 하스켈 1.0이 탄생했다. 그 이후 언어와 커미티는 함께 성장했다.

---

9 http://moonbase.rydia.net/mental/writings/programming/monads-in-ruby/00introduction.html

하스켈은 리스트 컴프리헨션, 게으른 계산 전략, 부분함수, 커링과 같은 다양한 함수 언어의 기능을 지원한다. 사실 하스켈에서 함수들은 기본적으로 언제나 하나의 인수만을 받아들이고 처리한다. 여러 개의 인수가 들어오면 커링을 통해 인수의 수를 줄인다.

하스켈의 타이핑 시스템은 형 안전성과 유연성 사이에서 탁월한 균형 감각을 보여준다. 다형성을 완전히 지원하는 템플릿 시스템은 사용자 정의 자료형은 물론 심지어 인터페이스의 상속까지 지원하는 자료형 클래스를 지원한다. 하스켈 프로그래머는 보통 함수를 정의하는 순간을 제외하면 자료형과 관련된 내용을 생각할 필요조차 없는데, 그럼에도 불구하고 하스켈은 자료형과 관련된 에러로부터 프로그래머를 보호해준다.

다른 순수 함수 언어도 마찬가지지만, 하스켈 개발자들은 명령형 스타일 프로그래밍과 축적되는 상태를 다루기 위해 창조적인 해법을 가질 필요가 있다. I/O 또한 쉽지 않다. 다행히 하스켈 개발자들은 이러한 문제를 해결하는 데 모나드를 활용할 수 있다. 모나드는 함수를 값으로 저장하거나 꺼낼 수 있는 기본적인 함수를 지원하는 자료형 생성자이자 컨테이너이다. 다양한 컨테이너 자료형이 다양한 계산 전략을 지원한다. 이러한 함수들은 do 문법을 통해 프로그래머가 여러 가지 모나드를 흥미로운 방식으로 결합하는 것을 허용한다. 이 문법적 설탕은 약간 제한된 방식으로 명령형 스타일 프로그램을 가능하게 만들어준다.

8.5.1 핵심 강점

하스켈은 어떤 타협도 없이 순수 함수 패러다임이라는 절대적인 접근 방식을 고수했기 때문에 장점과 단점이 모두 극단으로 치우친다. 하나씩 살펴보자.

타이핑 시스템

강한 타이핑 시스템을 좋아한다면(혹은 좋아하지 않는다고 해도) 하스켈의 타이핑 시스템을 좋아할 수밖에 없을 것이다. 하스켈의 자료형은 필요할 때는 눈앞에 있지만 필요하지 않을 때는 눈앞에서 사라진다. 이러한 타이핑 시스템은 흔히 발생하는 에러로부터 일정 수준의 보호를 제공한다. 그런 에러들은 실행 시간이 아니라 컴파일 시간에 보고된다. 그렇지만 이러한 추가적인 안전장치는 장점의 일부에 불과하다.

아마도 하스켈 자료형이 가진 가장 흥미로운 부분은 새로운 자료형을 새로운 행위에 결부시키는 것이 얼마나 쉬운가에 있을 것이다. 정교한 자료형을 처음부터 만들어나갈 수도 있다. 자료형 생성자와 클래스를 활용하면 심지어 모나드처럼 극단적으로 복잡한 자료형과 클래스를 목적에 맞게 수정할 수도 있다. 클래스를 사용하면 새로 만든 자료형이 이미 존재하는 하스켈 라이브러리의 장점을 그대로 취할 수도 있다.

표현력

하스켈 언어는 놀라운 힘을 가지고 있다. 추상적으로 말하자면, 강력한 아이디어를 간결하게 표현하기 위해 필요한 기능을 모두 갖추고 있다. 그러한 아이디어는 풍부한 함수 라이브러리에서 강력한 문법까지 모든 것을 아우른다. 이는 자료형을 생성할 수 있는 곳에서는 심지어 간결한 문법만으로 원하는 함수를 원하는 데이터에 적용할 수 있게 해주는 재귀 자료형 같은 자료형에까지 적용된다. 학술적인 맥락에서 보면 함수 언어를 가르치기 위해서 하스켈보다 강력한 언어를 찾아볼 수 없다. 필요한 모든 내용이 그 안에 있을 것이다.

프로그래밍 모델의 순수성

순수한 프로그래밍 모델은 문제에 접근하는 방식을 근본적으로 바꾸어놓을 수 있다. 과거의 프로그래밍 패러다임을 뒤로하고 작업을 수행하는 새로운 방식을 받아들이도록 하기 때문이다. 순수 함수 언어는 무언가 의지할 수 있는 원리를 제공해준다. 입력이 동일하면 함수는 언제나 동일한 값을 리턴한다. 프로그램 자체가 정확한지 아닌지 여부를 증명할 수도 있다. 의도치 않았던 복잡성, 불안정성, 동시성 환경에서의 느린 속도 등 부수효과에 의해서 야기되는 다양한 문제로부터 자유로울 수도 있다.

게으른 행위

오래전에는 함수 언어를 사용한다는 것이 단순히 재귀를 사용하는 것을 의미했다. 게으른 계산 전략은 데이터를 다루는 완전히 새로운 종류의 전략을 제공해주었다. 하스켈을 통해, 성능이 전보다 뛰어나면서도 다른 접근 방법에 비해 아주 코드 분량이 적은 프로그램을 작성할 수 있을 것이다.

학술적 지원

가장 중요하고 영향력이 뛰어났던 파스칼 같은 언어는 학술 영역에서 성장했기 때문에 연구 성과의 수혜를 직접적으로 받으며 학술적인 영역 안에서 사용될 수 있었다. 함수 테크닉을 가르치기 위한 대표적인 언어로서 하스켈은 지속적인 성장과 개선을 이루어나가고 있다. 아직 완전히 주류 언어라고 말하기는 어렵지만, 중요한 업무를 수행하는 데 하스켈을 이용하는 프로그래머를 어렵지 않게 발견할 수 있다.

8.5.2 약점

지금쯤이면 어떤 언어도 모든 면에 최선일 수는 없다는 사실을 알고 있을 것이다. 하스켈의 장점 역시 반대되는 측면을 가지고 있다.

프로그래밍 모델의 비유연성

순수한 함수 언어라는 사실은 여러 장점을 제공하지만 두통거리도 함께 수반한다. 프로그래밍 언어를 다루는 이 책의 가장 마지막 내용이 모나드인 데에는 이유가 있음을 눈치챘을 것이다. 이러한 개념은 지적인 도전을 요구한다. 하지만 우리는 다른 언어에서는 아주 사소했을 작업을 수행하는 데에(예를 들어 명령형 스타일의 프로그램을 작성하거나, I/O 작업을 수행하거나, 심지어 값을 찾거나 찾지 못할 수도 있는 함수들의 리스트를 다룰 때) 모나드를 사용했을 뿐이다. 다른 언어들에 대해서도 이 말을 이미 했지만 또 한 번 반복하겠다. 하스켈 역시 어떤 어려운 일은 쉽게 만들어주지만, 동시에 쉬운 것을 어렵게 만들기도 한다.

특정한 스타일은 궁극적으로 특정한 프로그래밍 패러다임을 낳는다. 단계별로 수행되는 알고리즘을 작성할 때는 명령형 언어가 더 나을 수도 있다. 엄청난 I/O와 스크립팅 작업은 함수 언어에 어울리지 않는다. 누군가의 눈에 순수하게 보이는 무언가가 다른 사람의 눈에는 타협을 모르는 형편없는 실패로 비칠 수도 있다.

커뮤니티

타협에 대해서 말하자면, 스칼라와 하스켈 사이에서 정말로 많은 차이점을 발견할 수 있을 것이다. 두 언어 모두 강한 타이핑을 사용하지만, 철학적 방향은 매우 다르다. 스칼라는 전적으로 타협을 지향하는 언어고, 하스켈은 오직 순수성만 고집하는 언어다. 타협을 받아들임으로써 스칼라는 하스켈에 비해 훨씬 폭넓은 커뮤니티를 안고 시작할 수 있었다. 물론 커뮤니티의 크기로 언어의 성공 여부를 판단할 수 있는 것은 아니지만 성공을 거두기 위해서는 적어도 어느 정도 수준의 커뮤니티는 필요하다. 더 많은 사용자가 존재한다는 사실은 더 많은 기회와 자원을 의미하기 때문이다.

배움의 문턱

하스켈에서 지적인 도전을 요구하는 것은 모나드로 국한되지 않는다. 커링은 하나 이상의 인수를 받아들이는 모든 함수에서 사용된다. 대부분의 기본적인 함수는 매개변수화된 자료형을 가지고 있고, 숫자를 다루는 함수는 종종 자료형 클래스를 이용한다. 이런 모든 것을 익히고 나면 그럴 만한 가치가 있었음을 알게 되겠지만, 하스켈을 공부하는 과정에서 성공을 거두기 위해서는 튼튼한 이론적 기반을 가진 실력 있는 프로그래머가 되어야만 한다.

8.5.3 마치며

이 책에 담긴 모든 함수 언어 중에서 하스켈을 배우기가 가장 어려웠다. 모나드와 타이핑 시스템에 대한 강조는 배움을 위한 초기 진입 장벽을 매우 높게 만들었다. 그렇지만 일단 핵심적인 개념을 습득하고 난 뒤에는 진도가 부드럽게 나갔다. 그 단계가 되었을 때 가장 보상 수준이 높은 언어라고 말할 수 있는 언어였다. 타이핑 시스템과 우아한 모나드 애플리케이션을 기초로 하는 이 언어를, 우리는 훗날 이 책에 담긴 언어 중에서 가장 중요한 언어였다고 회고할지도 모른다.

하스켈은 또 다른 역할도 담당한다. 순수한 접근법과 학술적인 부분에 초점을 맞추는 방식은 우리가 프로그래밍이라는 것을 이해하는 수준 자체를 높여준다. 최고의 위치를 점하는 차세대 함수 프로그래머는 많은 면에서 그들의 뿌리를 하스켈에 두게 될 것이다.

CHAPTER 9

마무리

7개 언어를 모두 공부한 것을 축하한다. 마지막 장에서 내가 성공적인 언어와 그렇지 않은 언어를 고를 것이라고 기대하는 사람도 있겠지만, 이 책은 승자와 패자를 정하기 위한 것이 아니다. 이 책은 새로운 아이디어를 발견하는 데 목적이 있다. 당신도 경력 초기에는 나와 비슷한 경험을 했을지도 모르겠다. 상상력이 빈곤한 거대한 규모의 팀, 우리 세대의 소프트웨어 생산 공장에서 수행하는 상업적인 목적의 프로젝트에 깊이 파묻혀서 시간을 보냈던 경험 말이다. 그런 세계에서 내가 경험할 수 있는 프로그래밍 언어는 극단적으로 제한되어 있었다. 그것은 마치 1970년대 시골 작은 마을에서 살아가는 영화 애호가와 비슷한 느낌이다. 시골에서는 블록버스터 영화만 볼 수 있는 법이다.

나 자신을 위한 소프트웨어를 만들기 시작하면서부터, 나는 독립영화를 발견했다. 나는 루비를 코딩하면서 생계를 유지할 수 있었는데, 그렇다고 해서 루비가 모든 문제에 대한 해결책이라고 생각할 만큼 순진하지는 않았다. 독립영화가 제작 기법을 조금씩 개선해나가는 것처럼, 새롭게 등장하는 프로그래밍 언어들도 프로그램을 조직하고 구성하는 방법을 점진적으로 개선해나간다. 이제 이 책에서 보았던 내용을 정리해보자.

9.1 프로그래밍 모델

프로그래밍 모델은 극히 느린 속도로 변한다. 지금까지 우리는 새로운 모델이 출현하는 것을 거의 20년 정도에 한 번씩 목격했다. 내가 받은 초기 교육은 절차형 언어인 베이식과 포트란에서 출발했다. 대학에서 나는 파스칼을 이용해서 더 구조적인 방법을 공부했다. IBM에서는 상업적인 코드에 C와 C++를 사용했고, 처음으로 자바 언어를 만나게 되었다. 그 무렵에 객체지향 코드를 작성하기 시작했다. 나의 프로그래밍 경험은 30년에 달하지만, 주요한 프로그래밍 패러다임은 단지 두 개를 목도했을 뿐이다. 이 시점에서 어떤 사람은 내가 왜 이렇게 새로운 언어를 소개하는 데 열을 올리는지 궁금할지도 모르겠다. 일리 있는 질문이다.

프로그래밍 패러다임은 느리게 변하지만, 변하는 것만큼은 틀림없다. 태풍의 경로와 마찬가지로, 패러다임의 변화는 현명하지 못한 방식으로 투자된 경력이나 회사를 파괴하면서 움직인다. 자신이 어떤 프로그래밍 패러다임에 저항해서 싸우고 있는 것을 발견한다면, 주의를 기울일 필요가 있다. 동시성과 안정성에 대한 요구는 우리를 더 높은 수준의 프로그래밍 언어로 몰아가고 있는 중이다. 최소한 우리는 특정한 문제를 해결하기 위해 고안된 더 특화된 언어를 사용하게 될 것이다. 우리가 직면한 프로그래밍 모델들은 다음과 같다

9.1.1 객체지향 (루비, 스칼라)

지금 '언덕 위에 군림하고 있는 제왕'은 주로 자바로 대표되는 객체지향이다. 이 프로그래밍 패러다임은 세 개의 주요한 아이디어를 가지고 있다. 캡슐화, 상속, 다형성이다. 루비에서 우리는 동적인 오리 타이핑을 경험했다. 클래스나 객체의 정의를 통해 계약을 규정하는 것이 아니라 어떤 객체가 실제로 지원하는 메서드에 의해 타이핑을 규정한다. 루비가 코드 블록을 통해서 몇몇 함수형 개념을 지원하는 것도 살펴보았다.

스칼라도 객체지향 프로그래밍을 제공한다. 정적 타이핑을 사용하지만 문법을 단순하게 만들어주는 자료형 유추 등을 사용하므로 자바에 비해 훨씬 간결하다. 자료형 유추 덕분에 스칼라는 문법 및 용법에서 얻을 수 있는 힌트에 의거해 변수의 자료형을 스스로 판단한다. 함수형 개념을 지원하는 부분에서는 스칼라가 루비를 뛰어넘는다.

오늘날 스칼라와 루비는 모두 실전 애플리케이션에서 널리 사용되고 있다. 그리고 둘 다 자바와 같은 주류 언어와 비교해서 의미 있는 언어적 진보를 성취했다. 객체지향 언어들은 여러 가지 변종이 있는데, 그중에는 차세대 프로그래밍 패러다임인 프로토타입 언어도 존재한다.

9.1.2 프로토타입 프로그래밍 (Io)

프로토타입 언어는 객체지향 언어의 부분집합이라고 말할 수도 있지만, 두 언어 사이에 존재하는 차이가 실전적인 의미를 갖기 때문에 하나의 새로운 프로그래밍 모델로 간주했다. 모든 프로토타입은 클래스가 아니라 객체 인스턴스를 통해서 작업을 수행한다. 이러한 언어의 패밀리는 자바스크립트와 Io를 포함한다. 간명하고 표현이 풍부한 프로토타입 언어들은 보통 동적 타이핑을 사용하고 스크립팅이나 특히 사용자 인터페이스를 중심으로 하는 애플리케이션을 작성할 때 강점을 가진다.

Io를 보면서 확인한 것처럼, 작고 일관성 있는 문법을 가진 단순한 프로그래밍 모델이 상당히 강력한 조합을 이룰 수 있다. 우리는 동시성 프로그램을 스크립트로 작성하는 데에서부터 자신만의 고유한 DSL을 코딩하는 데까지 넓고 다양한 문맥 안에서 Io 언어를 사용했다. 하지만 이 프로토타입 프로그래밍이 우리가 경험했던 것 중에서 가장 특화된 패러다임이라고 말할 수는 없다.

9.1.3 제약–논리 프로그래밍 (프롤로그)

프롤로그는 제약–논리 프로그래밍을 위해서 만들어진 프로그래밍 언어 패밀리에서 탄생했다. 우리가 프롤로그를 이용해 작성한 애플리케이션들은 매우 범위가 좁은 특정한 문제들을 해결하는 데 사용되었다. 하지만 그 결과는 놀라운 수준이었다. 우리는 주어진 공간 전체에 대해서 이미 알고 있는 논리적 제약을 정의했고, 그러면 프롤로그는 해결책을 찾아냈다.

프로그래밍 모델이 이러한 패러다임에 잘 부합하면 다른 언어를 이용했을 때 요구되는 코드 분량에 비해 아주 적은 양으로도 결과를 도출할 수 있다. 이러한 언어의 패밀리는 항공교통관제와 도시공학 같은 영역에서 사용되는 주요 애플리케이션에서 활용되고 있다. C나 자바 같은 다른 언어에서도 조악한 수준의 논리적 규칙 엔진을 발견할 수는 있다. 프롤로그는 이 책에 담긴 또 다른 언어 패밀리에 속하는 얼랭에 영감을 주기도 했다.

9.1.4 함수 프로그래밍 (스칼라, 얼랭, 클로저, 하스켈)

아마도 이 책을 읽는 사람들이 만나게 될 거라고 가장 많이 예측한 프로그래밍 패러다임은 함수 패러다임일 것이다. 각 함수 프로그래밍 언어가 구현하는 순수성의 농도는 다르지만, 핵심 개념은 모두 동일하다. 함수 프로그램은 수학적 함수로 이루어져 있다. 똑같은 함수를 여러 번 호출하는 것은 언제나 같은 결과를 낳고, 이러한 과정에서 부수효과가 발생하는 것은 비난받거나 아예 금지된 일이다. 이러한 함수들을 다양한 방식으로 합성할 수도 있다.

함수 프로그래밍 언어들이 객체지향 언어에 비해 표현력이 풍부하다는 점은 확인한 바와 같다. 프로그램을 합성하기 위해서 사용할 수 있는 도구가 훨씬 다양하게 존재하기 때문에 예제 코드가 객체지향 코드에 비해 짧고 단순한 편이었다. 우리는 객체지향 언어에서 좀처럼 찾아볼 수 없는 두 가지 개념으로서 고계함수와 커링을 살펴보았다. 하스켈에서 확인한 바와 같이 순수성의 등급은 여러 가지 종류의 장점과 단점을 낳았다. 함수 언어가 가진 한 가지 확실한 장점은 부수효과가 부재하므로 동시성 프로그래밍이 더 쉽다는 점이다. 변경 가능한 상태가 사라지면 전통적인 동시성 문제 역시 사라지기 때문이다.

9.1.5 패러다임 바꾸기

함수 프로그래밍을 더 많이 해보기로 결정했다면, 원하는 수준에 도달하는 방법은 여러 가지가 있다. OOP와 완전히 결별하고 새로 시작하는 방법도 있고, 점진적인 방식으로 조금씩 변화를 도입하는 방법도 있다.

이 책에서 7개의 언어를 살펴본 지금, 이 언어들이 40년이라는 긴 세월에 걸쳐서 존재했고, 적어도 4개 이상의 패러다임이 소개되었음을 알게 되었을 것이다. 프로그래밍 언어가 진화하는 방식도 어느 정도 파악할 수 있었기를 바란다. 패러다임을 진화시키는 방법에는 세 가지 서로 다른 접근법이 존재했다. 첫째, 스칼라의 경우 공존이라는 전략을 취한다. 스칼라 프로그래머는 강력한 함수적 경향을 가진 방법을 사용하면서 객체지향 패러다임을 구현할 수 있다. 스칼라의 본질은 두 패러다임 모두가 일급이라는 데 있다. 둘째, 클로저는 호환성이라는 전략을 취한다. 클로저는 JVM 위에서 만들어졌기 때문에 클로저 애플리케이션은 자바 객체를 직접적으로 사용할 수 있다. 하지만 클로저의 철학은 OOP의 일부 요소가 근본적인 결함을 가지고 있다고 보는 데 있다. 클로저와 자바의 상호 운용성은 스칼라의 경우와 달리 언어를 확장하는 데 목적이 있는 것이 아니라 자바 가상 머신 위에 존재하는 프레임워크를 활용하기 위한 것으로 국한된다. 셋째, 하스켈과 얼랭은 기본적으로 독자적인 방식으로 존재하는 언어다. 철학적인 면에서 보았을 때 그들은 객체지향을 전혀 받아들이지 않는다. 따라서 우리는 두 개의 패러다임을 동시에 수용하거나, 하나와 결별하고 하나만 받아들이거나, 아니면 객체지향 라이브러리는 받아들이되 OOP 패러다임은 떠나는 세 방법 중 하나를 선택해야 한다. 선택은 각자의 몫이다.

이 책에서 소개한 언어 중 하나를 받아들이기로 마음먹었는지 여부와 무관하게, 이러한 언어들이 존재하고 있음을 공부하는 것은 그 자체로 의미가 있다. 자바 프로그래머로서의 나는 클로저를 손에 넣기 위해서 무려 10년을 기다려야만 했다. 나와 같은 부류의 사람들은 제대로 알지 못하는 것이 많았고, 그리하여 자기 목소리를 충분히 내는 법을 알지 못했기 때문이다. 그런 10년의 시간 동안 스프링 같은 주류 프레임워크는 클로저를 폭넓게 이용해서 해결할 수 있었을 문제들을 해결하기 위해 익명 내부 클래스를 사용하는 데 만족할 수밖에 없었다. 그러한 한계 때문에 내 손가락은 엄청난 코드를 타이핑하느라 피를 흘렸고, 그런 코드를 읽어야 하는 내 눈에서도 피가 흘렀다. 요즘에는 마틴 오더스키나 리치 히키 같은 사람들이 자바 이외의 대안 언어를 제공하고 있기 때문에 자바 프로그래머들도 많은 것을 알게 되었다. 그러한 언어들은 자바가 진보의 흐름에 발걸음을 맞추거나 아니면 뒤로 쳐지는 것 중에서 하나를 선택하도록 강요하고 있다.

9.2 동시성

이 책에서 계속 반복되며 언급되었던 내용은 동시성을 다루기 위한 언어의 구조물 혹은 프로그래밍 모델이었다. 언어들이 저마다 사용하는 방식은 서로 놀라울 정도로 다르지만, 또한 극도로 뛰어난 효과를 가지기도 했다. 우리가 보았던 방법들을 간단하게 다시 짚어보자.

9.2.1 변경 가능한 상태 통제하기

지금까지 동시성을 이야기할 때 가장 공통적으로 다루었던 주제는 프로그래밍 모델이었다. 객체지향 프로그래밍은 부수효과와 변경 가능한 상태를 허용한다. 그 둘이 결합되면 프로그램은 너무나 복잡해진다. 여러 개의 스레드와 프로세스를 혼합하면 복잡성은 통제할 수 없는 수준으로 커진다.

함수 프로그래밍 언어는 중요한 규칙을 통해 일정한 구조를 도입한다. 동일한 함수를 여러 번

호출해도 결과는 언제나 동일하다. 변수는 오직 한 번만 할당될 수 있다. 부수효과가 사라지면 경쟁 상태나 그와 관련된 모든 복잡성이 다 사라진다. 뿐만 아니라 우리는 기본적인 프로그래밍 모델을 넘어서는 구체적인 테크닉도 살펴보았다. 하나씩 다시 짚어보자.

9.2.2 Io, 얼랭, 스칼라의 액터

객체와 프로세스 중 어느 것을 사용하든, 액터를 사용하는 접근법은 동일하다. 그것은 객체의 경계를 넘어서는 프로세스 간의 비구조적인 통신을 저마다의 메시지 큐를 가지고 있는 액터들 사이에서 이루어지는 구조적인 메시지 통신으로 변형하는 것이다. 얼랭과 스칼라는 입력하는 메시지를 매치하기 위해서 패턴 매칭을 이용하면서 조건적으로 동작을 수행한다. 6장 얼랭에서 우리는 프로세스가 죽는 것을 보여주기 위해서 러시아 룰렛 게임을 만들어보았다. 우리가 3번 약실에 총알을 넣었음을 상기하자.

erlang/roulette.erl
```
-module(roulette).
-export([loop/0]).

% send a number, 1-6
loop() ->
    receive
        3 -> io:format("bang.~n"), exit({roulette,die,at,erlang:time()});
        _ -> io:format("click~n"), loop()
end.
```

그다음 우리는 프로세스를 시작하고, ID를 Gun에 할당했다. Gun ! 3이라고 실행하면 프로세스를 죽일 수 있다. 얼랭의 가상 머신과 언어는 정밀한 모니터링을 지원하기 때문에 이런 경우 어떤 통보를 전달하거나 심지어 어떤 프로세스에서 문제가 감지되면 곧바로 다시 시작할 수도 있다.

9.2.3 퓨처

Io는 액터 모델에 두 개의 동시성 구조물을 추가했다. 코루틴과 퓨처가 그들이다. 코루틴은 두 개의 객체가 적당한 시간에 통제를 포기하는 방식으로 서로 협력하면서 멀티태스크를 수행하도록 한다. 퓨처는 오랜 시간 동작하는 동시적인 연산을 저장하는 구조물이다.

우리는 futureResult := URL with("http://google.com/") @fetch라는 코드를 실행했다. 이에 대한 결과가 곧바로 나오는 것은 아니지만 프로그램 제어 자체는 곧바로 되돌아온다. 이러한 코드는 우리가 퓨처 자체에 접근해서 값을 구하려고 할 때에 한해 차단된다. Io 퓨처는 결과가 존재하게 되었을 때 실제 결과로 변형된다.

9.2.4 트랜잭션 메모리

클로저에서 우리는 동시성과 관련해서 여러 흥미로운 접근법을 보았다. 소프트웨어 트랜잭션 메모리(STM)는 공유되는 자원에 대한 분산된 접근을 하나의 트랜잭션 안으로 묶어두는 기능이다. 데이터베이스는 이와 동일한 방법을 이용해서 여러 동시적 접근이 일어나는 상황에서도 데이터베이스의 무결성을 유지한다. 우리는 이러한 접근을 모두 하나의 dosync 함수로 둘러쌌다. 이러한 방법을 통해 클로저 개발자들은 꼭 그럴 필요가 있을 때는 엄격한 함수 설계로부터 벗어나면서도 여러 개의 스레드와 프로세스가 무결성을 유지하면서 동작하도록 만들 수 있다.

STM은 더 많은 대중적인 언어에 채택되고 있는, 상대적으로 새로운 개념이다. 리스프 변종으로서의 클로저는 리스프가 여러 개의 패러다임을 동시에 담고 있는 언어이기 때문에 이러한 접근 방식을 사용하기 적합하다. 사용자들은 심지어 매우 높은 수준의 동시적인 접근이 일어나고 있을 때조차 애플리케이션이 무결성과 성능을 유지할 거라고 믿으면서 다양한 프로그래밍 패러다임을 사용할 수 있다.

다음 세대의 프로그래머는 자신이 사용하는 언어에 더 많은 것을 요구할 것이다. 스레드를 시작하거나 세마포어 위에서 기다리기 위해 사용하는 수동식 기어는 더 이상 만족을 줄 수 없을 것이다. 새로운 언어는 동시성을 지원하기 위한 일관성 있는 철학을 가져야 하고 또 그것을 지원하는 도구를 장착해야 한다. 이러한 동시성과 관련된 요구가 어떤 프로그래밍 패러다임 전체를 쓸모없는 것으로 만들 수도 있고, 혹은 낡은 언어들이 변경 가능한 변수들에 대한 더 엄격한 통제를 바탕으로 액터나 퓨처 같은 더 정교한 동시성 구조물을 받아들이도록 만들지도 모른다.

9.3 프로그래밍 구조물

이 책을 쓰면서 가장 신났던 경험은 다양한 언어가 가지고 있는 기본적인 빌딩 블록을 알게 되었던 것이다. 각각의 새로운 언어에 대해서 새로운 개념을 소개했다. 이러한 개념들은 앞으로 독자들이 접할 다른 언어에서도 만나게 될 확률이 높은 구조물이다. 다음은 내가 발견한 것 중에서 특히 흥미로운 것들이다.

9.3.1 리스트 컴프리헨션

얼랭, 클로저, 하스켈[1]에서 보았던 것처럼 리스트 컴프리헨션은 몇 가지 아이디어를 하나의 강력한 구조물 안에 결합해놓은 것이다. 리스트 컴프리헨션은 필터, 맵, 카티전 곱을 가지고 있다.

우리는 리스트 컴프리헨션을 얼랭에서 처음으로 만났다. Cart = [{pencil, 4, 0.25}, {pen, 1, 1.20}, {paper, 2, 0.20}]와 같이 항목을 담고 있는 쇼핑 카트에서 출발했다. 그리고 다음과 같이 문제를 한 번에 해결하기 위해서 단일 리스트 컴프리헨션을 만들었다.

```
8> WithTax = [{Product, Quantity, Price, Price * Quantity * 0.08} ||
8>    {Product, Quantity, Price} <- Cart].
[{pencil,4,0.25,0.08},{pen,1,1.2,0.096},{paper,2,0.2,0.032}]
```

언어를 창시한 사람들 중 몇 명은 리스트 컴프리헨션을 가장 좋아하는 기능이라고 손꼽았다. 나 역시 그런 의견에 크게 동의한다.

9.3.2 모나드

아마도 나 자신이 지적으로 가장 성장한 부분은 모나드와 관련된 영역이었을 것이다. 순수 함수 언어를 사용하면 변경 가능한 상태를 프로그램에 포함시킬 수 없다. 대신 우리는 마치 변경 가능한 상태가 허용되는 것처럼 보이게 만드는 구조물을 구축하기 위해서 모나드를 만들어 함수를 합성한다. 하스켈은 이런 문제를 해결하기 위해서 모나드를 이용하는 do 표기법을 가지고 있다.

---

1 스칼라도 리스트 컴프리헨션을 지원하지만, 이 책에서는 사용하지 않았다.

우리는 또한 모나드가 복잡한 계산을 단순화하는 데에도 도움을 주는 것을 확인했다. 우리가 사용한 모나드는 저마다의 계산 전략을 지원했다. 예컨대 Nothing을 리턴하는 List 검색처럼 계산이 실패하는 경우를 다루기 위해서 Maybe 모나드를 이용했다. 또 카티전 곱을 계산하고 결합을 풀기unlock 위해서 리스트 모나드를 사용했다.

9.3.3 매칭

우리가 본 기능 중에서 가장 흔히 발견되는 기능의 하나는 패턴 매칭이었다. 이 프로그래밍 구조물은 프롤로그에서 먼저 만났지만, 스칼라, 얼랭, 클로저, 하스켈에서도 볼 수 있었다. 이 언어들은 모두 코드를 대폭 단순화하기 위해서 패턴 매칭을 사용했다. 이러한 기능이 적용될 수 있는 영역은 파싱, 분산 메시지 전달, 분해destructuring, 통합, XML 처리 등이 있다.

전형적인 얼랭 패턴 매칭을 수행하는 번역 서비스를 떠올려보자.

erlang/translate_service.erl

```erlang
-module(translate_service).
-export([loop/0, translate/2]).

loop() ->
    receive
        {From, "casa"} ->
            From ! "house",
            loop();

        {From, "blanca"} ->
            From ! "white",
            loop();

        {From, _} ->
            From ! "I don't understand.",
            loop()
    end.

translate(To, Word) ->
    To ! {self(), Word},
    receive
        Translation -> Translation
    end.
```

loop 함수는 뒤에 단어("casa"나 "blanca" 같은)가 오거나 와일드카드에 프로세스 ID(From)를 매치한다. 이러한 패턴 매칭은 프로그래머가 별도의 파싱을 밟지 않으면서도 메시지에서 중요한 부분을 재빨리 선택할 수 있도록 해준다.

9.3.4 통합

프롤로그는 패턴 매칭의 가까운 사촌인 통합이라는 기능을 사용한다. 프롤로그가 왼쪽에 있는 값과 오른쪽에 있는 값이 매치되도록 만들기 위해서 가능한 값들을 하나의 규칙으로 치환한다는 사실을 공부했다. 프롤로그는 모든 가능성이 소진할 때까지 이러한 시도를 멈추지 않는다. 통합의 예를 살펴보기 위해서 concatenate라는 간단한 프롤로그 프로그램을 살펴보았다.

```
prolog/concat.pl
concatenate([], List, List).
concatenate([Head|Tail1], List, [Head|Tail2]) :-
    concatenate(Tail1, List, Tail2).
```

우리는 이러한 통합이 세 가지 방식으로 동작할 수 있기 때문에 해당 프로그램을 매우 강력한 것으로 만들어준다는 사실을 확인했다. 세 가지란 참인지 여부를 테스트하는 것, 왼쪽을 매치하는 것, 오른쪽을 매치하는 것이다.

9.4 자신의 목소리 찾기

이 책 전반에 걸쳐 우리는 영화와 캐릭터에 대한 이야기를 했다. 영화를 만드는 기쁨은, 전달하고자 하는 스토리를 잘 드러내주는 배우, 세트, 로케이션과 자신의 경험을 잘 결합하는 것이라고 할 수 있다. 자기가 하는 모든 행위는 관객을 기쁘게 만드는 일로 수렴한다. 더 많이 알수록 영화의 품질은 더욱 향상된다.

프로그래밍도 비슷한 방식으로 접근할 필요가 있다. 우리도 관객이 있다. 애플리케이션을 사용하는 사용자들을 말하는 것이 아니다. 우리가 작성한 코드를 읽는 사람을 뜻한다. 위대한 프로그래머가 되려면 자신의 관객을 위해 코드를 작성하고 그들을 기쁘게 하는 목소리를 찾아야 한다. 다른 많은 언어가 제공하는 기능을 잘 알고 있으면 자신의 목소리를 찾거나 발전시키는 데

많은 도움이 된다. 자신의 목소리는 코드 안에서 자기를 온전히 표현하고 드러내는 방법이다. 물론 그것이 경험의 총합보다 더 클 수는 없다. 나는 이 책이 자신의 목소리를 찾는 데 도움이 되었기를 희망한다. 무엇보다도, 이 책이 재미있었기를 바란다.

INDEX